E-Book inside.

Mit folgendem persönlichen Code können Sie die E-Book-Ausgabe dieses Buches downloaden.

20185-6y6p5-
6r61t-6004i

Registrieren Sie sich unter
www.hanser-fachbuch.de/ebookinside
und nutzen Sie das E-Book
auf Ihrem Rechner*, Tablet-PC
und E-Book-Reader.

Der Download dieses Buches als E-Book unterliegt gesetzlichen Bestimmungen bzw. steuerrechtlichen Regelungen, die Sie unter www.hanser-fachbuch.de/ebookinside nachlesen können.
* Systemvoraussetzungen: Internet-Verbindung und Adobe® Reader®

Baur
IT-Turnaround

BLEIBEN SIE AUF DEM LAUFENDEN!

Hanser Newsletter informieren Sie regelmäßig über neue Bücher und Termine aus den verschiedenen Bereichen der Technik. Profitieren Sie auch von Gewinnspielen und exklusiven Leseproben. Gleich anmelden unter
www.hanser-fachbuch.de/newsletter

Arnd Baur

IT-Turnaround

Managementleitfaden zur Restrukturierung der IT

2., überarbeitete und erweiterte Auflage

HANSER

Der Autor:
Arnd Baur, München

Bibliografische Information der Deutschen Nationalbibliothek:

Die Deutsche Nationalbibliothek verzeichnet diese Publikation in der Deutschen Nationalbibliografie; detaillierte bibliografische Daten sind im Internet über <http://dnb.ddb.de> abrufbar.

Print-ISBN 978-3-446-45480-4
E-Book-ISBN 978-3-446-45501-6

Die Wiedergabe von Gebrauchsnamen, Handelsnamen, Warenbezeichnungen usw. in diesem Werk berechtigt auch ohne besondere Kennzeichnung nicht zu der Annahme, dass solche Namen im Sinne der Warenzeichen- und Markenschutzgesetzgebung als frei zu betrachten wären und daher von jedermann benutzt werden dürften.

Alle in diesem Buch enthaltenen Verfahren bzw. Daten wurden nach bestem Wissen dargestellt. Dennoch sind Fehler nicht ganz auszuschließen.

Aus diesem Grund sind die in diesem Buch enthaltenen Darstellungen und Daten mit keiner Verpflichtung oder Garantie irgendeiner Art verbunden. Autoren und Verlag übernehmen infolgedessen keine Verantwortung und werden keine daraus folgende oder sonstige Haftung übernehmen, die auf irgendeine Art aus der Benutzung dieser Darstellungen oder Daten oder Teilen davon entsteht.

Dieses Werk ist urheberrechtlich geschützt.

Alle Rechte, auch die der Übersetzung, des Nachdruckes und der Vervielfältigung des Buches oder Teilen daraus, vorbehalten. Kein Teil des Werkes darf ohne schriftliche Einwilligung des Verlages in irgendeiner Form (Fotokopie, Mikrofilm oder einem anderen Verfahren), auch nicht für Zwecke der Unterrichtsgestaltung – mit Ausnahme der in den §§ 53, 54 URG genannten Sonderfälle –, reproduziert oder unter Verwendung elektronischer Systeme verarbeitet, vervielfältigt oder verbreitet werden.

Die Rechte aller Grafiken und Bilder liegen bei dem Autor.

© 2018 Carl Hanser Verlag GmbH & Co. KG, München
www.hanser-fachbuch.de
Lektorat: Lisa Hoffmann-Bäuml, Damaris Kriegs
Herstellung: Isabell Eschenberg
Satz: Kösel Media GmbH, Krugzell
Coverrealisation: Stephan Rönigk
Druck und Bindung: Hubert & Co, Göttingen
Printed in Germany

Inhalt

Vorwort zur 2. Auflage IX

Einleitung XI

1 Grundlagen des Turnaround-Managements 1

1.1 Restrukturierung und Turnaround-Management zur Bewältigung
von Unternehmenskrisen 1

1.2 IT in Krisenunternehmen 8

2 Turnaround-Bedarf in der IT erkennen und handeln 13

2.1 IT-Evolution versus IT-Turnaround 13

2.2 Typische IT-Krisensymptome 14

2.3 Typische Auslöser für IT-Krisen 20

    2.3.1 Interne IT-Krisenursachen 21

    2.3.2 Externe IT-Krisenursachen 27

2.4 IT-Defizite oder IT-Krise? 28

2.5 IT-Krise: Problem für das Topmanagement und Bedrohung
für das Unternehmen 29

3 Der Turnaround-Ansatz für die IT 33

3.1 Klassisches Sanierungsmanagement nutzen 33

3.2 Fünf Phasen durchlaufen 35

3.3 Acht Arbeitspakete abarbeiten 36

3.4 Stoßrichtung bestimmen 42

3.5 Voraussetzungen für den Turnaround-Erfolg schaffen 49

4	**Leadership im Turnaround**	**52**
4.1	Eine aktive Rolle des Topmanagements ist unerlässlich	53
4.2	New Leadership: IT-Führung austauschen?	58
	4.2.1 Die Eignung zum Turnaround-Verantwortlichen abschätzen	58
	4.2.2 Chancen und Risiken des Austauschs abwägen	61
	4.2.3 Zweite Ebene des IT-Managements einschätzen	64
4.3	CIO: Dreh- und Angelpunkt bei der Krisenbewältigung	66
	4.3.1 Selbstverständnis des CIOs außerhalb einer Krisensituation	67
	4.3.2 Rahmenbedingungen für den CIO innerhalb einer Krisensituation	68
	4.3.3 Erforderliche Führungskompetenzen	72
	4.3.4 Prämissen des Handelns	73
	4.3.5 Führungsstil in der IT-Krise	75
	4.3.6 Fachliche und methodische Anforderungen an einen „Krisen-CIO"	77
5	**Stabilisierung in der IT-Krise**	**80**
5.1	Die ersten Tage als IT-Turnarounder meistern	80
5.2	Das IT-Team stark machen	83
5.3	Bedrohungen und Risiken in der IT identifizieren und Gegenmaßnahmen priorisieren	89
5.4	Potenzielle Risiken auf der IT-Lieferantenseite aufdecken	95
5.5	IT-Ausgaben analysieren und unter Kontrolle bringen	97
5.6	Review des Projektportfolios durchführen	99
5.7	Einbindung der IT-Kunden in der Stabilisierungsphase	104
5.8	Stabilisierungsmaßnahmen und Quick Hits umsetzen	108
5.9	Exkurs: Turnaround von Projekten mit IT-Bezug	114
6	**Handlungsfelder bei der IT-Neuausrichtung**	**121**
6.1	Komplexität der IT reduzieren	125
	6.1.1 Standardisierung als Schlüssel für die Eindämmung der IT-Komplexität	128
	6.1.2 Konsolidierung der Anwendungslandschaft	134
	6.1.3 Konsolidierung der IT-Infrastruktur	141
6.2	Das Preis-Leistungs-Verhältnis der IT verbessern	142
	6.2.1 IT-Kostensenkung	142
	6.2.2 Überprüfung der Dimensionierung und Fähigkeiten der IT-Mannschaft	151

	6.2.3 Anpassung der Service Level	154
	6.2.4 Optimierung der IT-Verträge	155
6.3	Die Fertigungstiefe der IT definieren	160
	6.3.1 Make-or-Buy-Entscheidungen treffen	160
	6.3.2 Umgang mit Commodity-Leistungen	164
	6.3.3 Cloud-Dienste als zusätzliche Option für die Auslagerung von IT-Aufgaben	165
6.4	Fallbeispiel: IT-Budgetmittel für Digitalisierungs-Projekte freischaufeln	167
6.5	Business Enabling: Beiträge der IT zum digitalen Unternehmen	170
	6.5.1 Ansatzpunkte für Business Enabling	170
	6.5.2 Digitalisierungsdruck bei kriselnder IT: Handlungsmöglichkeiten für CIOs	174

7 Organisatorische Rahmenbedingungen ... 179

7.1	Organisatorische Regelungen umsetzen	180
7.2	IT-Governance: Die IT im Unternehmen integrieren	181
	7.2.1 Grundlegende Elemente einer effektiven IT-Governance	182
	7.2.2 Die Kunden-Anbieter-Schnittstelle gestalten	187
	7.2.3 Schatten-IT einbinden	190
7.3	Die IT effektiv aufstellen	196
	7.3.1 Woran lässt sich ein Restrukturierungsbedarf in der IT-Abteilung erkennen?	196
	7.3.2 Gestaltungsoptionen für die IT-Organisation	199
	7.3.3 Gestaltungsrichtungen für die IT-Organisation	200
	7.3.4 IT-Organisation nach Outsourcing: Die Retained Organisation	204
	7.3.5 Bi-modale IT-Organisation: Hilfreich für Digitalisierungsvorhaben?	208
7.4	Kritische IT-Kernprozesse verbessern	212
	7.4.1 Anforderungsmanagement	213
	7.4.2 Behandlung von Projekten	215
	7.4.3 Kapazitätsmanagement	220
	7.4.4 Change Management	223
	7.4.5 IT-Beschaffung	225
	7.4.6 IT-Asset-Management	226
	7.4.7 IT-Risikomanagement	228
	7.4.8 Incident- und Problemmanagement	230

8 Management of Change beim IT-Turnaround **233**

8.1 Bereitschaft zum Wandel herstellen 234
    8.1.1 Auf Trägheit, Ablehnung und Gegenwind gefasst sein 235
    8.1.2 Trägheit und Ablehnung in Akzeptanz, Buy-in und
            Unterstützung umwandeln 237

8.2 Wirksam kommunizieren 245
    8.2.1 Ziele und Aufgaben der Kommunikation beim IT-Turnaround ... 245
    8.2.2 Kommunikation innerhalb des IT-Bereichs 247
    8.2.3 Kommunikation innerhalb des Unternehmens 251

8.3 Stakeholder mobilisieren 254
    8.3.1 Ziele und Aufgaben des Stakeholder-Managements 255
    8.3.2 Typische Interessenlagen bei IT-Stakeholdern 256

9 Externe Unterstützung beim IT-Turnaround **264**

9.1 Ist das Outsourcen eines IT-Turnarounds sinnvoll? 264

9.2 Wer könnte wofür behilflich sein? 265

9.3 Was sollte bei der Auswahl von Externen bedacht werden? 272

10 Fazit und Ausblick **275**

10.1 Wie sieht die IT-Abteilung der Zukunft aus? 276

10.2 Veränderungsdruck erfordert Restrukturierungsfähigkeiten 280

Verzeichnis der Fallbeispiele „Aus der Praxis" **282**

Abbildungsverzeichnis **283**

Verzeichnis der Tabellen und Checklisten **285**

Abkürzungsverzeichnis **286**

Index **287**

Der Autor **293**

Vorwort zur 2. Auflage

Mit dem nahezu allgegenwärtigen Schlagwort „Digitalisierung" ist der Druck auf die interne IT seit der ersten Auflage im Jahr 2014 noch stärker angestiegen. Die IT-Leistungserbringung hat nicht nur wie bisher schneller, sicherer und günstiger zu erfolgen, sondern steht durch die in vielen Branchen unausweichliche digitale Transformation des Geschäfts vor zusätzlichen, massiven Herausforderungen. Einige Unternehmen setzen neben dem CIO bereits einen Chief Digital Officer ein oder übertragen die Verantwortung für die IT an der Kundenschnittstelle einem Chief Marketing Officer. Umfangreiche Digitalisierungsvorhaben setzen aber eine stabile, flexible und agile IT-Landschaft voraus, die in vielen Unternehmen nicht existiert, sondern oftmals hochkomplex und inflexibel ist. Der Druck auf die IT steigt weiter an und kann krisenhafte Situationen in der IT auslösen oder verstärken. Dieses Buch möchte auch den Verantwortlichen für die Umsetzung von Digitalisierungsvorhaben Hilfestellung bei der Restrukturierung der vorhandenen technischen, personellen und organisatorischen Elemente der IT im Unternehmen geben.

Was wurde in dieser zweiten Auflage des Leitfadens ergänzt? In erster Linie erfolgt an verschiedenen Stellen des Buchs eine Vertiefung des Zusammenhangs zwischen Digitalisierungsvorhaben und erforderlichen bzw. notwendigen IT-Restrukturierungsmaßnahmen. Dies betrifft z.B. alternative Organisationsformen für die Unternehmens-IT, die unter dem Stichwort „Bi-modale IT" oder „IT der zwei Geschwindigkeiten" diskutiert werden. Es werden konkrete Ansatzpunkte geschildert, wie IT-Verantwortliche Digitalisierungsanforderungen begegnen können, welche organisatorischen Optionen bestehen und wie Mittel für Digitalisierungsvorhaben „freigeschaufelt" werden können.

Zudem wurden zusätzliche organisatorische Themen ergänzt, die in der ersten Auflage noch zu kurz kamen, insbesondere das Thema „Change Management", das bei der Umsetzung von Änderungen in der IT-Landschaft von großer Bedeutung ist. Durch den Siegeszug des Cloudcomputings und den fortschreitenden Trend zu Outsourcing stellt sich zunehmend die Frage, wie die interne IT entsprechend aufgestellt werden kann. Dazu wurde die sogenannte „Retained IT" näher betrachtet.

Ferner erfolgte nach Hinweisen aus der Leserschaft eine klarere Trennung von „Change Management" im ITIL-Kontext und dem Management von Veränderungen, die insgesamt mit einer Restrukturierung einher gehen („Management of Change").

Ich möchte mich herzlich bei den Lesern der ersten Auflage bedanken, die mit zahlreichen Hinweisen und konstruktiver Kritik dazu beigetragen haben, dass die Neuauflage von „IT-Turnaround" nun vorliegt.

München, im Januar 2018 *Arnd Baur*

Einleitung

Was sollte ein IT-Verantwortlicher tun, dessen Bereich in Schieflage geraten ist und der aufgefordert wurde, „die IT aufzuräumen"? Was macht ein CIO (Chief Information Officer), der bei seinem Amtsantritt eine Unternehmens-IT vorfindet, in der die Mitarbeiter demotiviert sind, Projekte zu scheitern drohen und zudem vielleicht noch die IT-Kosten aus dem Ruder laufen? Wie kann ein für die IT verantwortlicher Vorstand eine Krise in der IT erkennen und verstehen, welche besonderen Voraussetzungen, Handlungsfelder, Abläufe und Fallstricke mit einem Turnaround des IT-Bereichs einhergehen? Wie kann die interne IT dem zunehmenden Digitalisierungsdruck begegnen?

Zielsetzung dieses Buches

Das vorliegende Buch gibt in diesen Situationen Hilfestellung und erläutert das Konzept eines IT-Turnaround bzw. einer IT-Restrukturierung.

IT-Turnaround ist ein Aufgabenkomplex, der bei in Schieflage geratenen IT-Abteilungen von Unternehmen und/oder im Rahmen von Restrukturierungen (bzw. Turnarounds, Sanierungen) von Unternehmen insgesamt anfällt. Hierbei geht es vor allem darum,

- schnell die bedrohlichsten Defizite in der IT klar zu identifizieren (z. B. vorhandene IT-Risiken/Bedrohungen, zu hohe IT-Kosten, abwandernde IT-Mitarbeiter, fehlende Governance-Strukturen, fehlende Akzeptanz/Standing der IT im Unternehmen).
- Sofortmaßnahmen zu entwickeln und umzusetzen um den IT-Bereich zu stabilisieren.
- Weichenstellung für die Gesundung des IT-Bereich zu definieren und in Form einer Roadmap zu detaillieren.
- mittelfristig den IT-Bereich wieder zu einem effektiven und effizienten Bestandteil des Unternehmens umzudrehen.

In diesem Werk werden speziell die Aspekte betont, die in kriselnden IT-Bereichen besonders wichtig sind. Mit der Sondersituation „IT-Krise" treten die normalen Abläufe und das übliche Instrumentarium des IT-Managements in den Hintergrund. Es ist eine besondere Vorgehensweise erforderlich, die dem meist hohen Handlungsbedarf und dem entsprechenden Zeitdruck Rechnung trägt. In möglichst kurzer Zeit muss Transparenz über den Zustand der IT hergestellt und entsprechende Maßnahmen eingeleitet werden. Dabei stehen Pragmatismus, Fokussierung und eine rasche Umsetzung der identifizierten Verbesserungsmaßnahmen im Vordergrund. Hinzu kommt, dass die IT-Restrukturierung parallel zum üblichen Tagesgeschäft der IT (z. B. IT-Betrieb, Betreuung der Anwender, Durchführung von Projekten) abläuft. Dies zieht eine zusätzlich hohe Belastung der handelnden Personen nach sich.

Zentral sind in diesem Buch daher auch die Handlungsmöglichkeiten in einer akuten Krisensituation. Ergänzend soll es aber auch helfen, präventiv eine Schieflage der IT zu vermeiden bzw. Anzeichen für eine drohende IT-Krise rechtzeitig zu erkennen und zielgerichtete Gegenmaßnahmen einzuleiten. Die Praxis zeigt, dass eine kriselnde IT in unterschiedlichen Unternehmen häufig ähnliche Symptome aufweist. Dabei geht es nicht nur um den IT-Bereich an sich, sondern auch um das Zusammenspiel der IT mit den Kunden im Unternehmen und anderen IT-Stakeholdern (Personen oder Gruppen, die ein berechtigtes Interesse an der IT-Abteilung haben).

In diesem Buch werden zahlreiche Stellhebel zur Verbesserung der IT sowie Voraussetzungen für eine gesunde IT aufgezeigt. Ziel ist es nicht, diese Hebel theoretisch fundiert zu erörtern. Die Zeit ist bei Restrukturierungen in aller Regel ja knapp bemessen; es werden kurzfristig wirksame Resultate erwartet. Ziel dieses Buches ist das Aufzeigen der wesentlichen Bausteine und Maßnahmen, die für die zügige (Wieder-)Herstellung einer stabilen IT erforderlich sind. Für eine „lehrbuchmäßige" Einführung von IT-Managementkonzepten fehlen bei akutem Restrukturierungsbedarf schlichtweg die Zeit und meist auch die personellen Ressourcen. Der hohe Zeitdruck und die Komplexität bei (IT-)Restrukturierungen erfordern eine Konzentration auf die dringlichsten und wichtigsten Themen im Sinne der „80/20-Regel".

Die Vorgehensweise im Rahmen der IT-Restrukturierung sollte trotz der gebotenen zügigen und pragmatischen Vorgehensweise nicht mit Aktionismus, Rundumschlägen oder einem „Quick and Dirty"-Ansatz in Verbindung gebracht werden. Häufig wird bei Unternehmensrestrukturierungen vielmehr auf die Analogie zur Intensivstation im Krankenhaus hingewiesen („Intensive Care"; o. V., 2013): Auch bei IT-Turnarounds geht es mitunter nach „Wiederbelebungsmaßnahmen" und der „Stabilisierung des Patienten" um kurzfristige Therapiemaßnahmen, um die Voraussetzungen für eine Genesung zu schaffen. Erst wenn der Patient „aus dem Gröbsten raus" ist, kann sich eine längerfristige „Reha-Phase" anschließen.

IT-Turnaround oder „ganz normale" IT-Transformation?

Braucht es überhaupt ein Buch über IT-Turnarounds? Befindet die Unternehmens-IT sich nicht sowieso laufend im Umbau, also in einem evolutionären Prozess bzw. in einer fortwährenden Transformation?

Die Antwort ist einfach: Solange Veränderungen in der Unternehmens-IT zumindest weitgehend kontrolliert und in geplanten Schritten sowie im gesteckten finanziellen und zeitlichen Rahmen stattfinden, kann sicher nicht von einer Krise der Unternehmens-IT gesprochen werden (wenngleich auch geplante IT-Transformationen häufig mit „Blut, Schweiß und Tränen" einhergehen, also eine enorme Belastung für das gesamte Unternehmen darstellen).

Von einer Krise der IT und entsprechendem Restrukturierungsbedarf muss jedoch dann gesprochen werden, wenn typische IT-Krisenanzeichen vorliegen. Dazu gehören unter anderem:

- Anhäufung von Risiken im IT-Bereich (Abhängigkeiten von einzelnen Mitarbeitern und Lieferanten, unzureichend abgesicherter IT-Betrieb, kontinuierliche IT-Performance oder -Verfügbarkeitsprobleme, unzureichende IT-Infrastruktur, kaum noch beherrschbare Anwendungskomplexität usw.),
- Planlosigkeit bzw. Unklarheit über die zukünftige Ausrichtung der IT,
- permanente Überlastung der IT, gekennzeichnet durch Projekt- und Investitionsstau,
- Scheitern oder „auf die lange Bank schieben" von unternehmenskritischen Projekten mit IT-Bezug (z. B.: CRM, ERP, Big Data),
- wirtschaftliche Defizite, d. h. überdurchschnittliche IT-Kosten und/oder mehrfache Budgetüberschreitungen,
- von Anwenderseite (begründete) Unzufriedenheit mit der Leistungsfähigkeit der IT im Unternehmen über einen längeren Zeitraum sowie mangelnde Einbindung in die unternehmensweiten Entscheidungsprozesse,
- überdurchschnittliche Fluktuation bzw. Unzufriedenheit der IT-Mitarbeiter,
- schwaches Management, d. h. eingeschränkte Handlungsfähigkeit oder nicht vorhandener Veränderungswille der IT-Verantwortlichen.

Liegen mehrere der angeführten Krisenanzeichen vor, kann nicht mehr von einer normalen (Transformations-)Situation in der IT gesprochen werden. Business as usual und normale Routineprozesse sollten beendet werden und das IT-Management stattdessen in den „Restrukturierungsmodus" wechseln.

Neben den aufgeführten vorwiegend endogenen Anzeichen können auch exogene, d. h. außerhalb des eigentlichen IT-Bereichs liegende Ursachen, einen Restrukturierungsbedarf auslösen. Dies sind z. B.:

- Unternehmenszusammenschlüsse (Post Merger Integrationen) und Carve-out-Situationen (Herauslösen von Unternehmensteilen),

- unternehmensweite Rationalisierungs- und Kostensenkungsprojekte,
- Krise des Unternehmens, im Extremfall mit akuter Insolvenzgefahr oder
- Transformation des Unternehmens, ausgelöst z. B. durch das Aufkommen neuer Technologien (in den letzten Jahren z. B. Internettechnologien sowie aktuelle Themen wie Big Data und Cloud und die Entwicklung zum „Digital Enterprise").

Der Schwerpunkt dieses Buches liegt auf der Bekämpfung der endogenen Auslöser des IT-Restrukturierungsbedarfs; Empfehlungen für die IT, bei von außen indiziertem Restrukturierungsbedarf, sind jedoch ebenfalls aufgeführt.

Wer sollte dieses Buch lesen?

Das Buch richtet sich an Praktiker, die einen Leitfaden für die Durchführung von IT-Turnarounds benötigen. Dies sind in erster Linie:

- CEOs, CFOs und alle Vorstände bzw. Mitglieder der Geschäftsführung, die über die Einleitung einer IT-Neuausrichtung entscheiden müssen und die entsprechenden Zusammenhänge, Handlungsfelder und Fallstricke verstehen möchten,
- IT-Verantwortliche (z. B. CIOs, IT-Leiter), die neu in ein Unternehmen kommen und einen IT-Bereich mit Krisenanzeichen bzw. akutem Handlungsbedarf vorfinden,
- IT-Verantwortliche, die – aus Eigenantrieb oder nach Aufforderung durch die Geschäftsführung – mit der Neuausrichtung der IT betraut worden sind,
- Controlling- und IT-Fachleute mit dem Auftrag zur Mitarbeit bei der Restrukturierung des IT-Bereichs,
- Verantwortliche und Managementberater mit Fokus auf die operative Restrukturierung (z. B. Kostensenkung, Turnaround der leistungswirtschaftlichen Bereiche) und/oder die strategische Restrukturierung (Neuausrichtung) des Gesamtunternehmens,
- Risiko Manager, interne Revisions- und Compliance-Manager im Unternehmen, die den Zustand der IT kritisch beobachten müssen,
- Berater und Interim-Manager mit dem Auftrag zur Leitung oder zur Mitarbeit bei einer IT-Restrukturierung,
- Workout-Abteilungen von Banken, Investoren und Private Equity Unternehmen, die den Umfang des IT-Handlungsbedarfs, z. B. bei Übernahmen, abschätzen müssen,
- Insolvenzverwalter, die eine Fortführung eines Krisenunternehmens anstreben.

Struktur des Buchs

Die zehn Kapitel des Buchs sind zwar auch getrennt lesbar, folgen jedoch der Logik „Welcher Ansatz wird verfolgt?", „Wer führt die IT-Restrukturierung durch?" und „Was sollte wie gemacht werden?" (siehe Bild 1). Dies entspricht der typischen Situation in einem Turnaround-Szenario, welche von der Erkenntnis, dass sich etwas ändern muss, bis hin zur Umsetzung der identifizierten Verbesserungshebel reicht.

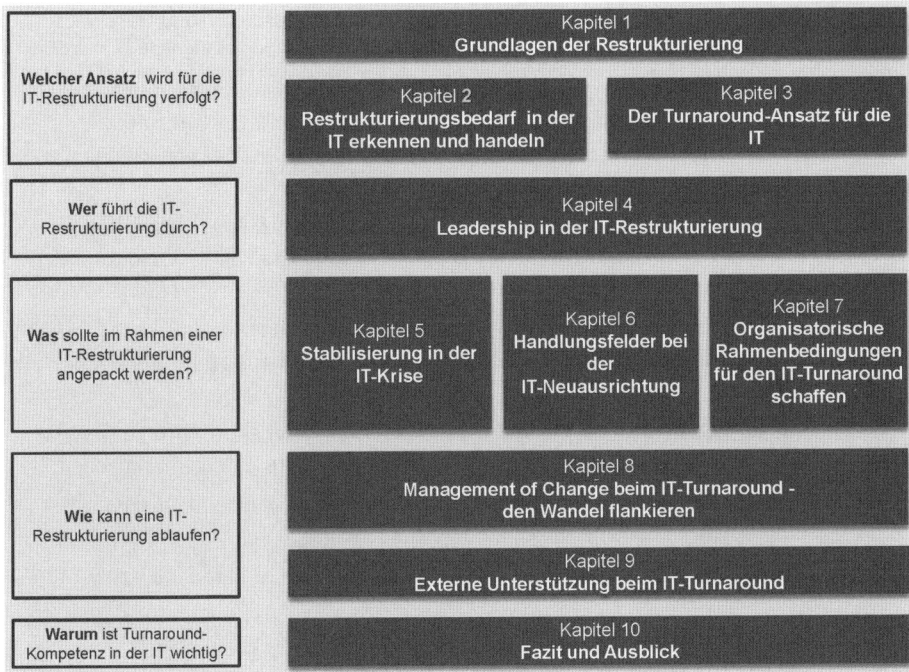

Bild 1 Struktur des Buchs

Dieses Buch soll keine trockene wissenschaftliche Abhandlung darstellen, sondern einen Ratgeber, den Praktiker bei konkreten Krisensituationen in der IT zur Hand nehmen können. Neben praktisch umsetzbaren Empfehlungen sind deswegen im Folgenden „Aus der Praxis..."-Boxen in den Text eingestreut. Diese enthalten reale Problemstellungen und Fallbeispiele aus der Beratungs- und Managementpraxis des Autors.

 Allgemeine Hinweise zum Buch

In dem Begriff Informationstechnik bzw. IT ist auch die Kommunikationstechnik bzw. Telekommunikation inbegriffen. Der Begriff wird also vereinfachend verwendet im Vergleich zu Abkürzungen wie IuK bzw. IKT (Informations- und Kommunikationstechnik).

Der Einfachheit halber wird bei personellen Bezeichnungen die männliche Form gewählt (z. B. IT-Verantwortlicher, IT-Leiter, IT-Mitarbeiter etc.); damit ist in gleicher Weise die weibliche Form (IT-Verantwortliche, -Leiterin, -Mitarbeiterin) gemeint.

Mit Chief Information Officer (CIO) wird die oberste IT-Instanz in einem Unternehmen bezeichnet. Der CIO wird in diesem Buch einfachheitshalber synonym mit dem Begriff „IT-Leiter" verwendet.

Der Begriff „Topmanagement" wird vereinfachend für Vorstands- und Geschäftsführungsmitglieder sowie für Leiter von Geschäftsbereichen verwendet.

Es wird durchgängig der Begriff „Unternehmen" verwendet, also nach betriebswirtschaftlichen Grundsätzen handelnde Organisationen. IT-Turnarounds oder IT-Restrukturierungen können jedoch auch für Non-Profit-Organisationen (Behörden, kommunale Organisationen, Verbände etc.) relevant sein.

IT-Stakeholder sind Personen oder Gruppen (z. B. Topmanagement oder IT-Kunden), die ein berechtigtes Interesse an der IT haben und bei einem erfolgreichen Turnaround einbezogen werden müssen.

In diesem Buch wird die in der IT übliche Sprache verwendet, die mit englischen Ausdrücken angereichert ist. Nachfolgend werden einige wichtige Begriffe kurz erläutert:

- „Buy-in" bezieht sich auf die Verhaltensweise von Mitarbeitern, sich aus innerer Überzeugung die Ziele und Vorgehensweisen anderer zu eigen zu machen.
- Make-or-Buy-Entscheidung: Eigen- oder Fremderstellung einer (IT-)Leistung als Alternativen bei einer Beschaffungsentscheidung.
- Commitment: Identifikation eines Mitarbeiters mit dem Unternehmen bzw. dem Projektziel.
- Top-down: Von der Unternehmensführung bzw. der Projektleitung vorgegebene Ziele und Methoden.
- Bottom-up: Durch die Mitarbeiter bzw. Fachabteilungen hervorgebrachte Ziele und Methoden.
- Change Request: Anforderung einer Änderung an einem System bzw. einem Prozess.
- Enabling: Befähigung, eine Aufgabe wahrzunehmen bzw. ein Ziel erreichen zu können.
- Skills: die für eine Aufgabe relevanten Fähigkeiten.

Literatur

o. V.: (2013). FINANCE-Restrukturierungsbarometer 1-2013. Abgerufen von https://www.finance-magazin.de/fileadmin/_migrated/content_uploads/FINANCE_Restrukturierungsbarometer_Maerz-2013_01.pdf (2013, November).

1 Grundlagen des Turnaround-Managements

Die Durchführung einer Sanierung bzw. eines Turnarounds ist langjährige gängige Praxis und wird bei Unternehmen angewendet, die in eine akute Schieflage geraten sind. Für das Verständnis der Vorgehensweise bei einem IT-Turnaround ist es zunächst hilfreich, die wesentlichen Grundprinzipien des Turnarounds eines Unternehmens zu betrachten.

■ 1.1 Restrukturierung und Turnaround-Management zur Bewältigung von Unternehmenskrisen

Sanierung, Turnaround, Restrukturierung, Transformation – was ist der Unterschied?

Die *Restrukturierung* von Unternehmen wird als Reaktion des Managements auf Bedrohungen durch eine Krisensituation verstanden und unterscheidet sich dementsprechend von normalen, evolutionären Veränderungsvorgängen in Unternehmen. Jedes Unternehmen verändert sich im Laufe der Zeit, aber nicht jedes Unternehmen befindet sich in einer Krisensituation. Krisen bezeichnen Situationen, die für ein Unternehmen problematisch sind sowie den Erfolg und im Extremfall den Fortbestand eines Unternehmens akut bedrohen.

Für den Begriff „Restrukturierung" werden in der Literatur häufig zwei ähnliche Begriffe verwendet: Turnaround und Sanierung. Der *Turnaround* bezeichnet die – möglichst schnelle – Wende des Unternehmens aus der Krise heraus und ist damit das englischsprachige (und modischere) Pendant zum Begriff „Restrukturierung" (z.B. bei Faulhaber/Grabow 2009, S. 13). Dagegen wird mit einer *Sanierung* eines Unternehmens gelegentlich die Abwendung einer materiellen Insolvenz bezeichnet und ist dementsprechend im engeren Sinne erst im fortgeschrittenen Krisenstadium relevant.

In der Praxis (und auch in diesem Buch) werden die Begriffe Restrukturierung, Turnaround und Sanierung auch im IT-Kontext zumeist synonym verwendet.

Die *Transformation* hingegen ist ein Umbau des Unternehmens, der im Vorfeld oder ggfs. nach einer akuten Krisensituation durchgeführt wird und häufig einen längeren Zeitraum umfasst als etwa Restrukturierungen, Sanierungen und Turnarounds (siehe Bild 1.1). Diese sind regelmäßig durch das Vorhandensein einer akuten Krise und einem dementsprechend höheren Zeit- und Handlungsdruck gekennzeichnet. Die Transformation beinhaltet im Allgemeinen also einen mittel- bis langfristigen Kurswechsel durch Anpassung der Unternehmensstrategie. Sie ist ein Mittel zur Krisen*vermeidung*, während Restrukturierungen, Sanierungen und Turnarounds tendenziell eher auf die Krisen*bewältigung* abzielen.

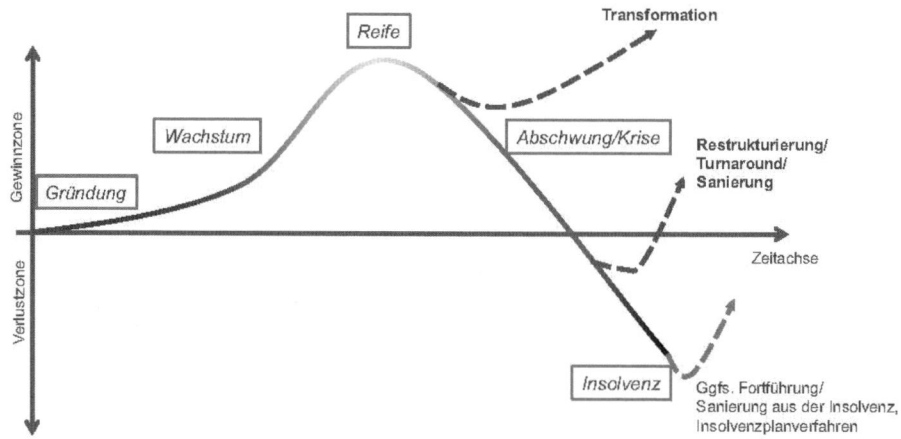

Bild 1.1 Unternehmens-Lebenszyklus und entsprechende Reaktionsmöglichkeiten (in Anlehnung an Slatter/Lovett 1999, S. 7)

Bei Unternehmensrestrukturierungen steht nicht selten das Überleben des Unternehmens auf dem Spiel. Aus diesem Grund liegt das Hauptaugenmerk in der frühen Phase eines Turnarounds auf der Realisierung von schnell wirksamen Verbesserungen. Hierbei geht es um Monate, manchmal Wochen, die über Insolvenz oder (zumindest vorläufigem) Überleben entscheiden. Dementsprechend handeln auch Restrukturierungsfachleute: Der Fokus liegt auf Stabilisierungsmaßnahmen und kurzfristigen Resultaten; die (längerfristige) Transformation wird dann oft nachfolgenden Führungskräften übertragen (Slatter u. a. 2006, S. xii).

Restrukturierungen haben u. a. durch ihre zeitliche Begrenzung Projektcharakter. Unternehmensrestrukturierungen dauern in der Regel zwölf bis 18 Monate, mitunter kürzer (Falckenberg/Dony 2009, Rn. 62). Vielfach wird jedoch auch dafür plädiert, Restrukturierung als Daueraufgabe des Managements zu begreifen, die nach der Überwindung einer Krise in eine Unternehmenstransformation übergeht. Ziel ist die Rückkehr zu alter Stärke bzw. die rechtzeitige Bekämpfung einer erneuten Krise (Slatter u. a. 2006, S. xi).

Die Abgrenzung von Restrukturierung und Transformation gilt auch für die Bewältigung von IT-Krisen: IT-Restrukturierungen bzw. IT-Turnarounds zielen auf eine möglichst rasche Abwendung einer krisenhaften Situation in der IT ab.

Davon zu unterscheiden ist die IT-Transformation, die den Umbau der IT in einem längeren Zeitraum zum Ziel hat und dabei oft auch Hand in Hand mit einer Transformation des gesamten Unternehmens geht. Gleichwohl sind zahlreiche der in diesem Buch vorgestellten Methoden und Hebel des IT-Turnarounds auch bei einer IT-Transformation relevant bzw. sind Grundlage für diese.

Was sind typische Symptome und Ursachen für Unternehmenskrisen?

Krisenursachen sind mannigfaltig und kaum verallgemeinernd darstellbar. Grob kann man marktindizierte von wettbewerbsindizierten Ursachen abgrenzen, sowie endogene von exogenen Ursachen. Folgende Kategorien von *Krisenursachen* lassen sich nennen (Kraus/Buschmann 2009, Rn. 6f):

- Nachfrage-Rückgang, bedingt z. B. durch konjunkturelle Einbrüche, Branchenkrisen oder allgemein durch ein verändertes Nachfrageverhalten (z. B. Trend zum Online-Shopping),
- Veränderungswettbewerb, z. B. durch neue Wettbewerber, Technologien oder Geschäftsmodelle (z. B. Entwicklung auf dem Markt für Smartphones nach dem Markteintritt von Apple),
- Überexpansion oder andere gescheiterte Großvorhaben und -projekte und die daraus resultierenden finanziellen Verluste und Komplexitätserhöhungen,
- Ineffizienzen, die zu nicht mehr wettbewerbsfähigen Kostenstrukturen und unzureichenden Prozessen und Systemen („Blindflug") führen,
- schwaches Management, d. h. wenn die vorgenannten typischen Krisenursachen auf ein unzureichend oder gar nicht reagierendes Management treffen ist eine Krise oft unausweichlich.

Die aus den Ursachen resultierenden Krisen-*Symptome* sind ebenfalls vielfältig und umfassen beispielsweise:

- *Symptome* im Finanzbereich wie Bankenprobleme, Kündigung von Kreditlinien, Liquiditätsengpässe, Gewinnwarnungen, wiederholte Nichteinhaltung von Vereinbarungen mit Kreditgebern (Covenants Breach), „kreative" Buchhaltungspraktiken etc.

- Auf der *Mitarbeiterseite* unüblich hohe Fluktuation und Probleme bei der Gewinnung qualifizierter Mitarbeiter, häufiger Wechsel des Managements, schlechte Mitarbeiterstimmung, Paralysierung oder Aktionismus des Topmanagements usw.
- Auf der *Marktseite* Verlust von wichtigen Kunden, Verfehlen von Absatzzielen, Einbruch von Marktanteilen, nicht (mehr) marktfähige Produkte und Dienstleistungen, Qualitätsprobleme, misslungene oder mehrfach verschobene Produktneueinführungen usw.

Einzelne Symptome weisen viele Unternehmen auf, ohne gleich als Krisenunternehmen zu gelten. Ein Befund mit mehreren der typischen Krisensymptome im Zeitverlauf betrachtet, wird jedoch als Anlass für unmittelbaren Handlungsbedarf gesehen, insbesondere dann, wenn Liquiditätsprobleme hinzukommen.

Welche Handlungsfelder stehen im Vordergrund?

Es gibt offenbar keine Patentrezepte oder den berühmten „Silver Bullet", mit dem eine Unternehmenskrise mit einem Schlag bewältigt werden kann. Vielmehr ist zur Bekämpfung einer Krise ein professionelles Vorgehen gefragt, das auf Basis eines umfassenden Turnaround-Konzepts und mit einem situationsadäquaten Krisenmanagement eine wirksame Umsetzung geeigneter Maßnahmen verfolgt.

Als Beispiel für eine praxiserprobte Vorgehensweise bei Unternehmensrestrukturierungen kann das von Slatter und Lovett (1999, S. 76ff) entwickelte Rahmenwerk dienen. Es umfasst die folgenden sieben Bestandteile mit den entsprechenden generischen Handlungsfeldern für typischerweise vorliegende Probleme in Krisenunternehmen:

1. (Finanzielle) *Stabilisierung* (z. B. Cash Management, Sicherstellung der kurzfristigen Finanzierung, erste Kostensenkungsmaßnahmen). Ziel ist es, eine oftmals akut drohende Insolvenz zu vermeiden. Dies schafft einen zeitlichen Spielraum, um einen Restrukturierungsplan entwickeln zu können. Ziel ist auch, wieder Handlungsfähigkeit zu demonstrieren und den Stakeholdern des Unternehmens damit Vertrauen zu geben.
2. Etablierung von *Leadership* (z. B. Wechsel in der Unternehmensführung und im Management sofern erforderlich). Fast alle Unternehmenskrisen sind letztendlich Resultat von Managementfehlern. Auch deswegen geht es häufig um die schwierige Entscheidung, ob ein amtierender CEO bzw. Teile des Managements ausgetauscht werden sollten oder nicht. Auf jeden Fall ist die Kontrolle im Unternehmen wiederherzustellen. Ferner geht es um die grundsätzliche Eignung, die ein Turnaround-CEO haben sollte. Weitere wichtige Aufgaben sind die Bildung des Restrukturierungs-Teams, die Verbesserung der Kommunikation und die Herstellung von Akzeptanz und Unterstützung des Turnarounds im Unternehmen.

3. Unterstützung der *Stakeholder* absichern. In Krisensituation ist oftmals ein erhebliches Entgegenkommen der unterschiedlichen Stakeholder (z. B. Kreditgeber, Warenkreditversicherer, Lieferanten, Mitarbeiter, Behörden) erforderlich. Entscheidend ist, hier rasch wieder Vertrauen aufzubauen. Hebel dafür sind in erster Linie offene Kommunikation und die Schaffung von Transparenz und Verlässlichkeit.

4. *Fokussierung der Strategie.* Fast immer ist im Rahmen einer Unternehmensrestrukturierung auch die Überarbeitung oder sogar Neudefinition der Strategie notwendig, sofern überhaupt eine belastbare Strategie existiert. Meist geht es um Komplexitätsreduzierung durch Fokussierung. Strategische Anpassungen können dabei beispielsweise die komplette Neuausrichtungen des Unternehmens, Desinvestitionen, Akquisitionen, Änderungen des Produkt-/Markt-Mixes und Outsourcing von Unternehmensfunktionen umfassen.

5. Veränderungen der *Organisation*. Dazu gehören neben Anpassungen der Unternehmensstruktur und -dimensionierung vor allem die Bestimmung der Mitarbeiter bzw. Manager, die willens und in der Lage sind, den Turnaround aktiv zu unterstützen. Auch Qualifizierungsmaßnahmen und die Einführung von (einfachen) Incentivierungssystemen können für dieses Handlungsfeld in Betracht gezogen werden.

6. *Verbesserung kritischer Prozesse.* Hierbei geht es nicht um langwierige Reengineering- oder Optimierungs-Projekte, sondern um schnell wirksame Verbesserungen in den Dimensionen *time, cost, quality*, z. B. im Einkauf, im Vertrieb, in der Logistik und in der IT. Grundlegende Dinge werden angepackt, wie z. B. die Komplexität zu reduzieren, die Reaktion auf Kundenbedürfnisse zu verbessern und ein aussagekräftiges Informationssystem zu etablieren.

7. *Finanzielle Neuausrichtung.* Bei diesem Handlungsfeld steht die Restrukturierung der Finanzierung des Unternehmens im Vordergrund. Ziele dabei sind die Absicherung der kurz- und mittelfristigen Liquidität, die Sicherstellung der Finanzierung des Turnarounds (u. a. Abfindungszahlungen bei Personalmaßnahmen) und, sofern erforderlich, die Neuausrichtung der Kapitalstruktur mit den Stakeholdern der Eigen- und Fremdkapitalseite.

Bevor mit der eigentlichen Restrukturierungsarbeit und den beschriebenen sieben Handlungsfeldern begonnen werden kann, sind zunächst eine *Unternehmensdiagnose* und die Anfertigung eines *Restrukturierungskonzepts* erforderlich. Hierin erfolgen die Analyse der Unternehmenssituation, der Feststellung der grundsätzlichen Restrukturierungsfähigkeit des Unternehmens und eine erste Definition der möglichen Hebel für dessen Gesundung. Sofern das Unternehmen grundsätzlich überlebensfähig ist, steht, wie auf einer Intensivstation, zunächst die Sicherung des kurzfristigen Überlebens („Stop the bleeding") im Vordergrund und dann die Gesundung, d. h. die Wiederherstellung der Wettbewerbsfähigkeit (Kraus/Buschmann 2009, Rn. 11 ff; Slatter/Lovett 1999, S. 104 ff).

Welche typischen Hebel und Erfolgsfaktoren greifen bei Unternehmensrestrukturierungen?

Die Unternehmensberatung Roland Berger untersucht in einer europaweiten Studie unter anderem die Bedeutung der Hebel und der Erfolgsfaktoren bei Unternehmensrestrukturierungen (siehe Bild 1.2).

Die am häufigsten eingesetzten Maßnahmen sind Kostensenkungen bzw. Effizienzsteigerungen sowie Maßnahmen zur Verbesserung der Umsatzseite. Es hat sich gezeigt, dass bei sehr erfolgreichen Restrukturierungen die realisierten Ergebnisverbesserungen zu 80 % aus Kostensenkungen kommen und nur zu einem Fünftel aus Umsatzsteigerungen, was auch daran liegt, dass Kostenreduzierungsmaßnahmen tendenziell viel früher greifen als Maßnahmen auf der Marktseite, auch weil damit oftmals schmerzhafte Personalmaßnahmen verbunden sind (Falckenberg/Dony 2009, Rn. 91 f).

Gefragt nach den Faktoren, die für den Umsetzungserfolg einer Maßnahme wichtig oder sehr wichtig sind, wird als erstes das Management Commitment genannt, gefolgt von Kommunikation und schneller Umsetzung.

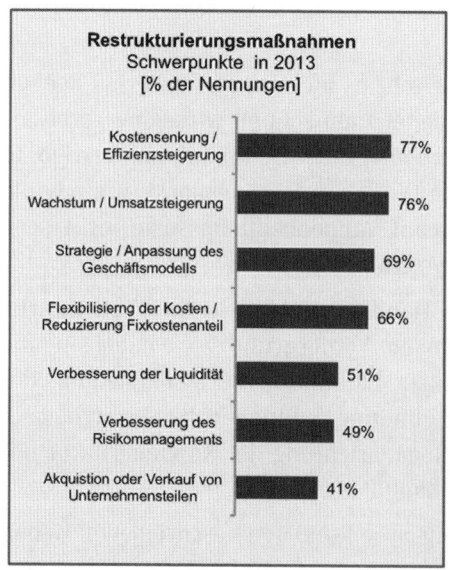 

Bild 1.2 Gängige Restrukturierungsmaßnahmen und Haupt-Erfolgsfaktoren (Roland Berger International Restructuring Study 2013)

Wie können Unternehmensrestrukturierungen gelingen?

Bei der Bearbeitung der genannten sieben Handlungsfelder werden Maßnahmen definiert, die im Rahmen eines Umsetzungsmanagements implementiert werden. Das Umsetzungsmanagement treibt die schnelle und konsequente Realisierung, zu Beginn der Restrukturierung entsprechend der Dringlichkeit der definierten Maßnahmen (Sofortmaßnahmen, Quick Wins). Diese Aufgaben werden oft durch externe Restrukturierungsfachleute begleitet und in Projektform durchgeführt, d. h. zeitlich begrenzt und mit entsprechender Projektorganisation und -arbeitsweise.

Im Rahmen eines derartigen Projekts werden meist typische Projektphasen durchlaufen, wie z. B. Unternehmensdiagnose, Stabilisierung bzw. Krisenmanagement sowie die Phase der strategischen Neuausrichtung. Begleitend bzw. parallel zu diesen Phasen erfolgt u. a. im Rahmen des Change Managements eine permanente Kommunikation mit den Stakeholdern, also den Interessen- und Anspruchsgruppen der Restrukturierung.

Von Kraus und Buschmann wurden *Leitsätze für das erfolgreiche Management einer Unternehmenskrise* zusammengefasst (Kraus/Buschmann 2009, Rn. 55):

- Alles *kritisch hinterfragen*: In der Restrukturierung gibt es keine „heiligen Kühe" und Sachverhalte, z. B. Komplexität, die als Naturgesetz zu akzeptieren sind,
- *Fakten und zahlenbasiert denken*, d. h. sich angesichts einer drohenden Insolvenz nicht allein auf das Bauchgefühl zu verlassen,
- *Ganzheitlich denken*, d. h. das Gesamtwohl des Unternehmens bzw. der Stakeholder und nicht Einzeloptimierungen stehen im Vordergrund der Unternehmensrestrukturierung,
- Befolgung der *80/20-Regel*, d. h. angesichts des Zeitdrucks ist eine Konzentration auf die dringlichsten und wichtigsten Themen zwingend,
- *Pragmatismus und Umsetzungsorientierung* als Handlungsmaxime, nicht endlose Diskussionen und immer tiefere Analysen,
- *Betroffene zu Beteiligten machen*, d. h. alle relevanten Stakeholder in einer Unternehmensrestrukturierung einbinden.

Diese Grundsätze haben sich vollumfänglich auch bei der Durchführung von IT-Turnarounds bewährt und werden – an die konkreten Erfordernisse eines IT-Turnarounds angepasst – in den nachfolgenden Kapiteln erläutert.

1.2 IT in Krisenunternehmen

Die in diesem Buch im Mittelpunkt stehende *IT-Krise* und deren Bewältigung ist nicht mit den Herausforderungen zu verwechseln, die auf die *IT in Krisenunternehmen* zukommen: IT-Krisen können auch in ansonsten gesunden und gut geführten Unternehmen vorliegen, d. h. IT-Krisen sind unabhängig vom Zustand des Unternehmens. Krisenunternehmen sind Unternehmen, die in eine Schieflage geraten sind und einen entsprechenden Restrukturierungs-(Turnaround-, Sanierungs-)bedarf aufweisen. Die IT in diesen Krisenunternehmen kann ebenfalls unzureichend sein oder noch relativ gesund – in jedem Fall kann sie einen Beitrag zur Gesundung des Gesamtunternehmens leisten (Baur 2004, S. 24). Die Unterstützung bei der Sanierung ist dabei sowohl während der akuten Krisenphase notwendig, als auch nach der Stabilisierung des Unternehmens bei der Neuausrichtung (siehe Bild 1.3).

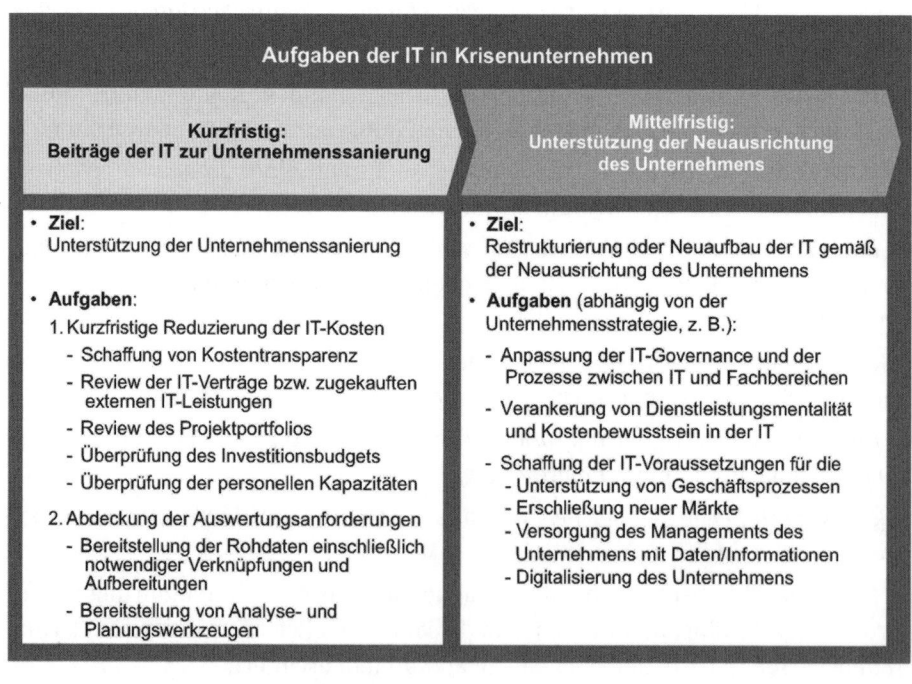

Bild 1.3 Aufgaben der IT in Krisenunternehmen

IT-Unterstützung zur Realisierung von Liquiditätseffekten (Kostensenkung bzw. Ausgabenvermeidung)

Insbesondere bei einer akuten Liquiditätskrise geht es bei der Sanierung mit Vorrang darum, alle nicht überlebensnotwendigen Ausgaben im Unternehmen zu identifizieren und bis auf das allernötigste zu reduzieren. Für die IT im Krisenunternehmen bedeutet dies konkret, dass alle Ausgaben auf den Prüfstand müssen, um Hebel für die Senkung der IT-Kosten bzw. der Vermeidung von Ausgaben ausfindig zu machen. Oft werden derartige Maßnahmen jedoch pauschal und undifferenziert durchgeführt, und zwar hinsichtlich den Bereichen, in denen eine rasche, signifikante IT-Kostensenkung zu verkraften ist und den Bereichen, die für den Fortbestand des Unternehmens essenziell sind. Unbedachte Kürzungen nach der „Rasenmäher-Methode" können zu massiven Beeinträchtigungen des operativen Geschäfts führen und somit die Krise noch verstärken. Man stelle sich nur vor, wenn zur Geschäftskrise auch noch Horrormeldungen aus der IT kommen, wie z. B. „Produktionsstillstand nach Serverausfall", „Die Systeme können die notwendigen Auswertungen nicht mehr liefern" oder „Mangelhafte IT-Sicherheit – Kundendaten ausgespäht".

Folgende Hebel kommen beispielsweise für IT-Kostensenkungen bei Unternehmenskrisen in Betracht:

1. *Sanierungsbedingter Leistungsabbau:* Zunächst sind dazu alle IT-Leistungen zu identifizieren, die das Unternehmen an IT-Systemen und -Services zwingend zum Überleben braucht, insbesondere dann, wenn diese von externen IT-Dienstleistern zugekauft werden. Was wird unbedingt benötigt, damit das „Licht in der IT" nicht ausgeht („Keep the Lights on"-Analyse)? Alle anderen Funktionen und Services sind Kandidaten für eine zumindest zeitweise Abschaltung bzw. Leistungsreduzierung, sofern sich nicht kurzfristig eine Finanzierungsmöglichkeit außerhalb der IT findet. Dazu gehört auch eine Trennung von allen externen Mitarbeitern, die nicht unmittelbar für die Sanierung gebraucht werden. Sofern erforderlich, muss deren Arbeit auf interne Mitarbeiter umverteilt werden. Durch koordinierte Übergabeprozesse sollte versucht werden, kritisches Know-how auf die eigene Mannschaft zu transferieren.

2. *Nachverhandlungen der IT-Verträge:* Insbesondere bei umfangreichem Fremdbezug von IT-Leistungen (Outsourcing) sind für die Realisierung von kurzfristigen Liquiditätseffekten Verhandlungen mit den wichtigsten IT-Dienstleistern erforderlich. Optionen bestehen neben dem Ausüben von eventuell vorhandenen Sonderkündigungsrechten zunächst in der Vereinbarung von Preisreduktionen („Krisenrabatte"), längeren Zahlungszielen, Forderungsverzichten und Stundungsvereinbarungen, z. B. in Verbindung mit einer temporären Einstellung oder Reduzierung der erbrachten IT-Dienste.

Ferner ist eine größtmögliche Flexibilisierung und eine Umwandlung von fixen in variable Leistungsverrechnungen anzustreben, auch wenn dies durch mangelnde Bündelungseffekte mittelfristig nachteilig ist (z. B. Berechnung von PC-Supportleistungen nur noch je Einzelfall und auf Basis einer konkreten Beauftragung). Zugeständnisse seitens der Lieferanten können für den Erfolg einer Unternehmenssanierung von großer Bedeutung sein (Riggert 2012, S. 144); durch zielgerichtete Verhandlungen mit bedeutenden IT-Dienstleistern kann die IT einen wertvollen Beitrag zur Sanierung leisten. Hierbei stehen vor allem Services im Fokus, die nicht überlebensnotwendig sind. Zugeständnisse von IT-Dienstleistern, die unternehmenskritische Services erbringen, sind meist schwieriger zu erlangen.

3. *Review des Projektportfolios und des IT-Budgets:* Auch bei jedem einzelnen Projekt, bei dem die IT einen Beitrag leistet, ist die unmittelbare Notwendigkeit für die unmittelbare Gesundung des Unternehmens zu hinterfragen. Dies gilt für Projekte der Fachbereiche mit IT-Bezug, Softwareentwicklungs- und -Einführungsprojekte sowie für Projekte, die IT-intern durchgeführt werden oder geplant sind. Bei Projekten, die sich kurz vor Fertigstellung befinden, ist eine Einzelfallentscheidung des Topmanagements bzw. des Sanierungsmanagements hinsichtlich Fertigstellung oder Abbruch einzuholen. Das Investitionsbudget des laufenden Jahres – sofern noch nicht aufgezehrt – ist ebenfalls Posten für Posten zu hinterfragen. Investitionen, die nicht unbedingt notwendig für den Erhalt der Kernfunktionsfähigkeit der IT-Infrastruktur sind, müssen zumindest verschoben werden.

4. *Reduzierung der Personalkosten:* Häufig wird von der IT auch ein Beitrag zur Senkung der Personalkosten gefordert. Neben Entlassungen als Ultima Ratio können, sofern im Restrukturierungsprogramm als Personalmaßnahme vorgesehen, Gehaltsanpassungen, Angebote für eine Sabbatzeit, Kurzarbeit oder eine temporäre Reduktion der Stundenzahl mit den IT-Mitarbeitern vereinbart werden. Dies erbringt kurzfristige Liquiditätseffekte, beinhaltet aber auch die Möglichkeit, die IT-Mitarbeiter zu halten und nach Bewältigung der akuten Liquiditätskrise schnell zu reaktivieren.

Alle Maßnahmen sind in ihrer Ausgabenwirkung zu quantifizieren und mit konkreten Verantwortlichkeiten und Terminen zu hinterlegen. Eine rigorose, zentrale Ausgabenkontrolle ist ebenfalls obligatorisch.

IT-Unterstützung auf der Steuerungs- und Auswertungsseite

Ergänzend zu der Beschränkung der IT-Leistungen durch rigorose Kostensenkung kann eine Sanierung paradoxerweise auch eine Ausweitung von Leistungen erfordern, wenn sanierungsnotwendige Aufgaben in anderen Teilen des Unternehmens durch IT unterstützt werden müssen oder umfangreiche Auswertungen zu erstellen sind („sanierungsbedingte Leistungserweiterung"; Kütz 2009, Rn. 92).

Eine der wesentlichen Voraussetzungen für die Einleitung von effektiven Sanierungsmaßnahmen ist die Herstellung von Transparenz hinsichtlich der kritischen Steuerungsinformationen des Unternehmens. Eine Unternehmensrestrukturierung ist deshalb in aller Regel mit einer umfangreichen Datenanalyse verbunden. In kurzer Zeit steigen die Anfragen nach „Rohdaten" von unterschiedlichen Stakeholdern der Unternehmensrestrukturierung (z. B. Geschäftsleitung, externe Berater, Banken und andere Fremdkapitalgeber, Shareholder (Anteilseigner) und andere Eigenkapitalgeber, Fachbereiche, Insolvenzverwalter, potenzielle Investoren) sprunghaft an. Der IT kommt hierbei eine wichtige Unterstützungsfunktion im Sanierungsprozess zu (Baur 2004, S. 27): Aufgabe des IT-Managements ist die rasche und flexible Koordination der Bereitstellung der angeforderten Daten aus den Unternehmenssystemen. Damit kann die Herstellung von Transparenz im Unternehmen und die Einleitung von zielführenden Maßnahmen wesentlich erleichtert werden.

Dazu ist in enger Zusammenarbeit mit dem Rechnungswesen zu definieren, welche Informationen fehlen und wie die Datenverknüpfung und -bereitstellung realisiert werden kann. Zumindest Bestände, Kosten, Umsätze, Forderungen und Verbindlichkeiten sowie ein Liquiditätsstatus sollten tagesaktuell und ggfs. im Forecast bereitstehen. Es empfiehlt sich, pragmatische und schnell verfügbare Lösungen zu realisieren – zur Not mit der „Hand am Arm", d. h. mit Bordmitteln wie Excel etc. Die flexible Aufbereitung der „Rohdaten" und die zeitnahe Bereitstellung der Führungsinformationen ist nicht nur für das Sanierungs-Tagesgeschäft unverzichtbar, sondern auch für die Darstellung des Restrukturierungsfortschritts gegenüber Banken, Gläubigern und (potenziellen) Investoren.

Restrukturierung der IT in Krisenunternehmen

Schnell wirksame IT-Kostensenkungsmaßnahmen und Soforthilfe hinsichtlich der Informationsbereitstellung – so wichtig sie im akuten Krisenstadium auch sind – können nur eine Seite der IT-Aufgaben bei einer Unternehmensrestrukturierung sein. Sobald die akute Krisenphase mit Liquiditätsproblemen und einer unmittelbaren Bedrohung des Unternehmens überwunden ist, muss die IT zur nachhaltigen Sanierung des Unternehmens beitragen. Bei der damit einhergehenden Neuausrichtung der IT können zahlreiche Hebel und Maßnahmen zielführend sein, die auch bei einem IT-Turnaround zur Anwendung kommen und im Folgenden beschrieben werden.

Zusammenfassung: Grundlagen des Turnaround-Managements

- Die Begriffe Restrukturierung, Sanierung und Turnaround werden weitgehend synonym verwendet und beschreiben Reaktionen des Unternehmens zur Bewältigung von Unternehmenskrisen.

- Der Fokus bei Turnarounds liegt auf pragmatischen, schnell wirksamen Maßnahmen, die das Überleben des Unternehmens sichern sollen.
- Transformationen sind hingegen eher ein Mittel zur Krisenvermeidung. Sie umfassen meistens einen Umbau des Unternehmens, der im Vorfeld oder ggfs. nach einer akuten Krisensituation durchgeführt wird und sich häufig über einen längeren Zeitraum erstreckt.
- Zur Bekämpfung einer Krise wird auf Basis eines umfassenden Turnaround-Konzepts und mit einem situationsadäquaten Krisenmanagement eine wirksame Umsetzung geeigneter Maßnahmen verfolgt.
- Bei der Bewältigung einer Unternehmenskrise kann auch die IT wichtige Beiträge liefern. Dazu gehören Maßnahmen zur Senkung der IT-Kosten bzw. zur Vermeidung von Ausgaben sowie die pragmatische Unterstützung bei der Bereitstellung von Rohdaten bzw. Informationen, die im Rahmen der Sanierung erforderlich sind.

Literatur

Baur, A.: IT-Restrukturierung als Hebel für die nachhaltige Sanierung von mittelständischen Unternehmen. *HMD – Praxis der Wirtschaftsinformatik, Nr. 240 – IT im Mittelstand*, S. 23–31 (2004).

Falkenberg, M.; Dony, C.: §1 Unternehmensrestrukturierungen in Deutschland – Empirische Ergebnisse. In Buth, A. K., Hermanns, M.: *Handbuch Restrukturierung, Sanierung, Insolvenz*. C. H. Beck, München (2009).

Faulhaber, P.; Grabow, H.-J: *Turnaround-Management in der Praxis*. Campus, Frankfurt/Main (2009).

Kraus, K.-J.; Buschmann, H.: §5 Sanierungskonzept und Umsetzungsmanagement einer nachhaltigen Unternehmenssanierung. In Buth, A. K., Hermanns, M.: *Handbuch Restrukturierung, Sanierung, Insolvenz*. C. H. Beck, München (2009).

Kütz, M.: §15 Beiträge zur Restrukturierung/Sanierung IT. In Buth, A. K.; Hermanns, M.: Handbuch Restrukturierung, Sanierung, Insolvenz. C. H. Beck, München (2009).

Riggert, R.: Lieferanten. In Baur M.; Kantowsky, J.; Schulte, A.: *Stakeholder-Management in der Restrukturierung*. Springer Gabler, Wiesbaden (S. 133–144) (2012).

Roland Berger Strategy Consultants. *International Restructuring Study 2013 – „Europe's competitiveness"*. Abgerufen von http://www.rolandberger.com: http://www.rolandberger.com/media/pdf/Roland_Berger_International_Restructuring_Study_20131016.pdf am 22. November 2013 (Oktober 2013).

Slatter, S.; Lovett, D.: Corporate Turnaround. Penguin Books, London (1999).

Slatter, S.; Lovett, D.; Barlow, L.: Leading Corporate Turnarounds. Wiley, West Sussex (2006).

2 Turnaround-Bedarf in der IT erkennen und handeln

Die im vorausgegangenen Kapitel betrachteten Unternehmenskrisen lassen sich in der Regel aus der Interpretation bzw. den Entwicklungen von Bilanz und Gewinn- und Verlustrechnung feststellen. IT-Krisen hingegen sind weitaus schwieriger zu identifizieren. Für viele Unternehmen mit Problemen in der IT besteht eine große Herausforderung darin, eine IT-Krise als solche rechtzeitig zu erkennen und die Notwendigkeit für einen IT-Turnaround abzuleiten. Kriselnde IT-Bereiche sind allerdings durch typische Muster gekennzeichnet, die im Folgenden erläutert werden.

2.1 IT-Evolution versus IT-Turnaround

Eine Unternehmensrestrukturierung ist die Reaktion auf eine akute Krisensituation eines Unternehmens. Wann liegt nun eine IT-Krise vor, die analog eine IT-Restrukturierung erfordern kann?

In vielen Unternehmen befindet sich die Unternehmens-IT in einem fortlaufenden Veränderungszustand, in einem evolutionären Prozess bzw. in einer dauerhaften Transformation. In einer Umfrage von 2012 des Datenspeicherungs-Unternehmens EMC gaben 46 % der befragten Unternehmen an, dass sich ihre IT in den nächsten zwölf Monaten in irgendeiner Form ändern wird. Darin enthalten sind 8 % der Unternehmen, die eine „vollständige Änderung" (1 %) oder „erhebliche Änderung" (7 %) erwarten (EMC 2012). Treiber dieser Evolution in der IT sind beispielsweise:

- neue bzw. sich ändernde gesetzliche Anforderungen (z. B. Umsetzung der Zahlungsverkehrsabwicklung gemäß SEPA),
- regelmäßige Releasewechsel von Enterprise Resource Planning (ERP)-Systemen (z. B. SAP),
- die Antizipation neuer technischer Entwicklungen (z. B. Big Data, Cloud-Computing, Social Media, mobile Technologien),

- das Aufkommen von Anforderungen der IT-Kunden (Fachbereiche), z. B. die geforderte Bereitstellung von zusätzlichen oder neuen Anwendungen oder Anwendungsfunktionen,
- das Entstehen neuer bzw. geänderter Bedrohungsszenarien durch Cyberkriminalität (z. B. Datenklau, Hacking, Sabotage, Spionage),
- strukturelle Änderungen im Unternehmen (z. B. Merger, Desinvestitionen, Zukauf von Unternehmensteilen),
- Markt- bzw. Geschäftsentwicklung (z. B. Skalierung der Hard- und Software zur Sicherstellung der Performanz von internen oder externen Systemen als Reaktion auf User- oder Kundenwachstum).

Solange derartige Veränderungen in der Unternehmens-IT zumindest weitgehend planmäßig, kontrolliert und in überlegten Schritten sowie im gesteckten finanziellen und zeitlichen Rahmen stattfinden, kann in der Regel nicht von einer Krise der Unternehmens-IT gesprochen werden. Eine IT-Krise ist jedoch dann zu vermuten, wenn sich verstärkt typische Krisensymptome bzw. ihre entsprechenden Ursachen zeigen, die im Folgenden erläutert werden.

■ 2.2 Typische IT-Krisensymptome

Es gibt zahlreiche typische Anzeichen, die auf eine Krise in der IT hindeuten können. In Abhängigkeit von der Branche, der Unternehmensgröße und -kultur, dem Stellenwert und dem Reifegrad der IT in einem Unternehmen und der Managementqualität können dabei völlig unterschiedliche Warnsignale und Krisensymptome sichtbar werden. Eine allgemeingültige Regel für die Diagnose einer IT-Krisensituation existiert nicht, aber ein Kanon einschlägiger Anzeichen, die auf eine Krise hindeuten können (siehe Bild 2.1).

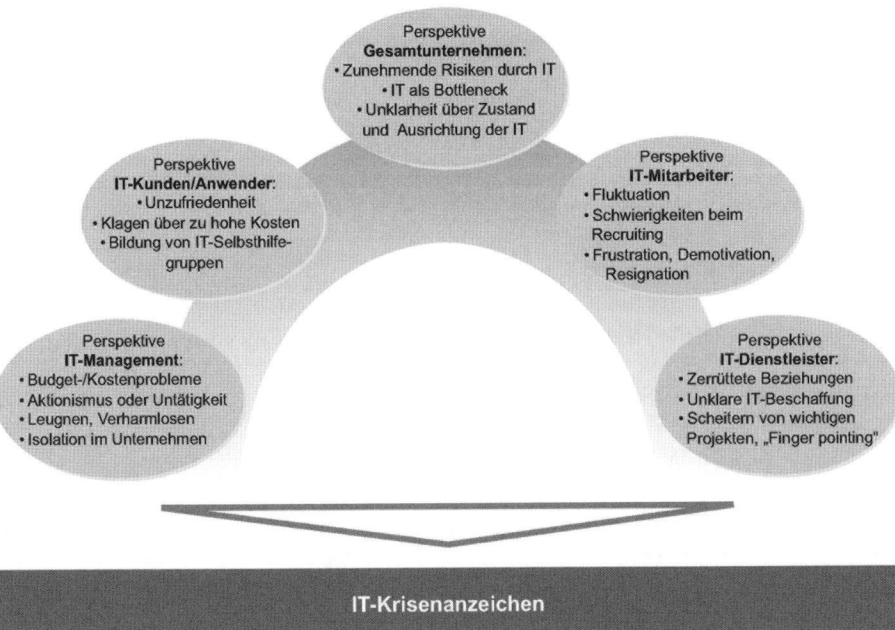

Bild 2.1 Typische IT-Krisenanzeichen nach der Perspektive der Wahrnehmung

Qualitative Krisenanzeichen

Tabelle 2.1 zeigt in Form einer Checkliste eine Übersicht von einschlägigen IT-Krankheitsanzeichen und Warnsignalen, geordnet nach der Perspektive der Wahrnehmung. Diese Tabelle ist keine erschöpfende Darstellung aller möglichen IT-Krisensymptome und viele der Erscheinungen können auch in gesunden IT-Bereichen vorkommen. So gibt es z. B. in der Praxis immer einzelne IT-Mitarbeiter, die über eine unzureichende Ausrichtung klagen oder Anwender, die mit der Performance der IT unzufrieden sind. Nichtsdestotrotz gilt:

 Häufen sich Krisenanzeichen bzw. sind zahlreiche IT-Stakeholder unzufrieden und verstärken sich negative Entwicklungen auch noch im Zeitverlauf (Krisengenese), so liegt in vielen Fällen eine IT-Krise mit entsprechendem kurzfristigem Handlungsbedarf vor.

Derartige Krisensymptome in der IT treten unabhängig davon auf, ob die IT selbst produziert wird (Insourcing), oder ganz bzw. teilweise zugekauft wird (Outsourcing, Outtasking etc.); eine „schlechte IT" kann also unabhängig von der Art der Leistungserstellung vorliegen.

Tabelle 2.1 Checkliste qualitative IT-Krisensymptome

IT-Krisensymptom	Kein Vorkommnis	Gelegentliches Vorkommen	Häufiges Vorkommen/Dauerzustand
Wahrnehmungen bei den IT-Mitarbeitern			
Überdurchschnittliche Fluktuation bzw. Unzufriedenheit der IT-Mitarbeiter			
Unklarheit über die Ausrichtung der IT bei den IT-Mitarbeitern			
Überlastung der IT-Mitarbeiter wird als Normalzustand angesehen			
Ausgeprägte Abgrenzung gegenüber den Anwendern (Lagerdenken, „Us and them"-Kultur)			
Frustration, Demotivation, Resignationstendenzen und daraus resultierende Qualitätsprobleme			
Schwierigkeiten, qualifiziertes IT-Personal zu gewinnen			
Wahrnehmungen auf Seiten der IT-Dienstleister			
Zahlreiche Eingangskanäle (Besteller) für IT-Dienstleistungen im Unternehmen, unkoordiniertes Bestellwesen			
Zahlreiche IT-Themen werden an unterschiedlichen Stellen im Unternehmen unzureichend koordiniert von unterschiedlichen IT-Dienstleistern bearbeitet			
Unklare IT-Beschaffungsstrategie			
Unübersichtliche, komplexe IT-Lieferantenstruktur			
Zerrüttete Beziehungen zu wichtigen IT-Lieferanten (z. B. Outsourcing-Dienstleister, Software-Entwicklungspartner)			
Scheitern von wichtigen Projekten, „Finger pointing" zwischen IT-Dienstleistern und der internen IT			
Wahrnehmungen bei den IT-Kunden (z. B. Fachbereiche, Anwender)			
Scheitern oder „auf die lange Bank schieben" von unternehmenskritischen Projekten mit IT-Bezug (z. B. CRM, ERP, Data Warehouse)			
Verschlafen oder Verzögern von wichtigen Entwicklungen (z. B. elektronische Interaktion mit Kunden, Integration mit mobilen Technologien, Big Data)			
Als zu lang empfundene Zeiträume zwischen der Idee zu einer IT-getriebenen Innovation und der Live-Schaltung des entsprechenden IT-Produkts oder -Dienstes (Time to Market)			
Von Anwenderseite begründete Unzufriedenheit mit der Leistungsfähigkeit der IT im Unternehmen über einen längeren Zeitraum (z. B. aufgrund von häufiger Terminuntreue, regelmäßigen Systemausfällen, unzureichender Funktionalität und Benutzerfreundlichkeit von Anwendungen)			

2.2 Typische IT-Krisensymptome

IT-Krisensymptom	Kein Vorkommnis	Gelegentliches Vorkommen	Häufiges Vorkommen/Dauerzustand
Als ineffizient, intransparent, unflexibel oder bürokratisch wahrgenommene Prozesse zwischen IT und Fachbereichen (z. B. Anforderungsmanagement, Projektmanagement, Leistungsverrechnung)			
Klagen über mangelndes Verständnis der Business-Anforderungen und/oder mangelnde Flexibilität („Die IT versteht uns nicht", „Wir können nicht schnell genug auf den Wettbewerb reagieren"),			
Als unzureichend wahrgenommenes Handeln im Störungsfall (z. B. beim Ausfall einer intern verwendeten Anwendung oder dem Stillstand der Online-Plattform)			
Klagen über als zu hoch empfundene Kosten der IT			
Anzeichen von Resignation und Bildung von „IT-Selbsthilfegruppen" auf IT-Kundenseite (z. B. eigenmächtige Beschaffung von IT-Komponenten, Übernahme von IT-Aufgaben, Durchführung von Projekten mit IT-Bezug ohne Einbeziehung des IT-Bereichs)			
Wahrnehmungen auf der IT-Managementseite			
Wirtschaftliche Defizite der IT, d. h. überdurchschnittlich hohe IT-Kosten und/oder signifikante Budgetüberschreitungen			
Absorption durch das IT-Tagesgeschäft, keine klare Ausrichtung der IT-Entwicklung erkennbar, Schwerpunkt auf situationsbezogenen Aktionen, reaktives Verhalten, permanentes „Fire fighting"			
Schwierigkeiten mit konstruktiver Lösungsfindung bei IT-Anforderungen und -Problemen („Defense Mode"), Blockadehaltung bzw. „Geht nicht"-Attitüde			
Leugnen oder Verharmlosen von offensichtlichen Defiziten			
Handlungsunfähigkeit oder Aktionismus der IT-Verantwortlichen („Out of Control"-Status)			
Allgemeine Wahrnehmung der IT im Unternehmen			
Anhäufung von Risiken im IT-Bereich (z. B. Abhängigkeiten von einzelnen Mitarbeitern und Lieferanten, unzureichend abgesicherter IT-Betrieb, kontinuierliche IT-Performance oder -Verfügbarkeitsprobleme, unzureichende IT-Infrastruktur, Vorfälle (Incidents) im Bereich von Datenschutz oder Datensicherheit)			
Permanente Auseinandersetzungen zwischen IT-Lieferseite und IT-Kundenseite („Blame Culture")			
Wachsende Unzufriedenheit mit IT-Entscheidungen, wie z. B. Projekt-Priorisierung, Investitionsentscheidungen und Budgetierung			

Tabelle 2.1 Checkliste qualitative IT-Krisensymptome *(Fortsetzung)*

IT-Krisensymptom	Kein Vorkommnis	Gelegentliches Vorkommen	Häufiges Vorkommen/ Dauerzustand
Kontinuierliche Überlastung der IT („Bottleneck"), gekennzeichnet durch Projekt- und Investitionsstau, mangelnde Priorisierung sowie wiederkehrende Qualitätsmängel			
Vertrauensverlust in die Fähigkeiten der IT im Allgemeinen			
Isolation der IT im Unternehmen bzw. Abkoppelung vom Planungsprozess im Business hinsichtlich neuer Produkte und Dienstleistungen, mangelnde Einbindung der IT in die unternehmensweiten Entscheidungsprozesse			
Unklarheit im Unternehmen hinsichtlich der Anforderungen an die IT bzw. über deren Zustand und zukünftige Ausrichtung			
Hinweise auf erhebliche IT-Defizite in den Berichten der internen Revision, des internen Risiko-Managements oder externer Wirtschaftsprüfer (z. B. Bemängelung von IT-Verfahren, fehlende Dokumentation, unzureichende Prozesse, Nichteinhaltung von Compliance-Regeln)			

Quantitative Krisenanzeichen

Neben den in Tabelle 2.1 dargestellten vorwiegend qualitativen Warnsignalen können sich Indizien für eine kriselnde IT auch in quantitativen Anzeichen äußern. Dazu gehören beispielsweise erhebliche Abweichungen von IT-Kennziffern, z. B. für

- *stark wachsende IT-Budgets*, bei denen der Anstieg vornehmlich durch Ausgaben für die Wartung und Instandhaltung des Status quo getrieben ist.
- die Relation der *IT-Kosten zum Gesamtumsatz*. Befindet sich der ermittelte Wert im Unternehmen deutlich über dem Branchendurchschnitt, so liegt die Vermutung nahe, dass Probleme mit der Kosteneffizienz bestehen, die wiederum auf zahlreiche Gründe zurückzuführen sein können. Liegt der Wert darunter, könnte die IT „zu kurz" gehalten worden sein (Underspending), was Konsequenzen für die Leistungsfähigkeit nach sich ziehen kann.
- *IT-Ausgaben je Mitarbeiter des Unternehmens*. Diese Kennziffer wird z. B. herangezogen, um Vergleiche hinsichtlich der IT-Investitionen und des Automatisierungsgrades auf Anwenderseite zu dokumentieren.
- die Relation *„Anzahl der IT-Mitarbeiter zur Gesamtzahl der Mitarbeiter"*. Diese Kennziffer erlaubt eine Indikation, ob unabhängig von der Qualifikation ten-

denziell „zu viele" oder „zu wenige" IT-Mitarbeiter zur Verfügung stehen. Beides kann für die weiter unten aufgeführten Krisenursachen mitverantwortlich sein.

- die *Aufteilung der Gesamt-IT-Ausgaben auf die Kategorien Run, Grow und Transform*, also „Betrieb des Unternehmens", „Wachstum des Unternehmens", „Transformation des Unternehmens" bzw. die Aufteilung „Ausgaben mit Kostencharakter versus investive Ausgaben" lassen Vermutungen hinsichtlich der Verwendung der IT-Mittel zu. Ist z. B. das Budget fast vollständig für den Erhalt des Status quo der IT erforderlich oder kann auch noch die Weiterentwicklung des Unternehmens bzw. der Umbau der IT unterstützt werden?

Der Vergleich mit quantitativen Benchmark-Daten kann immer nur der Anfang für weitere Fragen bzw. Überlegungen sein. In Bild 2.2 ist dargestellt, wie quantitative Benchmark-Daten im Rahmen eines IT-Assessments auf die Kennzahlen der „Handels AG" angewandt wurden. Abweichungen zu den Durchschnittswerten der Branche sind auch an sich kein hinreichendes Indiz für das Vorliegen einer IT-Krise, sofern sie plausibel erklärbar sind. Bestehen aber signifikante Abweichungen vom Branchendurchschnitt nach oben und unten, vielleicht bereits über mehrere Jahre, und herrschen Ratlosigkeit oder Ausflüchte hinsichtlich deren Ursachen, so werden vorliegende qualitative Krisensymptome tendenziell noch untermauert.

Eine weitere Quelle für quantitative Krisenanzeichen ist neben externen Benchmark-Daten die Betrachtung von internen Kennzahlen (Key Performance Indicators, KPIs), sofern sie aktuell und in aussagekräftiger Form vorliegen.

Folgende quantitativen Informationen können beispielsweise herangezogen werden:

- Entwicklung der Zufriedenheit der IT-Kunden,
- IT-Mitarbeiterzufriedenheit, Krankenstände, Überstundenbestand,
- Einhaltung bzw. Erreichung von Projekt-Meilensteinen,
- End-to-end-Verfügbarkeiten und -Antwortzeiten von unternehmenskritischen Systemen,
- Entwicklung des Ticketaufkommens, Bearbeitungszeiten je Ticket.

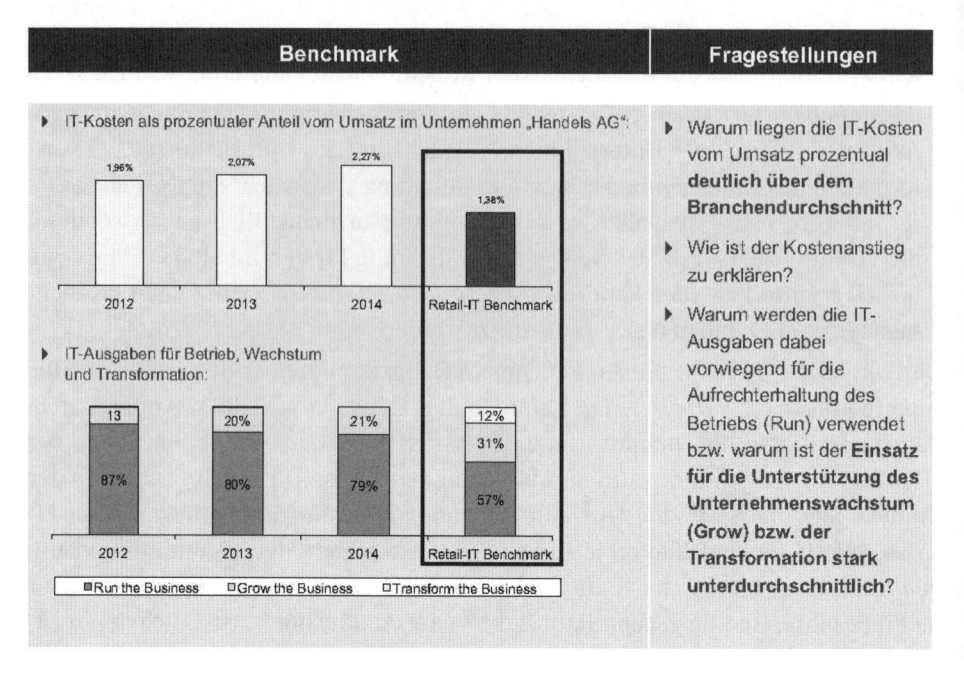

Benchmark	Fragestellungen
IT-Kosten als prozentualer Anteil vom Umsatz im Unternehmen „Handels AG": 1,96% (2012), 2,07% (2013), 2,27% (2014), 1,38% (Retail-IT Benchmark). IT-Ausgaben für Betrieb, Wachstum und Transformation: 2012: Run 87%, Grow 13%; 2013: Run 80%, Grow 20%; 2014: Run 79%, Grow 21%; Retail-IT Benchmark: Run 57%, Grow 31%, Transform 12%.	• Warum liegen die IT-Kosten vom Umsatz prozentual **deutlich über dem Branchendurchschnitt?** • Wie ist der Kostenanstieg zu erklären? • Warum werden die IT-Ausgaben dabei vorwiegend für die Aufrechterhaltung des Betriebs (Run) verwendet bzw. warum ist der **Einsatz für die Unterstützung des Unternehmenswachstum (Grow)** bzw. der **Transformation stark unterdurchschnittlich?**

Bild 2.2 Beispiel für die Verwendung von externen Benchmark-Daten zur Krisendiagnose

■ 2.3 Typische Auslöser für IT-Krisen

Was sind die Gründe für die genannten IT-Krisensymptome? Hierbei fällt eine Verallgemeinerung noch schwerer als beim Aufzeigen einer generellen Symptomatik. Zu unterschiedlich sind die jeweiligen Ausgangssituationen, die aktuellen Herausforderungen und die jeweils geltenden Rahmenbedingungen für die IT in Unternehmen. Zudem lassen sich selten *einzelne* Ursachen als Grund für eine IT-Krise bestimmen, vielmehr liegen meist sich überlappende Ursache-Wirkungs-Konstellationen vor (siehe Bild 2.3).

Fast immer sind nicht einzelne Ursachen krisenauslösend, sondern ein Cocktail verschieden stark ausgeprägter Defizite und Versäumnisse. Grob lassen sich die Anlässe bzw. Auslöser für IT-Restrukturierungen in zwei Gruppen einteilen:

1. IT-*interne* Ursachen, d. h. durch Versäumnisse und unzureichende IT-Leistungserbringung entstandener Handlungsdruck und

2. IT-*externe* Ursachen, d. h. Handlungsdruck durch Ereignisse, mit denen die IT von außen konfrontiert wird.

2.3 Typische Auslöser für IT-Krisen

IT-interne Ursachen
- Versäumnisse des Topmanagements
- Schwaches IT-Management
- Zu hohe bzw. nicht mehr beherrschbare IT-Komplexität
- Ungeeignete bzw. nicht mehr geeignete IT (IT-Infrastruktur, IT-Anwendungen)
- Inakzeptable Risiken in der IT
- Fehlende Transparenz in der IT
- Unzureichendes Preis-/Leistungsverhältnis der IT

Potenzielle Auslöser für IT-Krisen

IT-externe Anlässe
- Unternehmenszusammenschlüsse (Post Merger Integrationen) und Carve-out-Situationen (Herauslösen von Unternehmensteilen)
- Unternehmensweite Kostensenkungs-/Effizienzsteigerungsprojekte
- Restrukturierung des Unternehmens, Unternehmenskrise
- Neuausrichtung des Unternehmens (Transformation)

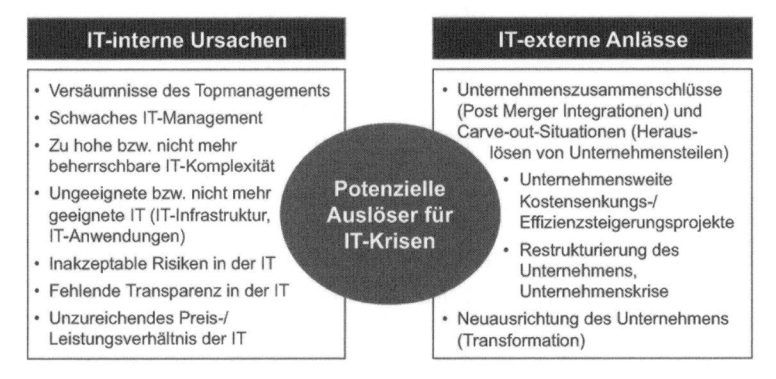

Bild 2.3 Potenzielle Auslöser für IT-Krisen

2.3.1 Interne IT-Krisenursachen

Topmanagement-Versäumnisse

Für viele Topmanager ist die IT eine „Black Box", gekennzeichnet durch hohe Komplexität, unverständliche Fachsprache und einen Mitarbeitertypus, der eine Zusammenarbeit oftmals nicht leicht macht. Zudem sind viele Manager frustriert, da trotz erheblicher IT-Investitionen ein wirklicher Mehrwert für das Unternehmen nicht sichtbar ist (Weill/ Ross 2009, S. 3), oder die Leistung insgesamt negativ wahrgenommen wird („too late with too little").

Daraus resultiert in nicht wenigen Unternehmen eine Ignoranz des Topmanagements gegenüber der IT, d.h. viele Entscheidungen werden der IT überlassen oder „aus dem Bauch" getroffen, um sie von der Tagesordnung zu bekommen (Brenner u.a. 2010, S. 15). Auch wird die IT oft zu Unrecht in die Commodity-Ecke gerückt, verbunden mit der Erwartung, als reiner Kostenverursacher möglichst günstig zu funktionieren (Carr 2003). Ergänzend dazu wird dann auch versäumt, effektive Spielregeln bezüglich IT-Entscheidungen im Unternehmen, also IT-Governance-Strukturen, zu etablieren.

Diese Einstellungen der Unternehmensführung resultieren in einer Überlastung des IT-Managements, das ohne konkrete Zielvorgaben „von Oben" und ohne wirksame Spielregeln die Prioritäten hinsichtlich der gegenwärtigen und vor allem der zukünftigen IT-Ausrichtung mit den Fachbereichen Tag für Tag ausfechten muss. Ohne Topmanagement-Führung bzw. einer effektiven Governance in der IT können einzelne Fachbereiche ihre individuellen Anforderungen kompromisslos durchsetzen und den IT-Bereich bzw. die Projekt-Pipeline dadurch weitgehend blockieren – für andere Kundengruppen, die ihre Anforderungen nicht durchdrücken können, sind dann keine IT-Kapazitäten mehr verfügbar. Als Resultat entsteht nicht selten ein Berg von verzögerten IT-Vorhaben mit dubiosem Geschäftsnutzen und hohen Folgekosten.

Das andere Extrem sind die „Dr. No"-Fälle, bei denen die IT die Business-Anforderungen rigoros abbügeln kann und durch Verweigerungshaltung, Bürokratismus und „Geht-Nicht"-Attitüde die Weiterentwicklung des Unternehmens mit Hilfe der IT massiv behindert.

Die unzureichende Beachtung der IT durch das Topmanagement führt letztendlich dazu, dass Entscheidungen über die Durchführung von IT-Anforderungen von der IT oder den jeweiligen Fachbereichen getroffen werden bzw. sich aus bilateralen „Verhandlungen" ergeben. Anstatt vor dem Hintergrund der Gesamtunternehmensausrichtung die IT-Mittel zielführend zu allokieren, werden dann häufig nur Partikularinteressen durchgesetzt.

Mangelndes Engagement des Topmanagements lässt jedoch nicht nur die „Upside"-Chancen einer zielgerichteten IT ungenutzt, sondern begünstigt auch das zu späte Entdecken von IT-Krisen und die rechtzeitige Gegensteuerung. Ein Kennzeichen von Unternehmen, die IT erfolgreich einsetzen, ist die Wahrnehmung einer *aktiven IT-Führungsrolle durch das Topmanagement* bzw. geeigneter Gremien im Unternehmen. Im MIT wurde ermittelt, dass sich ein derartiges Engagement auszahlt. Unternehmen, die IT aktiv einbinden, also „IT savvy" sind, erzielen eine um 20 % höhere Profitabilität als ihre Wettbewerber (Weill/Ross 2009, S. 18).

IT-Management-Defizite

Viele Gründe für eine IT-Krisensituation liegen im IT-Management selbst. Dies beginnt schon mit grundlegenden Aufgaben eines CIO oder IT-Leiters, die selbstverständlich sein sollten, oft jedoch nicht ausreichend wahrgenommen werden.

Zu den am häufigsten anzutreffenden Defiziten im IT-Management gehören:

- unklare Ausrichtung der IT mit entsprechenden Meilensteinen und hinterlegten Maßnahmen (Roadmap),
- nicht erfolgte Umsetzung von IT-Standards und Richtlinien im Unternehmen (z. B. Festlegung von ausschließlich unterstützten technischen Plattformen; Richtlinien für die Beschaffung von IT-Komponenten),
- ungenügende Implementierung von fundamentalen Prozessen für die IT-Leistungserbringung, wie beispielsweise Projektmanagement, Anforderungsmanagement, Risikomanagement, Kapazitätsplanung, Releasemanagement, IT-Beschaffung, Steuerung der IT-Dienstleister, Service-Level-Management,
- unklare Bestimmung von Rollen, Aufgaben und Verantwortungsbereichen innerhalb der IT,
- betriebswirtschaftliche Mängel, wie z. B. unzureichende Wirtschaftlichkeitsberechnungen und Make-or-Buy-Analysen, unterlassene Ermittlung der IT-Herstellkos-

ten, versäumte Erfassung und Weiterverrechnung von IT-Leistungen, opportunistische Auswahl und Verhandlungen mit IT-Dienstleistern,
- schwache Führungsfähigkeit, d. h. Defizite bei Delegation, Priorisierung, Kompetenzzuordnung, Zielvorgaben, Motivation, Mitarbeiterauswahl und -entwicklung usw.,
- unzureichende Priorisierung bzw. mangelnde Fokussierung auf die kritischen Themen, Projektinflation bzw. Durchführung von zu vielen „Prio-1-Projekten", Überschätzung der Leistungsfähigkeit der IT, zu hohe Parallelität, Verzettelung, fehlender „roter Faden",
- unpassende Ausrichtung der IT, d. h. zu starke Technikfokussierung mit entsprechender Organisation des IT-Bereichs („Technik-Silos"),
- schlechte organisatorische und leistungsmäßige Ausrichtung auf die IT-Kunden.

Intransparenz

Viele IT-Bereiche stehen unter Generalverdacht, „zu teuer" zu sein. Dieser Verdacht ist meistens selbstverschuldet. Die IT ist in vielen Unternehmen ein undurchsichtiger Kostenblock; oftmals ist nicht ersichtlich, wofür und warum Geld in der IT ausgegeben wird (Kütz 2009, Rn. 9). Auch ist selten die Kausalität zwischen Geschäftsnutzen (z. B. Bearbeitung einer Kundenanfrage, Bereitstellung eines PC-Arbeitsplatzes) und entsprechenden IT-Kosten transparent. Für IT-Nachfrager ermöglicht diese Intransparenz ein unreflektiertes Konsumieren von IT-Leistungen, die ja „eh da" sind. Ein wesentlicher Schlüssel für einen verantwortungsvollen Umgang mit den IT-Ressourcen wäre eine konsequente Bepreisung und Weiterverrechnung der einzelnen IT-Services. Existiert eine derartige Preis-Leistungstransparenz nicht, wird in vielen Unternehmen unkontrolliert angefordert und gleichzeitig die IT permanenten Mutmaßungen und Angriffen ausgesetzt.

Die Intransparenz wird durch die sogenannte „Schatten-IT" noch verschärft, d. h. die oft in erheblichem Umfang dezentral in den Fachbereichen entstehenden Kosten (und Risiken) durch die Wahrnehmung von originären IT-Aufgaben. Die mit diesen Aktivitäten verbundenen IT-Kosten können meistens nicht zentral erfasst werden; entsprechende IT-Inseln neigen zu unkoordiniertem Wuchern.

Hinzu kommt das, in der IT häufig anzutreffende, Problem der mangelnden Sichtbarkeit im Unternehmen („Visibility") bzw. der ungünstigen Eigendarstellung (Brenner u. a. 2010, S. 17). Die Beteiligung an erfolgreichen Projekten („Success Stories") wird unzureichend kommuniziert, der Wertbeitrag für das Funktionieren und die Fortentwicklung des Unternehmens insgesamt nicht angemessen herausgestellt. Dazu gehört auch die oft schwach ausgeprägte Fähigkeit (oder Möglichkeit), Handlungsbedarf in der IT und neue, IT-getriebene Ansätze im Unternehmen zu positionieren bzw. zu „verkaufen".

Zudem tun sich viele IT-Leiter schwer, den aktuellen Zustand und die notwendigen Änderungen so darzustellen, dass auch für fachfremde Adressaten ein klares Bild entsteht (IT-Reporting). Was nicht verständlich ist, trifft selten auf Verständnis und Unterstützung. Dem Topmanagement wiederum fällt es häufig schwer, relevante Informationen hinsichtlich der IT zu definieren und konsequent Statusberichte einzufordern, die hinreichend detailliert und verständlich sind. Dadurch entsteht sukzessive eine „Black Box", die mit der Gefahr der Entkopplung der IT vom Unternehmen einhergeht.

Zu hohe bzw. nicht mehr beherrschbare Komplexität

Zu hohe, d.h. kaum noch beherrschbare Komplexität ist eine weit verbreitete Ursache für massive Probleme in der IT. Dies betrifft neben einem „Technikzoo" auf der Infrastrukturseite in erster Linie komplexe, auf zahlreiche unterschiedliche Hardwareplattformen, Datenbanken, Betriebssystemen bzw. Entwicklungsumgebungen aufgebaute Anwendungslandschaften, die zumeist noch über umfangreiche Schnittstellenprogramme miteinander verknüpft sind.

Begünstigt werden solche wildgewachsenen IT-Landschaften von einem „Build-to-Order"-Ansatz, d.h. sie werden als nicht-integrierte Insellösungen auf Anforderung aus dem Unternehmen unkoordiniert errichtet. Die Aufrechterhaltung dieser Komplexität absorbiert oft einen Großteil des IT-Budgets und stellt ein beträchtliches Risiko in Punkto Ausfallsicherheit und Abhängigkeit von den wenigen Mitarbeitern, die das Chaos noch überblicken können, dar.

Entstanden sind derartige Wildwüchse in der IT fast immer durch das undisziplinierte bzw. unkoordinierte „Hineinkippen" bzw. „Über-den-Zaun-Werfen" von Anforderungen von der IT-Kunden-Seite – sofern nicht gleich im Alleingang IT-Lösungen unkoordiniert angeschafft werden. Trifft dieser Anforderungsdruck auf ein getriebenes IT-Management, das Anforderungen mangels effektiver Governance-Spielregeln nicht filtern *kann* – oder auf Geheiß der Unternehmensleitung nicht filtern *darf* – beginnt die Ära des Durchwurstelns, der Workarounds und des Improvisierens.

Oft sind Insellösungen das Resultat von Zielkonflikten (Trade-Offs), wie sie in jedem Unternehmen vorkommen, z.B.:

- Kauf einer Software, die vermeintlich die Prozesse im Fachbereich am besten unterstützt und isoliert betrachtet auch einen attraktiven Return on Investment aufweist versus Produktauswahl gemäß den IT-Standards des Unternehmens,
- Realisierung einer „Quick-and-Dirty"-Lösung, um schnell am Markt zu sein versus Einhaltung vereinbarter IT-Standards, Prozesse und Richtlinien.

Die Konsequenzen derartiger Kompromisse zu Lasten der IT kommen jedoch früher oder später ans Tageslicht. Fragmentierte IT-Landschaften verschlimmern sich im Zeitverlauf erheblich. Jede „Sünde" erhöht die IT-Komplexität und führt dazu, dass ein immer größerer Anteil des Budgets für die Aufrechterhaltung des IT-Status quo verwendet werden muss.

Eine fragmentierte Landschaft zieht nicht selten auch ineffiziente Geschäftsprozesse und hohe Komplexität im Business nach sich und behindert zudem erheblich die Anpassungsfähigkeit des Unternehmens an geänderte Marktbedingungen – bis hin zur Lähmung des Unternehmens, auf veränderte Marktanforderungen reagieren zu können.

Unzureichende IT-Fähigkeiten (Capabilities)

Unzureichend müssen die IT-Fähigkeiten dann bezeichnet werden, wenn sie nicht mehr den notwendigen Anforderungen der IT-Kunden gerecht werden oder ein signifikantes Risiko darstellen. Beispiele dafür sind:

- mangelnde Verfügbarkeit, häufige Systemausfälle oder unzureichende Antwortzeiten (Performanz) aufgrund einer gestiegener Anzahl von Benutzern, Transaktionen oder Kunden,
- veraltete, unzuverlässige, fehleranfällige, benutzerunfreundliche Hard- und vor allem Software,
- mangelhafte IT-Unterstützung von kritischen Geschäftsprozessen (z. B. Supply Chain Management, Kundenbetreuung und Vertrieb, Auftragsbearbeitung, Produktionsplanung),
- überholtes Skill-Profil bzw. nicht mehr ausreichende Capabilities der IT-Mitarbeiter (z. B. Defizite in den Bereichen agile Softwareentwicklung, Erfahrungen mit der Einbindung von Cloud-Lösungen, professionelles Service Level Management, Methoden der Hardware-Virtualisierung, Anwendungsarchitektur im Internet-Umfeld),
- unzureichende Kenntnisse in der IT, um z. B. Anforderungen des Business in IT-Lösungen zu übersetzen sowie mangelnde Kenntnisse, um die Entwicklung von neuen Produkten und Dienstleistungen des Unternehmens aktiv unterstützen zu können.

Entscheidend sind dabei nicht die eingesetzten Hard- und Softwarekomponenten alleine, sondern auch die zur Betreuung der Systeme und Anwender erforderlichen Kenntnisse der IT-Mitarbeiter bzw. der IT-Dienstleister. Plug-and-Play-Lösungen bleiben auch im Vorfeld des Cloud-Zeitalters eine Illusion, zumindest was umfangreiche Anwendungssysteme betrifft. Ohne kompetente Schulung, Betreuung und Pflege von Unternehmenssoftware (ERP, CRM, PPS, WWS, CAD usw.) hängen Anwender buchstäblich in der Luft. Gleichzeitig ist es in vielen Unternehmen erforderlich, dass die IT über den Erfolg von Produkten, Dienstleistungen und Geschäftsmodellen in Zukunft maßgeblich mit entscheidet (Uebernickel/Brenner 2013, S. 20).

Risikohäufung

Jedes unternehmerische Handeln ist mit Risiken verbunden – das gilt auch für Betrieb und Weiterentwicklung der IT im Unternehmen. Diese Risiken können sich jedoch so anhäufen bzw. verschärfen, dass sie nicht mehr tragbar sind und eine akute Bedrohung darstellen.

Unakzeptable Risiken in der IT können beispielsweise folgende Ursachen haben:

- akute, nicht mehr tragbare Ausfallrisiken der IT-Produktion mit gravierenden Konsequenzen, d. h. ein Ausfall würde im Extremfall eine Existenzbedrohung für das Unternehmen darstellen (z. B. unzureichendes Notfall-Konzept – Business Continuity Management – bzw. unzureichende Infrastruktur, um Ausfälle im Rechenzentrum kompensieren zu können),
- unternehmenskritische Systeme, die veraltet bzw. aus der Wartung gelaufen sind und nicht mehr weiterentwickelt werden können oder angreifbar geworden sind,
- Abhängigkeiten von einzelnen, oft sehr kleinen IT-Lieferanten und Dienstleistern, die unternehmenskritische Komponenten der IT exklusiv betreuen und in Betrieb halten,
- Abhängigkeiten von einzelnen Mitarbeitern, vielleicht schon in der Nähe der Pensionsgrenze, die für die Aufrechterhaltung unternehmenskritischer Systeme unersetzlich sind,
- unzureichende Prozesse und Vorkehrungen zur Gewährleistung von Datensicherheit (z. B. Datenspeicherung), Datenschutz (z. B. Zugriffsrechte, Schutz von Mitarbeiter- und Kundendaten) und IT-Sicherheit (Hacking, Sabotage, Cyberkriminalität),
- Scheitern oder drohendes Scheitern von unternehmenskritischen Projekten mit IT-Bezug (z. B. Implementierung einer Softwarelösung für die Unterstützung des CRM oder der Supply Chain).

Schlechtes Preis-Leistungs-Verhältnis

Unabhängig davon, ob die IT selbst betrieben oder fremdbezogen wird, ist sie in vielen Unternehmen dem Vorwurf ausgesetzt, zu „teuer" oder zu „schlecht" zu sein oder sogar beides. Dies liegt häufig wie beschrieben an der fehlenden Transparenz hinsichtlich des Wertbeitrags der IT. Vielfach liegt jedoch (auch) in der Tat ein schlechtes Preis-Leistungsverhältnis der IT vor.

Gründe dafür können sein:

- gewachsene bzw. überdimensionierte IT-Abteilungen mit nicht mehr passender Anzahl und/oder Qualifikationen der Mitarbeiter,
- unpassende Fertigungstiefe der IT, d. h. das Unterlassen von einfachen Make-or-Buy-Analysen mit entsprechenden Entscheidungen hinsichtlich Fremdbezug oder Eigenerstellung von IT-Leistungen,

- unprofessionelles IT-Beschaffungsverhalten, gekennzeichnet beispielsweise durch opportunistische Auftragsvergabe, unregelmäßige Überprüfung und Nachverhandlung der Konditionen der IT-Lieferanten, mangelnde Nutzung von Mengeneffekten („Bundling"), zu häufiges Abschließen von „time and material"-Verträgen, unstrukturiertes bzw. überkomplexes Lieferantenportfolio, keine zentrale IT-Beschaffung, keine bzw. nicht verbindlich umgesetzte Standards für IT-Beschaffungen,
- ungünstige Budget-Allokation. In manchen Unternehmen werden bis zu 85 % des IT-Budgets für den Betrieb bestehender Systeme ausgegeben. Andere Unternehmen können dagegen bis zu 40 % des Budgets für Neu- und Weiterentwicklungen einsetzen und so die Weiterentwicklung des Unternehmens unterstützen (siehe Kapitel 6.2.2).

2.3.2 Externe IT-Krisenursachen

Neben den aufgeführten vorwiegend endogenen Ursachen können auch exogene, d. h. außerhalb der IT liegende Anlässe, einen Restrukturierungsdruck begründen. Externe Anlässe sind z. B.:

- *Unternehmenszusammenschlüsse*, d. h. Post Merger Integrationen und Carve-out-Situationen (Herauslösen von Unternehmensteilen), die eine Zusammenlegung bzw. Integration von zwei oder mehreren vormals autonomen IT-Bereichen erfordern,
- *Rationalisierungsprojekte* im Unternehmen, die einen (finanziellen) Beitrag der IT zu unternehmensweiten Rationalisierungs- und Kostensenkungszielen einfordern,
- *Unternehmenskrise*, im Extremfall mit akuter Insolvenzgefahr und entsprechenden Konsequenzen für die IT (siehe Kapitel 1),
- *Transformation* des Unternehmens, ausgelöst z. B. durch das Aufkommen neuer Technologien (in den letzten Jahre z. B. Internettechnologien, aktuell Themen wie Big Data, Cloudcomputing und die Entwicklung zum „Digital Enterprise") oder als Reaktion auf eine strategische Krise (siehe Kapitel 1).

Derartige gravierende Änderungen im Umfeld des Unternehmens haben in aller Regel auch massive Auswirkungen auf die IT zur Folge und können eine Neuausrichtung erforderlich machen.

2.4 IT-Defizite oder IT-Krise?

Es wird sich kaum ein IT-Bereich in Unternehmen finden, der nicht durch den einen oder anderen der genannten Defizite gekennzeichnet ist. Jeder IT-Bereich hat Defizite und unterliegt Änderungen, das ist dem existierendem internen und externen Veränderungsdruck und dem technischen Fortschritt geschuldet. Zudem kann aus wirtschaftlichen und technischen Gründen kein Informationssystem hundertprozentig sicher sein.

Liegen jedoch mehrere der angeführten Krisenanzeichen vor (siehe Tabelle 2.1) und sind diese bedrohlich stark ausgeprägt bzw. mit Plan- und Tatenlosigkeit des IT-Managements verbunden, ist es naheliegend, dass nicht mehr von einer normalen Situation in der IT gesprochen werden kann, sondern eine Krise vorliegt. Auch wenn es unzählige Ursache-Wirkungskonstellationen geben mag, ist eine Häufung dieser Anzeichen bzw. eine Verschärfung im Zeitablauf meist ein untrügliches Indiz für akuten Handlungsbedarf.

> Mit einer IT-Krise ist eine Situation gemeint, in der sich gravierende IT-Defizite für das Unternehmen bedrohlich verschärft haben und akuter, dringender Handlungsbedarf vorliegt.

Es ist immer wieder festzustellen, dass wirkliche IT-Krisen in Unternehmen oft sehr spät erkannt werden. Dies liegt an drei Gründen:

1. Hemmungen des IT-Managements, eine Krisensituation einzugestehen und Hilfe anzufordern,
2. Probleme des Topmanagements des Unternehmens, eine IT-Krise zu erkennen und entsprechend zu handeln,
3. Zu späte Einbeziehung der IT bei betriebswirtschaftlich bzw. strategisch begründeten Veränderungen im Unternehmen (Unternehmenszusammenschlüsse, Transformationen, Unternehmenskrisen etc.).

Aufgrund der beschriebenen und vielfach unzutreffenden „Berührungsängste" des Topmanagements mit der IT, wird nicht nur versäumt, die Leitlinien für die IT vorzugeben, sondern auch bedrohliche Fehlentwicklungen noch rechtzeitig zu erkennen und zu handeln. Auch wird oftmals viel zu lange auf die Beteuerungen des IT-Managements vertraut, dass entweder die Situation „nicht so schlimm" sei oder, dass „alles im Griff" ist. Das ist meistens nicht böser Wille des IT-Managements. Vielfach ist keine Erfahrung vorhanden, wie in einer akuten Krisensituation gehandelt werden sollte. Viele Situationen haben sich auch über Jahre entwickelt, sodass der „Sense of Urgency", der notwendig ist, um das IT-Ruder entschlossen herumzureißen, nicht entwickelt oder verkümmert ist. Irgendwann werden dann

IT-Defizite und Chaos als Normalzustand hingenommen – in der IT und auch bei deren Kunden. Auch wird mitunter schlichtweg übersehen, oder nicht hinreichend verdeutlicht, dass Änderungen im Unternehmensgefüge auch massive IT-Änderungen hervorrufen bzw. voraussetzen, beispielsweise in einer Merger-Situation.

Grundsätzlich empfiehlt es sich, nicht zu lange mit der Einleitung einer IT-Restrukturierung zu zögern. Wenn die IT durch nicht mehr akzeptable Ereignisse oder Risiken auffällt bzw. durch bedrohliche Entwicklungen gekennzeichnet ist, muss gehandelt werden. Je umfangreicher und bedrohlicher die Situation geworden ist, desto umfangreicher und schwieriger sind auch die erforderlichen Turnaround-Maßnahmen.

2.5 IT-Krise: Problem für das Topmanagement und Bedrohung für das Unternehmen

Eine IT-Krise sollte nicht als Bereichsproblem behandelt werden, das isoliert in einer Ecke des Unternehmens, quasi auf der Isolierstation, gesunden kann. Wichtig ist vielmehr, die Sanierung als Unternehmensaufgabe zu begreifen, und das auch im persönlichen Interesse des verantwortlichen Topmanagements.

IT-Krisen als Bedrohung für das Topmanagement

Unzureichendes IT-Risikomanagement, gescheiterte Projekte und unbewältigte IT-Krisen weisen häufig nicht nur auf Defizite des IT-Managements hin, sondern fördern auch Versäumnisse der Unternehmensführung (General Management) zu Tage (Westerman/ Hunter 2007, S. 6). IT-verantwortliche Vorstände, Geschäftsführer und andere Organe des Unternehmens können unter Umständen bei IT-Versagen mit dem Vorwurf der groben Pflichtverletzung und der Unfähigkeit zur ordnungsgemäßen Geschäftsführung konfrontiert werden. Offenbar wird von Gerichten zunehmend ein Mitverschulden von Unternehmensorganen bei IT-Desastern bejaht (Fischer 2013). Darüber hinaus sind in Aktiengesellschaften im Zusammenhang mit IT-Systemen regelmäßig auch die Normen des KonTraG relevant (KonTraG: Gesetz zur Kontrolle und Transparenz im Unternehmensbereich; gesetzliche Ergänzung zum Aktiengesetz (AktG); dort heißt es in § 91, Absatz 2: „Der Vorstand hat geeignete Maßnahmen zu treffen, insbesondere ein Überwachungssystem einzurichten, damit den Fortbestand der Gesellschaft gefährdende Entwicklungen früh erkannt werden.").

Drastische Strafen drohen auch beim Datenschutz: Gemäß der ab Mai 2018 europaweit geltenden Datenschutz-Grundverordnung (EU-DSGVO) können Verletzungen von Meldepflichten bei Datenpannen mit Strafen in Höhe von bis zu 4 % des Umsatzes geahndet werden.

Dem Topmanagement wird nicht nur wegen möglicherweise im Extremfall eintretenden persönlichen Konsequenzen empfohlen, sich aktiv um die Gestaltung bzw. Gesundung der IT zu kümmern (siehe S. 25, „Topmanagement Versäumnisse"). Insbesondere wenn eine Neuausrichtung einer kriselnden IT erforderlich geworden ist, wird das verantwortliche Mitglied der Geschäftsführung bzw. des Vorstands nicht selten bei seinen „Housekeeping"-Fähigkeiten im Unternehmen genau beobachtet, und zwar von innen (z. B. Aufsichtsrat, Vorstandskollegen, Mitarbeiter) und ggfs. auch von außen (z. B. Kunden, Aufsichtsorgane, Presse).

IT-Krisen als Bedrohung für das Unternehmen

IT-Krisen können nicht nur für das Topmanagement, sondern für das gesamte Unternehmen negative Konsequenzen haben. Kriselnde bzw. sich bereits in der Krise befindliche IT-Bereiche können Unternehmen regelrecht lähmen. Dies äußert sich beispielsweise wie folgt:

- *Verzögerung von Transformationen.* Der IT kann bei einer Transformation des Gesamtunternehmens, bei Projekten zur Digitalisierung oder bei anderen „Umbaumaßnahmen" eine wichtige Enabler-Rolle zukommen (siehe Kapitel 6.5). Ist die IT nicht in der Lage, diese Rolle auszufüllen, da sie zu sehr mit sich selbst bzw. mit Krisenbewältigung beschäftigt ist bzw. zu spät eingebunden wurde, kann eine massive Behinderung bzw. Verzögerung des Unternehmensumbaus eintreten.
- *Einschränkung der Wettbewerbsfähigkeit.* Ähnliches gilt für Beibehaltung der Wettbewerbsfähigkeit eines Unternehmens. IT-Bereiche, die eine kaum noch beherrschbare Komplexität der IT gebildet haben (Stichworte „Technikzoo", „Patchwork-Anwendungen", „Spaghetti-Landschaft"), benötigen für die Bereitstellung der IT-Lösungen für neue Dienste und Produkte des Unternehmens immer längere Zeiträume (Time to Market). Die Agilität eines Unternehmens und damit die Reaktionsfähigkeit auf Marktentwicklungen ist massiv gehemmt (Weill/Ross 2009, S. 10).

Zudem können unmittelbare negative Konsequenzen für das Unternehmen eintreten:

- *Auslösen von Strafzahlungen.* In regulierten Branchen wie beispielsweise der Energiewirtschaft haben Versäumnisse bei den Meldepflichten erhebliche Strafzahlungen an Regulierungsbehörden zur Folge (unter Umständen sechsstellige Beträge pro Tag). Den täglichen Meldepflichten kann nur mit komplexen, hochverfügbaren Anwendungssystemen entsprochen werden; ein Ausfall macht sich finanziell schmerzhaft bemerkbar.

- *Umsatzausfälle.* Führt in der IT-Krise eine nicht mehr beherrschbare Komplexität von Anwendungssystemen oder eine unzureichende Dimensionierung der zugrundeliegenden Hardware letztendlich zu Systemausfällen, können sich unmittelbare Umsatzausfälle ergeben (Beispiel Warenwirtschaftssysteme im Handel, Auftragsabwicklungssysteme in Industrieunternehmen).
- *Mehrkosten.* Die verzögerte Fertigstellung von Projekten mit IT-Bezug, die unmittelbar auf die Optimierung oder sogar Automatisierung von Prozessen abzielen, können erhebliche Mehrkosten verursachen (Beispiel: automatisierte Anfragebearbeitung im Call Center, Workflow für die Kreditsachbearbeitung).
- *Beschädigung der Reputation.* Unterbleibt die Bekämpfung von IT-Risiken im Sicherheitsbereich, so kann durch Cyberkriminalität im Extremfall eine erhebliche Beschädigung der öffentlichen Wahrnehmung eintreten (Beispiel: Mangelhafte Absicherung gegen Hacking, Spionage, Sabotage; Gabler, 2013). Ähnliches gilt für „negative PR", die sich als Folge von öffentlich gewordenen IT-Missständen (z. B. permanente Systemausfälle, Projektruinen, Datenklau) einstellt.

Last not least sei noch auf die negativen Folgen einer IT-Krise für die Unternehmenskultur bzw. die allgemeine Stimmung im Unternehmen hingewiesen, z. B. durch Frustration bzw. Demotivation bei IT-Mitarbeitern und entsprechender Resignation auf Seiten der IT-Kunden (Motto: *„Bei uns funktioniert nichts."*). Im Extremfall wird die IT-bedingte Lähmung und eingeschränkte Agilität des Unternehmens schulterzuckend als Normalsituation hingenommen, was verheerende Auswirkungen auf die Leistungsfähigkeit des gesamten Unternehmens haben kann.

> **Zusammenfassung: Restrukturierungsbedarf in der IT erkennen und handeln**
>
> - Mit einer IT-Krise wird eine Situation bezeichnet, in der sich gravierende IT-Defizite für das Unternehmen bedrohlich verschärft haben und akuter, dringender Handlungsbedarf vorliegt. Damit ist sie von einer normalen, evolutionären Weiterentwicklung der IT bzw. einer Transformation abzugrenzen.
> - Es existieren typische Anzeichen bzw. Warnsignale, die auf eine Krise in der IT hindeuten können. IT-Krisensymptome treten dabei auf verschiedenen Ebenen auf, z. B. bei Anwendern, beim Management, bei Dienstleistern und bei den IT-Mitarbeitern.
> - Den Symptomen können verschiedene, ebenfalls typische IT-Krisenursachen bzw. IT-Defizite zugrunde liegen. In den seltensten Fällen liegen die Krisengründe alleine beim IT-Management. Häufig existiert vielmehr ein Ursachen-Cocktail, der auch Versäumnisse des Topmanagements nicht ausschließt: Unzureichende Beachtung der IT durch die Unternehmensführung ist oftmals für das Entstehen von IT-Krisen mitverantwortlich.
> - Unternehmen haben häufig Schwierigkeiten, das Vorliegen einer IT-Krise anzuerkennen und entsprechende Maßnahmen zu ergreifen.

> ▪ IT-Krisen sind zumeist kein Bereichsproblem, das isoliert behandelt werden kann. IT-Krisen stellen oftmals ein Problem für das Topmanagement und eine Bedrohung für das gesamte Unternehmen dar, das entschlossen bekämpft werden sollte.

Literatur

Baur, A.: *IT-Restrukturierung als Hebel für die nachhaltige Sanierung von mittelständischen Unternehmen*. HMD – Praxis der Wirtschaftsinformatik, Nr. 240 – IT im Mittelstand, S. 23–31 (2004).

Brenner, W.; Resch, A.; Schulz, V.: *Die Zukunft der IT in Unternehmen*. Frankfurt/Main: F.A.Z. Institut für Management-, Markt- und Medieninformationen (2010).

Carr, N.G.: *IT doesn't matter*. Harvard Business Review, S. 41–49 (2003).

EMC Corporation. (6. Septermber 2012). *EMC: Umfrage: Deutsche Unternehmen integrieren IT in ihre Wachstumsstrategie*. Abgerufen am 25. November 2013 von http://germany.emc. com/: http://germany.emc.com/about/news/press/2012/20120905-01.htm (6. September 2012).

Fischer, T.H.: *CFO-Jobkiller IT*. Abgerufen am 26. November 2013 von http://www.financemagazin.de: http://www.finance-magazin.de/risiko-it/it/cfo-jobkiller-it/ (10. Januar 2013).

Gabler, J.: *Hackerangriffe gefährden Unternehmens-IT*. Abgerufen am 27. November 2013 von https://www.finance-magazin.de/cfo/cfo-digital/hackerangriffe-gefaehrden-unternehmens-it-1249891/ (18. Februar 2013).

Kütz, M.: Beiträge zur Restrukturierung/Sanierung IT. In A.K. Buth, & M. Hermanns, *Handbuch Restrukturierung, Sanierung, Insolvenz*. München: C.H. Beck (2009).

Uebernickel, F.; Brenner, W.: Die Herausforderungen der IT heute. In F. Abolhassan, *Der Weg zur modernen IT-Fabrik* (S. 11–33). Wiesbaden: Springer Gabler (2013).

Weill, P.; Ross, J.W.: *IT Savvy – What top executives must know to go from pain to gain*. Boston: Harvard Business Press (2009).

Westerman, G.; Hunter, R.: *IT risk : turning business threats into competitive advantage*. Boston: Harvard Business School Press (2007).

3 Der Turnaround-Ansatz für die IT

Im vorhergehenden Kapitel wurden typische Muster von IT-Bereichen in einer Krise beschrieben. Welche Vorgehensweise ist nun für die Bewältigung einer festgestellten IT-Krise empfehlenswert?

Unternehmenskrisen und Krisen in der IT weisen viele Gemeinsamkeiten auf. Restrukturierungsmethoden, die für das gesamte Unternehmen zum Einsatz kommen, können auch im Rahmen der IT-Neuausrichtung Verwendung finden; das Rad muss also nicht neu erfunden werden. Aus diesem Grund wird auch in diesem Buch auf die etablierten Ansätze der Unternehmensrestrukturierung zurückgegriffen, wie sie in Kapitel 1 skizziert wurden. Eine 1:1-Anwendung ist jedoch nicht ohne Weiteres möglich. Vielmehr sind eine Selektion und eine Anpassung an die besonderen Rahmenbedingungen der Unternehmensfunktion IT erforderlich.

3.1 Klassisches Sanierungsmanagement nutzen

Die in der Unternehmenskrise auftretenden Krisenphasen (strategische Krise, Ergebniskrise, Liquiditätskrise) können im übertragenden Sinne auch IT-Krisen kennzeichnen. Bei der Unternehmens-IT als typisches Cost Center gibt es keine Ergebnis- und Liquiditätskrise im finanzwirtschaftlichen Sinn, wohl aber ein Pendant zur strategische Unternehmenskrise sowie eine Zuspitzung der Bedrohung, die durch die drei Krisenphasen ausgedrückt wird und in einen akuten, dringenden Handlungsbedarf in der letzten Phase mündet. Als Profit Center organisierte Einheiten wie konzerngebundene IT-Dienstleister mit Drittmarktgeschäft werden hier nicht betrachtet (siehe dazu Brenner u. a. 2010).

> Ansätze der Unternehmensrestrukturierung können mit Anpassungen auch zielführend im IT-Turnaround eingesetzt werden.

Entsprechend der Analogie der Krisenphasen wurden gute praktische Erfahrungen in der übertragenden Anwendung des Turnaround Rahmenwerks von Slatter und Lovett gemacht, welches auf Seite 11 vorgestellt wurde. Für alle der sieben Bestandteile ergeben sich Entsprechungen, die für die Bekämpfung einer IT-Krise hilfreich sind (siehe Tabelle 3.1).

Tabelle 3.1 Turnaround-Bereiche und entsprechende IT-Handlungsfelder

Bestandteile einer Unternehmensrestrukturierung (Slatter/Lovett, 1999, S. 75 ff)	Generische Handlungsfelder im Rahmen einer IT-Restrukturierung	Behandlung im Buch
1. Durchführung von Stabilisierungsmaßnahmen	<ul><li>Erste Schritte eines neuen IT-Verantwortlichen</li><li>IT-Situationsanalyse durchführen</li><li>Sofortmaßnahmen einleiten, akute IT-Risiken bekämpfen</li><li>IT-Krisenmanagement etablieren</li></ul>	*Kapitel 5*
2. Etablierung von Leadership	<ul><li>Leiter der IT-Restrukturierung auswählen</li><li>Neubesetzung des CIO abwägen</li><li>Restrukturierungs-Team zusammenstellen</li><li>Restrukturierungsprojekt aufsetzen und managen</li></ul>	*Kapitel 4*
3. Stakeholder-Management	<ul><li>Stakeholder einer IT-Restrukturierung identifizieren und einbinden</li><li>Situationsbezogen kommunizieren</li><li>Management of Change etablieren</li></ul>	*Kapitel 8.3*
4. Fokussierung/Strategische Neuausrichtung	<ul><li>Überprüfung der strategischen Ausrichtung der IT</li><li>Review des Projektportfolios</li><li>Überprüfung der Fertigungstiefe</li><li>Reduzierung der IT-Komplexität</li><li>Überprüfung des IT-Lieferantenportfolios</li><li>Verbesserung des Preis-Leistungs-Verhältnisses der IT</li></ul>	*Kapitel 6*
5. Anpassung der Organisation	<ul><li>Struktur, Fähigkeiten und Dimensionierung des IT-Bereichs überprüfen</li><li>Grundlagen der IT-Governance etablieren und die IT im Unternehmen integrieren</li></ul>	*Kapitel 7.2, 7.3*
6. Optimierung von kritischen Prozessen	<ul><li>Kern-Prozesse der IT-Leistungserbringung implementieren bzw. optimieren</li><li>Gefährdete Projekte auf die Spur bringen, Projektspielregeln etablieren</li></ul>	*Kapitel 7.4*
7. Finanzielle Neuausrichtung	<ul><li>Grundlagen für ein nachhaltiges IT-Kostenbewusstsein im Unternehmen implementieren</li><li>Grundlagen für wirtschaftliches Handeln in der IT implementieren</li></ul>	*Kapitel 7*

Ohne die Kenntnis der individuellen Unternehmenssituation ist jedoch nur eine generische Beschreibung von möglicherweise passenden Strategien für einen IT-

Turnaround möglich. Im Einzelfall können bestimmte Maßnahmen überflüssig oder sogar kontraproduktiv sein, andere hingegen hinzukommen. Die im Folgenden aufgeführten flankierenden Maßnahmen zur Zielerreichung (Hebel) tragen besonders zum Erfolg eines IT-Restrukturierungsprojektes bei.

3.2 Fünf Phasen durchlaufen

Für die Bekämpfung einer IT-Krise hat sich eine Vorgehensweise bewährt, die in fünf Phasen auf eine Gesundung der IT abzielt (siehe Bild 3.1).

1 IT-Restrukturierungs-bedarf erkennen und handeln	2 Stabilisierungs-phase	3 Neuausrichtung der IT	4 Organisatorischen Rahmen schaffen	5 Erneuerungs-/Gesundungs-phase
• Krisensymptome wahrnehmen/IT-Krisensituation erkennen • Topmanagement-Konsens über Handlungsnot-wendigkeit herstellen • Transparenz in der IT herstellen • Sofern erforderlich Restrukturierungs-fachleute hinzuziehen • Stoßrichtung des IT-Turnaround bestimmen • Turnaround-CIO beauftragen	• Situationsanalyse durchführen • Restrukturierungs-Team bilden • Akute IT-Risiken identifizieren und managen • Notwendige Sofort-maßnahmen durchführen, z.B. – IT-Mitarbeiter – IT-Lieferanten – Projektportfolio – Finanzen • Quick Hits umsetzen • …	• Restrukturierungs-plan erarbeiten • Handlungsfelder der IT-Restrukturierung bearbeiten, z.B. – Verbesserung des Preis-Leistungs-Verhältnisses – Konsolidierung der IT-Landschaft – Überprüfung der IT-Fertigungstiefe – Überprüfung der Dimensionierung • …	• Grundlagen der IT-Governance überprüfen/implementieren • IT-Organisation zielgerichtet aufstellen • IT-Kosten-bewusstsein im Unternehmen verankern • Prozesse und Strukturen zwischen IT-Lieferanten und IT-Kunden sowie innerhalb der IT optimieren	• Greifen/Implementierung der Maßnahmen zur Neuausrichtung kontrollieren • Kontinuierliches Beobachten der IT-Gesundheit • Rechtzeitiges Gegensteuern bei Krisenanzeichen
	• Change Management • Stakeholder-Management • Kommunikation			
	IT-Turnaround-Projektphase			

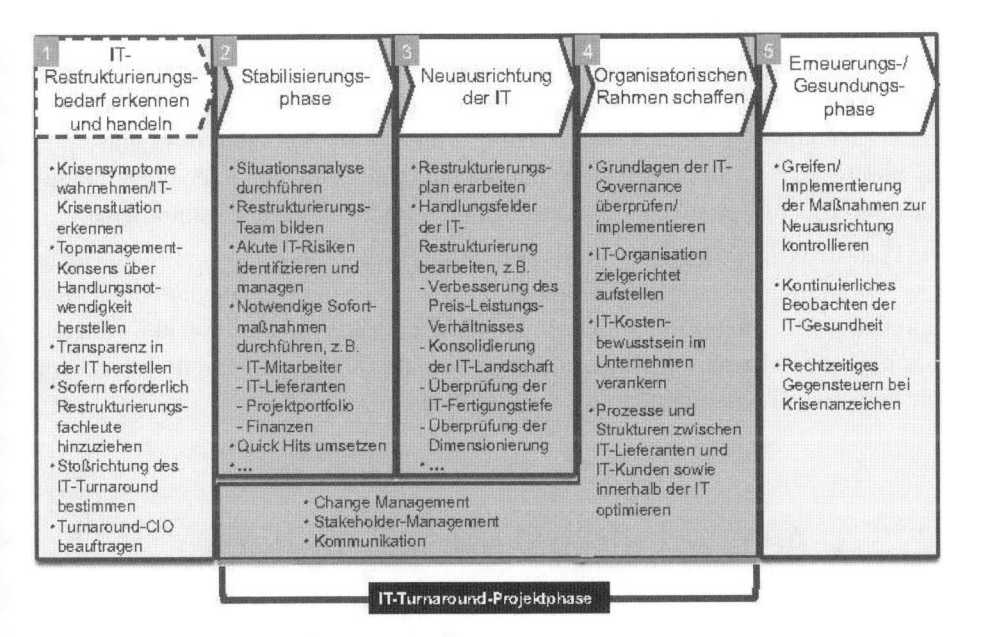

Bild 3.1 Typische Phasen eines IT-Turnarounds

In der *ersten Phase* geht es zunächst darum, auf Topmanagementebene die IT-Krisensymptome zu erkennen sowie akuten Handlungsbedarf festzustellen und klar zu kommunizieren. Gegenstand ist auch, die Stoßrichtung der IT-Restrukturierung festzulegen und eine geeignete Führungskraft mit der Durchführung der IT-Restrukturierung zu betrauen.

In der anschließenden Stabilisierungsphase (*Phase 2*) stehen kurzfristig notwendige Maßnahmen zur Abwendung von akuten Bedrohungen bzw. Risiken im Mittelpunkt. Die dazu notwendigen Sofortmaßnahmen werden aufgrund der Bedrohlichkeit der Situation oft parallel zu einer Bestandsaufnahme des Zustands der IT durchgeführt.

In der Phase der IT-Neuausrichtung *(Phase 3)* erfolgt dann die Erarbeitung eines IT-Restrukturierungsplans, der je nach Ausprägung der Krise auf Verbesserungen bei relevanten IT-Handlungsfeldern abzielt (z. B. Verbesserung des Preis-Leistungs-Verhältnisses, Konsolidierung der IT-Landschaft und Überprüfung der Fertigungstiefe).

Anschließend bzw. zumeist auch schon parallel dazu werden in der *Phase 4* die Grundlagen für die Gesundung der IT gelegt. Dazu gehören vor allem organisatorische Maßnahmen sowie die Verbesserung der Prozesse zwischen IT-Lieferanten und -Kunden. Auch ist die Implementierung von situationsadäquaten Regelungen innerhalb der IT-Governance erforderlich.

Die Phasen 2, 3 und 4 bilden das eigentliche IT-Turnaround-Projekt. Üblicherweise werden diese Phasen durch intensive Kommunikation mit den Stakeholdern einer IT-Restrukturierung flankiert sowie die Umsetzung von erforderlichen Maßnahmen in Form von Change Management-Ansätzen unterstützt. Die Dauer des Projekts richtet sich nach der Größe des Unternehmens und dem Umfang und der Schwere der vorhandenen IT-Defizite. Üblicherweise dauert die Stabilisierungsphase drei bis zwölf Monate, die Phase der Neuausrichtung einschließlich der Implementierung der organisatorischen Veränderungen ein bis zwei Jahre, mitunter länger.

Die IT-Restrukturierung geht schließlich in die *Phase 5* über, die als Erneuerungs- bzw. Gesundungsphase die vollständige Implementierung von langlaufenden Maßnahmen (z. B. Umsetzung eines umfangreichen Outsourcing-Projekts, Konsolidierung einer komplexen Anwendungslandschaft) sowie die Prävention von neu entstehenden IT-Krisen umfasst.

■ 3.3 Acht Arbeitspakete abarbeiten

So wie es typische Phasen einer IT-Restrukturierung gibt, so existieren auch Arbeitspakete (Workstreams), die idealtypisch im Rahmen eines IT-Turnarounds bearbeitet werden. In der Praxis ist es allerdings oft so, dass einzelne Workstreams parallel durchgeführt bzw. in unterschiedlicher Reihenfolge durchlaufen werden oder aber vor dem Hintergrund der spezifischen Unternehmenssituation nicht zielführend sind. Im Allgemeinen sind acht Workstreams relevant. Diese sind in Bild 3.2 im Überblick dargestellt und werden nachfolgend erläutert.

Bild 3.2 Typische Arbeitspakete (Workstreams) im Rahmen des IT-Turnarounds

Diagramm: Typische Arbeitspakete im Rahmen des IT-Turnarounds
1. Situationsanalyse durchführen
2. Stoßrichtung der IT-Restrukturierung bestimmen
3. Turnaround-CIO und Turnaround-Team auswählen
4. Krisenmanagement einrichten
5. Stakeholder-Kommunikation und Change Management einsetzen
6. Restrukturierungsplan entwickeln
7. Projektorganisation und Maßnahmenmanagement implementieren
8. Rahmenbedingungen für die Gesundung etablieren

1. Situationsanalyse durchführen

Die erste Aufgabe im Rahmen einer IT-Restrukturierung ist immer die Durchführung einer Situationsanalyse, die oft als IT-Review, -Assessment oder -Health-Check bezeichnet wird (siehe Bild 3.3). In der Praxis wird dieser Workstream zumeist durch das Topmanagement initiiert und an interne oder externe Fachleute oder den Turnaround-CIO beauftragt. Je nach Unternehmensgröße und IT-Komplexität ist hierfür ein Zeitraum von zwei bis sechs Wochen erforderlich.

Die Situationsanalyse beinhaltet die objektive, neutrale und fundierte Bestimmung des Zustands der IT. In den meisten Fällen liegen der Beauftragung konkrete Beobachtungen von Krisenanzeichen im Unternehmen zugrunde. Dementsprechend sollte ein Review auch stets auf die Punkte fokussiert sein, die als vermeintlich defizitär im Unternehmen wahrgenommen werden. Dies unterscheidet ein IT-Review im Krisenumfeld z. B. von einer IT-Revision oder einem IT-Audit, deren Betrachtungsgebiet und Vorgehensweise oft weitaus umfangreicher („Rund-um-Prüfung") und formalistischer (z. B. durch die Beachtung von Prüfungsstandards) ist und zumeist auch weitaus länger dauert (z. B. Moeller 2010). Dementsprechend erfordert eine pragmatische, zielgerichtete Situationsanalyse ein möglichst genaues Briefing im Vorfeld.

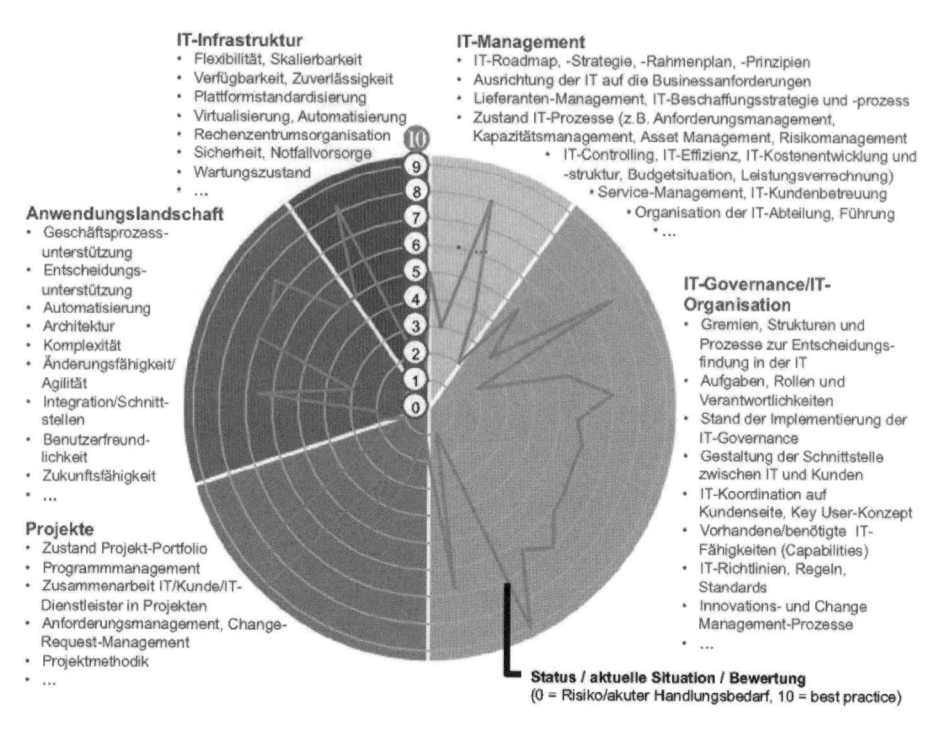

IT-Infrastruktur
- Flexibilität, Skalierbarkeit
- Verfügbarkeit, Zuverlässigkeit
- Plattformstandardisierung
- Virtualisierung, Automatisierung
- Rechenzentrumsorganisation
- Sicherheit, Notfallvorsorge
- Wartungszustand
- ...

IT-Management
- IT-Roadmap, -Strategie, -Rahmenplan, -Prinzipien
- Ausrichtung der IT auf die Businessanforderungen
- Lieferanten-Management, IT-Beschaffungsstrategie und -prozess
- Zustand IT-Prozesse (z. B. Anforderungsmanagement, Kapazitätsmanagement, Asset Management, Risikomanagement
- IT-Controlling, IT-Effizienz, IT-Kostenentwicklung und -struktur, Budgetsituation, Leistungsverrechnung)
- Service-Management, IT-Kundenbetreuung
- Organisation der IT-Abteilung, Führung
- ...

Anwendungslandschaft
- Geschäftsprozessunterstützung
- Entscheidungsunterstützung
- Automatisierung
- Architektur
- Komplexität
- Änderungsfähigkeit/Agilität
- Integration/Schnittstellen
- Benutzerfreundlichkeit
- Zukunftsfähigkeit
- ...

IT-Governance/IT-Organisation
- Gremien, Strukturen und Prozesse zur Entscheidungsfindung in der IT
- Aufgaben, Rollen und Verantwortlichkeiten
- Stand der Implementierung der IT-Governance
- Gestaltung der Schnittstelle zwischen IT und Kunden
- IT-Koordination auf Kundenseite, Key User-Konzept
- Vorhandene/benötigte IT-Fähigkeiten (Capabilities)
- IT-Richtlinien, Regeln, Standards
- Innovations- und Change Management-Prozesse
- ...

Projekte
- Zustand Projekt-Portfolio
- Programmmanagement
- Zusammenarbeit IT/Kunde/IT-Dienstleister in Projekten
- Anforderungsmanagement, Change-Request-Management
- Projektmethodik
- ...

Status / aktuelle Situation / Bewertung
(0 = Risiko/akuter Handlungsbedarf, 10 = best practice)

Bild 3.3 Beispielhafte Darstellung der IT-Situation

Ziel ist es, zum einen die wahrgenommenen Krisenanzeichen sachlich zu überprüfen, mögliche Kernursachen (IT-Defizite) herauszuarbeiten und erste Hinweise auf Verbesserungsmöglichkeiten bzw. Veränderungsnotwendigkeiten zu geben. Zum anderen ist die Beurteilung des Gesamtzustands der IT von Interesse, oftmals verbunden mit einer Einschätzung der Fähigkeiten des amtierenden IT-Managements.

Ergebnis der Situationsanalyse sollte eine sachliche Einschätzung des Handlungsbedarfs sein sowie eine Begründung für die Notwendigkeit zur Änderung – sofern sie denn erforderlich ist.

2. Stoßrichtung der IT-Restrukturierung bestimmen

Die fundierte Situationsanalyse erlaubt dem Topmanagement eine Einschätzung, ob lediglich die Korrektur einzelner Defizite erforderlich ist oder ob eine IT-Krise vorliegt, die einen entsprechenden IT-Restrukturierungsbedarf begründet. Ist ein Turnaround erforderlich, ergeben sich aus der Situationsanalyse und der Unternehmensstrategie sowie der akuten Situation idealerweise konkrete Hinweise für die Stoßrichtung, die eine IT-Restrukturierung einschlagen sollte. Diese Stoßrichtung sollte durch das Topmanagement wohl überlegt sowie klar formuliert und kommuniziert werden – sie stellt die Zielsetzung des Turnarounds dar (siehe Kapitel 3.4).

3. Turnaround-CIO und Turnaround-Team auswählen

Die Auswahl der handelnden Personen ist für das Gelingen einer IT-Restrukturierung von entscheidender Bedeutung. Hierbei fällt dem Topmanagement die Aufgabe zu, eine geeignete Person mit der Führung der IT-Restrukturierung zu identifizieren und zu betrauen, die wiederum ein Team zu formen hat, das die erfolgreiche Neuausrichtung der IT stemmen kann. Die besondere Situation stellt dabei auch besondere Anforderungen an die Fähigkeiten eines Turnaround-CIOs (siehe Kapitel 4). Wichtig sind in diesem Zusammenhang auch die Festlegung von Aufgaben und Verantwortungsbereichen.

4. Krisenmanagement einrichten

Die Bewältigung der Sondersituation Krise erfordert ein situationsgerechtes Management mit den zentralen Elementen „Entscheidung" und „Umsetzung". Zu Beginn eines IT-Turnarounds fokussiert das Krisenmanagement dementsprechend auf die rasche Übernahme von Kontrolle, der Demonstration von Handlungsfähigkeit und der Identifizierung und konsequenten Bekämpfung von akuten Risiken, die eine weitere Verschlimmerung der Situation bedeuten würden. Krisenmanagement ist durch die Realisierung von schnell wirksamen Verbesserungsmaßnahmen gekennzeichnet, was vor allem, aber nicht nur, während der Stabilisierungsphase einer IT-Restrukturierung bedeutsam ist (siehe Kapitel 5).

5. Stakeholder-Kommunikation und Management of Change einsetzen

Eine IT-Restrukturierung betrifft zahlreiche Personengruppen im Unternehmen. Neben den IT-Mitarbeitern, den IT-Kunden und dem Management sind in der Regel auch externe Dienstleister und interne Stellen im Unternehmen (z. B. Betriebsrat, interne Revision, Controlling, Risikomanagement) involviert. Häufig sind schon vor Initiierung einer Restrukturierung die Beziehungen zwischen IT und den Stakeholdern sowie innerhalb der IT erheblich gestört. Zudem stellt eine IT-Krise für die meisten Beteiligten eine neue Situation dar, die oft mit diffusen Ängsten, Unsicherheit und Misstrauen verbunden ist. Aus diesem Grund sind die Herstellung von Transparenz sowie intensive Kommunikation und die Anwendung von Management of Change-Maßnahmen erforderlich, um Akzeptanz und Unterstützung für die notwendigen Veränderungen zu gewährleisten (siehe Kapitel 8).

6. Restrukturierungsplan entwickeln

Zu Beginn einer IT-Restrukturierung steht in der Stabilisierungsphase die Durchführung von kurzfristigen Maßnahmen im Vordergrund, die zur Entschärfung von chaotischen und bedrohlichen Situation und zur Wiederherstellung von Kontrolle beitragen sollen. Die Schaffung von Transparenz, die Identifikation von Risiken und die Realisierung von schnell wirksamen Verbesserungen sind das Gebot der Stunde. Früher oder später ist jedoch auch die mittel- bis langfristige Ausrichtung der IT zu erarbeiten um die Grundlage für eine nachhaltige Gesundung der IT zu schaffen (siehe Kapitel 6). Dies wird üblicherweise in Form eines sogenannten IT-Restrukturierungsplans durchgeführt.

> **!** Der IT-Restrukturierungsplan setzt die bisherige IT-Strategie außer Kraft. Alle Bestandteile der IT-Strategie werden vor dem Hintergrund der laufenden Restrukturierung neu bewertet, d. h. entweder weiter verfolgt, modifiziert oder eingestellt.

Basis für die Erstellung des Restrukturierungsplans ist die durchgeführte Situationsanalyse, wobei aufgrund der Zeitknappheit während eines Turnarounds auch parallel analysiert und konzeptioniert werden muss, insbesondere dann, wenn der Plan umfangreiche Änderungsmaßnahmen beinhaltet (z. B. weitreichende Outsourcing-Vorhaben, Ablösung von komplexen Anwendungssystemen, umfangreiche Personalmaßnahmen).

In bestimmten Situationen kann es erforderlich sein, schon recht früh einen IT-Restrukturierungsplan vorlegen zu müssen (z. B. bei monokausalen IT-Krisen, akuten Unternehmenskrisen oder hohem Transformationsdruck im Unternehmen). Auch IT-Mitarbeiter und -Anwender wollen möglichst frühzeitig wissen, wo die Reise hingeht. In diesen Fällen empfiehlt sich zunächst die Anfertigung eines Grobkonzepts, das die Zielsetzung der IT-Neuausrichtung umreißt und die Maßnahmen zur Zielerreichung zunächst nur skizziert.

Kernstück des IT-Restrukturierungsplans sind realistische, mittel- und langfristige Ziele, die wichtigsten Meilensteine sowie die entsprechenden Maßnahmen zur Zielerreichung (Hebel). Diese Hebel sollten der Stoßrichtung, der IT-Restrukturierung folgen und die festgestellten Krisenursachen bekämpfen. Insgesamt hängt die Art und Anzahl der Maßnahmen von der Komplexität des Unternehmens und dem Zustand der IT ab. In Kapitel 6 sind verschiedenen Hebel aufgeführt, die im Rahmen der IT-Neuausrichtung zum Einsatz kommen können. Es wird relativ kleine, mittelfristig umsetzbare Aktivitäten neben Großmaßnahmen (z. B. die Zusammenlegung von Rechenzentren) geben, die in Projektform bearbeitet werden müssen. Wichtig ist die Fokussierung auf die „Root Causes" der zu bekämpfenden IT-Krise. Vermieden werden sollte eine Verzettelung bzw. die Streuung von zu vielen Einzelmaßnahmen auf zu viele „Baustellen" und das „herumdoktern" an den Krisensymptomen. Auf jeden Fall ist die Einrichtung eines Maßnahmenmanagements ratsam, um die tatsächliche Umsetzung der erarbeiteten Maßnahmen abzusichern (siehe Punkt 7).

Beinhalten sollte der Plan immer auch eine Zeit-, Kosten- und Ressourcenplanung:

- Der Zeitplan bildet die Roadmap für die Implementierung der Maßnahmen. Der Zeithorizont reicht dabei üblicherweise von einem bis zu maximal drei Jahren bei sehr umfangreichen Maßnahmen.

- Die Kostenabschätzung umfasst die für die Restrukturierung erforderlichen Kosten, z. B. für die Anschaffung von Hard- und Software, (IT-)Consulting sowie die erforderlichen Mittel für die Durchführung von Personalmaßnahmen (z. B. Abfindungen). Die notwendigen Mittel sind im Budgetprozess zu berücksichtigen.
- Innerhalb der Ressourcenplanung schließlich wird die Frage beantwortet, wer mit welchem Aufwand an der Implementierung der jeweiligen Maßnahmen beteiligt ist. Neben den IT-Mitarbeitern sind dies in erster Linie Mitarbeiter der Kundenseite sowie externe IT-Dienstleister.

Der IT-Restrukturierungsplan sollte nicht vom Turnaround-CIO allein im „stillen Kämmerlein" verfasst werden, sondern das Ergebnis von Teamwork innerhalb der IT, dem Abgleich mit den Anforderungen der Fachbereiche sowie der Abstimmung mit der Unternehmensleitung sein. Die Verabschiedung sollte regelmäßig durch das Topmanagement, dem Projekt-Lenkungskreis oder in anderen unternehmensübergreifenden Gremien mit Entscheidungskompetenz erfolgen.

Insgesamt stellt der Restrukturierungsplan das Herzstück des Turnarounds dar und ist maßgeblich für die Implementierung der Maßnahmen zur Gesundung der IT.

7. Projektorganisation und Maßnahmenmanagement implementieren

Im Rahmen von Unternehmensrestrukturierungsprojekten erfolgt regelmäßig die Errichtung einer klassischen Projektstruktur mit Lenkungsausschuss, Projektleitung, Programmmanagement und Teilprojekt-Teams (Kraus/Buschmann 2009, Rn. 46 ff). Ob derartige Strukturen auch bei einer IT-Restrukturierung erforderlich sind, bei der ja auch das parallel zu organisierende IT-Tagesgeschäft eine wesentliche Rolle einnimmt, ist von Fall zu Fall zu entscheiden und hängt von der Größe des jeweiligen Unternehmens bzw. des IT-Bereichs und dem Umfang der Maßnahmen ab. Bei der Implementierung von umfangreichen Maßnahmen während der IT-Neuausrichtung ist eine Arbeitsweise in Projektform erforderlich.

Jedoch auch ohne dedizierte Projektstruktur sollte der Turnaround-CIO auf eine klare Zuordnung von Verantwortung auf die Mitglieder des Turnaround-Teams und auf ein straffes, zentral geführtes Maßnahmenmanagement achten. Beim Maßnahmenmanagement werden alle erarbeiteten Maßnahmen zur Gesundung der IT zusammengefasst und somit kontrollierbar gemacht. Die Detaillierung umfasst je Maßnahme zumindest eine Beschreibung der Maßnahme, Zielsetzung, Verantwortlichkeiten, Meilensteine, Zielerreichungsgrad und eingetretene bzw. erwartete Effekte. Insgesamt ist rigoroses Projektmanagement als ein wesentlicher Erfolgsfaktor bei der Umsetzung der Maßnahmen anzusehen.

Für die Kennzeichnung des Umsetzungsgrads von Maßnahmen wird in der Praxis zumeist auf eine sogenannte „Härtegrad"-Klassifizierung zurückgegriffen. Härtegrade von IT-Verbesserungspotenzialen bzw. Einzelmaßnahmen können z. B. von „Idee" über „Detailliert" und „In Umsetzung" bis hin zu „Implementiert" reichen.

Auch sollte festgelegt werden, wer für die Kontrolle des Projektverlaufs bzw. der Zielerreichung zuständig ist. Bei IT-Turnarounds liegt diese Zuständigkeit meist entweder direkt bei dem für IT verantwortlichen Mitglied der Geschäftsführung bzw. dem IT-Vorstand oder bei einem dedizierten Lenkungsausschuss.

8. Rahmenbedingungen für die Gesundung etablieren

Für die Gesundung der IT sind oftmals erhebliche Veränderungen im Unternehmen erforderlich, die nicht direkt bzw. ausschließlich die IT als Funktion betreffen. Dementsprechend umfasst ein weiterer Workstream die Realisierung von Rahmenbedingungen, die neben den eigentlichen IT-Turnaround-Maßnahmen für die Gesundung der IT erforderlich sind (siehe Kapitel 7). Gemeint sind organisatorische und strukturelle Maßnahmen (Reorganisation des IT-Bereichs, veränderte Aufgabenzuordnungen, verbesserte IT-Kernprozesse) sowie fundamentale Spielregeln für die Einbindung der IT im Unternehmen (IT-Governance) und für die Verankerung eines IT-Kostenbewusstseins (z. B. IT-Mittelvergabe, Make-or-Buy-Entscheidungen).

■ 3.4 Stoßrichtung bestimmen

Für einen erfolgreichen IT-Turnaround ist eine möglichst klare Zielsetzung erforderlich. Diese äußert sich in der Stoßrichtung der IT-Restrukturierung. Die Stoßrichtungen können sich überlappen und sind oft, da meist im Vorfeld einer IT-Diagnose durch das Topmanagement festgelegt, relativ unscharfe Zielumschreibungen. Gleichwohl sind sie als Anhaltspunkte und Leitplanken für eine IT-Restrukturierung unerlässlich. Sie sollten dementsprechend durch das Topmanagement klar kommuniziert werden.

Eine IT-Restrukturierung kann in Abhängigkeit von der unternehmensspezifischen Ausgangssituation unterschiedliche Ziele bzw. Stoßrichtungen verfolgen. Häufig bekämpfen Unternehmen eine Krise in der IT mit folgenden Zielsetzungen:

- Reduzierung einer als zu hoch betrachteten *Komplexität* der IT
- Eindämmung einer als unakzeptabel wahrgenommenen *Risikohäufung* in der IT
- Schaffung von *Transparenz* in der IT
- Verbesserung des *Preis-Leistungs-Verhältnisses* der IT, die als zu teuer und/oder nicht ausreichend leistungsfähig eingeschätzt wird
- Wiederherstellung der Reaktionsfähigkeit der Unternehmens-IT auf Anforderungen des Business *(Agilität)*

- Verbesserung der Effizienz des Unternehmens durch *optimierte Geschäftsprozessunterstützung* bzw. *Automatisierung von Geschäftsprozessen*
- Schaffung der Voraussetzungen, um mit Hilfe der IT die *Unternehmensumsätze* zu erhöhen
- Schaffung von Voraussetzungen, um mit Hilfe der IT eine *Neuausrichtung bzw. Transformation des Unternehmens* zu realisieren.

Einflussfaktoren berücksichtigen

Die Stoßrichtung einer IT-Restrukturierung wird meist in Abhängigkeit von der konkreten Ausgangslage gewählt. Die Ausgangslage wird bestimmt durch

- die existierenden IT-Defizite,
- die Unternehmensstrategie bzw. die Unternehmensziele,
- die vorliegende Unternehmenssituation.

Wichtig ist dabei auch die akute Relevanz bzw. der Schweregrad der jeweiligen Determinante: IT-Defizite können je Unternehmen völlig unterschiedlich vorliegen und auch jeweils unterschiedlich stark ausgeprägt sein. Ähnliches gilt für die Ziele des Unternehmens: Manche sind im Vergleich weniger wichtig, andere absolut „Mission critical". Ebenfalls gibt es unterschiedliche Einflüsse der jeweiligen Unternehmenssituation: Besondere Situationen können entweder akut vorliegen oder aber für das betrachtete Unternehmen unwahrscheinlich sein.

Führt das Unternehmen beispielsweise ein Kostensenkungsprogramm durch oder befindet sich gar in einer Krise, wird der Fokus der IT-Restrukturierung üblicherweise ebenfalls auf Kostensenkung liegen. Wird hingegen eine Umsatzerhöhung mittels IT angestrebt, treten Stoßrichtungen, die auf Kostensenkung abzielen, tendenziell in den Hintergrund. Bild 3.4 verdeutlicht den Einfluss der drei Determinanten auf die Stoßrichtung des Turnarounds.

IT-Defizite

- Schwaches IT-Management, Versäumnisse des Topmanagements
- Zu hohe bzw. nicht mehr beherrschbare Komplexität
- Ungeeignete IT-Komponenten/unzureichende IT-Fähigkeiten
- Inakzeptable Risiken
- Fehlende Transparenz
- Unzureichendes Preis-Leistungs-Verhältnis
- …

Stoßrichtungen der IT-Restrukturierung z.B.:
- Reduzierung der IT-Komplexität
- Eindämmung der IT-Risiken
- Verbesserung der Transparenz
- Erhöhung der Agilität/Flexibilität
- Optimierung des IT-Preis-Leistungsverhältnisses
- Business Enabling/Umsatzerhöhung

Unternehmensziele
- Risiken managen/kontrollieren
- Kosten senken
- Geschäftsprozessunterstützung optimieren/Prozesse automatisieren
- Globalisieren/Internationalisieren
- Umsatzwachstum erzielen
- Geplante Transformation des Unternehmens
- …

Besondere Situationen des Unternehmens
- Unternehmenszusammenschluss/Merger/Carve-out
- Unternehmensweites Kostensenkungs-/Effizienzsteigerungsprojekt
- Restrukturierung des Unternehmens/Sanierung/Unternehmenskrise
- Umbau/Neuausrichtung des Unternehmens (laufende Transformation)
- …

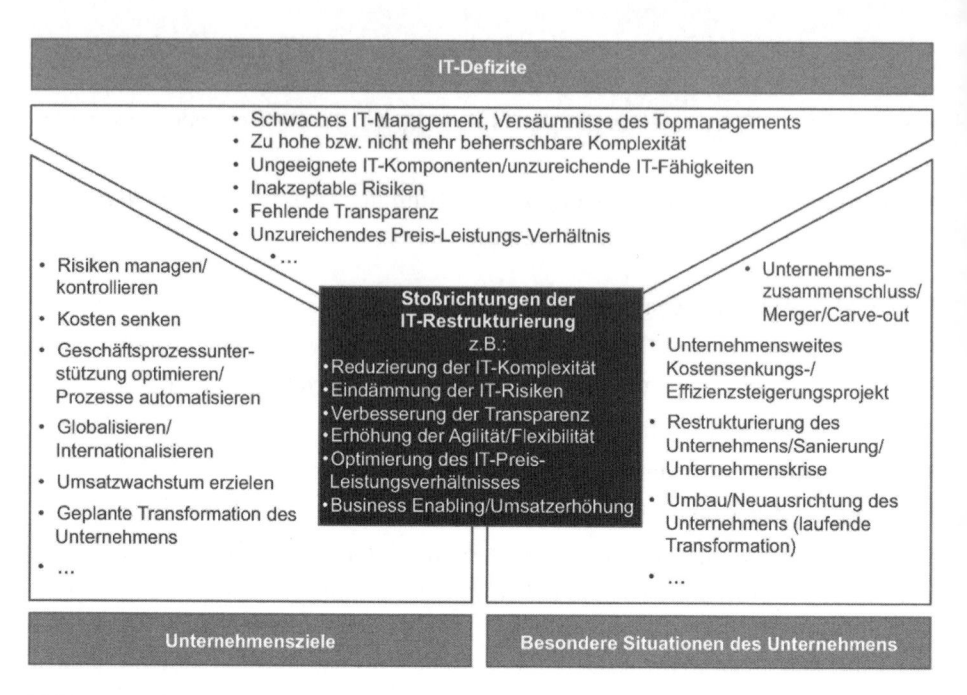

Bild 3.4 Mögliche Determinanten für die Ausrichtung der IT-Restrukturierung

Insgesamt ergibt sich so für jeden Restrukturierungsansatz in Abhängigkeit von der Ausgangslage ein unternehmensspezifisches Profil, wie in Bild 3.5 dargestellt.

Das Topmanagement sollte bei der Festlegung der Stoßrichtung für die IT-Restrukturierung klare Prioritäten setzen und die existierenden Voraussetzungen und Rahmenbedingungen der IT und des Unternehmens beachten. Was ist aktuell am wichtigsten für das Unternehmen? Wo sind Verbesserungen am ehesten erforderlich und wirksam? Aber auch: Was sind realistische Ziele? Eine IT, die z. B. heute am Boden liegt, wird kaum ein Unternehmen bei der kurzfristigen Transformation in ein digitales Unternehmen nachhaltig unterstützen können. Vielmehr muss sie erst wieder agil und reaktionsfähig werden, dies zumeist über Umwege wie Komplexitätsreduzierung, Transparenz und Vereinfachung. Hat hingegen für das Unternehmen die Gewährleistung eines stabilen und sicheren Betriebs Vorrang, so wird die Stoßrichtung der IT-Restrukturierung eher in Richtung „Eindämmung der IT-Risiken" gehen.

Bei der Beurteilung der IT-Situation und der Bestimmung der Stoßrichtung für eine möglicherweise notwendige IT-Restrukturierung tut sich das Topmanagement häufig jedoch schwer. Zu diffus ist zumeist das Bild, das sich aus den wahrgenommenen Krisen-Symptomen ergibt, zu wenig ausgeprägt sind die erforderlichen IT-Kenntnisse. Die Bestimmung der richtigen Stoßrichtung ist aber für den Restrukturierungserfolg essenziell. Im Zweifelsfall empfiehlt sich die Hinzuziehung von sachkundigen, unabhängigen Fachleuten (siehe Kapitel 9).

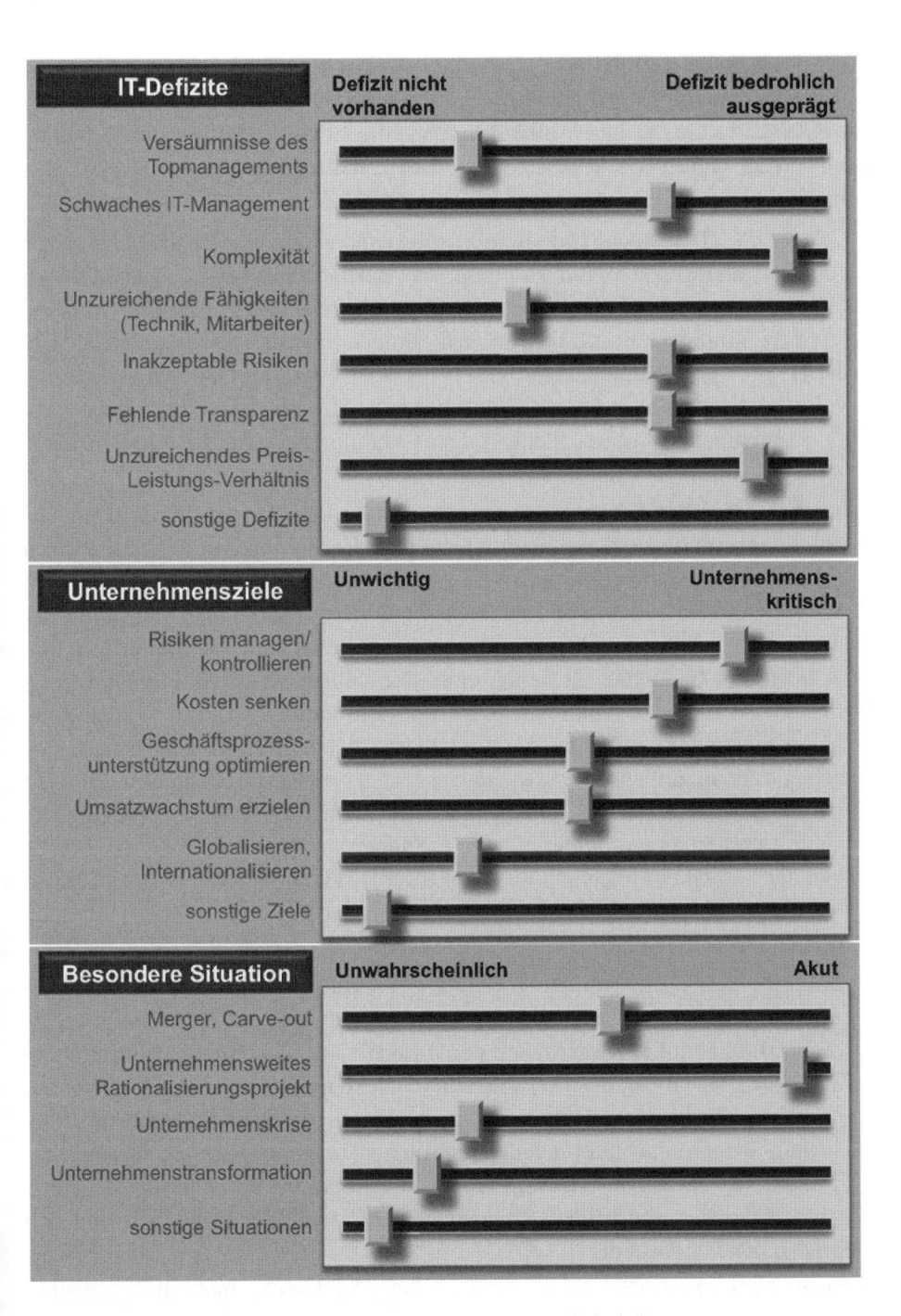

Bild 3.5 Ausgangslage für einen IT-Restrukturierungsansatz (Beispiel)

Hauruck-Ansätze vermeiden

Mit der Absicht, die IT schnell wieder „auf Vordermann" bringen zu wollen, wird nicht selten zu drastischen Mitteln gegriffen, die zumeist allerdings die Situation noch verschlechtern (Weill/Ross 2009, S. 12 ff). Zu diesen Hauruck-Ansätzen gehören beispielsweise:

- *Geld in die IT pumpen.* Hier besteht die Gefahr, dass die Komplexität durch Schnellschüsse noch weiter zunimmt. Das hastige Einbinden von erworbenen IT-Komponenten und die Beauftragung zusätzlicher IT-Dienstleister wird zumeist die Komplexitätsspirale nur noch schneller drehen lassen. Komplexität in der IT sollte jedoch eingedämmt und beherrschbar gemacht werden. Bei diesem Vorgehen ist die Wahrscheinlichkeit sehr hoch, stark zunehmende IT-Kosten und eine zunehmende Unbeweglichkeit der IT bei allenfalls kurzfristigen Vorteilen auf der Business-Seite zu generieren.

- *Geldhahn zudrehen.* Drastische Kürzungen können in bestimmten Unternehmenssituationen (Krise, Rationalisierung) die primäre Zielsetzung darstellen. Auch können sie dazu beitragen, (schmerzhafte) Prioritäten bei den IT-Ausgaben bzw. -Vorhaben setzen zu müssen. Oft werden derartige Maßnahmen jedoch mit der „Rasenmäher-Methode" durchgeführt, d.h. pauschal und undifferenziert hinsichtlich den Bereichen, in denen eine eventuelle Kostensenkung sinnvoll ist und den Bereichen, die ohnehin zu knapp ausgestattet sind. Unterfinanzierung (bzw. Underspending) kann ein unmittelbares Risiko für das Business nach sich ziehen (z.B. unzureichende Anwenderschulung, verzögerter Austausch von nicht mehr geeigneter Hardware, mangelnde Integration von Anwendungen, ungenügende Geschäftsprozessunterstützung). Zudem sind geringe IT-Kosten per se kein Zeichen einer effizienten und effektiven IT. Vielmehr sind die Allokationen der Ausgaben auf die Bereiche, bei denen IT für das Unternehmen am vorteilhaftesten ist, entscheidend.

- *CIO austauschen.* Die Abwägung, ob sich ein amtierender CIO auch für die Führung einer IT-Restrukturierung eignet, ist legitim und empfehlenswert (siehe Kapitel 4.2). Bleibt der Wechsel an der IT-Spitze jedoch die einzige Turnaround-Maßnahme, so wird sich höchstwahrscheinlich keine Verbesserung der Situation einstellen. Hinzukommen muss die aktive Analyse und Bekämpfung der IT-Defizite und in aller Regel ein Umdenken im Unternehmen hinsichtlich der Rolle der IT. Statt eine Person verantwortlich zu machen ist eine veränderte Einstellung und Herangehensweise beim Topmanagement, dem IT-Management und den Kunden der IT notwendig.

- *Patentrezepte anwenden.* Hier sind zahlreiche Methoden, Tools und Verfahren gemeint, mit denen die Bekämpfung einer IT-Krise versucht werden könnte. Zu nennen sind hier beispielsweise Ansätze wie COBIT und ITIL für die Definition von IT-Prozessen, oder Lean-IT, Enterprise Architecture Management (EAM) und

Balanced Scorecard für das Management der IT *(COBIT: Control Objectives for Information and Related Technology, ein Rahmenregelwerk der Information Systems Audit and Control Associaton (ISACA) für die Kontroll- und Steuerungsprozesse der IT-Governance; ITIL: Information Technology Infrastructure Library, eine von der Central Computing and Telecommunications Agency (CCTA) entwickelte Beschreibung von Prozessen, Werkzeugen und der Organisation für den Betrieb der IT; Lean-IT zielt auf die Anwendung von Methoden der industriellen Produktion (z. B. Kaizen und KVP – kontinuierlicher Verbesserungsprozess) und auf die IT ab; EAM ist eine Methode für das IT-Management; mit Balanced Scorecard wird ein Instrument zur Einrichtung eines integrierten Managementsystems bezeichnet. Verwendet wird dazu u. a. ein kennzahlenbasiertes System, das die Operationalisierung von strategischen Zielen erleichtern soll).*

Bei der Anwendung von Tools und standardisierten Methoden besteht generell die Gefahr, zu sehr an den Symptomen herumzudoktern und die Kernursachen der entstandenen IT-Defizite außer Acht zu lassen. Einige der Ansätze (COBIT, ITIL, EAM) sind ursprünglich von Behörden bzw. Regierungsorganisationen entwickelt worden und dementsprechend detailliert ausgearbeitet sowie mit hohem bürokratischem Aufwand bei der Implementierung und der praktischen Anwendung verbunden. Für Unternehmen in einer IT-Krisensituation mit entsprechend dringlichem Handlungsdruck sind diese Rahmenwerke – zumindest als Sofortmaßnahme in der kritischen Phase – zumeist ungeeignet. In Grundzügen und mit Bedacht eingesetzt, können diese Ansätze gleichwohl dabei behilflich sein, chaotische IT-Bereiche mit Struktur zu versehen (z. B. Verwendung von Kernelementen der Balanced Scorecard bei der Verbesserung der Transparenz in der IT oder die Vereinfachungsansätze der Lean-IT). Als Allheilmittel für die Behandlung einer akuten Krisen-IT sind sie zumindest allein nicht geeignet.

- *Alles outsourcen.* Häufig wird bei IT-Krisen auch Outsourcing als Allheilmittel ins Spiel gebracht (Outsourcing könnte auch bei „Patentrezepte" aufgeführt werden).

IT-Dienstleister stehen „Gewehr bei Fuß", um die kriselnde IT-Leistungserbringung zu übernehmen. Als Hauptargumente für Outsourcing werden die Reduktion der IT-Kosten und die Verbesserung der IT-Leistung angeführt.

(IT-)Probleme lassen sich jedoch nicht outsourcen. Erfolge stellen sich in aller Regel erst dann ein, wenn vorher die „IT-Hausaufgaben" gemacht werden, d. h. überkomplexe Infrastrukturen konsolidiert werden und Prozesse zwischen IT-Lieferant und IT-Kunde funktionieren. Technikzoos und unzureichende Prozesse können zwar übergeben werden, die erwarteten positiven Effekte werden sich aber kaum einstellen. Im Gegenteil, das Risiko zu scheitern oder letztendlich das Preis-Leistungs-Verhältnis weiter zu verschlechtern, ist sehr hoch (siehe Kapitel 6.3.1).

Zudem ist auch mit Outsourcing weiterhin eine spezialisierte interne IT notwendig, um notwendige Kernaufgaben des IT-Managements durchzuführen (IT-Strategie, Projekte, Anforderungsmanagement usw.) und die Dienstleister professionell zu steuern.

In Kapitel 6.3 wird aufgezeigt, welche Maßnahmen bezüglich der Anpassung der IT-Fertigungstiefe zum Erfolg einer IT-Restrukturierung beitragen können.

- *Altsysteme durch ein ERP -System ersetzen.* Technik allein löst keine Probleme. Trotzdem wird sehr häufig bei massiven IT-Krisen die „große Lösung" angestrebt und versucht, ein oftmals gewuchertes und schwerfälliges Legacy-Anwendungssystem, d.h. eine (historisch gewachsene und oftmals problematische „IT-Altlast") durch eine integrierte ERP-Lösung zu ersetzen. Dazu sind umfangreiche IT-Großprojekte erforderlich, die – und das wird meist unterschätzt – einen sehr erheblichen Teil der Kapazitäten der IT- und Fachbereiche über Monate, oft über Jahre, absorbieren. Damit einhergehen ein signifikantes Projektrisiko und die Gefahr, durch das Scheitern eines unternehmensweiten Projekts im Extremfall das Unternehmen zu gefährden. Computerzeitschriften sind voll von derartigen „Non Success Stories" (z.B. Usinger 2011).

Hinzu kommt, dass mittlerweile viele Unternehmen diese Option bereits gewählt haben, dieser vermeintliche Königsweg also schon begangen ist, trotzdem aber noch zahlreiche Defizite vorliegen oder sogar neue hinzugekommen sind. Zunehmend wird wahrscheinlich den verstärkt aufkommenden Cloud-Lösungen diese „Wunderrolle" zur Rettung kriselnder IT-Bereiche zufallen.

Trotzdem kann das Ersetzen bzw. re-integrieren einer heterogenen Anwendungslandschaft ein geeignetes Mittel zur Komplexitätsreduzierung in einer IT-Restrukturierung sein, dies muss aber zwingend einhergehen mit den Änderungen der Einstellung zur IT im Unternehmen.

> ❗ Hauruck-Ansätze für die Bewältigung einer IT-Krise sind selten von Erfolg gekrönt; den berühmten „Silver Bullet" gibt es auch bei einer IT-Restrukturierung nicht. Jede Situation erfordert ein spezifisches Vorgehen, die Bekämpfung der unternehmensindividuell vorliegenden IT-Defizite und in aller Regel auch ein Umdenken im Unternehmen, was die Rolle der IT anbelangt.

3.5 Voraussetzungen für den Turnaround-Erfolg schaffen

Erfolgreiche IT-Restrukturierungen haben ähnliche Haupt-Erfolgsfaktoren wie Unternehmensrestrukturierungen (siehe Kapitel 1.1), nämlich Management Commitment, schnelle Umsetzung, Kommunikation, ganzheitlicher Ansatz und straffes Projektmonitoring.

Topmanagement-Commitment, Kommunikation und Bereitschaft zur Veränderung sicherstellen

Die Durchführung einer IT-Restrukturierung stellt nicht allein hohe Anforderungen an die Mitarbeiter, die das Projekt stemmen müssen. Entscheidend zu Beginn und auch während des gesamten Projektes ist ein starkes, permanentes Topmanagement Commitment.

Oft besteht die erste große Herausforderung eines IT-Turnarounds darin, die Realität zu akzeptieren, entsprechende unangenehme Tatsachen zu kommunizieren und konkret zu handeln. Das Bewusstsein, dass akuter Handlungsbedarf besteht, sollte sich schon vor Beginn eines Turnaround-Projekts durch klare Äußerungen des Topmanagements äußern. Klare Statements könnten beispielsweise wie folgt lauten:

- Feststellung: *Wir haben ein gravierendes Problem in der IT.*
- Handlungsbedarf: *Wir müssen dringend die Nutzung der IT in unserem Unternehmen fundamental ändern.*
- Vorgehen: *Es wird ein Projekt gestartet, das den Turnaround unserer IT zum Ziel hat.*
- Zielsetzung: *Die Haupt-Stoßrichtungen der IT-Restrukturierung werden die Eindämmung der Komplexität und die Reduzierung der vorhandenen Risiken sein.*

Die Veränderungsnotwendigkeit und -bereitschaft sollte zumindest im kompletten Topmanagement (Vorstand, Geschäftsführerkreis) Common Sense sein. Im Sinne einer ganzheitlichen Neuausrichtung der IT betrifft eine IT-Restrukturierung nahezu alle Bereiche des Unternehmens und spielt sich nicht nur im „IT-Reservat" ab. Eine Neuausrichtung erfordert vielmehr ein Umdenken des gesamten Unternehmens hinsichtlich des Einsatzes und der Rolle der IT.

Ergänzend dazu ist zielgerichtete, klare Kommunikation und die Einbindung der relevanten Stakeholder einer IT-Restrukturierung (je nach Situation IT-Mitarbeiter, Betriebsrat, Controlling, IT-Lieferanten) bereits im Vorfeld des eigentlichen Turnarounds hilfreich (siehe Kapitel 8).

Geeignete Mitarbeiter für die Durchführung gewinnen

Die Erfolgsfaktoren „schnelle Umsetzung" und „straffes Projektmonitoring" stellen in erster Linie hohe Anforderungen an die Personen, die für die Leitung bzw. Durchführung der IT-Restrukturierung vorgesehen sind. Hier ist es ratsam, zunächst eine gute „Mannschaftsaufstellung" zu haben, bevor der Turnaround „angepfiffen" wird (siehe Kapitel 4.2.3).

Ansatz und Umfang der IT-Restrukturierung bestimmen

IT-Restrukturierungen bedeuten – wenn sie ernst gemeint sind – umfassende Änderungen der IT im Unternehmen. Wenn Scheu vor gravierenden Änderungen besteht oder inhaltlich zu kurz gesprungen wird bzw. „nicht tief genug geschnitten wird" (um eine weitere medizinische Metapher zu gebrauchen), ist der Umsetzungserfolg äußerst fraglich.

Von daher ist hinsichtlich des Umfangs einer IT-Restrukturierung den im Kapitel 3.1 aufgeführten fünf Phasen bzw. acht Arbeitspaketen einer ganzheitlichen Restrukturierung hohe Bedeutung beizumessen. Ein IT-Turnaround umfasst eben nicht nur akute Krisenbekämpfung, sondern auch die Einbeziehung der Stakeholder und eine mittel- bis langfristige Neuausrichtung der IT sowie die Herstellung der für eine Gesundung notwendigen Rahmenbedingungen im Unternehmen. Dementsprechend sollte auch der IT-Restrukturierungplan umfangreich sein und alle Kernursachen der IT-Krise bekämpfen – ohne dabei Gefahr zu laufen, sich zu verzetteln oder unrealistische Maßnahmen aufzuführen.

> **Zusammenfassung: Der Turnaround-Ansatz für die IT**
>
> - Restrukturierungsmethoden, die auf das gesamte Unternehmen Anwendung finden, können mit Anpassungen auch im Rahmen der IT-Neuausrichtung verwendet werden.
> - Für einen erfolgreichen IT-Turnaround ist eine möglichst klare Zielsetzung erforderlich. Diese äußert sich in der Stoßrichtung der IT-Restrukturierung.
> - Die Stoßrichtung einer IT-Restrukturierung wird durch die existierenden IT-Defizite, durch die Unternehmensstrategie bzw. die Unternehmensziele sowie durch die vorliegende Unternehmenssituation bestimmt.
> - Es gibt kein Allheilmittel, keinen Silver Bullet bei einer IT-Krise. Jede Situation erfordert ein spezifisches Vorgehen, die Bekämpfung der unternehmensindividuell vorliegenden IT-Defizite und in aller Regel auch ein Umdenken im Unternehmen hinsichtlich der Rolle der IT im Unternehmen.
> - Oft besteht die erste große Herausforderung eines IT-Turnarounds darin, die Realität zu akzeptieren, entsprechende unangenehme Tatsachen zu kommunizieren und konkret zu handeln. Hierzu ist insbesondere ein klares Handeln des Topmanagements erforderlich.

Literatur

Brenner, W.; Resch, A.; Schulz, V.: *Die Zukunft der IT in Unternehmen*. Frankfurt/Main: F.A.Z. Institut für Management-, Markt- und Medieninformationen (2010).

Kraus, K.-J.; Buschmann, H.: § 5 Sanierungskonzept und Umsetzungsmanagement einer nachhaltigen Unternehmenssanierung. In A.K. Buth, & M. Hermanns, *Handbuch Restrukturierung, Sanierung, Insolvenz*. München: C.H. Beck (2009).

Moeller, R.R.: *IT Audit, Control and Security*. Hoboken: Wiley (2010).

Slatter, S.; Lovett, D.: *Corporate Turnaround*. Penguin Books, London (1999).

Usinger, B.: *ERP-Projekte auf der Kippe*. Abgerufen am 9. März 2014 von www.computerwoche.de: http://www.computerwoche.de/a/erp-projekte-auf-der-kippe,2518552 (29. November 2011)

Weill, P.; Ross, J.W.: *IT Savvy – What top executives must know to go from pain to gain*. Boston: Harvard Business Press (2009).

4 Leadership im Turnaround

Ein wesentlicher Erfolgsfaktor für jede Restrukturierung sind die Menschen, die den Umbau leiten oder daran mitarbeiten. In diesem Kapitel wird beschrieben,

- welche Aufgaben das Topmanagement bei einer IT-Restrukturierung hat,
- welche Anforderungen an einen Turnaround-CIO und an das Restrukturierungs-Team zu stellen sind,
- welche Kriterien für einen möglichen Austausch der IT-Leitung vor einer Restrukturierung gelten.

Wenn im Kontext der Aufgaben des Topmanagements und des IT-Verantwortlichen von „Leadership" gesprochen wird, ist die Gesamtheit an Kompetenzen und Fähigkeiten gemeint, die für die Übernahme einer herausfordernden Führungsfunktion erforderlich sind. Warum ist gerade Leadership bei einem Turnaround von immenser Bedeutung?

Leadership ist im Gegensatz zu Management immer vor dem Hintergrund einer besonderen Situation relevant: *„Die Situation und das spezifische Handeln in dieser Situation sind es, die Leadership ausmachen."* (Malik 2008, S. 250). Krisen im Unternehmen bzw. in der IT stellen regelmäßig besondere Situationen dar, deren Bewältigung auch besonderer Führungsfähigkeiten erfordern. So nützlich auch Managementfähigkeiten bei einer IT-Krise sind (z. B. Risikomanagement, Projektmanagement, Lieferantenmanagement) – ein IT-Turnaround kann nicht nur „gemanagt" werden. Vielmehr bedarf es Persönlichkeiten, die in der Lage sind, einen angeschlagenen Bereich aus der Krise herauszu*führen*.

4.1 Eine aktive Rolle des Topmanagements ist unerlässlich

Kann das Topmanagement überhaupt etwas zur Gesundung der IT beitragen? Ist dies nicht ausschließlich die Aufgabe von Fachleuten? Sollte die Unternehmensleitung sich nicht besser aus derartigen Vorhaben heraushalten, da sie sowieso „nichts von IT versteht"? Das Gegenteil ist der Fall. Gerade bei einer IT-Restrukturierung kommt es auf die tatkräftige Unterstützung des Topmanagements an, und zwar vor, während und nach dem eigentlichen Turnaround-Projekt.

Wahrnehmung der IT im Topmanagement

Nach wie vor stellt die effektive Steuerung und Kontrolle der Unternehmens-IT für viele Topmanager eine erhebliche Herausforderung dar (siehe Kapitel 2.3.1). Dementsprechend bekommt die IT in Unternehmen erst dann Aufmerksamkeit, wenn aufgrund einer Krisensituation die „roten Lichter" angehen oder Hebel für die Reduzierung der Gemeinkosten gesucht werden. Dazu passt auch, dass nur ein gutes Drittel der CIOs regelmäßig an Sitzungen des Management-Boards teilnimmt; 30 % tun dies selten oder nie (Capgemini 2013, S. 14).

Aufgrund der wahrgenommen Komplexität und Techniklastigkeit wird nicht selten kapituliert und die IT vom Topmanagement als Black Box hingenommen; Entscheidungen, für die eine Einbeziehung des Topmanagement erforderlich ist, werden dann nicht ausreichend fundiert und „aus dem Bauch" wahrgenommen. Folglich gilt häufig: *„Sich mit Fragen der IT zu beschäftigen ist für viele Unternehmenslenker eine Qual"* (Brenner u. a. 2010, S. 15).

Eine derartige Einstellung des Topmanagements muss sich bei einer IT-Restrukturierung fundamental ändern. Die Gesundung eines kriselnden Bereichs lässt sich nicht „wegdelegieren" oder „outsourcen". Vielmehr ist eine erhebliche Beteiligung des Topmanagements, verbunden mit konkreten Aufgaben, für einen IT-Turnaround die Conditio sine qua non.

Aufgaben des Topmanagements beim IT-Turnaround

Welche Aufgaben hat das Topmanagement üblicherweise bei einem IT-Turnaround? Zunächst wird die Entscheidung zur Einleitung von Restrukturierungsmaßnahmen in der Regel nicht durch den CIO bzw. IT-Leiter direkt, sondern vom Topmanagement des Unternehmens getroffen (Brenner u. a. 2010, S. 14; Weill/Ross 2009, S. 74). Hierbei besteht schon die erste große Herausforderung darin, eine Krise zu erkennen, entsprechenden Handlungsbedarf zu akzeptieren und oftmals unangenehme Wahrheiten klar zu kommunizieren (siehe auch Kapitel 3.5).

4 Leadership im Turnaround

> [!] Dem Topmanagement kommt vor, während und nach der Durchführung des Turnaround-Projekts erhebliche Bedeutung zu (siehe Bild 4.1).

Meist ist in Unternehmen die Zuständigkeit für die IT eindeutig einem Mitglied der Geschäftsführung bzw. des Vorstands zugeordnet. Hierauf beziehen sich die nachfolgenden Äußerungen. In einigen Branchen (z. B. Banken, Versicherungen) kann die IT aufgrund ihrer herausragenden Bedeutung direkt im Topmanagement durch ein Vorstandsmitglied vertreten sein.

Im *Vorfeld des IT-Turnarounds* sollte sich das für die IT verantwortliche Mitglied der Geschäftsführung einen objektiven Überblick hinsichtlich des tatsächlichen Zustands der IT verschaffen. Sofern diese Bestandsaufnahme nicht ohne Weiteres durch das IT-Management erbracht werden kann oder Zweifel hinsichtlich der Objektivität, der Vollständigkeit oder dem Wahrheitsgehalt der Bestandsaufnahme bestehen, sollte neutrale externe Unterstützung erwogen werden (siehe Kapitel 9.2).

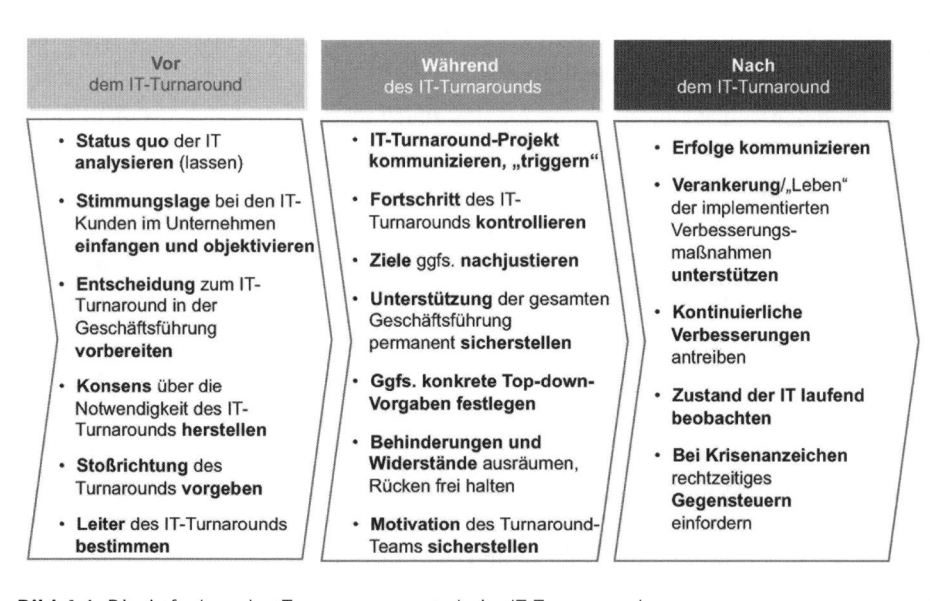

Vor dem IT-Turnaround	Während des IT-Turnarounds	Nach dem IT-Turnaround
• **Status quo** der IT **analysieren** (lassen) • **Stimmungslage** bei den IT-Kunden im Unternehmen **einfangen und objektivieren** • **Entscheidung** zum IT-Turnaround in der Geschäftsführung **vorbereiten** • **Konsens** über die Notwendigkeit des IT-Turnarounds **herstellen** • **Stoßrichtung** des Turnarounds **vorgeben** • **Leiter** des IT-Turnarounds **bestimmen**	• **IT-Turnaround-Projekt kommunizieren, „triggern"** • **Fortschritt** des IT-Turnarounds **kontrollieren** • **Ziele** ggfs. **nachjustieren** • **Unterstützung** der gesamten Geschäftsführung permanent **sicherstellen** • Ggfs. konkrete **Top-down-Vorgaben festlegen** • **Behinderungen und Widerstände** ausräumen, Rücken frei halten • **Motivation** des Turnaround-Teams **sicherstellen**	• **Erfolge kommunizieren** • **Verankerung/"Leben"** der implementierten Verbesserungsmaßnahmen **unterstützen** • **Kontinuierliche Verbesserungen** antreiben • **Zustand der IT laufend beobachten** • Bei Krisenanzeichen rechtzeitiges **Gegensteuern** einfordern

Bild 4.1 Die Aufgaben des Topmanagements beim IT-Turnaround

Entscheidend ist danach die Herstellung eines Common Sense in der Geschäftsführung hinsichtlich des tatsächlichen Zustands der IT, der Haupt-Problemfelder sowie der grundsätzlichen Notwendigkeit und der Stoßrichtung einer beabsichtigten Neuausrichtung. Stoßrichtungen beschreiben Schwerpunkte der IT-Restrukturierung, wie z. B. den Abbau der Anwendungskomplexität, die Reduzierung von IT-Risiken, die Verbesserung des Preis-Leistungs-Verhältnisses der IT oder die

Schaffung von professionellen Prozessen (siehe Kapitel 3.4). Diese Stoßrichtungen werden im Zuge des Projektes verifiziert, detailliert und dann in konkrete Maßnahmen herunter gebrochen und umgesetzt.

Wichtig ist auch, dass im Topmanagement Konsens über den konsequenten *Vorrang der IT-Restrukturierungsarbeit* über die bisher geltenden Prämissen der IT-Ausrichtung herrscht. IT-Neuausrichtung werden reine Lippenbekenntnisse bleiben, wenn zwar einerseits Einigkeit über die Defizite der IT und den entsprechenden Stoßrichtungen der Neuausrichtung herrscht, andererseits aber in der IT weiter „business as usual" toleriert wird. Ist beispielsweise eine massive Komplexität der Anwendungslandschaft als IT-Hauptproblem diagnostiziert worden, kann nicht der Ausbau von Anwendungsinseln in der Autonomie der Fachbereiche akzeptiert werden.

Sofern sich die Notwendigkeit einer Neuausrichtung ergibt, ist im Vorfeld auch die Bestimmung der Person, die für die Leitung der IT-Restrukturierung vorgesehen ist, von großer Bedeutung (siehe Kapitel 4.2).

Auch *während des IT-Turnarounds* ergeben sich für das Topmanagement wichtige Aufgaben. Zum einen sollte das Topmanagement einen klaren Auftrag an die IT zur Neuausrichtung vergeben. Dieser sollte auch die Stoßrichtungen beinhalten, die im Vorfeld der IT-Restrukturierung festgelegt wurden. Zum anderen muss der Fortschritt des Turnaround-Projekts kontrolliert und die Zielsetzung gegebenenfalls nachjustiert werden.

Dies umfasst zumindest die Teilnahme an Lenkungsausschuss-Veranstaltungen und regelmäßige Treffen mit dem Turnaround-CIO.

Während des gesamten Projektes ist zu gewährleisten, dass uneingeschränktes und umfassendes Topmanagement-Commitment vorhanden ist, was auch das Ausräumen von Widerständen und Behinderungen umfasst. Das Topmanagement muss dem Turnaround-Team den Rücken frei halten, indem z. B. unternehmenspolitisch motivierter Gegenwind möglichst abgehalten wird. Restrukturierungs-Teams ohne bzw. mit unzureichendem Topmanagement-Commitment hängen buchstäblich in der Luft und prallen an den unweigerlich auftretenden Widerständen im Unternehmen ab. Dies sollte auf keinen Fall unterschätzt werden.

IT-Restrukturierungen sind kein Spaziergang und stellen für das Restrukturierungs-Team hohe Belastungen dar, die meist über das übliche Maß an Zeitaufwand und Arbeitsintensität weit hinausgehen. Hinzu kommen Widerstände der zahlreichen Stakeholder, die auch erhöhte psychische Anforderungen bedeuten. Das Topmanagement sollte der Beibehaltung der Motivation des Restrukturierungs-Teams hohe Bedeutung beimessen, beispielsweise durch regelmäßige Treffen und Kommunikation der Fortschritte in geeigneter Form (z. B. E-Mail, Newsletter, Intranet, Firmenveranstaltungen).

Nach der IT-Restrukturierung sollte das Topmanagement die Nachhaltigkeit des Restrukturierungserfolgs absichern. Dazu gehört z. B. die Verankerung entsprechender Prozesse für ein nachhaltiges IT-Kostenbewusstsein und das „Leben" von implementierten IT-Governance-Strukturen im Unternehmen (ein Vorschlag für Governance-Strukturen findet sich in Kapitel 7.2). Auch sollte der Zustand der IT permanent beobachtet werden, um zukünftig Krisenanzeichen rechtzeitig zu erkennen und zu bekämpfen. Dazu sind eine kontinuierliche Kommunikation mit dem CIO und ein aussagekräftiges Reporting auf Topmanagement-Niveau hilfreich (siehe Folgeabschnitt).

IT-Reporting auf Topmanagement-Niveau einfordern

Mitunter windet sich die Unternehmensleitung aus der Verantwortung für die IT, etwa weil „man von IT nichts versteht" oder „alles zu technisch" sei. Diese Einstellung ist für eine nachhaltige Krisenbekämpfung nicht förderlich. Das Topmanagement, und hierbei insbesondere das Mitglied der Geschäftsführung mit unmittelbarer Verantwortung für die IT, sollte jederzeit ein klares Bild über den Zustand der IT im Unternehmen haben. Dazu ist der CIO angehalten, Sachverhalte so darzustellen, dass auch Nicht-IT-Fachleute keinerlei Verständnisprobleme haben. Damit einhergehen eine Konzentration auf wesentliche Aspekte, eine verständliche, business-orientierte Ausdrucksweise und die Wahl einer Darstellungsform, die der verfügbaren (knappen) Zeit des Topmanagements Rechnung trägt.

Für die IT verantwortliche Topmanager müssen diese Qualität der Berichterstattung aktiv einfordern und auf eine regelmäßige, verständliche und prägnante Berichterstattung bestehen. Nur so ist es möglich, die Nachhaltigkeit eines IT-Turnarounds zu gewährleisten und bei Anzeichen für eine erneute Krise rechtzeitig gegensteuern zu können.

Zuordnung der IT im Unternehmen überprüfen

Nur in wenigen Branchen ist es üblich, dass der CIO ein gleichberechtigtes Mitglied in der Geschäftsführung oder im Vorstand ist. Die IT ist disziplinarisch und oft auch fachlich einem Mitglied des Topmanagements zugeordnet, dies ist zumeist der CFO oder direkt der CEO (siehe Bild 4.2).

Unabhängig davon, wie die bisherige Unterstellung war, stellt sich im Rahmen des IT-Turnarounds die Frage, ob die vorhandene Zuordnung tragfähig ist, die IT also richtig „aufgehängt" ist.

An wen berichtet der CIO/IT-Leiter?

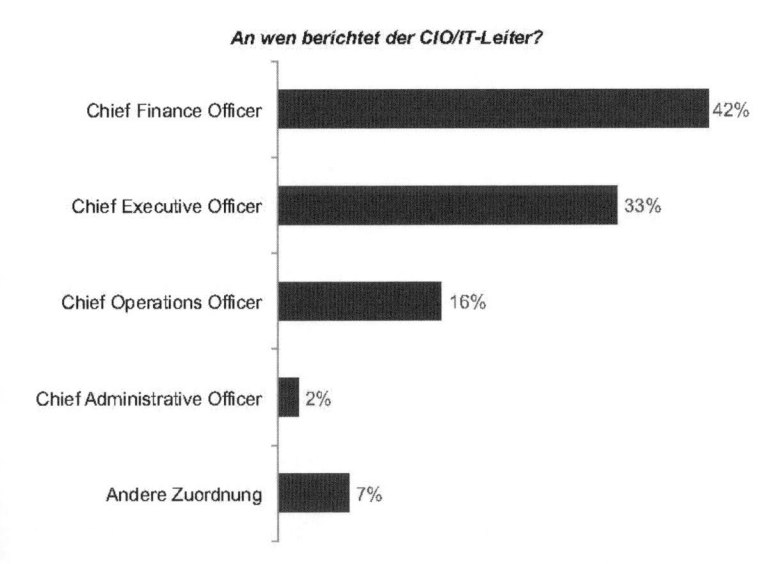

- Chief Finance Officer: 42%
- Chief Executive Officer: 33%
- Chief Operations Officer: 16%
- Chief Administrative Officer: 2%
- Andere Zuordnung: 7%

Bild 4.2 Zuordnung der IT im Unternehmen (Gartner 2010)

Während und nach einer Restrukturierung ist ein umfangreiches Mitwirken des für die IT verantwortlichen Vorstands oder Geschäftsführers erforderlich. Dafür ist ein signifikanter Anteil der Arbeitszeit des betreffenden Topmanagers vorzusehen. Unzureichende Kapazitäten, gerade in der Stabilisierungsphase, können den Turnaround-Erfolg gefährden. Darüber hinaus sollte der betreffende Topmanager keine Berührungsängste der IT gegenüber haben. Die Unterstützung des Turnarounds erfordert auch eine inhaltliche Auseinandersetzung mit IT-Sachverhalten, um Handlungsalternativen beurteilen und die Auswirkungen von Restrukturierungsmaßnahmen abschätzen zu können. Dazu braucht es keinen IT-Experten im Vorstandsrang, wohl aber die Bereitschaft und die Fähigkeiten, eine IT-Neuausrichtung inhaltlich zu durchdringen und sie argumentativ verteidigen zu können.

Des Weiteren sollte die zukünftige Rolle der IT bedacht werden. Lautet die Haupt-Stoßrichtung der Restrukturierung beispielsweise Kostensenkung, ist die IT unter Umständen bei einem „neutralen" CFO oder CEO besser aufgehoben als bei einem Vorstand, der einen Geschäftsbereich verantwortet. Umgekehrt kann die Zuordnung zum CEO oder zu einem Vertriebsvorstand sinnvoll sein, wenn zukünftig ein verstärktes Business Enablement durch die IT angestrebt wird.

Neuerdings wird sogar eine Entwicklung prophezeit, die den CIO zukünftig vermehrt als Anhängsel des Chief Marketing Officers (CMO) sieht. Angesichts der umfangreichen Digitalisierungsvorhaben, der zunehmenden Dominanz des Onlinegeschäfts und der wachsenden Bedeutung von Kundendatenanalysen (Big Data) ist das Technologie-Budget des Marketings in vielen Unternehmen mit Massenkundengeschäft explodiert. Dies hat zur Folge, dass der CMO sich mittlerweile intensiver mit innovativer IT beschäftigt bzw. beschäftigen muss als der CIO (Cox 2014, S. 10).

■ 4.2 New Leadership: IT-Führung austauschen?

Ein guter CIO oder IT-Leiter ist nicht automatisch auch als Führungspersönlichkeit für eine IT-Restrukturierung geeignet. Viele IT-Verantwortliche haben sich beim Aufbau der bestehenden IT zwar ausgezeichnet oder besitzen herausragende technische Kenntnisse, z. B. über das eingesetzte ERP-System oder den Betrieb des Rechenzentrums. Dessen ungeachtet tragen sie in vielen Fällen aber auch eine Mitverantwortung für eine Krisensituation in der IT. Hinzu kommt, dass in der Sondersituation „Krise" andere bzw. zusätzliche Kenntnisse und Erfahrungen gefordert sind.

Bei vielen Neuausrichtungen stellt sich deswegen die Frage, ob der amtierende Stelleninhaber gegen einen neuen, restrukturierungserfahrenen Manager ausgetauscht oder im Amt belassen werden sollte. Diese Entscheidung ist vom Topmanagement des Unternehmens zu treffen und sollte stets sehr sorgfältig hinsichtlich der möglichen Chancen und Risiken, die mit dieser Entscheidung einhergehen, abgewogen werden.

Bei der Abwägung „Beibehaltung oder Neubesetzung" ist zunächst die grundsätzliche *Eignung* des Stelleninhabers für die Restrukturierungsaufgabe abzuschätzen. Ein Stelleninhaber ohne oder mit mangelhaftem Potenzial zur Bewältigung der Restrukturierungsaufgabe kann per se kein Kandidat für den „Turnaround-Job" sein. Verfügt der Stelleninhaber jedoch über Potenzial, kann es immer noch gute Gründe geben, trotzdem eine Neubesetzung zu erwägen. Hierbei ist eine gründliche Betrachtung der Chancen und Risiken ratsam.

4.2.1 Die Eignung zum Turnaround-Verantwortlichen abschätzen

Die Beurteilung der individuellen Fähigkeit zur Führung der IT-Restrukturierung ist eine wichtige Aufgabe für die Unternehmensleitung. Sie hat entscheidende Bedeutung für das Gelingen der Neuausrichtung. Die Beurteilung sollte dabei möglichst nicht nur „aus dem Bauch", sondern auf Basis von geeigneten Kriterien erfolgen. Bei der Bestimmung des sogenannten Turnaround-Potenzials stehen drei Eigenschaften im Vordergrund (Faulhaber/Grabow 2009, S. 107 f):

- Erforderliche Fähigkeiten („können")

4.2 New Leadership: IT-Führung austauschen?

- Bereitschaft zur Übernahme der Aufgabe („wollen")
- Legitimation („dürfen").

In Tabelle 4.1 sind die wichtigsten Kriterien zur Abschätzung des Turnaround-Potenzials eines amtierenden CIOs bzw. IT-Leiters aufgeführt.

Tabelle 4.1 Checkliste für die Beurteilung der individuellen Fähigkeit zur IT-Restrukturierung

Bestimmung des Turnaround-Potenzials	Vorhanden	Nicht vorhanden
Fähigkeit		
Führungsfähigkeit, „Leadership"		
Beherrschung des CIO-Handwerkszeugs (Steuerung der IT-internen und -externen Prozesse wie z. B. Demand Management, IT-Kapazitätsplanung, IT-Projektsteuerung, Reporting/Berichterstattung, Management der Outsourcing-Partner bzw. IT-Dienstleister)		
Technische/fachliche Fähigkeiten (Schwerpunkt auf kritische Bestandteile der IT-Infrastruktur im Krisenunternehmen, z. B. ERP, Rechenzentrum)		
Erfahrung mit Change-Prozessen und Unternehmenstransformationen		
Durchsetzungsfähigkeit, Überzeugungskraft, Motivationskraft		
Belastbarkeit, Fähigkeit zur Übernahme der Restrukturierungsarbeit parallel zum IT-Tagesgeschäft		
Bereitschaft		
Wille zur Veränderung, Lernfähigkeit		
Einsicht hinsichtlich der vorhandenen Defizite in der IT		
Bereitschaft zur Übernahme von Verantwortung		
Loyalität zum Unternehmen		
Vorhandenes Engagement, „Drive"		
Legitimation		
Entscheidungskompetenz und Befugnisse		
Hierarchie/Augenhöhe		
Glaubwürdigkeit und Akzeptanz bei IT-Mitarbeitern und IT-Kunden		
Vertrauen und Unterstützung des Topmanagements bzw. der Gesellschafter		
Fazit		
Befähigung zur Leitung der IT-Restrukturierung		

Die *Turnaround-Fähigkeit* kennzeichnet eine Kombination von sogenannten Hard- und Soft-Skills, die im Rahmen einer IT-Restrukturierung notwendig sind. Im Vordergrund stehen essenzielle Eigenschaften wie Führungsfähigkeit und Durchsetzungsfähigkeit gepaart mit den notwendigen Fachkenntnissen, also der Beherrschung des CIO-Handwerkzeugs und die erforderlichen IT-Kenntnisse.

Insbesondere die technischen Kenntnisse sind meist eine Domäne der IT-Leiter vom alten Schlag. Technische Fähigkeiten sind zwar förderlich aber nicht hinreichend, um eine IT-Neuausrichtung leiten zu können. Auch muss ein „guter CIO" nicht gleichzeitig ein geeigneter IT-Turnarounder sein.

> Die Sondersituation „Krise" stellt besondere zusätzliche Anforderungen insbesondere an die Führungsfähigkeit eines IT-Verantwortlichen.

(IT-)Restrukturierungen ähneln Unternehmenstransformationen, die zeitweise chaotisch, unter hohem Zeitdruck und mit großer Dringlichkeit ablaufen. CIOs, die an umfangreichen Veränderungsprojekten mitgewirkt oder diese sogar geleitet haben, sind tendenziell sicher besser für eine IT-Restrukturierung befähigt als IT-Leiter, die sich in der Vergangenheit vornehmlich auf die Konservierung des Status quo ihres Bereichs konzentriert haben.

Es sollte auch kritisch hinterfragt werden, ob die zusätzliche Belastung, die im Rahmen eines Restrukturierungsprojekts unvermeidlich ist, noch geschultert werden kann. Während IT-Restrukturierungen muss der normale Betrieb weiterlaufen, d. h. Routineaufgaben des IT-Managements (z. B. Mitarbeiterführung, Finanz-Berichterstellung, Planungsrunden, IT-Dienstleistungsmanagement etc.) absorbieren einen beträchtlichen Teil der regulären Arbeitszeit. Restrukturierungsaufgaben fallen zusätzlich an und stellen hohe Anforderungen an die physische und psychische Belastbarkeit.

Bei der *Turnaround-Bereitschaft* steht der Veränderungswille im Vordergrund. Es geht also nicht nur darum, ob der IT-Leiter grundsätzlich befähigt wäre, eine Neuausrichtung zu leiten, sondern ob er die vorhandenen Defizite erkennt und akzeptiert sowie klar den Willen zur Veränderung erkennen lässt. Wichtig hierbei ist Engagement und „Drive". IT-Leiter, die „zum Jagen getragen" werden müssen und ihre Mannschaft nicht motivieren können, sind tendenziell für eine derartige Aufgabe ungeeignet.

In kriselnden IT-Bereichen ist häufig eine Tendenz zum Verharmlosen oder zum Leugnen der vorhandenen Defizite zu beobachten. Oft fällt es amtierenden IT-Verantwortlichen schwer, die objektiv vorhandenen Schwachstellen, Risiken und Dauerbaustellen zu erkennen und als problematisch zu verstehen. Ohne glaubwürdigen Veränderungswillen bzw. den „Sense of Urgency" fehlt eine entscheidende Voraussetzung für die Übernahme der Turnaround-Leitung.

IT-Verantwortliche mit schwacher Unterstützung aus dem Topmanagement laufen Gefahr, im Zuge der Restrukturierung mangels umfassender Unterstützung zu scheitern. Aus diesem Grund ist eine weitere Voraussetzung für die Übernahme der Verantwortung für eine IT-Restrukturierung die *Turnaround-Legitimation*: Nur wenn der IT-Verantwortliche auch hinreichend „enabeld" ist, d. h. mit den erforderlichen Befugnissen und Kompetenzen sowie mit einem Vertrauenskredit ausgestattet wurde, kann eine IT-Restrukturierung zum Erfolg führen. Entscheidend dabei ist, dass das gesamte Topmanagement geschlossen hinter dem Kandidaten steht. Je nach Unternehmenssituation (z. B. Unternehmenskrise, Merger-Situation) kann es ratsam sein, auch die Zustimmung aus dem Gesellschafterkreis einzuholen.

Zur Legitimation gehört auch die Stellung in der Hierarchie des Unternehmens. Ein vom Business nicht ernst genommener IT-Verantwortlicher wird „gegen die Wand laufen" und sich bei der Restrukturierung schwer tun.

4.2.2 Chancen und Risiken des Austauschs abwägen

Ist der amtierende IT-Verantwortliche mit attestiertem Turnaround-Potenzial nun uneingeschränkt für die Führung des Turnarounds prädestiniert? Hier gilt es erneut abzuwägen Bild 4.3 zeigt eine Übersicht von typischen Kriterien, die bei der Abwägung der Chancen und Risiken eines Austauschs herangezogen werden können.

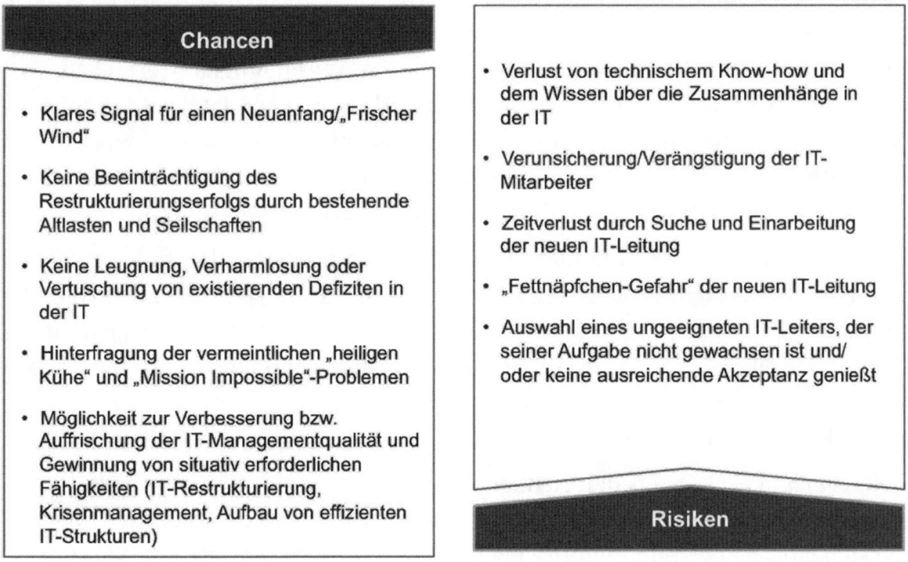

Chancen
- Klares Signal für einen Neuanfang/„Frischer Wind"
- Keine Beeinträchtigung des Restrukturierungserfolgs durch bestehende Altlasten und Seilschaften
- Keine Leugnung, Verharmlosung oder Vertuschung von existierenden Defiziten in der IT
- Hinterfragung der vermeintlichen „heiligen Kühe" und „Mission Impossible"-Problemen
- Möglichkeit zur Verbesserung bzw. Auffrischung der IT-Managementqualität und Gewinnung von situativ erforderlichen Fähigkeiten (IT-Restrukturierung, Krisenmanagement, Aufbau von effizienten IT-Strukturen)

Risiken
- Verlust von technischem Know-how und dem Wissen über die Zusammenhänge in der IT
- Verunsicherung/Verängstigung der IT-Mitarbeiter
- Zeitverlust durch Suche und Einarbeitung der neuen IT-Leitung
- „Fettnäpfchen-Gefahr" der neuen IT-Leitung
- Auswahl eines ungeeigneten IT-Leiters, der seiner Aufgabe nicht gewachsen ist und/oder keine ausreichende Akzeptanz genießt

Bild 4.3 Chancen und Risiken der Neubesetzung der IT-Leitung bei einem Turnaround

Amtierende CIOs können durch den mitverursachten Zustand der IT bereits so beschädigt sein, dass eine Beibehaltung im Amt und die Beauftragung zur Restrukturierung der IT nicht mehr nachvollziehbar erscheint. Man tut einem „verbrannten" CIO mit der Übertragung der Restrukturierungs-Verantwortung keinen Gefallen; das Risiko zu scheitern ist zu hoch. Sehr häufig ist mit der IT-Krise auch eine Vertrauenskrise zwischen dem IT-Verantwortlichen und der Geschäftsführung verbunden. Mangelndes Vertrauen ist keine tragfähige Basis für die Herausforderungen, die mit einem IT-Turnaround einhergehen.

Zudem kann es unternehmenspolitische Gründe geben, trotz eigentlich gegebener Eignung eine Neubesetzung des CIO-Postens zu verfolgen. Dies ist häufig dann der Fall, wenn ein deutliches Zeichen für einen Neuanfang beabsichtigt ist und die Erwartung des Topmanagements hinsichtlich des Resultats der IT-Restrukturierung unterstrichen werden soll.

> Einen neuen CIO einzusetzen ist eine klare Botschaft des Topmanagements an das gesamte Unternehmen, dass die Zeit für Veränderungen gekommen ist.

Oft ist nur eine Neubesetzung ein geeignetes Mittel, um alte Seilschaften zu zerschlagen, persönliche Animositäten im Unternehmen zu vermeiden und die vorhanden „heiligen (IT-)Kühe" zu schlachten.

Auf der anderen Seite kann es jedoch auch gute Gründe geben, eine zumindest sofortige Neubesetzung zu unterlassen. Verfügt der Stellinhaber beispielsweise über exklusive Kenntnisse hinsichtlich der Funktion, Integration oder erforderlicher Weiterentwicklung unternehmenskritischer Anwendungen (Herrschaftswissen), kann eine kurzfristige Absetzung für das Unternehmen fatal sein. Ähnliches gilt, wenn eine Enthebung des amtierenden Stelleninhabers eine Kündigung von kurzfristig nicht ersetzbaren IT-Mitarbeitern nach sich ziehen würde (siehe dazu das Praxisbeispiel *„Vom Teil des Problems zum Teil der Lösung"* in Kapitel 8.1.2).

Die Gewährleistung eines stabilen und sicheren Betriebs der IT ist der Prüfstein für die Entscheidung für oder wider einen Austausch des IT-Verantwortlichen. Jedoch sollte das Topmanagement diese Gefahren so weit wie möglich objektivieren und die Bedrohungsszenarien durch Gespräche mit den Beteiligten hinterfragen und verstehen. Die Fortführung der Zusammenarbeit, lediglich auf Basis einer latenten Bedrohung ist nicht ratsam.

Andere mögliche Risiken der Neubesetzung, wie z.B. der Zeitverlust durch die Identifikation und die Einarbeitung eines neuen CIOs oder dessen sich später herausstellende mangelnde Eignung lassen sich durch das Einschalten von professionellen Personalberatern und dem zeitlich befristeten Einsatz von externen Interim Managern erheblich mindern (vgl. Kapitel 9.2).

Die nachfolgende Fallstudie zeigt, dass der mögliche Austausch des vorhandenen IT-Managements stets von Fall zu Fall abzuwägen ist.

> **Aus der Praxis: CIO „unchained"**
>
> Bei einem Hersteller von langlebigen Konsumgütern mit über 10 000 Mitarbeitern in Europa fanden wir eine desolate IT vor: Nach zahlreichen Zukäufen war eine Integration der verschiedenen Unternehmensteile „aus aller Herren Länder" weitgehend unterblieben. Die IT kämpfte verzweifelt gegen die daraus entstandene Komplexität, verursacht durch die zahlreichen nicht integrierten Warenwirtschafts- und Reportingsysteme und die fehlenden einheitlichen Prozesse. Die IT-Produktion wurde in vier größeren und über 20 kleineren Rechenzentren erbracht. Hinzu kam, dass der IT vom Topmanagement des Unternehmens trotz zahlreicher Warnhinweise über Jahre zu wenige Mittel zugeteilt wurden. Als Ergebnis hatte sich eine IT-Landschaft gebildet, die durch massiven Investitionsstau und Bastellösungen („Workarounds") auffiel, was wiederum massive Abhängigkeiten von einzelnen, langgedienten IT-Mitarbeitern nach sich zog. Das zentrale Produktionsplanungs- und Steuerungssystem war überdies aus der Wartung gelaufen – insgesamt also eine IT-Situation mit hohen Risiken und entsprechendem kurzfristigen Handlungsbedarf.
>
> Im Rahmen der Restrukturierung des Unternehmens war ein Austausch der Geschäftsführung erforderlich geworden. In diesem Zusammenhang stellte sich dann auch die Frage, wie mit der IT-Leitung, dem amtierenden CIO, zu verfahren sei.
>
> Nach mehreren Interviews und Workshops waren wir in der Lage, die Bereitschaft und Fähigkeit des amtierenden CIO für den notwendigen IT-Turnaround abzuschätzen. Der CIO hatte uns in der Analysephase bereits mit einer klaren Darstellung der existierenden IT-Defizite sowie einem ausgearbeiteten Investitionsplan (der auch vergeblich dem ausgeschiedenen Topmanagement vorgestellt worden war) positiv überrascht. Unverkennbar war der Wille zur Veränderung und das Commitment zum Unternehmen – bei hoher Akzeptanz innerhalb der IT-Abteilung. Wir empfahlen dem neuen Management, den Weg der IT-Restrukturierung mit dem bestehenden CIO und seiner Mannschaft zu gehen.

Bei der Entscheidung „Neubesetzung versus Beibehaltung der IT-Leitung" sollte mit großer Sorgfalt vorgegangen werden. Fehlentscheidungen, die zum Scheitern der IT-Restrukturierung führen, beschädigen in aller Regel das für die IT verantwortliche Mitglied der Unternehmensführung schwer. Man hat meist „nur einen Schuss", und der muss sitzen.

Amtierende CIOs in IT-Restrukturierungssituationen sind nicht automatisch für die Durchführung des IT-Turnarounds aus dem Rennen. Die Ursachen für eine IT-Krise können sehr vielfältig sein und sind nicht immer nur auf individuelle Fehlentscheidungen der IT-Leitung zurückzuführen. Allerdings sollte dies kein Grund sein, eine fundierte Beurteilung der Turnaround-Eignung zu unterlassen. Ansätze wie „wir haben keinen Besseren", „irgendwie wird's schon laufen" oder

„man wächst mit seinen Aufgaben" sind ein Vabanque-Spiel, welches in einer Krisensituation nicht angebracht ist. Der Erfolg einer jeden (IT-)Restrukturierung steht und fällt mit der Führungspersönlichkeit, die mit dieser Aufgabe betraut wird. Im Zweifel wird dringend dazu geraten, einen Austausch der für den Turnaround vorgesehen Führungskraft in Erwägung zu ziehen. Dies gilt insbesondere dann, wenn die betreffende Führungskraft für die IT-Krise (mit-)verantwortlich ist.

> **!** Keine Kompromisse bei der Bewertung, ob der amtierende IT-Leiter zur Führung des Restrukturierungsvorhabens geeignet ist oder nicht, eingehen.

Idealerweise erfolgt die Beurteilung, ob der amtierende IT-Leiter zur Führung des Restrukturierungsvorhabens geeignet ist oder nicht, durch das Topmanagement Board. Sofern keine Kompetenz bzw. Kapazität für eine fundierte Bewertung vorhanden ist oder aber die Entscheidung aus politischen Gründen objektiviert werden sollte, kann man sich professioneller externer Hilfe bedienen (siehe Kapitel 9.2). Es kann sinnvoll sein, sich externer Spezialisten, meist Personalberater, zu bedienen, die ein Management-Audit durchführen. Ergebnis eines derartigen Audits ist eine objektive Beurteilung der Fähigkeiten und Einstellungen des Mitarbeiters und eine neutrale Einschätzung, ob der betreffende Mitarbeiter für die Restrukturierungsaufgabe geeignet erscheint.

4.2.3 Zweite Ebene des IT-Managements einschätzen

Bei jedem Turnaround ist die Zusammenstellung eines schlagkräftigen Teams eine wesentliche Voraussetzung für das Gelingen des Vorhabens. Im Rahmen der Abwägungen zum Austausch oder zur Beibehaltung der IT-Leitung sollte deshalb auch ein Blick auf die „zweite Ebene" des IT-Managements geworfen werden. Die zweite Ebene spielt oft aufgrund des fachlichen Know-hows und der Bindungswirkung für die IT-Mitarbeiter eine bedeutende Rolle für eine Neuausrichtung und ist deshalb für eine Aufnahme in das IT-Restrukturierungs-Team prädestiniert.

Insbesondere für folgende Positionen sind bei einem Turnaround fähige Leute unverzichtbar:

- IT-Architekt: unentbehrlich z. B. für Konsolidierungsmaßnahmen im Rahmen einer notwendigen IT-Neuausrichtung,
- IT-„Finanzer": zur Herstellung von Transparenz und Überwachung der finanziellen Aktivitäten der IT,
- Projektportfolio-Manager: für einen permanenten detaillierten Überblick über den Status der Projekte mit IT-Bezug,

- Leiter IT-Betrieb bzw. Rechenzentrums-Leiter: sofern nicht überwiegend fremdproduziert wird,
- Leiter Service Management: vor allem bei Inspruchnahme von umfangreichen Outsourcing-Leistungen,
- Leiter Anwendungsbetreuung für zentrale Systeme: ERP-Systeme, fachliche Kernanwendungen,
- Leiter Anwenderbetreuung: dezentrale Systeme, User Helpdesk,
- Leiter Anwendungsentwicklung: sofern in erheblichem Umfang Eigenentwicklung betrieben wird.

Hier stellt sich die Hauptfrage, wer von den vorhandenen IT-Managern einen neuen Kurs aktiv unterstützten wird, wer sich neutral verhält bzw. (zunächst) nur zuschaut und wer eine Gefahr für den Turnaround darstellen könnte. Es ist Aufgabe des (neuen oder alten) IT-Verantwortlichen, seine Mitstreiter für den Turnaround sorgfältig auszuwählen.

Entscheidend ist dabei die Einschätzung, wie sich die jeweiligen Manager *zukünftig* verhalten werden und nicht, welche Meriten in der Vergangenheit erworben wurden. Hierbei tut sich ein neuer CIO leichter, da er ausschließlich die zukünftige Ausrichtung im Fokus hat und nicht durch einen langjährigen gemeinsamen Weg mit einem Manager verbunden ist.

Ein neuer CIO sollte sich bei der Einschätzung seines Führungsteams der Unterstützung durch den Personalbereich und die Geschäftsführung bedienen. Letztendlich gelten für die Auswahl des Teams die gleichen Kriterien, die auch für die Beurteilung des Turnaround-Potenzials des Leiters herangezogen wurden (siehe Kapitel 4.2.1). Um die Grundlage für eine tragfähige Beurteilung zu bekommen, sollte der (neue) CIO mit den IT-Managern arbeiten, d.h. konkrete Aufgaben zuordnen und das Verhalten und die Beiträge in Meetings und Leitungsrunden beobachten und sich genau überlegen, ob eine intensive, vertrauensvolle und effektive Zusammenarbeit möglich sein wird.

Stellt sich heraus, dass einzelne Manager nicht bereit oder in der Lage sind, den Restrukturierungskurs mit zu verfolgen, sollte der CIO rasch handeln und eine Trennung oder Versetzung der betreffenden Mitarbeiter in Erwägung ziehen. Es ist empfehlenswert, diese unangenehme Aufgabe möglichst zu Beginn der Amtszeit zu erledigen, d.h. innerhalb der ersten drei Monate. Wenn dies unterbleibt, d.h. eigentlich unwillige, überkritische oder unflexible Mitarbeiter an wichtiger Position „mitgeschleppt" werden, besteht die Gefahr von Grabenkämpfen und politischen „Spielchen" bis hin zu einer Gefährdung des Projekterfolgs.

> **Aus der Praxis: Auf wen kann man zählen?**
>
> Nach der interimistischen Übernahme der CIO-Funktion bei einem Unternehmen mit knapp 200 IT-Mitarbeitern stellte sich die Frage, inwiefern wir auf die Unterstützung der sechs Abteilungsleiter bei der erforderlichen Neuausrichtung setzen konnten. Bei einigen der Manager war klar, dass sie dem ausgeschiedenen IT-Leiter „nachtrauerten" bzw. es sich in der alten IT-Organisation „bequem gemacht" hatten. Gleichzeitig bestand aber auch die Befürchtung, dass die IT-Mitarbeiter in den jeweiligen Abteilungen durch den Wechsel der Leitung weiter verunsichert werden könnten und das ohnehin kriselnde IT-Schiff verlassen würden, was eine weitere Zuspitzung der Situation bedeutet hätte.
>
> Der für die IT zuständige Vorstand lud alle IT-Abteilungsleiter zu Vier-Augen-Gesprächen ein, um sich ein Bild von der Akzeptanz des neuen CIOs und von der Bereitschaft zur Mitarbeit bei der IT-Restrukturierung zu machen. Dabei wurde offen über die Stoßrichtung der Neuausrichtung und über die konkreten Erwartungen an die Manager gesprochen, aber auch über deren Befürchtungen und Bedenken. Es kristallisierte sich rasch heraus, dass bis auf zwei Manager alle erleichtert waren, dass ein Umbruch geplant war und sie die Neuausrichtung mitgestalten konnten.
>
> Bei den beiden Managern, die keine Bereitschaft für die IT-Restrukturierung erkennen ließen, wurde rasch gehandelt: Einer stand ohnehin relativ kurz vor der Pensionsgrenze und wechselte in die Altersteilzeit; der zweite transferierte einvernehmlich in einen anderen Bereich des Unternehmens.

4.3 CIO: Dreh- und Angelpunkt bei der Krisenbewältigung

Der CIO (Chief Information Officer; IT-Leiter) ist die ranghöchste Person, die in einem Unternehmen für den Betrieb und die Weiterentwicklung der IT zuständig ist. Das Selbstverständnis (und damit häufig auch die Prämissen des Handelns und der Führung) unterscheiden sich dabei von der jeweiligen Situation bzw. vom Auftrag an den CIO. Folgende Aufträge an den CIO lassen sich unterscheiden:

- IT-Betrieb sicherstellen,
- Geschäftsprozesse unterstützen/optimieren,
- Unternehmen mit Hilfe von IT transformieren,
- IT bzw. Unternehmen aus der Krise bringen.

Bei einem IT-Turnaround liegt der Fokus auf dem letzten Punkt. Was genau sind aber die Aufgaben, die auf den CIO bei einer IT-Restrukturierung zukommen?

4.3.1 Selbstverständnis des CIOs außerhalb einer Krisensituation

Die Rolle bzw. das Selbstverständnis eines CIOs leitet sich aus dem Auftrag ab, den der jeweilige CIO in einem Unternehmen übertragen bekommen hat. Dieser Auftrag richtet sich dabei nach den Anforderungen und Erwartungen der Geschäftsbereiche oder des (Top-)Managements, die wiederum vor allem durch die Branchenzugehörigkeit, die Wettbewerbsposition, die Größe und den Reifegrad eines Unternehmens bestimmt werden.

Das IT-Beratungsunternehmen Capgemini befragt in einer regelmäßig durchgeführten Studie CIOs unter anderem nach ihrer wahrgenommen Rolle im Unternehmen (siehe Bild 4.4). Es fällt auf, dass sich im Zeitverlauf eine Verlagerung der wahrgenommenen Rolle vom Dienstleister, der für einen reibungslosen Betrieb zu sorgen hat, hin zu der Rolle „Business Partner" vollzieht bzw. erwartet wird. Dies geht einher mit der abnehmenden Rollenbedeutung des CIOs als IT-Dienstleister.

Welche Rolle spielen Sie als CIO/IT-Leiter in Ihrem Unternehmen? Wie definieren Sie Ihre zukünftige Rolle?

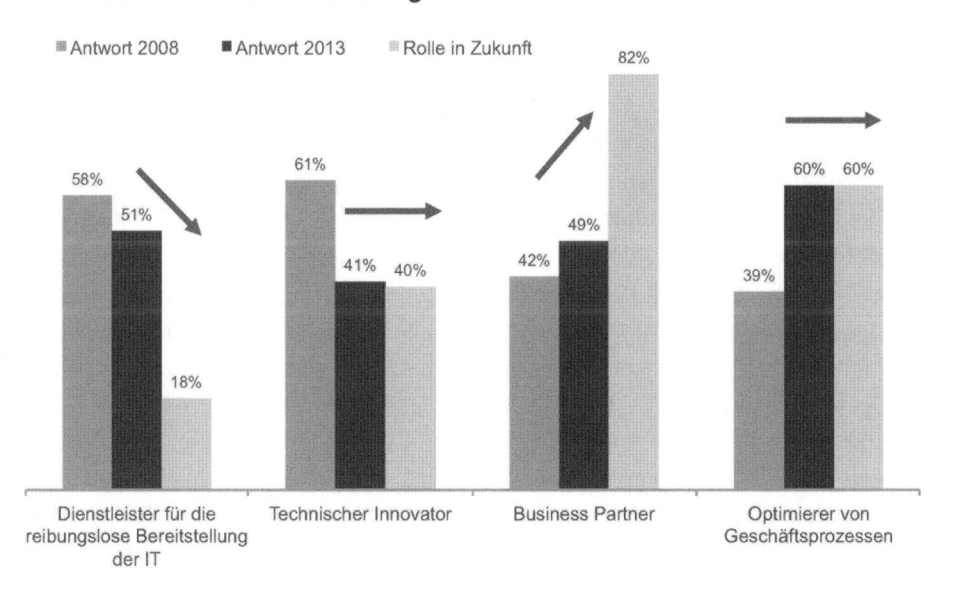

■ Antwort 2008   ■ Antwort 2013   ▪ Rolle in Zukunft

	Dienstleister für die reibungslose Bereitstellung der IT	Technischer Innovator	Business Partner	Optimierer von Geschäftsprozessen
Antwort 2008	58%	61%	42%	39%
Antwort 2013	51%	41%	49%	60%
Rolle in Zukunft	18%	40%	82%	60%

Bild 4.4 Rolle des IT-Leiters: gestern, heute, morgen (Capgemini 2013, S. 46)

Dementsprechend lässt sich auch das Selbstverständnis des CIO wie in Bild 4.5 dargestellt klassifizieren.

Selbstverständnis des IT-Verantwortlichen

Selbstverständnis des IT-Verantwortlichen	„IT-Betrieb sicherstellen"	„Optimieren, enablen"	„Auf Business Level"
Fokus	• IT Bereich	• Gesamtunternehmen	• Marktumfeld des Unternehmens
Beitrag für das Unternehmen	• Sicherer und stabiler IT-Betrieb • Weiterentwicklung der IT-Architektur • Marktkonformes Preis-Leistungs-Verhältnis der IT	• Prozessoptimierung • Effizienzsteigerung • Kostensenkung • Leistungsverbesserung	• Verbesserung der Marktposition • Erschließung und/oder Ausbau von Geschäftsfeldern • Umsatzverbesserung
Wahrnehmung des IT-Verantwortlichen im Unternehmen	• Reaktiv, wenn auf dieses Selbstverständnis beschränkt	• Aktiver Manager • Dienstleister für das Business	• Auf Augenhöhe mit dem Business oder Teil des Business
	Häufig vorherrschendes Selbstverständnis des CIO		Selbstverständnis des CIO im „Digitalen Unternehmen" bzw. in Unternehmen mit entsprechender Bedeutung der IT

Bild 4.5 Selbstverständnis des IT-Verantwortlichen außerhalb eine Krisensituation

Die Rollen „IT-Betrieb sicherstellen" und „Optimieren, enablen" charakterisieren die vornehmlichen Betätigungsfelder der meisten IT-Leiter und CIOs. Hierbei stehen die Gewährleistung eines stabilen und sicheren IT-Betriebs zu möglichst geringen Kosten sowie die Unterstützung des Business in Bezug auf die Performance der Geschäftsprozesse im Vordergrund.

Zunehmend sehen sich CIOs auch auf „Business Level". Die IT ist dabei ein Mittel, um zum Geschäftserfolg des Unternehmens beizutragen. CIOs mit diesem Selbstverständnis setzen sich für die IT-basierte Neuentwicklung von Produkten, Märkten und Geschäftsmodellen ein. Dies betrifft in erster Linie CIOs in einer zunehmenden Zahl von Branchen, die von schnellen Veränderungen betroffen sind (z. B. Finanzdienstleistung, Telekommunikation, Medien) und in der die IT einen entsprechend hohen Stellenwert hat. Die aufgeführten Cluster sind nicht überschneidungsfrei. CIOs, die vornehmlich auf „Business Level" operieren, stellen auch klassische IT-Dienste bereit und optimieren Geschäftsprozesse.

4.3.2 Rahmenbedingungen für den CIO innerhalb einer Krisensituation

Der Anstoß zur IT-Restrukturierung wird wie in Kapitel 4.1 beschrieben in aller Regel durch das Topmanagement des Unternehmens beschlossen und stellt einen Auftrag mit oberster Priorität für den CIO dar. Konsequentes Topmanagement-

Commitment unterstützt dabei den Vorrang der IT-Restrukturierungsarbeit über die bisher geltenden Paradigmen der IT-Ausrichtung, die zumeist als „IT-Strategie" im Unternehmen formuliert sind.

Vorrang der IT-Restrukturierungsarbeit

In einer IT-Krisensituation muss die Bekämpfung akuter, bedrohlicher IT-Defizite im Vordergrund stehen. Dies bedeutet konkret, dass die bislang verfolgten IT-Ziele zumindest vorübergehend in den Hintergrund treten und im Rahmen des Restrukturierungsauftrags überprüft werden (siehe Bild 4.6).

Folgende Beispiele sollen die veränderten Rahmenbedingungen in einer IT-Restrukturierung verdeutlichen:

- Hat beispielsweise die Wahrnehmung der Rolle „Optimieren, enablen" zu einem überquellendem Projektportfolio mit einer permanenten Überlastung der IT-Abteilung oder nicht mehr akzeptablen Kosten geführt, wird ein „Ausmisten" und Re-Priorisieren des Projektportfolios unumgänglich sein – auch wenn dies zu massiven Widerständen in den Business-Bereichen führen wird.
- Hat z.B. das Wirken der IT auf „Business Level" zu einer Verzettelung der IT durch zahlreiche unterstützte Technologien oder die Beauftragung einer Vielzahl von externen Dienstleistern geführt, sollte die Fertigungstiefe der IT überprüft und das IT-Lieferantenportfolio bereinigt werden, anstatt weitere Produkte oder Lieferanten in das Portfolio aufzunehmen – auch gegen Widerstände der entsprechenden Fachbereiche.

Selbstverständnis des IT-Verantwortlichen in der Krisensituation

	„IT-Betrieb sicherstellen"	„Optimieren, enabeln"	„Business Level"	„Restrukturieren"
Selbstverständnis des IT-Verantwortlichen				
Fokus	• IT Bereich	• Gesamtunternehmen	• Marktumfeld des Unternehmens	• Identifizierte Handlungsfelder, „Pain"
Beitrag für das Unternehmen	• Sicherer und stabiler IT-Betrieb • Weiterentwicklung der IT-Architektur • Marktkonformes Preis-/Leistungs-Verhältnis der IT	• Prozessoptimierung • Effizienzsteigerung • Kostensenkung • Leistungsverbesserung	• Verbesserung der Marktposition • Erschließung und/oder Ausbau von Geschäftsfeldern • Umsatzverbesserung	• Stabilisierung der IT • Neuausrichtung der IT • (Wieder-)Herstellung des Wertbeitrags der IT im Unternehmen
Wahrnehmung des IT-Verantwortlichen im Unternehmen	• Reaktiv, wenn auf dieses Selbstverständnis beschränkt	• Aktiver Manager • Dienstleister für das Business	• Auf Augenhöhe mit dem Business oder Teil des Business	• Leader • Support vom Vorstand/Geschäftsführung

Häufig vorherrschendes Selbstverständnis des CIO

Selbstverständnis des CIO im „Digitalen Unternehmen" bzw. in Unternehmen mit entsprechender Bedeutung der IT

Vorrang der Restrukturierungsarbeit

Selbstverständnis auf die Krisenbewältigung fokussiert

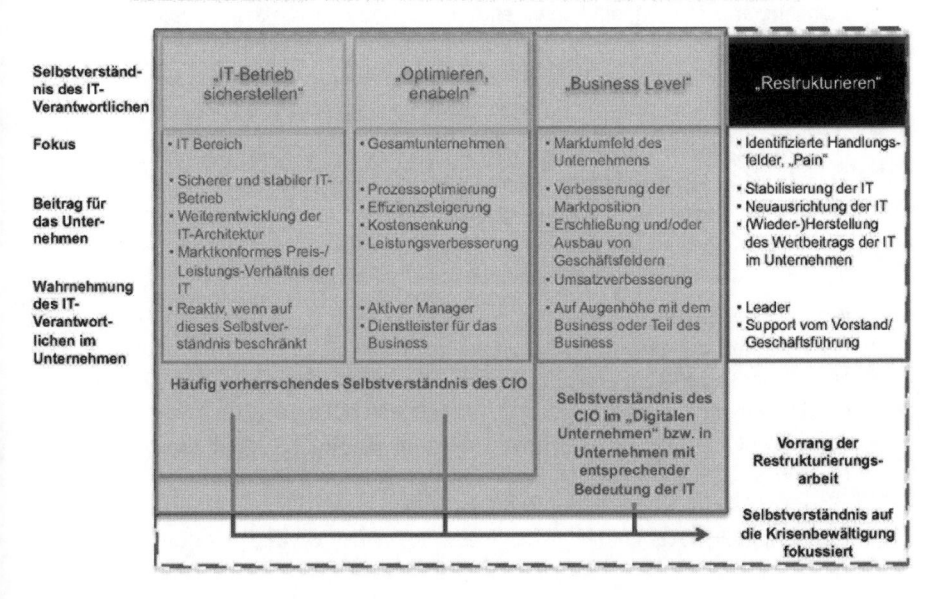

Bild 4.6 Selbstverständnis des IT-Verantwortlichen in einer Krisensituation

Haben sich z. B. im Rahmen der Rolle „IT Betrieb sicherstellen" über die Jahre verschiedene Rechenzentren an auffällig vielen Standorten gebildet, werden Konsolidierungsansätze zu prüfen sein, wenn die IT-Restrukturierung auf die Reduktion von Komplexität und die Eindämmung der Kosten abzielt – auch gegen Widerstände aus dem Rechenzentrumsbetrieb und von den IT-Kunden, die aus den betreffenden Standorten betreut werden.

> **Aus der Praxis: Auf zu vielen Hochzeiten getanzt**
>
> Bei der Restrukturierung der IT in einem kommunalen Großunternehmen fanden wir einen IT-Bereich vor, der sich trotz zahlreicher offener Projektbaustellen, chronisch überlasteten IT-Mitarbeitern und extremer Komplexität der Anwendungslandschaft auch noch als IT-Dienstleister für externe „Drittkunden" betätigte. Angeboten wurde dazu eine modifizierte Version des intern eingesetzten ERP-Produktes einschließlich dessen Implementierung, Weiterentwicklung und Betriebs. Diese Zusatzbelastung brachte die IT des Unternehmens an den Rand des Kollapses. Zudem waren wichtige Mitarbeiter bei den Drittkunden gebunden, die händeringend für die notleidenden internen Projekte benötigt wurden.
>
> Wie kam es zu dieser Situation? Das Unternehmen verfolgte die Strategie, durch die Anbindung von kleineren Unternehmen das eigene Vertriebsgebiet zu erweitern und so den Umsatz zu steigern. Ein Instrument der Anbindung sollte dabei die Übernahme und Modernisierung der Kernanwendungen dieser Unternehmen sein. Die ausgeschiedene IT-Leitung hatte aus falsch verstandener Loyalität und krasser Überschätzung der internen IT-Fähigkeiten und -Ressourcen nur sehr zögerlich Widerstand gegen diese Zusatzbelastung geleistet und schließlich zugestimmt. Zudem wurden aus mangelnder Erfahrung die Implementierungs- und Betriebskosten massiv unterschätzt, sodass auch noch Mehrkosten anfielen, da erheblich umfangreicher als geplant externe Implementierungspartner hinzugezogen werden mussten, um die vertraglich fixierten Leistungen erbringen zu können.
>
> Nach Amtsantritt als Interim-CIO fanden wir mehrere verzögerte und finanziell aus dem Ruder gelaufene Implementierungsprojekte bei den externen Kunden vor. Zudem war geplant, auf Druck des Vertriebs sogar noch weitere Drittkunden anzubinden, ungeachtet der mangelnden internen Kapazitäten für die Einführung und der erheblichen wirtschaftlichen Risiken.
>
> Hier musste kurzfristig das Ruder herumgerissen werden. Im Rahmen des IT-Restrukturierungsauftrags des Vorstands wurde die Unterstützung der IT auf „Business Level" überdacht und das IT-Drittgeschäft eingestellt. Im Einvernehmen mit den bestehenden IT-Drittkunden erfolgte die Identifizierung von geeigneten Outsourcing-Dienstleistern, die die Betreuung der externen Kunden nach einem Transition-Projekt von der internen IT übernahmen. Die so entstandene Entlastung der internen IT trug wesentlich zum Erfolg des Turnaround-Projekts bei.

Der Turnaround-CIO im Spannungsfeld von IT-Betriebsgewährleistung, Business-Unterstützung und IT-Krisenbewältigung

Der CIO in einer IT-Krisensituation sollte also mit Vorrang an der Definition und Umsetzung der IT-Restrukturierungsmaßnahmen arbeiten. Wie verhält es sich nun aber mit den „normalen" Aufgaben eines CIOs?

Eine wichtige Aufgabe für den CIO besteht fraglos in der Unterstützung des Business. Dies erfordert die Ausrichtung der IT auf die Bedürfnisse der operativen Einheiten des Unternehmens, ganz gleich, ob die Optimierung von Geschäftsprozessen durch IT, die Umsatzsicherung bzw. -steigerung oder sogar die Erschließung neuer Geschäftsfelder mit Hilfe der IT dabei im Vordergrund stehen (siehe Kapitel 6.4). Diese Unterstützung muss auch während einer IT-Restrukturierung aufrechterhalten werden. Der Veränderungsdruck im Business wird sonst unweigerlich zu IT-Alleingängen und unkoordinierten Selbsthilfeaktivitäten führen (Problematik „Schatten-IT" – siehe Kapitel 7.2.3) – oder aber die Unternehmensentwicklung wird durch die ausbleibende IT-Unterstützung inakzeptabel gebremst.

Prämisse ist jedoch, dass die Unterstützung des Business mit dem Hauptauftrag des Turnaround-CIOs, nämlich der Krisenbewältigung, vereinbar ist. Hierbei kommt es in der Praxis häufig zu Zielkonflikten: Während der CIO gemäß seines Auftrags oft unter hohem Druck an der Bewältigung der Krise arbeitet, besteht kontinuierlicher Anforderungsdruck aus den operativen Einheiten des Unternehmens. Parallel dazu ist die Gewährleistung eines sicheren und stabilen IT-Betriebs für den CIO ebenfalls eine absolute Pflichtaufgabe.

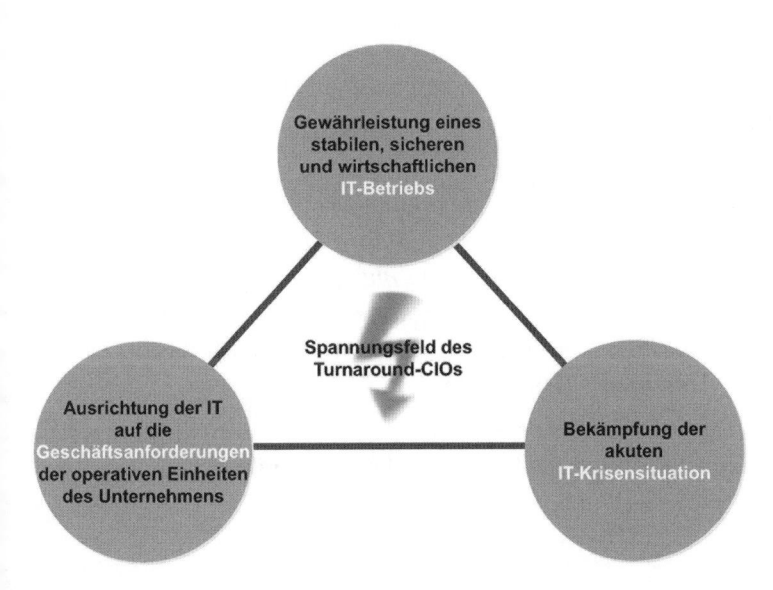

Bild 4.7 Spannungsfeld des Turnaround-CIOs

Für CIOs stellen „normale" IT-Situationen bereits schon einen Spagat zwischen Technik und Business (Raab/Legl 2011) bzw. Optimierung und Innovation (Uebernickel/Brenner 2013, S. 20) dar.

> **!** Ein Turnaround-CIO befindet sich regelmäßig sogar in einem „Dreikampf" aus akuter Krisenbewältigung, der essenziellen IT-Betriebsgewährleistung sowie der erforderlichen Business-Unterstützung.

Hier besteht in der Praxis oft ein erhebliches Spannungsfeld (siehe Bild 4.7). Für einen Turnaround-CIO stellt die damit verbundene Gratwanderung hohe Anforderungen an die Managementkompetenzen dar.

4.3.3 Erforderliche Führungskompetenzen

Welche Führungskompetenzen sind nun für die Leitung eines IT-Turnarounds erforderlich? Doppler und Lauterburg haben in ihrem Standardwerk zum Thema „Change Management" drei Kernkompetenzen für Manager mit Führungsaufgaben beschrieben (Doppler/Lauterburg 2008, S. 80 ff), die uneingeschränkt auch beim IT-Turnaround gelten:

- Strategische Kompetenz, d. h. die Fähigkeit, komplexe Zusammenhänge und dynamische Vorgänge zu verstehen und handlungsrelevante Konsequenzen daraus abzuleiten.
- Soziale Kompetenz, d. h. die Fähigkeit zum Umgang mit Menschen, und zwar auch in herausfordernden bzw. unangenehmen Situationen.
- Persönlichkeitsformat, d. h. Charaktereigenschaften wie Offenheit, Ehrlichkeit, Selbstvertrauen und Zivilcourage.

Im Rahmen der sozialen Kompetenz wird auf die sogenannte *Chaos-Kompetenz* hingewiesen: *„Chaos-Kompetenz – die Fähigkeit, in akuten Konflikt- und Krisensituationen, wenn alles drunter und drüber geht, ruhig Blut zu bewahren und handlungsfähig zu bleiben. Chaos-Kompetenz ist nicht lediglich eine Frage der Belastbarkeit. Sie hat wesentlich mit der Fähigkeit zu tun, gut zuzuhören und auf Menschen einzugehen [...]."* (Doppler/ Lauterburg 2008, S. 81)

Diese Chaos-Kompetenz ist eine unverzichtbare Eigenschaft aller Führungskräfte die mit der Führung einer (IT-)Restrukturierung betraut werden.

4.3.4 Prämissen des Handelns

Branchenzugehörigkeit, Wettbewerbsposition, Größe und der Reifegrad eines Unternehmens determinieren die Rolle bzw. den Auftrag an den CIO außerhalb einer Krisensituation. In der Sondersituation „Krise" sollte ein CIO jedoch vom „Normal-Modus" in den „Restrukturierungsmodus" wechseln. Schwerpunkte im Führungsverhalten und bei der Vorgehensweise verschieben sich, d. h. situationsadäquate Prämissen des Handels und ein entsprechender Führungsstil sind das Gebot der Stunde.

Obwohl aufgrund der unterschiedlichen Aufgabenstellungen und Rahmenbedingungen keine in Stein gemeißelte Arbeitsweise für den IT-Turnaround existiert, gibt es in der Praxis eine Reihe von bewährten Handlungsprämissen. Dazu gehören:

- *Einholen eines klaren Auftrags*

  Erfolgreiche Turnaround-CIOs sind in aller Regel mit einem klaren Auftrag des Topmanagements ausgestattet. Ohne ein klares Ziel, ausgedrückt durch einen eindeutigen Auftrag, besteht die Gefahr, sich zu verzetteln oder im Unternehmen an Widerständen, die bei einer Neuausrichtung unvermeidbar sind, zu scheitern. Auch das oft beschworene „Topmanagement-Commitment" bleibt ohne einen eindeutigen und klar kommunizierten Auftrag meistens nur Makulatur.

- *Primäre Bedürfnisse des Business erfassen*

  Das Business ist in aller Regel Hauptbetroffener einer IT-Neuausrichtung und wird sich auch als erstes über Einschränkungen und den Wegfall von IT-Ausnahmeregelungen und -Sonderbehandlungen beklagen (es sei denn, dass der IT-Restrukturierungsauftrag eine kompromisslose Ausweitung der Business-Unterstützung vorsieht). Gleichwohl ist die mit Abstand wichtigste Aufgabe der IT im Unternehmen die Unterstützung des Business. Diese Balance ist in einer IT-Restrukturierungssituation besonders heikel (siehe S. 72, „Der Turnaround-CIO im Spannungsfeld von IT-Betriebsgewährleistung, Business-Unterstützung und IT-Krisenbewältigung"). Einerseits liegt ein klarer Auftrag zur Neuausrichtung der IT vor, andererseits türmen sich auf Kundenseite weiter die Anforderungen der Fachbereiche. Hierbei sollte der CIO mit dem Business die wirklich geschäftskritischen Anforderungen identifizieren und konsequent priorisieren. Priorisieren bedeutet dabei nicht, dass alle Anforderungen gleich wichtig sein können, sondern das bestimmte Anwendungsfunktionen, IT-Produkte und Projekte zumindest vorläufig *nicht* realisiert werden, also Verzichte notwendig sind. Diese heikle Gratwanderung hat erheblichen Einfluss auf das Handeln in einer IT-Restrukturierung.

- *In chaotischen Situationen den Überblick gewinnen und Prioritäten setzen*

  In der oft chaotischen frühen Phase einer IT-Restrukturierung ist es entscheidend, rasch einen Überblick über die bedrohlichsten Defizite zu erlangen und dann zu handeln. Sind Schlüsselmitarbeiter kurz davor zu kündigen? Droht eine Kernanwendung akut auszufallen? Sind Kundendaten in Gefahr, entwendet zu werden? Plant eine Fachabteilung einen folgenschweren IT-Alleingang? Läuft das Budget aus dem Ruder? Diese typischen Herausforderungen der Stabilisierungsphase werden in Kapitel 5 näher erläutert; der Turnaround-CIO muss hier nach der Devise *„first things first"* die bedrohlichsten bzw. drängendsten Probleme identifizieren und entsprechende Maßnahmen einleiten.

Auch nach der Stabilisierung gilt es, klare Prioritäten zu setzen. Was ist für die Gesundung des Bereichs essenziell? Auf welche maximal drei bis vier Kern-Handlungsfelder sollten Verbesserungsmaßnahmen fokussiert werden? Welche Zielsetzung lässt sich daraus ableiten? Wichtig ist dazu die Entwicklung einer mittelfristigen Turnaround-Strategie sowohl für die IT des Unternehmens als auch für die Erholung des IT-Bereichs.

- *Transparenz herstellen*
  Mangelnde Transparenz ist ein häufig vorgetragener Vorwurf an die IT. Im Rahmen der Restrukturierung sollte von vornherein offen kommuniziert werden, welche Defizite erkannt wurden, welche Maßnahmen dagegen geplant sind und wie der Umbau der IT vonstattengehen wird. Diese Transparenz fördert das Vertrauen und die Akzeptanz der Umbaumaßnahmen. Adressaten sind die Stakeholder des IT-Turnarounds (siehe Kapitel 8.3).

- *Schnelle Resultate liefern, Nachhaltigkeit beachten*
  „Es kommt – im Management – nur auf die Resultate an." (Malik 2001, S. 73) Dieser Grundsatz wirksamer Führung von Fredmund Malik ist in Restrukturierungssituationen uneingeschränkt gültig, man möchte aber noch ergänzen: „Bitte rasch!". Die „hands on"-Mentalität in der IT-Restrukturierung und die konsequente Beachtung der 80/20-Regel ist dem meist vorherrschenden Zeitdruck geschuldet. Dementsprechend ist ein pragmatisches Vorgehen angebracht, das schnell konkrete Verbesserungen hervorbringt. Dies bedingt rasche, faktenbasierte Entscheidungen und deren Umsetzung.

  Gleichwohl sollte vermieden werden, nur ein Strohfeuer abzubrennen und über kurz oder lang wieder in die Krise zu schlittern. Auf Nachhaltigkeit angelegte IT-Restrukturierungen erbringen nicht nur kurzfristige Stabilisierungserfolge, sondern zielen auf die Verankerung der Verbesserungen in der Unternehmensorganisation ab (siehe Kapitel 7).

- *Ganzheitlich denken*
  Wann ist eine IT „gut aufgestellt"? Bei schnellen Antwortzeiten des ERP-Systems? Beim Einsatz neuester Gadgets? Bei geringeren IT-Kosten als der Wettbewerb? Die IT ist dann gut, wenn sie einen maximalen Beitrag zum Ganzen, sprich zum Unternehmenserfolg, leistet. „IT-ler" sind häufig ausgewiesene Spezialisten, die sich in ihrer „technischen Ecke" wohlfühlen und diese Ecke dann auch mitunter

über-optimieren. Selbstverständlich werden Spezialisten in der IT benötigt, bei der Leitung einer IT-Restrukturierung sollte aber ganzheitliches Denken und eine konsequente Orientierung am Wohl des (Gesamt-)Unternehmens vorherrschen. Diese Denkweise muss durch den Turnaround-CIO vorgelebt und eingefordert werden.

4.3.5 Führungsstil in der IT-Krise

Wie sollte sich ein Turnaround-CIO verhalten? Welcher Führungsstil empfiehlt sich beim Turnaround? Die Praxis zeigt, dass es keinen allgemeingültigen Führungsstil gibt, der bei einer IT-Krise am vielversprechendsten ist, zumal hierbei die Persönlichkeit der handelnden Personen eine gewichtige Rolle spielt. Allerdings erscheinen einige Ausprägungen in einer Krisensituation – zumindest zeitweise – besonders zielführend. Dazu gehören:

- *Kommunizieren, Zuhören, Einbindung der Stakeholder einer IT-Restrukturierung*
  Zuhören können und Kommunikationsstärke sind entscheidende Merkmale des Führungsstils bei einer Restrukturierung und wichtige Elemente des Management of Change (siehe Kapitel 8). Dies betrifft sowohl die Kommunikation in die Organisation hinein als auch innerhalb des IT-Bereichs und die umfassende Einbindung aller Stakeholder einer IT-Restrukturierung. Ziel ist es, Betroffene zu Beteiligten zu machen bzw. Zuschauer zu Mitspielern. Zuhören können („listening skills") ist für einen CIO in einer Krisensituation extrem hilfreich. Gerade zu Beginn der Restrukturierung empfiehlt sich ein „Management by walking around" sowie Gespräche und Interviews mit möglichst vielen Stakeholdern der IT.

- *Autokratischen Führungsstil während der Stabilisierung der IT ausüben*
  Ein Führungsstil, der stark auf Konsens abzielt, kann mitunter in einer Krisensituation unangebracht sein. Gerade in der Stabilisierungsphase einer Neuausrichtung, in der die IT oft „mit dem Rücken zur Wand" steht, kann es förderlich sein, durch klare Entscheidungen und (Ziel-)Vorgaben wertvolle Zeit zu gewinnen, anstatt langwierige Abstimmrunden zu durchlaufen. Dies gilt umso mehr, je unausweichlicher bestimmte Maßnahmen sind. Ein Beispiel dafür wäre die Allokation von Mitarbeitern auf ein notleidendes, unternehmenskritisches Projekt zu Lasten von anderen Vorhaben.
  Der autokratische Führungsstil hat jedoch zumeist nur punktuell bzw. temporär seine Berechtigung; kooperative Methoden, Involvierung und Teambuilding sollten so schnell wie möglich folgen. Ein zu aggressiver Führungsstil verprellt die Mitarbeiter und verhindert den notwendigen „buy-in" hinsichtlich des Ziels und der entsprechenden Maßnahmen einer IT-Restrukturierung. Hier gilt es situationsgemäß abzuwägen.

- *Motivieren, Mitarbeiter „wieder aufbauen", sich vor die Mitarbeiter stellen*

  IT-Mitarbeiter in kriselnden Bereichen sind nicht selten verunsichert, da sie als Sündenböcke für allerlei Missstände im Unternehmen monatelang, ja oft jahrelang angegriffen wurden. Gleichzeitig sind diese Mitarbeiter die wichtigste Kraft bei einer IT-Restrukturierung. Der Turnaround-CIO kann nur die Richtung vorgeben, die Hauptlast der Umsetzung ist in aller Regel von den vorhandenen Mitarbeitern zu tragen. Aus diesem Grund müssen die IT-Mitarbeiter rasch wieder aufgebaut werden. Mittel dazu sind Informationsveranstaltungen, Einzelgespräche und auch der frische Wind, der z. B. durch eine Verlautbarung der Geschäftsführung durch das Unternehmen bläst. Zudem müssen die IT-Mitarbeiter aus der Schusslinie, d. h. ein möglicher Adressat für Beschwerden bzw. Druck der IT-Kunden ist einzig und allein der CIO.

- *Mitarbeiter involvieren und soweit wie möglich Verantwortung übertragen*

  Oftmals sind es Mitarbeiter in der IT-Krise nicht mehr gewohnt, selbst Verantwortung übernehmen zu dürfen. Etliche CIOs haben kein Vertrauen in ihre engsten Mitarbeiter und massive Schwächen bei der Delegation von Verantwortung. Viele Manager der zweiten Reihe in der IT haben sich auch im Zuge der Krise hinter ihrem Vorgesetzten in Deckung gebracht. Mit dem Anspruch, alles selbst machen zu wollen, wird jedoch keine Restrukturierung gelingen. Ein CIO tut gut daran, relativ schnell Verantwortung wieder auf geeignete IT-Manager zu übertragen und so dezentrale Entscheidungsbereiche entstehen zu lassen. Delegation ist jedoch an Voraussetzungen gebunden. In Organisationen, in denen Leistungsbereitschaft und Disziplin fehlen, kann unbedachte Delegation schnell zu Chaos führen.

  Sind die Voraussetzungen gegeben, kommen für die Delegation nicht nur die direkten Mitarbeiter des CIO in Frage. Es können auch Talente aus der zweiten Reihe sein, die bisher keine Führungsverantwortung hatten, ihr Potenzial aber gezeigt haben.

- *Autorität zeigen, Kontrolle ausüben*

  Restrukturierungsprojekte erfordern das konzentrierte Anpacken aller IT-Mitarbeiter. Maßnahmen müssen priorisiert und angeordnet werden, Mitarbeiter sind für die Durchführung verantwortlich. Die Nichtbeachtung von klaren Anweisungen, defätistisches Verhalten oder gar Sabotage der Restrukturierungsanstrengungen müssen konsequent durch den CIO sanktioniert werden.

  Auch sollte die Übertragung von Verantwortung mit der Ausübung von Kontrolle einhergehen. Kontrolle begleitet Vertrauen (Brandes/Brandes, 2014, S. 173). Delegation ohne (stichprobenartige) Kontrolle ist insbesondere in der Sondersituation IT-Restrukturierung gefährlich. Kontrolle – richtig ausgeübt – ist kein Zeichen von Misstrauen, sondern gibt Mitarbeitern Sicherheit, konkretisiert die Erwartungshaltung und reduziert die Gefahr von Zeitverschwendung und Fehlern.

- *Respekt, nicht Beliebtheit, anstreben*

Restrukturierungsarbeit bedingt oftmals unangenehme Entscheidungen, das Setzen von engen Terminen und das entsprechende Kontrollieren und Nachhaken von Maßnahmenplänen. Dies ist kein Führungsstil, der eine Führungskraft zum beliebtesten Mitarbeiter des Unternehmens prädestiniert, gleichwohl aber in einer Vielzahl von Restrukturierungsfällen zum Erfolg geführt hat. Dazu ein passendes Zitat aus einem Handbuch für das Management von Unternehmenssanierungen:

„Leadership is not about being loved by everyone: it is about being understood and respected by enough people to get the job done." (Slatter u. a. 2006, S. 6)

4.3.6 Fachliche und methodische Anforderungen an einen „Krisen-CIO"

Nach der Diskussion der wünschenswerten „weichen Faktoren" sollten auch die erforderlichen fachlichen und methodischen Anforderungen an eine Führungskraft für eine IT-Restrukturierung betrachtet werden.

Bei den sogenannten „Hard Skills" geht es um die Frage, welche Kenntnisse der eingesetzten Systeme erforderlich und wie tief die Branchenerfahrung des IT-Turnarounders sein sollte. Auch hier gilt die Analogie zur Unternehmensrestrukturierung: Technische und branchenspezifische Kenntnisse sind hilfreich, jedoch in der Regel nicht ausreichend, um eine Restrukturierung zu meistern. Wichtiger sind die funktionale Restrukturierungskompetenz sowie die konkrete Erfahrung mit IT-Krisen und deren Bewältigung, ergänzt um das 1 x 1 des Management of Change. Branchenkenntnisse und technisches Know-how in Person von Systemspezialisten sind in aller Regel in Unternehmen bereits ausreichend vorhanden.

Gleichwohl sind fundierte IT-Kenntnisse absolut unentbehrlich für eine erfolgreiche IT-Restrukturierung. CIOs ohne langjährigen IT-Hintergrund werden von den Spezialisten im IT-Bereich nicht ernst genommen oder mit vermeintlichen technischen Hindernissen ins Bockshorn gejagt. Wichtig ist hier eher die Breite als die Tiefe der Kenntnisse. Ein reiner SAP-Modulspezialist beispielsweise wird sich in der Beurteilung von übergreifenden Fragestellungen in den Bereichen Anwendungsentwicklung, Rechenzentrumsbetrieb oder Anforderungsmanagement sehr wahrscheinlich weitaus schwerer tun als ein „IT-Allrounder" bzw. Generalist, der breitgefächerte Kenntnisse in der IT mitbringt.

Die optimale Mischung der Kenntnisse bei einer IT-Restrukturierung hängt immer vom Einzelfall ab. Nachfolgend sind die notwendigen Kompetenzen auf Basis subjektiver Erfahrungen nach Wichtigkeit geordnet:

1. IT-Restrukturierungerfahrung und -methodik (situationsadäquates Handeln und Führen),
2. IT-Generalisten-Kenntnisse,
3. Branchenerfahrung,
4. spezifische technische Kenntnisse.

> **Zusammenfassung: Leadership im Turnaround**
>
> - Bei einem IT-Turnaround werden Persönlichkeiten benötigt, die in der Lage sind, einen angeschlagenen Bereich aus der Krise herauszuführen.
> - In einer IT-Krisensituation muss die Bekämpfung akuter, bedrohlicher IT-Defizite im Vordergrund stehen. Dies bedeutet konkret, dass die bislang verfolgten IT-Ziele in den Hintergrund treten und im Rahmen des IT-Restrukturierungsauftrags überprüft werden.
> - In der IT-Krise ist ein Dreikampf notwendig. Der Turnaround-CIO arbeitet im Spannungsfeld von Betriebsgewährleistung, Business-Unterstützung und IT-Krisenbewältigung.
> - Zu Beginn des Restrukturierungs-Projekts ist zu entscheiden, ob dem bisherigen IT-Management ein Turnaround zugetraut wird oder ob ein Zeichen für einen Neuanfang vorteilhafter ist.
> - Auch die Unternehmensführung hat bei der IT-Krisenbewältigung konkrete Aufgaben, und zwar vor, während und nach der Durchführung des Turnaround-Projekts.
> - Für die Durchführung des Turnarounds ist eine Führungskraft erforderlich, an die hohe persönliche Anforderungen gestellt werden müssen.
> - IT-Restrukturierung ist immer Teamwork – die Zusammenstellung eines schlagkräftigen Teams ist eine wesentliche Voraussetzung für das Gelingen des Projekts.
> - Ein Turnaround-CIO sollte einen situationsadäquaten Führungsstil verfolgen und sich entsprechende Prämissen des Handelns zu eigen machen.

Literatur

Brandes, D.; Brandes, N.: *Einfach managen*. München: Redline (2014).

Brenner, W.; Resch, A.; Schulz, V.: *Die Zukunft der IT in Unternehmen*. Frankfurt/Main: F.A.Z. Institut für Management-, Markt- und Medieninformationen (2010).

Capgemini Consulting: *IT-Trends-Studie 2013*. (2013).

Cox, I.: *Disrupt IT – A new model for IT in the digital age*. Axin (2014).

Doppler, K.; Lauterburg, C.: *Change Management – Den Unternehmenswandel gestalten*. Frankfurt/Main: Campus (2008).

Faulhaber, P.; Grabow, H.-J.: *Turnaround-Management in der Praxis*. Frankfurt/Main: Campus (2009).

Gartner Inc.: *Gartner and Financial Executives Research Foundation Survey Reveals That the CFO Is Becoming the Top IT Decision Maker in Many Organizations.* Abgerufen am 21. Januar 2014 von http://www.gartner.com: http://www.gartner.com/newsroom/id/1363119 (3. Mai 2010).

Malik, F.: *Führen Leisten Leben.* München: Heyne (2001).

Malik, F.: *Die richtige Corporate Governance.* Frankfurt/Main: Campus (2008).

Raab, A.; Legl, K.: CIO im Spagat zwischen Technik und Business. *Wirtschaftsinformatik & Management*, S. 30 – 35 (Nr. 6 2011).

Slatter, S.; Lovett, D.; Barlow, L.: *Leading Corporate Turnarounds.* West Sussex: Wiley (2006).

Uebernickel, F.; Brenner, W.: Die Herausforderungen der IT heute. In F. Abolhassan, *Der Weg zur modernen IT-Fabrik* (S. 11 – 33). Wiesbaden: Springer Gabler (2013).

Weill, P.; Ross, J. W.: *IT Savvy – What top executives must know to go from pain to gain.* Boston: Harvard Business Press (2009).

5 Stabilisierung in der IT-Krise

Nach der Klärung der Frage, wer Aufgaben im Rahmen einer IT-Restrukturierung übernimmt, wenden wir uns nun dem „was" und „wie" zu. Zunächst stehen in diesem Kapitel Vorschläge im Vordergrund, was im Rahmen der Stabilisierungsphase angepackt werden sollte und wie die Stabilisierung eines kriselnden IT-Bereichs gelingt.

■ 5.1 Die ersten Tage als IT-Turnarounder meistern

Für Neubesetzungen von obersten IT-Führungspositionen werden gelegentlich Ratschläge für die ersten 100 Tage der Amtszeit formuliert (Dietrich 2004; Baur/ Rüter 2012). Viele neue CIOs gehen davon aus, zunächst eine Schonfrist zu haben und in Ruhe die Lage sondieren zu können.

100 Tage sind im Zuge einer normalen Nachfolge oder bei der Besetzung für eine IT-Transformationsaufgabe ein akzeptabler Zeitrahmen. Kommt ein neuer IT-Verantwortlicher jedoch in ein Unternehmen mit IT-Restrukturierungsbedarf, so steht je nach Ausmaß der Krise erheblich weniger Zeit zur Verfügung. Wenn erforderlich, müssen Korrektur- und Stabilisierungsmaßnahmen sowie Maßnahmen zur akuten Risikoabwehr unverzüglich eingeleitet werden. Dementsprechend ist häufig auch situationsbedingt keine Zeit vorhanden, eine tiefgreifende, detaillierte Analyse der Ist-Situation durchzuführen. Vielmehr muss es darum gehen, rasch die „Knackpunkte" zu identifizieren und zu handeln. Umfangreiche Checklisten wie z. B. die Prüfpunkte bei einer IT-Revision helfen da nur bedingt weiter. Wichtiger sind Intuition, Erfahrung und Urteilsvermögen, um im Gespräch mit IT-Mitarbeitern, Kunden, IT-Dienstleistern und dem Topmanagement diese wesentlichen Knackpunkte zu identifizieren.

Für einen neu in ein Unternehmen kommenden CIO ist es hilfreich, bereits die Ergebnisse eines IT-Audits oder -Health-Checks vorzufinden, welches beispielsweise im Vorfeld der IT-Restrukturierung durch eine Unternehmensberatung angefertigt wurde und das neben einer Analyse der Symptome und Ursachen der Situation in der IT zumeist auch konkrete Verbesserungsvorschläge enthält. Das entbindet den Turnaround-CIO jedoch nicht von der Aufgabe, sich selbst ein Bild der Situation zu verschaffen und, vor allem, seine Führungsaufgabe wahrzunehmen und kurzfristig notwendige Maßnahmen auch umzusetzen.

> Die ersten zwei bis drei Monate eines neuen CIO sind für den Erfolg eines IT-Turnarounds entscheidend.

Neben der Identifikation von akuten IT-Risiken geht es primär um die Stabilisierung des IT-Bereichs. Hierbei ist es erforderlich, klare Prioritäten zu setzen und zunächst das anzupacken, was wirklich akut kritisch ist, also die wesentlichen Risiken, Versäumnisse oder Defizite, die unmittelbar zu einer weiteren Verschlechterung der Situation beitragen würden. Man sollte nicht mit dem Anspruch antreten, bereits in der Stabilisierungsphase sämtliche Defizite eines IT-Restrukturierungsfalls lösen zu wollen. Den dafür notwendigen „Silver Bullet" gibt es nicht. Wichtig ist aber, die Probleme anzugehen, die für die Stabilisierung der kritischen IT-Situation essenziell sind.

In der Unternehmensrestrukturierung (siehe Kapitel 1) steht die Stabilisierungsphase häufig unter dem Motto *„Stop the bleeding"*. Gemeint ist die Abwendung einer akut drohenden Insolvenz in Folge von Illiquidität durch kurzfristige Cash-Sparmaßnahmen. Im Rahmen der IT-Restrukturierung fokussieren dementsprechende Stabilisierungsmaßnahmen typischerweise auf folgende Schwerpunkte:

- Erkennen und behandeln von akuten IT-Risiken,
- Unterbindung von IT-Vorhaben, die der Stoßrichtung der IT-Restrukturierung klar zuwider laufen,
- Kontrolle aller IT-Ausgaben,
- sofern nicht vorhanden, Etablierung von grundlegenden Regeln für die IT im Unternehmen (Governance).

Bild 5.1 bietet einen Überblick über typische Handlungsfelder in der Stabilisierungsphase einer IT-Restrukturierung.

5 Stabilisierung in der IT-Krise

Stabilisierungs-Phase (mögliche Arbeitspakete)

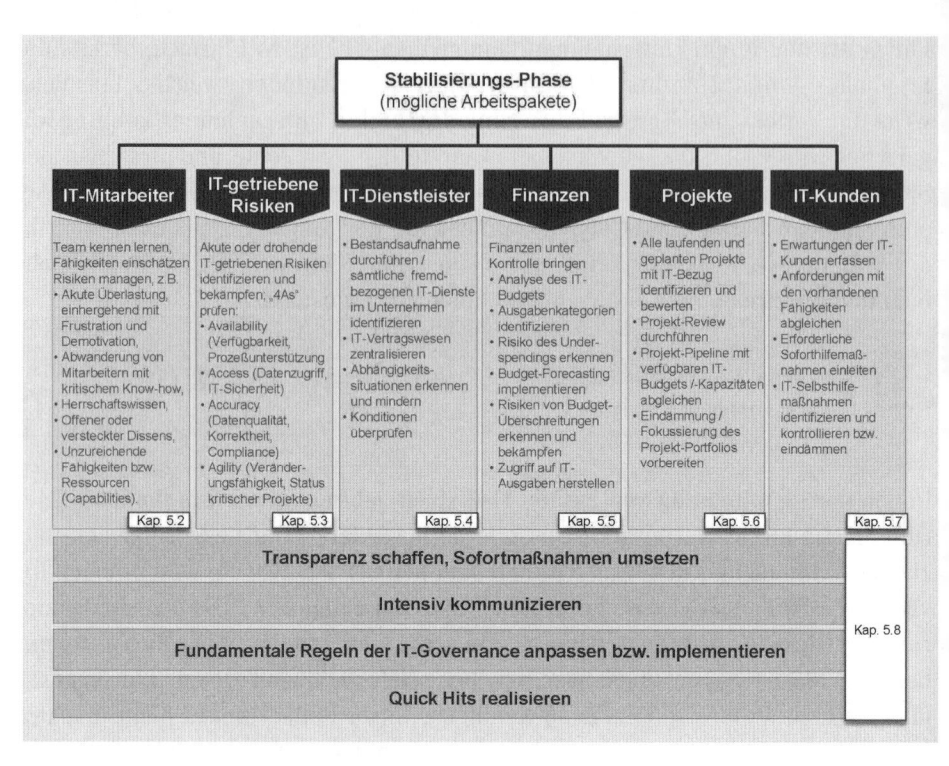

IT-Mitarbeiter	IT-getriebene Risiken	IT-Dienstleister	Finanzen	Projekte	IT-Kunden
Team kennen lernen, Fähigkeiten einschätzen Risiken managen, z.B. • Akute Überlastung, einhergehend mit Frustration und Demotivation, • Abwanderung von Mitarbeitern mit kritischem Know-how, • Herrschaftswissen, • Offener oder versteckter Dissens, • Unzureichende Fähigkeiten bzw. Ressourcen (Capabilities).	Akute oder drohende IT-getriebenen Risiken identifizieren und bekämpfen; „4As" prüfen: • Availability (Verfügbarkeit, Prozeßunterstützung) • Access (Datenzugriff, IT-Sicherheit) • Accuracy (Datenqualität, Korrektheit, Compliance) • Agility (Veränderungsfähigkeit, Status kritischer Projekte)	• Bestandsaufnahme durchführen / sämtliche fremdbezogenen IT-Dienste im Unternehmen identifizieren • IT-Vertragswesen zentralisieren • Abhängigkeitssituationen erkennen und mindern • Konditionen überprüfen	Finanzen unter Kontrolle bringen • Analyse des IT-Budgets • Ausgabenkategorien identifizieren • Risiko des Underspendings erkennen • Budget-Forecasting implementieren • Risiken von Budget-Überschreitungen erkennen und bekämpfen • Zugriff auf IT-Ausgaben herstellen	• Alle laufenden und geplanten Projekte mit IT-Bezug identifizieren und bewerten • Projekt-Review durchführen • Projekt-Pipeline mit verfügbaren IT-Budgets /-Kapazitäten abgleichen • Eindämmung / Fokussierung des Projekt-Portfolios vorbereiten	• Erwartungen der IT-Kunden erfassen • Anforderungen mit den vorhandenen Fähigkeiten abgleichen • Erforderliche Soforthilfemaßnahmen einleiten • IT-Selbsthilfemaßnahmen identifizieren und kontrollieren bzw. eindämmen
Kap. 5.2	Kap. 5.3	Kap. 5.4	Kap. 5.5	Kap. 5.6	Kap. 5.7

Transparenz schaffen, Sofortmaßnahmen umsetzen

Intensiv kommunizieren

Fundamentale Regeln der IT-Governance anpassen bzw. implementieren

Quick Hits realisieren

Kap. 5.8

Bild 5.1 Typische Handlungsfelder in der Stabilisierungsphase

Je nach Dringlichkeit der Situation und dem Grad der Bedrohung müssen dabei die Diagnose des aktuellen Zustands der IT und notwendige Stabilisierungsmaßnahmen parallel durchgeführt werden – häufig ein Unterschied zu „normalen" Führungswechseln in der IT. Diese Parallelität erfordert – wie in Kapitel 4.3 beschrieben – Erfahrung, Intuition und Urteilsvermögen. Zudem zeigt die Praxis, dass in vielen kriselnden Unternehmen ähnliche Bedrohungsmuster in der IT vorliegen und Probleme im wahrsten Sinne des Wortes offensichtlich sind.

Insgesamt sollte ein Turnaround-CIO Handlungsfähigkeit und Entschlossenheit durch die Übernahme von Kontrolle demonstrieren – ein wichtiges Signal für alle Beteiligten zu Beginn einer IT-Restrukturierung.

5.2 Das IT-Team stark machen

Trotz des massiven Technikeinsatzes ist auch die interne IT letztendlich ein Service-Geschäft, bei dem motivierte und leistungsfähige Mitarbeiter das A und O sind. Zudem tragen die IT-Mitarbeiter die Hauptlast bei der Bewältigung der Krise. Im Zuge der Stabilisierungsmaßnahmen empfiehlt es sich dementsprechend,

- das IT-Team kennenzulernen und den akuten Handlungsbedarf zu ermitteln,
- potenzielle Risiken auf Seiten der IT-Mitarbeiter zu identifizieren.

Das IT-Team kennen lernen und den akuten Handlungsbedarf ermitteln

Der Turnaround-CIO sollte sich mit jedem einzelnen IT-Manager der zweiten Führungsebene treffen, um die jeweiligen Bereiche und Aufgaben besser zu verstehen. Ziel ist es, die individuelle Sicht hinsichtlich der IT-internen Situation und der IT-Situation im Business (Fachbereiche, Gesamtunternehmen) zu erfahren. Wo gibt es Beschwerden? Welche Ursachen sind dafür bekannt? Welche Verbesserungsvorschläge für die IT-Organisation werden genannt? Wo gibt es Möglichkeiten für Effizienzverbesserungen und Einsparungen? Idealerweise finden diese Treffen in den Büros der direkt unterstellten Mitarbeiter statt. Hierbei geht es darum, die Mitarbeiter in ihrer Arbeitsumgebung kennenzulernen und die Grundlagen für ein motiviertes, erweitertes Führungsteam zu legen. Diese *„one to ones"* mit den direkt unterstellten Mitarbeitern sollten regelmäßig wiederholt werden. Dabei sollten auch nicht die IT-Führungskräfte außerhalb der Zentrale vergessen werden, z. B. in Niederlassungen und (ausländischen) Tochtergesellschaften. Hier ist zumindest in den ersten Tagen eine telefonische Kontaktaufnahme angeraten.

Zu Beginn der Amtszeit sollte der CIO auch einen nüchternen Blick auf die Qualität seines Teams werfen. Notwendige Personalentscheidungen werden oft ungern getroffen und es ist verständlich, dass es ein neuer CIO mit unwilligen oder destruktiven Mitarbeitern zunächst noch einmal versuchen möchte. Allerdings ist zu bedenken, dass der CIO in einer IT-Restrukturierungssituation von Anfang an eine Mannschaft benötigt, auf die er sich verlassen kann – entsprechende Entscheidungen sind zu Beginn einer Amtszeit noch am leichtesten zu treffen.

Von daher ist es ratsam, sich mit seinen engsten Führungskräften zusammenzusetzen und jeden einzelnen Mitarbeiter zu besprechen. In aller Regel kennen die Führungskräfte diejenigen Mitarbeiter, die sich nicht einbringen, kein Engagement zeigen und für schlechte Stimmung sorgen. Sofern Personalmaßnahmen unausweichlich sind, sollten diese mit Augenmaß durch den neuen CIO durchgesetzt werden. Nicht unterschätzt werden sollten die Signale, die ein neuer CIO mit derartigen Maßnahmen aussendet. Hier ist eine Absprache mit der Personalabteilung und dem IT-Verantwortlichen Geschäftsführungsmitglied ratsam.

Ebenfalls empfiehlt es sich, unmittelbar anstehende Promotionen, Gehaltserhöhungen oder Versetzungswünsche zu diesem frühen Zeitpunkt nicht einfach durchzuwinken. Wichtiger ist, die betreffenden Mitarbeiter zunächst kennenzulernen und die vorgesehenen Anpassungen zu einem späteren Zeitpunkt zu verifizieren.

Nicht ratsam ist es, Personalmaßnahmen in großem Umfang umzusetzen, sofern dies nicht durch die Unternehmenssituation (z. B. Krise) oder -zielsetzung (z. B. pauschale Reduzierung der Anzahl der Mitarbeiter im Gemeinkostenbereich) zwingend gefordert ist. Einerseits ist es gerade für einen neuen CIO noch nicht erkennbar, auf welche IT-Mitarbeiter zur Not am ehesten verzichtet werden könnte. Zum anderen bedingen derartige Maßnahmen eine klare Strategie für die IT-Neuausrichtung, die üblicherweise in der Stabilisierungsphase noch nicht vorliegt (z. B. Gestaltung der IT-Fertigungstiefe nach einer Make-or-Buy-Entscheidung). Die mit derartigen Maßnahmen einhergehende Verunsicherung bei den IT-Mitarbeitern wirkt zudem erheblich destabilisierend und birgt die Gefahr, eine vorhandene Krise noch weiter zu verschlimmern. Raum für Personalmaßnahmen ist in der frühen Phase einer Restrukturierung allenfalls für offensichtliche Fälle von massiven Überkapazitäten oder aber in Einzelfällen bei offen zur Schau gestellter Ablehnung oder gar Sabotage der Stabilisierungsmaßnahmen.

Nachdem ein erstes Bild über die Qualität der IT-Mitarbeiter vorliegt, sollte auch ein Gefühl für die übernommenen Aufgaben und die verfügbare Kapazität der IT entstanden sein. Welche Tätigkeiten werden wahrgenommen? Besteht Klarheit hinsichtlich der jeweiligen Rollen, Aufgaben und Verantwortlichkeiten? Welche Anteile entfallen auf Aufgaben der IT-Planung, der Entwicklung und den Betrieb (plan, build, run)? Existiert ein Kapazitätsmanagement? Werden die geleisteten Arbeiten tagesaktuell und exakt erfasst (z. B. nach Art der Tätigkeit, mit Projektzuordnung, Dauer der Tätigkeit)? Ist der Auslastungsgrad je Mitarbeiter feststellbar?

Nach der Bewertung der IT-Mitarbeiter ist auch eine Analyse der IT-Organisation an sich zu empfehlen. Auch zu diesem Zweck sollten die IT-Manager und Key User aus den Abteilungen an den Tisch, um kurzfristigen Handlungsbedarf zu identifizieren. Hierbei ist keine Angst vor „heiligen Kühen" angebracht. Alles darf angesprochen werden, alle Vorschläge sollten angehört werden: An welchen Stellen der Organisation stimmt die Ausrichtung auf das Business nicht? Wo sind Themen suboptimal „geparkt"? Wo sind Silos entstanden, also Bereiche, die organisatorisch bzw. inhaltlich isoliert sind? Wo ist die Führungsspanne ungünstig? Wo sind zu viele „Kästchen"? Wo fehlen wichtige Funktionen? Wo fehlen fundamentale Prozesse zwischen IT und Fachabteilung oder innerhalb der IT bzw. wo sind Prozesse falsch ausgeprägt?

Es sollte allerdings vermieden werden, innerhalb der Stabilisierungsphase die bestehende Organisation (Aufbau und Abläufe) über den Haufen zu werfen. Es geht zunächst nur um Maßnahmen, die offensichtlich bzw. unbedingt erforderlich sind und auf einem breiten Konsens basieren. Umfangreiche Umbaumaßnahmen in dieser Phase der IT-Restrukturierung bergen das hohe Risiko, Verunsicherung und zusätzliches Chaos zu erzeugen und so die Krise noch zu verschärfen. Hier ist das Augenmaß des Turnaround-CIOs gefragt.

Potentizielle Risiken auf Seiten der IT-Mitarbeiter identifizieren

Bereits zu Beginn der Stabilisierungsphase sind mitunter typische Risikopotenziale hinsichtlich der IT-Mitarbeiter zu beobachten. Dazu gehören vor allem:

- akute Überlastung, einhergehend mit Frustration und Demotivation,
- Abwanderungsgefahr von Mitarbeitern mit kritischem Know-how,
- Herrschaftswissen,
- offener oder versteckter Dissens,
- unzureichende Fähigkeiten bzw. Ressourcen (Capabilities).

Dazu einige Erläuterungen:

IT-Bereiche in Unternehmen klagen in aller Regel nicht über Unterforderung und Langeweile; ein gewisser „Druck auf dem Kessel" ist normal und wird auch zumeist von den Mitarbeitern in der IT akzeptiert. Inakzeptabel sind hingegen Zustände von regelmäßiger Überlastung, Mehrfachbelastung (z. B. Verantwortung für zu viele Projekte) und Dauerbelastung (keine Zeit für Erholung, Fortbildung, Beschäftigung mit persönlichen Interessengebieten etc.) wie sie häufig in kriselnden IT-Bereichen anzutreffen sind. Neben gravierenden Qualitätsmängeln führen Überlastungssituationen über kurz oder lang zu Frustration, Demotivation und Resignation.

Zur Identifikation von Überlastungssituationen empfiehlt es sich, zunächst einen Überblick über den aktuellen Arbeitsvorrat der IT zu gewinnen. Stehen Arbeitsbelastung und die Anzahl der Mitarbeiter und deren Kenntnisse und Fähigkeiten in einem vernünftigen Verhältnis zu den laufenden und geplanten IT-Vorhaben? Wie sieht der Arbeitsvorrat der IT aus (Anzahl von gleichzeitig bearbeiten Anforderungen, Projekten, Fehlerbearbeitungen, Change Requests etc.)? Besteht eventuell ein Stau bei der Abarbeitung des Arbeitsvorrats, der vielleicht im Zeitverlauf noch zunimmt (Backlog)? Sind die Mitarbeiter zuversichtlich, ihr jeweiliges Pensum erfüllen zu können oder sind Anzeichen von permanenter Über- oder Unterforderung festzustellen? Wo sind Anzeichen für Unzufriedenheit, Frustration und Demotivation bei den IT-Mitarbeitern sichtbar?

> **Aus der Praxis: Ein Berg von IT-Vorhaben**
>
> Zu Beginn der IT-Restrukturierungsarbeiten bei einem großen kommunalen Unternehmen fanden wir IT-Mitarbeiter vor, die trotz im Branchenvergleich nicht unterdimensionierter IT-Abteilung deutliche Anzeichen von Frustration

und Demotivation zeigten. Unzufriedenheit herrschte auch auf Seiten der IT-Kunden, wo sich über nicht termingerechte Fertigstellungen und Qualitätsmängel bei Projekten beklagt wurde.

Wir vermuteten eine akute Überlastungssituation der IT. Es war allerdings keine Aufstellung des aktuellen Arbeitsvorrats verfügbar. Im Unternehmen war kein einheitliches Tool für das Anforderungsmanagement im Einsatz. Zudem gab es auch keine vollständige Liste aller IT-Vorhaben, die aktuell in Bearbeitung oder geplant waren, geschweige denn ein professionelles Kapazitätsmanagement. Auch eine Darstellung der laufenden und geplanten Projekte mit IT-Bezug war mangels einer vollständigen Projektportfolio-Übersicht nicht erhältlich.

Um Transparenz hinsichtlich des aktuellen Arbeitsvorrats zu erlangen, beauftragten wir einen Mitarbeiter des IT-Controllings mit der Zusammenstellung einer entsprechenden Übersicht. Nach mühevoller Identifikation und Auswertung der relevanten Systeme ergab sich ein Berg von über 1000 IT-Vorhaben und -Projekten, die parallel in Bearbeitung waren oder ihrer Bearbeitung harrten.

Bild 5.2 zeigt ein Beispiel für einen IT-Backlog mit den folgenden Merkmalen:

- Die schiere Anzahl der unterschiedlichen IT-Aufgaben (Großprojekte, Kleinprojekte, Change Requests, Fehlermeldungen, IT-interne Projekte, Unternehmens-Rationalisierungsmaßnahmen) ist nicht mehr mit einem gegebenen Qualitätsanspruch zu bewältigen.
- Die IT-Pipeline ist verstopft – Projekte können nicht mit der notwendigen Kapazitäts- und Erfahrungs-Ausstattung abgearbeitet werden.
- Massive Überlastungsanzeichen bei den Mitarbeitern – Frustration bei den IT-Kunden

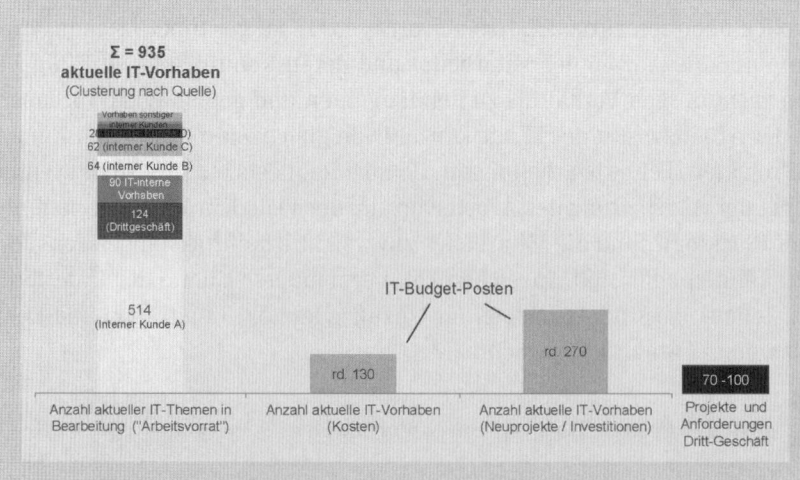

Bild 5.2 Beispiel IT-Backlog

> Ein Ergebnis dieser Übung war die Einsicht sowohl des Topmanagements als auch der IT-Kunden, dass eine Priorisierung und Eindämmung der Flut an IT-Vorhaben dringend notwendig war. Gleichzeitig zeigte sich der dringende Bedarf an professionellen Prozessen für Anforderungs-, Kapazitäts- und Projektportfolio-Management.

Drohende Abwanderung von Schlüsselmitarbeitern

Ein hohes Risiko besteht bei Mitarbeitern, die für den Betrieb und die Weiterentwicklung unersetzlich sind, weil nur sie entsprechende Kenntnisse über einzelne kritische Systeme besitzen bzw. als Einzige ein komplexes Anwendungssystem insgesamt überblicken – oder aber schlichtweg Topperformer sind, die es unbedingt zu halten gilt, da sie für die Leistungsfähigkeit des Bereiches eine entscheidende Rolle haben.

Besteht hierbei die akute Gefahr für einen schmerzhaften Know-how-Verlust, unter Umständen sogar mit der Gefahr von Produktionseinschränkungen, so sollte zunächst nach den Ursachen des Veränderungswunsches geforscht werden: Bestehen Ängste oder Befürchtungen hinsichtlich der neuen Situation in der IT? Liegt eine akute Überlastung oder Unterforderung vor? Wird ein anderer Tätigkeitsschwerpunkt angestrebt oder wurde die Personalentwicklung in der Vergangenheit vernachlässigt? Sofern entsprechende Maßnahmen nicht fruchten und ein Know-how-Verlust unabwendbar ist, sollte der direkte Vorgesetzte des betreffenden Mitarbeiters rechtzeitig aufgefordert werden, eine gangbare Fallback-Lösung vorzuschlagen. Parallel empfiehlt sich unverzüglich die Einleitung von Maßnahmen zum Know-how-Transfer.

Herrschaftswissen

Die Abhängigkeit von einzelnen Mitarbeitern, die exklusives Wissen über die Aufrechterhaltung des Betriebs von einzelnen unternehmenskritischen Systemen haben, stellt in aller Regel ein Risiko dar, das entsprechende Gegenmaßnahmen erfordert. Insbesondere wenn ein Mitarbeiter unmittelbar vor der Pensionsgrenze steht oder seine Loyalität, seine Leistungsbereitschaft oder sein Gesundheitszustand Anlass zur Sorge bereiten, sollte gehandelt werden. Auch hier sind Maßnahmen zum Wissenstransfer angeraten, verbunden mit der Analyse, ob der Gegenstand des Herrschaftswissens (z. B. eine eigenentwickelte Legacy-Anwendung) zumindest mittelfristig substituiert werden kann.

Dissens

Eine weitere Herausforderung hinsichtlich der IT-Mitarbeiter in der Stabilisierungsphase stellt der Umgang mit mangelnder Kooperation dar. Viele Mitarbeiter erleben zum ersten Mal eine Krisensituation. Dementsprechend herrscht oft Verunsicherung, Besorgnis oder Verängstigung. Es wird gefragt, wie es weitergeht und was von jedem Einzelnen erwartet wird. Klare und offene Kommunikation sowie eindeutige Vorgaben sind in dieser Situation oft hilfreich (Change Management, siehe Kapitel 8).

Gleichwohl wird es aber IT-Mitarbeiter geben, die offen oder heimlich gegen die Turnaround-Anstrengungen opponieren. Bei Unternehmensrestrukturierungen wird für diese Fälle ein „rasches und schonungsloses" Vorgehen angeraten (Slatter u.a. 2006, S. 110). Auch im Rahmen einer IT-Restrukturierung sollte reagiert werden. Schlechte Stimmung, mangelnde Kooperation und das grundsätzliche Infragestellen des Restrukturierungswegs sind in der Stabilisierungsphase inakzeptabel.

Was sind die Gründe für Passivität, mangelnde Kooperation, Ablehnung der neuen Marschrichtung oder gar Defätismus? Hier können wiederum Ängste, Missverständnisse und pauschale Vorbehalte eine Rolle spielen, die man rasch kommunikativ ausräumen sollte. Konstruktive Verbesserungsvorschläge sind willkommen, sofern jedoch die Vorgehensweise oder die Stoßrichtung der Restrukturierung prinzipiell in Frage gestellt wird, sollte der Turnaround-CIO sich jedoch auf keine langen Diskussionen einlassen. Sofern Klarstellungen nicht fruchten und die Verbesserung der Zusammenarbeit nicht wahrscheinlich ist, sollte unter Einschaltung der Personalabteilung über eine Versetzung des jeweiligen Mitarbeiters nachgedacht werden oder, als Ultima Ratio, eine Trennung erwogen werden. Offen destruktives Verhalten oder gar Sabotage der Restrukturierungsarbeit ist unverzüglich und konsequent zu ahnden.

Unzureichende Fähigkeiten (Capabilities)

Last not least ist auch eine kritische Bestandaufnahme der Fähigkeiten des IT-Teams erforderlich. Ist die IT für die kommenden Aufgaben gerüstet? Reichen die vorhandenen Mitarbeiterressourcen und -kenntnisse für die Bewältigung der Aufgaben aus? Sind Kenntnisse und eingesetzte bzw. geplante Technologien kongruent? Oder tun sich Lücken auf?

Die Quellen für die Bestimmung der zukünftig notwendigen Fähigkeiten sind z.B. die Projektanforderungen des Business und der Vergleich mit Unternehmen in der Branche („Benchmarking"). Bestehen signifikante Lücken zwischen akutem Bedarf und vorhandenen Fähigkeiten, sollte rasch gehandelt werden. Zur Not kann in der Stabilisierungsphase der temporäre Einsatz von externen Spezialisten zum Ausgleich von fehlenden Skills oder unzureichender Kapazität erforderlich sein. In jedem Fall sind mit dem Personalbereich diese Erkenntnisse zu besprechen um z.B. Recruiting-Maßnahmen zukünftig zu optimieren und Möglichkeiten des Transfers von geeigneten Mitarbeitern aus bzw. in andere Teile des Unternehmens zu eruieren.

5.3 Bedrohungen und Risiken in der IT identifizieren und Gegenmaßnahmen priorisieren

Nichts trifft einen neuen CIO mehr, als durch Pannen und Versäumnisse überrumpelt zu werden. Man sollte sich nicht darauf verlassen, dass in der Interviewphase vor der Beauftragung bzw. Einstellung bereits auf sämtliche IT-Problembereiche hingewiesen wurde, auch nicht auf die drängendsten bzw. bedrohlichsten. Wie beschrieben, ist idealerweise zwar durch das Topmanagement bereits klar kommuniziert worden, dass eine IT-Restrukturierung erforderlich ist und auch zumindest die Stoßrichtung des Turnarounds als Zielvorgabe bestimmt worden (siehe Kapitel 3.5). Da aber die Unternehmens-IT für viele CFOs, CEOs und Personalverantwortliche nicht selten in weiten Bereichen intransparent ist, kann nicht vorausgesetzt werden, dass akute Defizite und Bedrohungspotenziale bereits trennscharf identifiziert wurden. Dementsprechend müssen neue CIOs davon ausgehen, dass in der IT Risiken und Probleme wie Zeitbomben ticken, die unverzügliches Handeln erfordern.

Auch sollte man sich nicht darauf verlassen, dass der IT-Betrieb stabil und sicher läuft. Die Gewährleistung eines stabilen und sicheren 24/7-Betriebs ist absolut essenziell aber nicht selbstverständlich für jeden CIO – ganz gleich, ob selbst produziert (Insourcing) oder an einen Dienstleister ausgelagert.

Akute IT-getriebene Risiken identifizieren

Wie können nun konkret potenzielle „IT-Minen" so schnell wie möglich identifiziert bzw. lokalisiert werden? In der ersten Woche sollte der neue CIO möglichst viele IT-Mitarbeiter treffen und offen nach bekannten oder vermuteten IT-Problemen fragen und Lösungsvorschläge diskutieren. Dies ist auch eine erstklassige Möglichkeit, die IT-Mitarbeiter kennenzulernen, einzubeziehen und ein Vertrauensverhältnis aufzubauen.

Um akute, IT-getriebene Risiken rasch zu identifizieren, ist die Betrachtung der „*4As*" (Westerman/Hunter 2007, S. 22ff) gut geeignet:

- *Availability* (Systemverfügbarkeit, Prozessunterstützung, Business Continuity Management),
- *Access* (Zugriff auf Daten, IT-Sicherheit),
- *Accuracy* (Datenqualität, Korrektheit der Daten) und
- *Agility* (Veränderungsfähigkeit der IT).

Diese Betrachtungsweise erlaubt eine schnelle Standortbestimmung hinsichtlich akuter oder drohender IT-Risiken und ihrer Auswirkungen auf das Unternehmen (siehe Tabelle 5.1).

Tabelle 5.1 Checkliste IT-Risiken

Risikokategorie/Kernfragen	Problemlos/vorhanden	Unklarer Status	Akutes Problem
1. Verfügbarkeit: Zunächst sollten die wichtigsten Prozesse des Unternehmens identifiziert werden, die unmittelbar von der IT abhängig sind (z. B. Auftragsabwicklung, Supply Chain, Produktionsplanung und -steuerung) und deren Ausfall unmittelbare finanzielle Konsequenzen für das Unternehmen hätte.			
Wie sehen jenseits der geplanten Wartungsfenster die Verfügbarkeiten und Antwortzeiten für die „Mission Critical"-Systeme aktuell und in den vergangenen zwölf Monaten aus?			
Wie anfällig sind diese Systeme für Störungen bzw. wie verwundbar sind sie (Vulnerability)?			
Wie belastbar bzw. skalierbar sind die Systeme vor dem Hintergrund akuter Marktentwicklungen (z. B. Weihnachtsgeschäft im Handel, erwarteter Benutzeransturm nach Marketingkampagne, kontinuierlicher Anstieg der verarbeiteten Geschäftsvorfälle etc.)?			
Ist die Vorgehensweise bei einem Störfall definiert?			
Sind Fallback-Möglichkeiten oder Alternativsysteme und Ausweich-Rechenzentren einsatzbereit?			
Existieren Frühwarnsysteme?			
Existieren für alle kritischen Systeme Checklisten für das Verhalten bei Ausfällen?			
Welche Mitarbeiter sind in Notfällen verantwortlich und wissen diese, was genau zu tun ist?			
2. Zugriff/Datenschutz: Hierbei stehen Schutz vor Cyberattacken, sichere Zugriffsrechte, Vertraulichkeit und der Schutz vor missbräuchlichem Gebrauch der Daten im Vordergrund. Gemeint sind vor allem heikle Daten wie Kunden- und Mitarbeiterstammdaten, Firmengeheimnisse, Verträge, Strategiepapiere, E-Mails etc.			
Gibt es bekannte Defizite in der IT-Sicherheit, die eine akute Bedrohung darstellen?			
Sind technische und organisatorische Vorkehrungen gegen Bedrohungen von außen und von innen getroffen worden (z. B. Hacking, Datenklau, Sabotage, Spionage)?			
Sind alle relevanten technischen Komponenten (z. B. Firewalls, Virenscanner, VPN-Lösungen, Identifizierungs- und Verschlüsselungssysteme) auf einem aktuellen Stand und die betreuenden Mitarbeiter entsprechend verfügbar und geschult?			
Haben sich kritische Vorkommnisse in den letzten zwölf Monaten ereignet (Quellen, z. B. Incident Management, Intrusion Detection)?			
Sind Prozesse und Richtlinien für die Anwender implementiert bzw. sind Lücken bekannt (z. B. Passwortvergabe und -änderungen, private Nutzung von Firmeninfrastruktur, Einbringung privater Hardware in das Firmennetzwerk (BYOD – Bring your own device)?			
Ist die Zurechenbarkeit (Accountability) jederzeit gewährleistet oder können Unberechtigte die Identität von anderen Nutzern annehmen, um in deren Namen zu handeln?			

5.3 Bedrohungen und Risiken in der IT identifizieren und Gegenmaßnahmen priorisieren

Risikokategorie/Kernfragen	Problemlos/vorhanden	Unklarer Status	Akutes Problem
Sind Zugriffsrechte (wer darf was?) klar definiert und sauber und „compliant" in allen Systemen hinterlegt (Berechtigungswesen)?			
Wird regelmäßig eine Bedrohung von außen (z. B. Hacking) und innen (z. B. Diebstahl von Kundenstammdaten) simuliert bzw. von darauf spezialisierten Unternehmen getestet?			
Bestehen gesonderte Zugriffsrechte für Fremdfirmen und Lieferanten, die auf den Systemen des Unternehmens arbeiten?			
Existieren Maßnahmen für den Fall eines (erfolgreichen) Angriffs (Incident Response Plan)?			
3. Korrektheit der Daten: Die Qualität der Daten ist häufig dann unzureichend, wenn mit fehlerhaften Stammdaten gearbeitet wird, Daten falsch eingegeben werden oder – insbesondere bei zahlreichen Insellösungen – Daten unzulässig verändert oder dargestellt werden (Datenintegrität). Zudem ist es erforderlich, dass Daten rechtzeitig vorliegen, um z. B. für periodische Finanzreports oder die Erfüllung von Meldepflichten zur Verfügung zu stehen.			
Ist transparent, für welche Zwecke das Vorliegen akkurater, rechtzeitiger Daten am wichtigsten ist (z. B. typische Bottlenecks wie Kapitalmarktmeldungen, Meldepflichten bei regulierten Unternehmen, Shareholder-Reports, Managementberichte)?			
Ist die Regelkonformität mit relevanten gesetzlichen oder regulatorischen Vorgaben (Compliance) gewährleistet bzw. leistet die IT den dafür erforderlichen Beitrag (z. B. Sarbanes-Oxley Act/SOx-Compliance, Basel II-Compliance, Meldepflichten der Bundesnetzagentur, ISO-Qualitätsstandards)?			
Ist transparent, wann gravierende Konsequenzen für das Unternehmen bei unkorrekter oder verzögerter Datenbereitstellung entstehen?			
Wird die unsachgemäße Modifikation von IT-Systemen bzw. deren Daten verhindert?			
Existieren akute Probleme hinsichtlich der Datenqualität?			
Gibt es Hinweise der Wirtschaftsprüfer auf die Verletzung der Datenintegrität, z. B. bei der Erstellung des Jahresabschlusses?			
Gibt es Medienbrüche, manuelle Schnittstellen, Anwendungsinseln, die die Datenqualität beinträchtigen?			
Werden außerhalb des Einflussbereiches der IT Anwendungen betrieben, die auf die Unternehmensdaten zugreifen und diese verändern können?			
Sind die Hauptgründe für fehlerhafte Daten bekannt und wird an deren Behebung gearbeitet?			
4. Agilität: Hierbei stehen zunächst vor allem laufende und unmittelbar anstehende Projekte mit IT-Bezug im Vordergrund (siehe auch 5.6).			
Ist transparent, welche laufenden Projekte für das Unternehmen bzw. dessen Wettbewerbsfähigkeit von besonderer Bedeutung sind?			
Ist bekannt, welche Konsequenzen mit dem Scheitern dieser Projekte verbunden sind?			

Tabelle 5.1 Checkliste IT-Risiken *(Fortsetzung)*

Risikokategorie/Kernfragen	Problemlos/vorhanden	Unklarer Status	Akutes Problem
Sind diese Projekte im Zeitrahmen bzw. werden die geplanten Meilensteine erreicht?			
Ist bekannt, welche akuten oder zu erwartenden Projektrisiken bestehen und wie ihnen begegnet wird?			
Welche Veränderungen des Unternehmens stehen an und ist bekannt wie die IT eingebunden wird (z. B. Zukäufe oder Auslagerungen von Unternehmensteilen, Neuprodukteinführungen, Standorterweiterungen, Produktionsverlagerungen)?			

Wenn in diesen vier Bereichen ein Überblick geschaffen wurde, sollte bereits ein gutes Gefühl hinsichtlich der akuten Bedrohungslage bestehen. Neben den Mitarbeitern der IT und den Key Usern auf der Anwenderseite sind – sofern vorhanden – Berichte der IT-Revision, des internen Risikomanagements und der Wirtschaftsprüfer häufig ergiebige Quellen für Hinweise auf akute oder drohende IT-Risiken – entsprechende Priorisierungsfähigkeit vorausgesetzt.

Bei der Risikobetrachtung ist dem Thema Datenschutz hinreichende Bedeutung beizumessen, insbesondere dann, wenn umfangreiche Kundendaten verarbeitet werden. Gemäß der ab Mai 2018 europaweit geltenden Datenschutz-Grundverordnung (DSGVO) kann die Verletzung von Meldepflichten bei Datenpannen mit drastischen Strafen in Höhe von bis zu 4 % des Konzernumsatzes geahndet werden. Es ist sicherzustellen, dass eine ausreichende Anpassung an die Regularien gegeben ist. Dies kann neben organisatorischen Vorkehrungen auch erhebliche Investitionen für die Ergänzung der IT-Security-Infrastruktur nach sich ziehen (z. B. Systeme für Intrusion detection und Leakage detection).

Bei der Bestandsaufnahme von möglichen Risiken sind weder „Panikmache" bzw. eine akribische Auflistung von unwahrscheinlichen oder unbedeutenden Gefahren noch ein allzu sorgloses Verharmlosen von möglichen IT-Risiken zielführend. Häufig ist es bei Vorliegen von „Verdachtsmomenten" oder bereits stattgefunden Vorfällen (Incidents) angeraten, externe Spezialisten mit einer Risikoanalyse zu betrauen, bei der z. B. Angriffe auf die IT-Sicherheit des Unternehmens von innen und außen simuliert werden (Schwachstellenanalysen bzw. -scans).

Maßnahmen bei der Behandlung der Risiken priorisieren

Die Bestandsaufnahme der existierenden Risiken führt in kriselnden IT-Bereichen häufig zu einer langen Liste von akuten oder drohenden Gefahren, die unmöglich gleichzeitig angegangen werden können. Um sich nicht zu verzetteln, sollte in der Stabilisierungsphase die Aufmerksamkeit des Turnaround-CIOs ausschließlich auf den absolut kritischen Problemen mit kurzfristigem Handlungsbedarf liegen. Diese sollten klar adressiert und mit konkreten Maßnahmenplänen und Verantwortlichkeiten hinterlegt sein.

5.3 Bedrohungen und Risiken in der IT identifizieren und Gegenmaßnahmen priorisieren

Risiken sind immer dann mit Priorität zu behandeln, wenn ein hohes mögliches Schadenausmaß auf eine hohe Wahrscheinlichkeit des Eintretens trifft. Die Herausforderung für den Turnaround-CIO und seine Mitarbeiter besteht darin, dieses Bedrohungspotenzial kurzfristig mit Augenmaß, Erfahrung und Intuition zu bestimmen und die Schwerpunkte für unmittelbaren Handlungsbedarf abzuleiten. Zur Darstellung von Bedrohungspotenzialen und entsprechenden Maßnahmen bieten sich Portfolios an (siehe Bild 5.3).

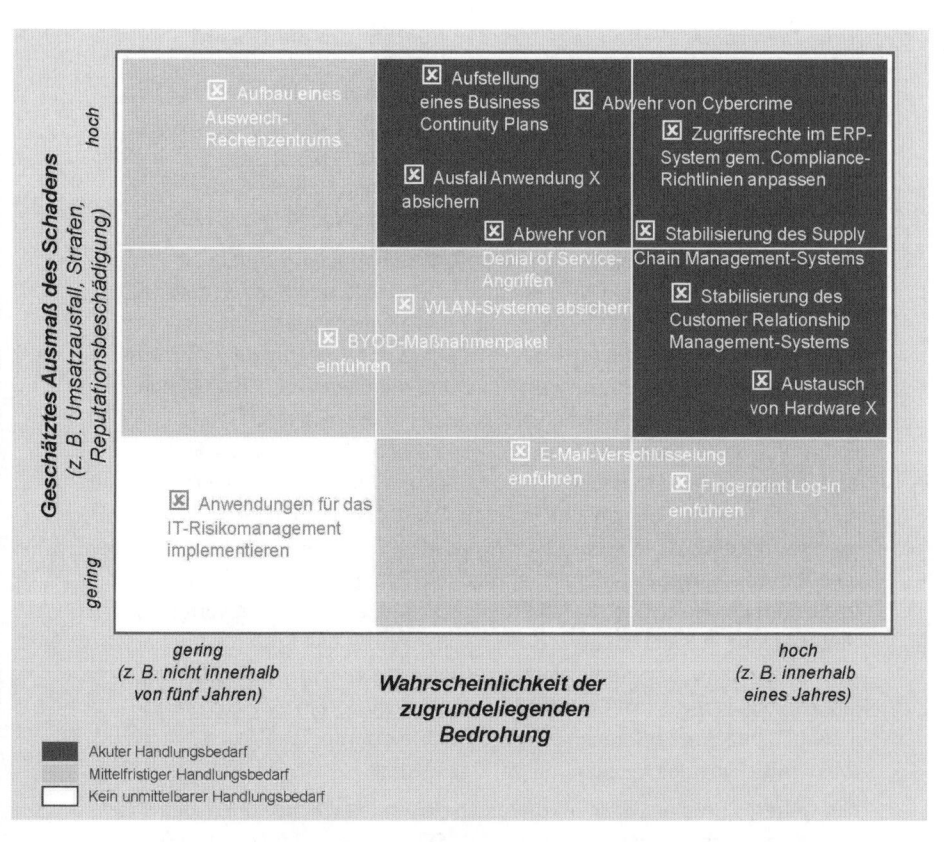

Bild 5.3 Beispiel für die Darstellung von Maßnahmen zur IT-Risikoabwehr (in Anlehnung an Westerman/Hunter 2007, S. 123)

Der Turnaround-CIO sollte als Ergebnis dieses pragmatischen Risiko-Assessments mit den jeweils thematisch zuständigen Mitarbeitern Arbeitspakete schnüren und diese beauftragen. Wichtig ist, bei der Behandlung der Risiken Prioritäten zu setzen und herauszufinden, wo der „Hase im Pfeffer" liegt, d. h. wo erhebliche, akute Risiken vorliegen, und sich in dieser Phase der IT-Restrukturierung nicht auf Nebenkriegsschauplätzen bzw. mit Detailproblemen aufzuhalten.

Mit der einmaligen Aufnahme von IT-Risiken ist es indes nicht getan. Oftmals entstehen durch hohe IT-Komplexität und starke Durchdringung der IT im Unternehmen neue Schwachstellen und Risiken, bevor die bekannten Bedrohungen unter Kontrolle sind. Im Anschluss an die Stabilisierungsphase empfiehlt sich deswegen im Rahmen der Neuausrichtung die Implementierung eines angemessenen IT-Risikomanagements (siehe Kapitel 7.4.7), bei dem die Identifikation, Bewertung und Behandlung von Risiken als permanente Aufgabe wahrgenommen wird.

> **Aus der Praxis: Wann fliegt uns das System um die Ohren?**
>
> Im Rahmen der Restrukturierung bei einem europaweit tätigen Online-Finanzdienstleister war die Neubesetzung des Chief Technology Officer (CTO)-Postens erforderlich geworden. Nachdem der ehemalige Stelleninhaber einen professionellen Betrieb der unternehmenskritischen Online-Plattform nicht mehr gewährleisten konnte, musste ein erfahrener Nachfolger geholt werden.
>
> Mit dem neuen CTO analysierten wir sofort nach Amtsantritt den Zustand der unternehmenskritischen Online-Plattform. Es stellte sich heraus, dass selbst innerhalb des IT-Architekturteams völlig unklar war, wie weit das eigenentwickelte System noch weiter skalierbar, d. h. aufnahmefähig für zusätzliche Benutzer, war. Da der Businessplan des Unternehmens von einem hohen Zuwachs an User-Transaktionen ausging, stellte die mögliche Limitierung – im Extremfall der Kollaps der Plattform – eine erhebliche Bedrohung für das Unternehmen dar. Am zweiten Tag nach seinem Amtsantritt ordnete der neue CTO bereits erste Sofortmaßnahmen an: Sämtliche verfügbare Softwareentwicklungs-Kapazitäten wurden unverzüglich für Stabilisierungsmaßnahmen des Systems eingesetzt. Parallel erfolgte die Beauftragung an ein spezialisiertes Unternehmen mit der Durchführung von Lasttests, um eine verlässliche Abschätzung hinsichtlich der weiteren Tragfähigkeit des Systems zu erlangen. Es wurden Schwellen identifiziert, ab welcher die Online-Plattform fehleranfällig und inperformant werden würde. Dies wiederum erlaubte die Abschätzung des Zeitfensters, welches für die erforderliche grundlegende Modernisierung des Systems zur Verfügung stand.
>
> Ein weiteres Problem, welches innerhalb der ersten Woche vom neuen CTO unverzüglich angegangen wurde, war die Stabilisierung der Mitarbeitersituation in der IT. Der Betrieb und die Weiterentwicklung konnte nur mit einer kleinen Anzahl von Schlüsselmitarbeitern aufrechterhalten werden. Auseinandersetzungen im Shareholder-Kreis und die unklare Perspektive des Unternehmens hatten insbesondere bei den Mitarbeitern der Technik zu Verunsicherung, Zukunftsängsten und teilweise auch zu Beeinträchtigungen der Loyalität geführt. Es bestand die akute Gefahr, dass essenzielle Kenntnisse über die Architektur und die Weiterentwicklung der Plattform verloren gehen könnten. Durch Informationsveranstaltungen, Einzelgespräche mit IT-Schlüsselmitarbeitern und durch gezielte Incentivierungsmaßnahmen konnte die drohende Mitarbeitererosion im Technikbereich verhindert werden.
>
> Nach diesen Sofortmaßnahmen machte sich der CTO an die Planung der eigentlichen Aufgaben der IT-Neuausrichtung.

5.4 Potenzielle Risiken auf der IT-Lieferantenseite aufdecken

Akuter Handlungsbedarf herrscht oft auch auf der IT-Lieferantenseite. Folgende Schritte haben sich dabei als hilfreich erwiesen:

- Bestandsaufnahme der IT-Verträge durchführen,
- IT-Vertragswesen transparent machen,
- Abhängigkeitssituationen erkennen.

1. Bestandsaufnahme der IT-Verträge durchführen

Zu der Nachlassenschaft von ausgeschiedenen CIOs gehören oft IT-Verträge und andere Dauerschuldverhältnisse, die einer kritischen Überprüfung unterzogen werden sollten. Oft hilft ein Blick auf bestimmte Positionen und entsprechenden Service Level Agreements (SLA) von IT-Dienstleistungs- und Outsourcing-Verträgen um zu prüfen, ob (noch) marktkonforme Preis-Leistungs-Verhältnisse vorliegen. Bei umfangreichem Fremdbezug von IT-Leistungen sollten auch die Outsourcing-Partner unter die Lupe genommen werden. Wie sieht die Entwicklung der Haupt-SLA aus? Verhält sich der Outsourcing-Dienstleister noch flexibel und kooperativ oder ist das Vertragsverhältnis bereits angespannt? Wie wird die Performance innerhalb der IT und von den Endkunden wahrgenommen?

Sofern man „unterschriftsreife" Entwürfe für langfristige Vertragsverlängerungen auf dem Schreibtisch vorfindet, sollte zunächst um eine Verlängerung der Prüfungsfrist gebeten und das Preis-Leistungs-Verhältnis überprüft werden.

Auch ein Review der externen IT-Experten sollte erfolgen. Vielfach haben sich Externe in der IT oder den Fachabteilungen eingenistet und laufen außerhalb von konkreter Projektarbeit als „Quasi-Interne" mit. Sofern sich keine Abhängigkeitssituationen gebildet haben, kann eine frühzeitige Konsolidierung des Pools an Externen angeraten sein (siehe nachfolgendes Praxisbeispiel).

> **Aus der Praxis: Die „Quasi-Internen"**
>
> Zu Beginn eines IT-Turnaround-Projekts bei einem großen mittelständischen Unternehmen fielen uns während der Stabilisierungsphase zahlreiche Mitarbeiter im IT-Bereich auf, die anhand ihrer Zugangskarten als Externe zu identifizieren waren. Wir baten um eine Liste aller externen Mitarbeiter, die mit IT-Aufgaben betraut waren. Im gesamten Unternehmen war keine entsprechende Aufstellung verfügbar. Die externen Mitarbeiter waren offenbar dezentral „eingekauft" und eingesetzt worden; weder das IT-Management noch die Personal-, Finanz- oder Rechtsabteilung hatten einen Überblick über den aktuellen Stand der Beauftragungen.

> Nun war Detektivarbeit erforderlich: Die Auswertung der Log-in-Daten des Firmennetzwerks erlaubte die Unterscheidung von internen und externen Mitarbeitern, die sich zumindest im laufenden Monat im Netzwerk des IT-Bereichs angemeldet hatten. Mit dieser Liste mit Firmen- und Namenskürzeln interviewten wir die zuständigen Fachgruppenleiter in der IT, um die Nutzerkennungen mit Namen, Firmen, Arbeitsort, Aufgabenbereichen, Einsatzzeiten und Vertragskonditionen in Verbindung zu bringen.
>
> Nach über einer Woche Ermittlungsarbeit ergab sich eine Liste mit 113 Personen aus 52 verschiedenen Firmen. Viele Externe waren langjährig, teilweise bereits seit über zwanzig Jahren, als „Quasi-Interne" beschäftigt, andere wurden an Orten im Unternehmen angetroffen, in denen man „in Ruhe arbeiten" konnte, wieder andere wurden mit Konditionen beschäftigt, die weit oberhalb von marktüblichen Tagessätzen lagen. Insgesamt war das Lieferantenportfolio, wie sich eindrucksvoll gezeigt hatte, aufgrund der Komplexität nicht zu managen.
>
> Diese Liste war nachfolgend der Ansatzpunkt für eine grundlegende Konsolidierung des IT-Dienstleisterpools. Kurzfristig wurde zudem das Lieferantenmanagement zentralisiert mit dezentraler Verantwortungsdelegation hinsichtlich der Steuerung und Kontrolle der Externen auf jeweils einen Mitarbeiter je IT-Fachgebiet.

2. IT-Vertragswesen transparent machen

Ein heikles Thema ist oftmals auch die Frage, in welcher Form Verträge mit IT-Bezug (IT-Services, Hard- und Softwarewartung, Telekommunikationsleistungen, externe IT-Mitarbeiter usw.) im Unternehmen verwaltet werden. Inakzeptabel ist hier insbesondere die häufig vorzufindende Intransparenz, d. h. Unklarheit, welche Verträge mit welchen Konditionen wo im Unternehmen lagern und wie bei Neuabschlüssen und Prolongationen zu verfahren ist. Wünschenswert ist eine Zentralisierung des IT-Vertragswesens im Zentraleinkauf des Unternehmens (entsprechendes grundlegendes IT-Know-how vorausgesetzt) oder aber direkt in der IT. Ergänzend notwendig sind klare Regeln hinsichtlich des Einkaufs von IT-Leistung bzw. der Verlängerung von bestehenden Verträgen (siehe nachfolgend „Grundlagen der IT-Governance etablieren").

3. Abhängigkeitssituationen erkennen

Daneben kann es IT-Lieferanten und externe Spezialisten geben, die sich für das Unternehmen unersetzlich gemacht haben, weil sie beispielsweise eine kritische Individualanwendung „am Leben halten" oder exklusive Kenntnisse über Komponenten der IT-Infrastruktur besitzen. Sind diese Unternehmen stabil? Wenn nein, was würde ein Ausfall bedeuten und wie könnte der Lieferant oder sein Produkt substituiert werden? Welche grundsätzlichen Alternativen gibt es zu diesen Abhängigkeitssituationen? Was passiert bei einem Ausfall des Lieferanten (Fallback-Position)?

5.5 IT-Ausgaben analysieren und unter Kontrolle bringen

Oft sind auch die Finanzen in einer kriselnden IT unzureichend gemanagt. Der Turnaround-CIO sollte so schnell wie möglich Transparenz und Kontrolle hinsichtlich der Ein- und Ausgaben herstellen. Folgende Schritte sind dazu hilfreich:
- Review des IT-Budgets,
- Implementierung eines Budget-Forecastings,
- Kontrolle über die IT-Ausgaben und -Budgets herstellen.

Review des IT-Budgets
Viele CIOs sind zu sehr fixiert auf „ihr" IT-Budget, dabei kann eine emotionsfreie Analyse zu Beginn der Amtszeit sehr hilfreich sein. Zunächst sollte das Budget Posten für Posten betrachtet werden. Wodurch sind die Ausgaben begründet? Existieren signifikante Abweichungen zum Vorjahr und was sind die Ursachen dafür? Können alle geplanten Ausgaben vom neuen CIO gerechtfertigt werden?

Auch sollte man die Bereiche genau kennen, in denen Investitionslücken bestehen oder die Gefahr einer Unterfinanzierung besteht. Erkennt der neue CIO dementsprechende Lücken im Budget, sollten diese so schnell wie möglich kommuniziert werden. Beispiel dafür sind kritische Komponenten der IT-Infrastruktur, die aus der Wartung gelaufen sind, z. B. Server, die für den Betrieb wichtiger Systeme erforderlich sind sowie kritische Anwendungssysteme, die ein Upgrade oder einen Releasewechsel benötigen.

Regelmäßig aufschlussreich ist eine Betrachtung des IT-Budgets hinsichtlich der Ausgaben, die für den Betrieb bzw. die Aufrechterhaltung des Betriebs (Maintenance) und den Ausgaben, die für neue Projekte vorgesehen sind. Wenn nur noch ein geringer Prozentsatz für Neuentwicklungen zur Verfügung steht, liegt ein erster Hinweis auf eine überkomplexe IT-Landschaft vor. Laut dem IT-Benchmarking-Unternehmen Gartner betrug der durchschnittliche Anteil der Ausgaben mit Investitionscharakter (capitalized IT spending) im Jahr 2011 26 % (Gartner 2011, S. 40 f). Zeigt sich zudem ein Trend über die vergangen Jahre zulasten des Neuentwicklungsanteils, liegt ein klares Indiz für eine überkomplexe IT-Landschaft vor.

IT-Kosten bzw. -Budget-Forecasting implementieren

Eine böse Überraschung für jeden CIO kann ein überschrittenes IT-Budget zum Jahresende darstellen. Hier ist nicht die Verfehlung einer (ohnehin selten realistischen) Punktlandung auf das Budgetziel gemeint, sondern signifikante Abweichungen vom Plan. Diese Abweichungen sind insbesondere dann inakzeptabel, wenn als Stoßrichtung für die Restrukturierung der IT eine Kostensenkung oder -eindämmung vorgegeben wurde.

Zu analysieren ist der aktuelle Ausschöpfungsgrad hinsichtlich Ausgaben mit Kosten- oder Investitionscharakter (Opex: *Op*erational *Ex*penditures oder Capex: *Cap*ital *Ex*penditures). Häufige Gründe für Budgetüberschreitungen sind z. B.:

- Unterschätzung von Projektaufwänden (insbesondere bei Verwendung externer IT-Dienstleistungen),
- durch das Business angeforderte Erweiterungen, deren Realisierungsaufwände nicht budgetiert waren und nicht verrechnet werden können oder dürfen,
- ungeplante Abschreibungen (z. B. auf Hardware und, wenn aktivierungsfähig, auf Projekte),
- bei der Budgetierung vergessene oder unterschätzte Posten (z. B. Wartungsverträge).

Sofern kein Plan-Ist-Vergleich auf Monatsbasis vorliegt, sollte dieser angefertigt und fortgeschrieben werden. Ergibt sich daraus eine drohende Budgetüberschreitung, liegt akuter Handlungsbedarf vor. Wenn es hart auf hart kommt, müssen alle Posten auf den Prüfstand: Wenn nicht „lebensnotwendig", muss die Ausgabe gekappt bzw. das Projekt gestoppt werden.

Eine negative Überraschung bei den IT-Kosten entsteht häufig in Unternehmen, die selbsterstellte Software bzw. das Ergebnis von Projekten bilanziell aktivieren. Projektkosten tauchen dann zwar im IT-Budget des laufenden Jahres auf, nicht aber in der Gewinn- und Verlustrechnung als Kosten. Erst nach der Inbetriebnahme, d. h. wenn alle Projektkosten schon verbraucht sind, erscheinen diese Investitionen als Abschreibungen zeitversetzt bei den IT-Kosten. Für den Turnaround-CIO bedeutet dies, dass auch ein Blick in den „Rückspiegel" notwendig ist, um zumindest von den nicht mehr beinflussbaren Abschreibungseffekten nicht „kalt erwischt" zu werden. Dies ist insbesondere dann erforderlich, wenn die Stoßrichtung der Restrukturierung Kostensenkungen in der IT fordert.

Kontrolle über die IT-Ausgaben und -Budgets herstellen

Empfehlenswert ist auch, so schnell wie möglich die IT-Ausgaben unter Kontrolle zu bringen. Aus dem Ruder gelaufenen Budgets gehen meistens mit mangelnder Disziplin bzw. Verantwortung für die Budgeteinhaltung einher. Geld wird unkontrolliert ausgegeben bzw. zur Zahlung freigegeben, ein Finanz-Chaos droht.

Als Stabilisierungsmaßnahme für die IT-Ausgaben hat sich die Einführung einer rigorosen Ausgabenkontrolle bewährt. Dazu sind drei Schritte erforderlich:

1. *Einen Mitarbeiter mit dem Management der IT-Ausgaben betrauen.* Dieser „IT-Finanzmanager" sollte unabhängig und uneingeschränkt vertrauenswürdig sein und exklusiv an den Turnaround-CIO berichten. Sofern kein IT-Mitarbeiter dafür geeignet oder verfügbar ist, sollte der kaufmännische Leiter (CFO) gebeten werden, einen Mitarbeiter temporär abzustellen. Hierfür eignen sich am besten Mitarbeiter aus dem (IT-) Controlling. Dieser Mitarbeiter übernimmt vollständig und exklusiv für die IT die finanzielle Berichterstattung. Sämtliche IT-Mitarbeiter leiten alle finanziellen Vorgänge zur Genehmigung an diesen Mitarbeiter weiter. Dezentrale Ausgaben, Bestellungen oder andere ausgabenrelevanten Aktivitäten sind untersagt.

2. *Verantwortung für die Budgeteinhaltung auf die IT-Manager der zweiten Reihe übertragen.* Jeder dieser Manager ist je nach fachlichem Schwerpunkt für definierte Budgetpositionen persönlich verantwortlich. Überschreitungen bedürfen ausnahmslos der Genehmigung des CIOs, der als Sparringspartner für Maßnahmen zum Budgetmanagement zur Verfügung steht. Es wird ein begrenzter Zeitraum zugestanden, um bereits entstandene Überschreitungen einzudämmen.

3. *Zahlungsfreigaben und Beauftragungen zentralisieren.* Die Freigabe von Zahlungen und die Neubeauftragung bedürfen ab einer signifikanten Schwelle der Zustimmung des CIOs bzw. der Einkaufsabteilung des Unternehmens. Unter dieser Schwelle erhält der IT-Finanzmanager Freigabebefugnisse. Eine dezentrale Freigabe von Zahlungen sowie dezentrale Beschaffungsaktivitäten sind nicht mehr gestattet.

Dies kann eine vorübergehende Maßnahme sein, ist jedoch in der Stabilisierungsphase hervorragend geeignet, um ein Gefühl für die laufenden Aktivitäten und die entsprechenden Ausgaben in der IT zu bekommen. Auch wenn Zahlungen nicht mehr gestoppt werden können, etwa weil entsprechende Leistungen bereits empfangen wurden, lassen sich doch wertvolle Erkenntnisse über die Aktivitäten innerhalb des Bereichs gewinnen.

■ 5.6 Review des Projektportfolios durchführen

Regelmäßig ist in der Stabilisierungsphase eines IT-Turnarounds das vorhandene Projektportfolio unter die Lupe zu nehmen. Folgende Schritte sind dabei zielführend:

- Projekt-Review durchführen,
- Projektportfolio mit vorhandenem Budget und Kapazität abgleichen,
- Eindämmung des Projektportfolios vorbereiten.

Projekt-Review: IT-Projekte auf den Prüfstand

Im Rahmen des Reviews des Projektportfolios kommen zumindest die bedeutendsten laufenden und geplanten Projekte mit IT-Bezug auf den Prüfstand. Das sind nicht nur die Projekte, die innerhalb der IT ablaufen (z. B. Virtualisierungsmaßnahmen im Rechenzentrum), sondern vor allem auch Projekte, die direkt oder indirekt das Business betreffen und oft fälschlich als „IT-Projekte" bezeichnet werden.

Das Projekt-Review kann je nach IT-Situation mit unterschiedlichen Zielsetzungen durchgeführt werden, wie z. B.

- Reduzierung des IT-Arbeitsvorrats bei akuter Überlastung der IT,
- Einhaltung der Budgetgrenzen in einer finanziell angespannten Situation,
- Notwendigkeit zur Re-Allokation von Projektressourcen auf unternehmenskritische Projekte,
- Identifikation der Projekte, die der Stoßrichtung des Turnarounds zuwider laufen würden (z. B. Projekte, die eine vermeidbare Erhöhung der IT-Komplexität bedeuten würden).

Sofern kein professionelles Projektportfoliomanagement existiert, ist zunächst Transparenz herzustellen und eine Liste anzufertigen, die das jeweilige Einzelprojekt mit Sponsor, Budget, aktueller Projektphase, Budgetausschöpfung, Meilensteinplanung, IT-Verantwortlichem, eingesetzten IT-(Schlüssel-)Mitarbeitern, externer Unterstützung, Business Case usw. aufführt. Diese Liste sollte nach laufenden und geplanten Projekten differenzieren. Die Anfertigung einer derartigen Aufstellung ist z. B. eine weitere Aufgabe für den IT-Finanzmanager.

In der anschließenden Analyse sollten je nach Ziel des Portfolio-Reviews beispielsweise folgende Fragen gestellt werden: Ist die Anzahl der Projekte machbar, und zwar mit Einhaltung der Budgetrestriktionen und der Beachtung der Qualitätsstandards? Existieren gleichartige Projekte in verschiedenen Business Units oder Konzerntöchtern, die zusammengelegt werden können? Welche Projekte sollten fortgeführt oder sogar beschleunigt werden? Welche sollten erst nach bestimmten Voraussetzungen fortgeführt werden? Welche unternehmenskritischen Projekte sind notleidend und benötigen sofortige Hilfe, z. B. zusätzliche Kapazitäten? Und bei welchen sollte der Geld- bzw. Ressourcenhahn abgedreht werden, weil entweder kein Business Sponsor existiert, das Projekt nicht mit der Unternehmensstrategie im Einklang ist oder eine erfolgreiche Fertigstellung unwahrscheinlich erscheint („Runaway Projects")?

Die Analyse sollte sich nicht nur auf Projekte beziehen, die für oder mit dem Business durchgeführt werden. Auch „reine" IT-Projekte, z. B. im Rechenzentrum, sind zu hinterfragen, insbesondere wenn sie lediglich die Wartung der bestehenden Systeme verfolgen bzw. nicht zwingend notwendig sind. Eine zwingende Notwendigkeit ist zumindest fraglich, wenn nicht zumindest eines der folgenden Kriterien erfüllt ist:

- Das Projekt ist unbedingt erforderlich, um ein konkretes Risiko in der IT zu entschärfen bzw. den IT-Betrieb aufrecht zu erhalten.
- Das Projekt erbringt innerhalb von 12 Monaten eine signifikante, bezifferbare Kosteneinsparung, die in einem wirtschaftlich vernünftigen Verhältnis zu den Projektkosten steht.
- Das Projekt ist für die Umsetzung einer hochpriorisierten Business-Anforderung unverzichtbar.

Im Rahmen der Projektportfolio-Planung (Kapitel 7.4.3) wird auf die Evaluierung und Behandlung von Projekten im Rahmen von IT-Restrukturierungen noch näher eingegangen. In der ersten Zeit des CIOs im Unternehmen geht es zunächst um „Erste-Hilfe-Maßnahmen" – entweder für notleidende Projekte oder für das Budget des Unternehmens.

Projektportfolio mit Budget und Kapazität abgleichen

Häufig ist eine kriselnde IT durch insgesamt zu viele und gleichzeitig laufende Projekte gekennzeichnet (Projektinflation) bzw. durch zu viele Projekte, die als vermeintliche „Prio-Eins"-Projekte geführt werden. Dadurch entstehen häufig Budget- und Qualitätsprobleme bei anspruchsvollen Großprojekten während die zahlreichen Kleinprojekte die vorhandene IT-Kapazität schmelzen lassen. Zu selten wird beachtet, dass erfahrungsgemäß nur wenige (Groß-)Unternehmen in der Lage sind, bei gegebenem Qualitätsstandard, mehr als maximal zehn anspruchsvolle Projekte mit IT-Bezug durchzuführen.

Die Reduzierung des Projektbergs auf einen machbaren Umfang erfordert eine neutrale Analyse der akuten Projektnotwendigkeit. In der Stabilisierungsphase geht es zunächst nicht darum, den ohnehin schwer zu bestimmenden Nutzen eines Projektes anzusetzen, sondern, in Abhängigkeit von der Stoßrichtung der IT-Restrukturierung, zwingend notwendige von nicht zwingend notwendigen Projekten zu trennen, um z. B. Budgetrestriktionen einzuhalten oder eine akute Überlastungssituation zu entschärfen.

Bild 5.4 verdeutlicht diesen Ansatz: Bei gegebenem Budget bzw. vorhandener Kapazität (z. B. für Projektmanagement-Aufgaben, Softwareentwicklung) kann nur eine definierte Anzahl von Projekten mit IT-Bezug durchgeführt werden (im Beispiel zehn Projekte oder Projekte mit Aufwand von insgesamt 10 Millionen Euro). Dazu gehören die als zwingend notwendig klassifizierten Projekte (in Bild 5.4 sind dies die Projekte zur Erfüllung von gesetzlichen Vorgaben und zur Aufrechterhaltung des IT-Betriebs). Sonstige „Prio 1"-Projekte können in diesem Beispiel bereits aufgrund der begrenzten Mittel nicht mehr alle realisiert werden; „Prio 2" und „Prio 3"-Projekte bereits gar nicht mehr.

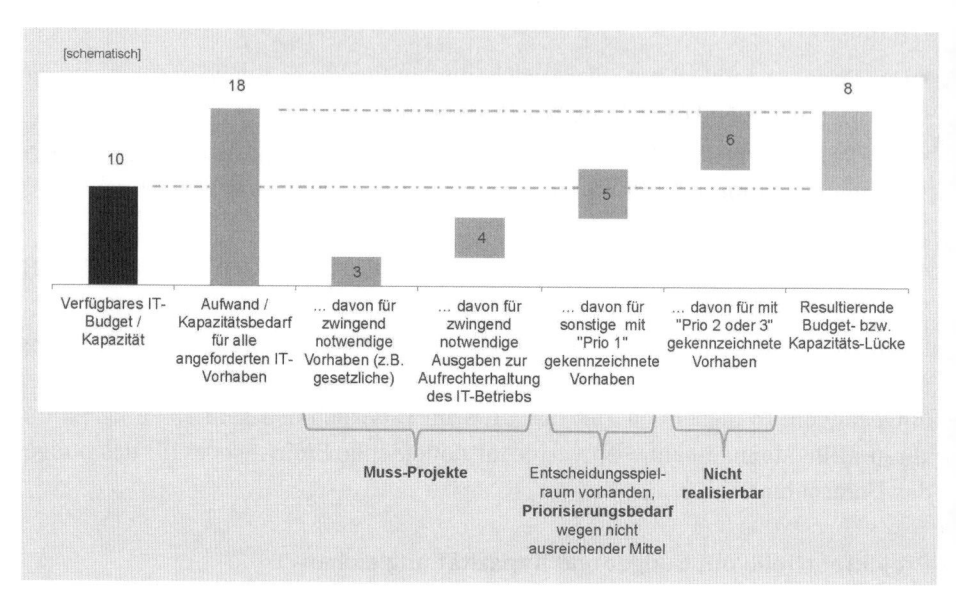

Bild 5.4 Beurteilung von IT-Vorhaben auf Basis bestehender Kapazitäts- bzw. Budgetrestriktionen (schematisches Beispiel)

Anfordernde Fachbereiche führen bei derartigen Betrachtungen häufig an, dass die limitierte IT-Kapazität durch eine Beauftragung von externen Dienstleistern erweitert werden könnte. Hier ist zu entgegnen, dass auch mit dem Einsatz von externen Ressourcen die Kapazität der IT für die Durchführung von Projekten nur begrenzt skalierbar ist: Externe Dienstleistern müssen regelmäßig durch interne IT-Mitarbeiter zumindest mitgesteuert und mit Zuarbeit („Input") versorgt werden, um beispielsweise fremderstellte Anwendungen in die Unternehmens-IT zu integrieren. Dies absorbiert interne Kapazitäten in erheblichem Umfang. Der Aufwand für diese Steuerungsaufgaben und das Risiko für gescheiterte oder qualitativ minderwertige Projektergebnisse steigt zudem exponentiell, je mehr Dienstleister mit unterschiedlichen Themen in unterschiedlichen Bereichen des Unternehmens koordiniert werden müssen. Des Weiteren setzt der Einsatz von Externen die Möglichkeit voraus, mehr Geld im Unternehmen für IT ausgeben zu dürfen bzw. zu können, was nicht selbstverständlich ist. Sofern Mittel verfügbar sind, kann im Zuge einer Make-or-Buy-Betrachtung (siehe Kapitel 6.3.1) der Einsatz von externen IT-Dienstleistern zuträglich sein – sofern die Steuerungskapazität der internen IT nicht ausgeschöpft ist.

Auch ist regelmäßig auf Seiten des Business zu beobachten, dass die Priorisierung von IT-Vorhaben große Schwierigkeiten bereitet. Insbesondere wenn auf Kundenseite kein Koordinator bzw. Filter für Anforderungen existiert (Kernfrage: Was ist für die Ziele der Business Unit besonders wichtig?) und bislang keine Notwendigkeit zur Priorisierung gesehen wurde, fallen die notwendige Aufstellung einer Rangfolge der Anforderungen bzw. Projekte und die damit einhergehenden Verzichte nicht leicht.

Die Eindämmung des Projektportfolios vorbereiten

In Abhängigkeit von den verfügbaren IT-Kapazitäten bzw. -Fähigkeiten und den verfügbaren finanziellen Mitteln sollte mit dem beschriebenen Verfahren das existierende Projektportfolio konsequent gesiebt werden. Welche Projekte sind zwingend notwendig? Welche können zurückgestellt werden? Besteht die Möglichkeit, die Anforderungen „abzuspecken"? Welche Projekte sind aus IT-Sicht zweifelhaft? Welche Projekte widersprechen der Stoßrichtung der Restrukturierung? Gibt es Projektlangläufer, die schon seit Jahren nicht fertiggestellt werden konnten?

Der Turnaround-CIO sollte jedoch nicht eigenmächtig über die Durchführung, „Abspeckung" oder Verschiebung von Projekten mit IT-Bezug entscheiden, schon gar nicht, wenn Kundenanforderungen zugrunde liegen. Die Aufgabe des Turnaround-CIOs ist die Schaffung von Transparenz hinsichtlich der Projektsituation – verbunden mit Empfehlungen zur Behandlung dieser Vorhaben. Die Entscheidung hinsichtlich der Durchführung von derartigen Projekten obliegt jedoch einzig und allein dem Topmanagement oder besser noch einem Gremium unter dem Vorsitz des Topmanagements mit Vertretern der Geschäftseinheiten (siehe Kapitel 7.2.1).

Ebenfalls rückverweisen an eine derartige unternehmensweite Entscheidungsinstanz sollte der Turnaround-CIO diejenigen Projekte, die offensichtlich unzureichend aufgesetzt sind (z.B. fehlender Business Case, Projektanforderungen unvollständig formuliert, keine Bereitschaft oder Kapazität zur Mitarbeit im Projekt durch den Auftraggeber, kein Sponsor vorhanden, Missachtung von unternehmensweiten IT-Standards, Projektziel widersprüchlich zur Unternehmensstrategie usw.).

Kritisch zu hinterfragen sind auch alle Projekte, die IT-Pionierleistungen erfordern, d.h. nicht auf bewährten Standards oder ausgereiften Produkten und Services fußen, sondern technologisches Neuland, „halbgare" Lösungen oder andere IT-Experimente mit ungewissem Ausgang darstellen. Für derartige Risiken ist insbesondere in einer Krisensituation in aller Regel kein Platz. Oftmals müssen hierfür „IT-Freaks" im Unternehmen gebremst werden, innerhalb der IT aber zunehmend auch auf Anwenderseite.

Diese Vorgehensweise zur Projektkonsolidierung erfordert ausgeprägte Konfrontationsfähigkeit, Standing und Topmanagement-Unterstützung, ist jedoch im Rahmen der Stabilisierungsphase einer IT-Restrukturierung zwingend notwendig.

> **Aus der Praxis: Die Projekt-Notbremse**
>
> Kurz nach Amtsantritt als IT-Interim Manager ließen wir uns die laufenden und geplanten, d. h. bereits budgetierten Großprojekte mit IT-Bezug vorstellen. Bei einem der Projekte zeigten die anwesenden Mitarbeiter der IT-Architektur und der Anwendungsbetreuung großes Unbehagen. Es ging um die Einführung eines Softwareprodukts für die Angebotserstellung und -verfolgung im Vertriebsbereich mit einem geschätzten Projektvolumen für die Einführung von über einer Million Euro; der Lizenzvertrag lag unterschriftsreif vor, der Projektstart war für den nachfolgenden Monat bereits mit ersten Terminen geplant.
>
> Die Integration dieser Software hätte die ohnehin schon vielfältige Anwendungslandschaft mit SAP als Kernsystem und zahlreichen fachbereichsspezifischen Subsystemen noch weiter verkompliziert. Zudem waren keine Mitarbeiter mit entsprechenden Kenntnissen für Integration, Betrieb und Betreuung der Lösung vorhanden und Neueinstellungen auch nicht möglich. Auch galt die technische Basis der Wunschlösung als veraltet, zumindest jedoch nicht passend für die vorhandene IT-Infrastruktur. Der Fachbereich verteidigte das Projekt vehement, hatte er doch über ein Jahr für das Produkt gekämpft und war auch von der IT in der Vergangenheit nicht ausreichend unterstützt worden, sodass im „Selbsthilfeverfahren" das aus der Fachbereichsperspektive optimale Produkt ausgesucht und gefordert wurde.
>
> Nach Rücksprache mit dem für IT verantwortlichen Mitglied der Geschäftsführung legten wir ein „CIO-Veto" ein und stoppten das Projekt mit sofortiger Wirkung. Eine Weiterverfolgung hätte die IT-Restrukturierungsziele „Eindämmung der Komplexität" und „Einfangen der IT-Kosten" von Beginn an konterkariert. Dem Vertriebsbereich halfen wir stattdessen bei der Stabilisierung der verwendeten Behelfslösung. Die Suche nach einer sowohl fachlich akzeptablen als auch technisch gangbaren Lösung wurde sodann als gemeinsames Projekt von Fachbereich und IT neu aufgesetzt.

5.7 Einbindung der IT-Kunden in der Stabilisierungsphase

Möglichst rasch sollte der Turnaround-CIO in der Stabilisierungsphase auch den Kontakt bzw. die Kommunikation mit den IT-Kunden in den Fachbereichen aufnehmen. Dabei empfiehlt sich die Umsetzung folgender Punkte:

- Erwartungen der IT-Kunden aufnehmen und abgleichen,
- Unterstützung nach dem Motto: „Soforthilfe ja, Selbsthilfe nein",
- Input des Business reflektieren,

- Intensive Kommunikation pflegen („Overcommunicate") und
- Vorsicht mit Ankündigungen, Andeutungen und Versprechungen walten lassen.

Erwartungen der IT-Kunden aufnehmen und abgleichen

Die Kommunikation mit den IT-Hauptkunden aus dem Business sollte für den Turnaround-CIO eine laufende Übung sein. Hierbei kommt es darauf an, dass die IT-Auftraggeberseite erkennt, dass der CIO seine Mission und die Anforderungen des Business verstanden hat – gleichzeitig aber auch die Stoßrichtung der laufenden IT-Restrukturierung erklärt. Der CIO nimmt aus diesen Meetings idealerweise die Sicht der Fachbereiche hinsichtlich der Leistungsfähigkeit der IT mit, differenziert nach Stärken und Schwächen. Man sollte sich auf diese Treffen vorbereiten (z.B. laufende und geplante Projekte, Kernanwendungen), jedoch auch offen für neue Vorschläge sein und aktiv innovative IT-Einsatzmöglichkeiten diskutieren. Wichtig ist hier, möglichst eine persönliche Beziehung herzustellen, um unter anderem die inoffiziellen Strukturen und das Machtgefüge im Unternehmen zu verstehen sowie die Grundlage für eine professionelle Kunden-Lieferanten-Beziehung herzustellen.

Soforthilfe ja, Selbsthilfe nein

Üblicherweise erfolgt bei erstmaligen Treffen mit den verschiedenen Business-Bereichen eine Konfrontation mit besonders dringenden Anforderungen oder akuten IT-Problemen. Bei nachvollziehbarer Dringlichkeit und überschaubarem Aufwand sollte pragmatische Hilfe angeboten werden, entweder durch eigene Mitarbeiter oder durch externe Dienstleister. Entscheidend ist, dass diese Hilfe durch die IT koordiniert wird. Ziehen diese Anforderungen jedoch umfangreiche Änderungen oder Ergänzungen der Unternehmens-IT nach sich, so ist es ratsam, keine Versprechungen zu machen, sondern auf zentrale Gremien zu verweisen, die für die Freigabe von IT-Mitteln unternehmensweit zuständig sind.

IT-Selbsthilfemaßnahmen jedoch, d.h. die unkoordinierte, dezentrale Beschaffung von IT-Komponenten sowie die Wahrnehmung von originären IT-Aufgaben (z.B. Betrieb von Systemen, Softwareentwicklungen) durch die IT-Kunden, sollten eingedämmt werden, da sie in aller Regel die Stoßrichtungen einer IT-Restrukturierung fundamental unterlaufen. Darunter fallen z.B. auch die weitverbreiteten makroprogrammierten Spreadsheet-Anwendungen, die nicht völlig stand-alone betrieben werden, d.h. ohne Datenübernahme von bzw. Datenübergabe an Systeme der Unternehmens-IT bei der Durchführung von Geschäftsprozessen (Datenintegrität).

Auch im Cloud-Zeitalter führt Selbstbedienung in der IT in aller Regel zu gravierenden Problemen bei der Datenintegrität (Verknüpfung der Daten aus Fremdsystemen mit denen der unternehmensweiten IT) sowie weiter aus dem Ruder laufenden IT-Kosten und insgesamt erhöhter Komplexität. Zudem ergeben sich zumeist zusätzliche Risiken im Bereich der Datensicherheit (z. B. Verlust von Daten) und des Datenschutzes (z. B. unzureichender Schutz von Unternehmens- oder Personendaten). Solange keine verbindlichen Regeln für den Umgang mit der „Schatten-IT" im Unternehmen existieren, sollte sich ein Turnaround-CIO zunächst restriktiv verhalten, bis entsprechende Richtlinien der IT-Governance erarbeitet sind (siehe Kapitel 7.2.3). Zur Not sind geplante Alleingänge von „IT-Selbsthilfegruppen" mit Unterstützung der Geschäftsführung zu unterbinden.

Input des Business reflektieren

Dann sollten die Erkenntnisse aus den Gesprächen mit den IT-Kunden mit den eigenen Mitarbeitern besprochen werden. Hierbei sind verschiedene Runden sinnvoll (z. B. Kernanwendungen, Infrastruktur, Prozesse und Richtlinien). Ziel ist es, alle Probleme auf den Tisch zu bekommen. Der tatsächliche IT-Status liegt in der Regel irgendwo zwischen der oft überkritischen Sicht des Business Managements und der überoptimistischen bzw. sorglosen Sicht der IT-Mitarbeiter. In jedem Fall müssen diese Runden genutzt werden um einen Konsens hinsichtlich der IT-Problembereiche und entsprechenden Handlungsfeldern herzustellen.

„Overcommunicate"

Daten und Fakten, Reports und Charts sind hilfreich bei der Bestandsaufnahme und der Dokumentation des Status quo in der Stabilisierungsphase. Noch wichtiger sind aber die Kommunikation und das Herstellen einer Vertrauensbasis mit den Menschen, die mit der IT unmittelbar in Berührung sind, sowohl innerhalb, als auch außerhalb des IT-Bereichs. Hier erfährt man Zusammenhänge, scheinbar Nebensächliches und zahlreiche wertvolle Hinweise auf die zugrunde liegenden Ursachen der IT-Defizite und -Bedrohungen.

Nachdem zahlreiche Gespräche geführt wurden und die ersten formellen und informellen Beziehungen geknüpft wurden, sollte diese Art der Kommunikation unbedingt zu einem festen Bestandteil der CIO-Arbeit werden. Regelmäßige Kommunikation ist ein „Must" – also eine CIO-Kernaufgabe.

Diese Vertrauensbasis ist auch für das „Testen" von Ideen für Verbesserungsmaßnahmen unersetzlich. Viele Strategien scheitern in der Realität an politischen Rahmenbedingungen oder informationstechnischen Restriktionen. Die vertrauensvolle Diskussion von Hypothesen und Verbesserungsideen *vor* Beginn der Umsetzung mit ausgewählten Personen im Unternehmen kann Fehlschläge vermeiden helfen oder sogar zu anderen, besser geeigneten Ansätzen führen.

In welcher Form die Kommunikation erfolgt, entspricht dem persönlichen Stil des (neuen) CIOs und den Gepflogenheiten im Unternehmen: E-Mail oder Voice-Mail, eine handschriftliche Notiz auf einem Projektstatusblatt für den Fachbereich, Meldungen im Intranet des Unternehmens, sogenannte „Town Hall Meetings" in verschiedenen Standorten, Telefonkonferenzen und Webcasts – alles eine Frage des persönlichen Stils und des jeweiligen Anlasses. Auch wenn es vielleicht selbstverständlich erscheint: Die Bedeutung der Kommunikation, gerade in der IT, kann nicht genug hervorgehoben werden (und wird zu oft insbesondere von „IT'lern" sträflich vernachlässigt).

Essenziell ist nicht der Kommunikationskanal, sondern die Botschaft („Message"), die vermittelt wird: Warum ist die laufende IT-Restrukturierung unumgänglich? Welche Defizite sollen wie bekämpft werden? Was ist die Zielsetzung der IT-Restrukturierung? Wie profitiert das Gesamtunternehmen von der Gesundung der IT? (siehe Kapitel 8.2).

> **Aus der Praxis: Formal alles richtig gemacht, aber ...**
>
> Im Rahmen einer paneuropäischen Post Merger Integration von drei Service-Unternehmen wurde einem der vorhandenen CIOs die IT-Verantwortung für das neu entstehende Unternehmen übertragen. Kurz nach Amtsantritt war Sand im (IT-)Getriebe: Obwohl IT-Vorhaben formal richtig vorgestellt und beschlossen wurden, hatte es der neue CIO versäumt, sowohl „hinter den Kulissen" als auch mit den neuen Stakeholdern informell bzw. persönlich zu kommunizieren und stattdessen auf seine bisherigen Berichtswege beharrt – ein Versäumnis in der ohnehin politisch brisanten Merger-Situation. Insbesondere die IT-Mitarbeiter und -Manager in den dezentralen Gesellschaften fühlten sich übergangen, verunsichert und „außen vor" gelassen. Die Folge waren Irritationen und Misstöne im Umgang mit der IT sowie vermeidbare Vertrauensprobleme und Verzögerungen gleich zum Beginn der Amtszeit.

Vorsicht mit Ankündigungen, Andeutungen und Versprechungen

Der Turnaround-CIO tut in der ersten Phase des Umbaus gut daran, einen chaotischen IT-Bereich im Sinne der Stoßrichtung der IT-Restrukturierung zu stabilisieren und klar und offen zu kommunizieren, beispielsweise hinsichtlich der vorliegenden Defizite und Risiken. Zurückhaltung ist jedoch bei Ankündigungen und Andeutungen geboten, deren Umsetzung weder wirksam im Unternehmen beschlossen noch zu Ende gedacht ist. Dies gilt insbesondere für Überlegungen hinsichtlich denkbarer Outsourcing-Vorhaben, eventueller Personalmaßnahmen oder der möglichen Ablösung von bestehenden Systemen. IT-Mitarbeiter und Anwender sind hinsichtlich derartiger Gerüchte äußerst sensibel, gerade zu Beginn eines Turnarounds und wenn eventuell noch ein „Neuer" an der Spitze der IT steht. Ein stabilisierter Bereich neigt im Nu wieder zu Chaos und Unprofessionalität, sobald im „Flurfunk" unausgegorene Pläne die Runde machen.

Ähnliches gilt für Zusagen: Versprechen inhaltlicher oder terminlicher Art sollten durch die IT bzw. den Turnaround-CIO tunlichst eingehalten werden, um nicht Glaubwürdigkeit und Vertrauen zu beschädigen. Zu oft wurden Kunden im Zuge von IT-Krisen durch die Nichteinhaltung von Terminen oder die Nichtlieferung von versprochenen Leistungen enttäuscht. Der Turnaround-CIO sollte hingegen Zuverlässigkeit beweisen. Im Zweifelsfall fährt man deshalb mit dem Motto *„underpromise and overdeliver"* besser.

■ 5.8 Stabilisierungsmaßnahmen und Quick Hits umsetzen

Die umfangreichsten Änderungen im Rahmen einer IT-Restrukturierung finden in der Phase der strategischen Neuausrichtung (siehe Kapitel 6) oder sogar danach statt. Aber auch in der Stabilisierungsphase sollte man den Analyseergebnissen kurzfristig Taten folgen lassen, nicht nur bei der Bekämpfung der akuten Risiken. Folgende Maßnahmenbündel sind dabei denkbar:

- die Implementierung von wesentlichen fundamentalen „Spielregeln" für die Neuausrichtung (IT-Governance),
- die Etablierung von grundlegenden Kennziffern zur Dokumentation des IT-Gesundheitszustands,
- die Umsetzung von kurzfristig wirksamen Verbesserungen (Quick Hits).

Grundlagen der IT-Governance implementieren

Im Rahmen des IT-Turnarounds ist stets auch ein Blick auf die vorhandene IT-Governance erforderlich. Unter „IT-Governance" werden Grundsätze und Vorgehensweisen verstanden, die sicherstellen sollen, dass die IT im Unternehmen bei verantwortungsvollem Einsatz der Ressourcen und angemessener Überwachung der Risiken zielführend eingesetzt wird (siehe Kapitel 7.2).

In der Stabilisierungsphase geht es nicht darum, die vorhandene IT-Governance zu perfektionieren. Vielmehr ist zunächst die Existenz von fundamentalen Regeln und Strukturen zu überprüfen. Es sollte sichergestellt sein, dass Verfahren und Strukturen existieren, die mit den Zielen des Turnarounds im Einklang sind. Erforderlich sind einfache und klare Grundsätze und Regeln, die auch im Unternehmen implementiert sind, also „gelebt" werden.

> ❗ Ohne die entsprechenden Rahmenbedingungen der IT-Governance ist ein erfolgreicher IT-Turnaround kaum möglich.

Folgende Grundsätze haben sich für eine erfolgreiche IT-Restrukturierung als förderlich erwiesen, sind jedoch je nach Unternehmenssituation und internen Rahmenbedingungen anzupassen:

- Insbesondere in der Stabilisierungsphase besteht *Vorrang der IT-Restrukturierungsarbeit* gegenüber den bisher geltenden Paradigmen der IT-Ausrichtung, d. h. die bisherigen Prinzipien und Handlungsfelder der IT-Strategie treten in den Hintergrund (siehe Kapitel 4.3.2).
- Die Entscheidung, ob ein IT-Vorhaben im Unternehmen durchgeführt wird oder nicht liegt weder auf der IT-Anbieterseite (CIO, IT-Leiter, IT-Management) noch auf der Kundenseite (Business Units, Fachbereiche, Anwender). *Entscheidungen über die Durchführung von Projekten mit IT-Bezug* erfolgen ausschließlich unter Mitwirkung eines zentralen IT-Steuerungsgremiums und auf Basis eines einheitlichen, verpflichtenden Business Case mit definierten Bestandteilen (insbesondere Kosten-, Nutzen- und Risikobetrachtung). In der Praxis werden aus pragmatischen Gründen häufig Volumengrenzen verwendet, ab derer Entscheidungen nicht mehr dezentral möglich sind (Das IT-Steuerungsgremium wird auch häufig als IT-Lenkungskreis, -Steering Committee, -Ausschuss, -Board etc. bezeichnet; ein entsprechender Gestaltungsvorschlag findet sich in Kapitel 7.2).

Ist kein derartiges Gremium vorhanden, nicht effektiv oder aus politischen Gründen kurzfristig nicht implementierbar, so liegt das Entscheidungsrecht bei der Geschäftsführung des Unternehmens, in der Regel repräsentiert durch das Mitglied, das für die IT verantwortlich ist. Folgende „Spielregeln" sind denkbar:

- Die fachliche Entscheidungshoheit hinsichtlich verbindlicher *Hard- und Softwarestandards* im Unternehmen liegt beim CIO. Der CIO sollte dementsprechend ein Vetorecht hinsichtlich der im Unternehmen eingesetzten IT-Produkte erhalten.
- Es existiert eine klare, weitgehend marktoffene *Auftragnehmer-/Auftraggeber-Beziehung*. Der dezentrale Einsatz von externen IT-Dienstleistern sowie der dezentrale Erwerb von IT-Komponenten bedarf der Zustimmung des CIO und wird zentral koordiniert. Zudem existieren zumindest für die wichtigsten IT-Services eindeutige Leistungsbeschreibungen (SLA, Service Level Agreements).
- Die *Beschaffung* von IT-Produkten und -Dienstleistungen erfolgt unter der fachlichen Leitung der IT mit Einbeziehung des Unternehmenseinkaufs und der anfordernden Fachbereiche; das IT-Vertragswesen ist dementsprechend möglichst zentralisiert und vollständig in der IT oder im Zentraleinkauf angesiedelt.
- Es existieren klare Regelungen für die *Budgetverantwortung* zwischen IT und Fachbereichen. Die Genehmigung des IT-Budgets obliegt dem Topmanagement bzw. einem unternehmensweiten Gremium. Zudem erfolgt eine nachvollziehbare und möglichst vollständige Verrechnung der IT-Kosten auf die Kostenverursacher (IT-Kunden) auf Basis von bestehenden SLAs.

- Für die *fundamentalen Prozesse* zwischen IT und IT-Kunden existieren klare Bestimmungen (z. B. Anforderungsmanagement, Kostenverrechnung, Projektdurchführung).
- *Projekte der Fachbereiche mit IT-Bezug* sollten in der Regel auch durch den Kunden verantwortet werden sowie mit ausreichenden internen Mitarbeiterkapazitäten des Kunden ausgestattet sein, z. B. für Anforderungsdefinition, Test und Abnahme. Änderungen des Projektumfangs sollten nur in Ausnahmen erfolgen; eine entsprechende Genehmigung durch den Projekt-Lenkungsausschuss ist obligatorisch. Die IT ist sowohl bei interner oder externer Durchführung von Projekte mit IT-Bezug in der technischen Steuerungs- und Koordinierungsverantwortung.
- Die *Transparenz* hinsichtlich des Projektportfolios, des Ressourcenverbrauchs und der aktuellen Auslastung ist durch die IT permanent zu gewährleisten.

Defizite und Versäumnisse bei essenziellen IT-Governance-Rahmenbedingungen müssen möglichst schnell korrigiert werden. Hierbei fällt in der Praxis insbesondere dem Topmanagement wieder eine wichtige Unterstützungsfunktion zu.

Den Gesundheitszustand der IT dokumentieren

Eine weitere Aufgabe für den Turnaround-CIO ist die Identifikation relevanter Kennzahlen, idealerweise in Abstimmung mit den IT-Stakeholdern. Primäres Ziel von Kennzahlen ist die Dokumentation kritischer Erfolgsfaktoren der Zielerreichung, und zwar in komprimierter und übersichtlicher Form. Sofern bereits derartige Kennzahlen (KPIs, Key Performance Indicators) existieren, sollten diese hinsichtlich Einfachheit, Aussagekraft, Erfassungsaufwand und Akzeptanz hinterfragt werden. Grundlegende KPIs werden durch die Stoßrichtung der IT-Restrukturierung determiniert und können z. B. sein:

- *Risiko-Kennziffern*, wie z. B. Systemverfügbarkeit, Antwortzeiten bzw. ungeplante Ausfälle von unternehmenskritischen Systemen (gekennzeichnet durch eine End-to-End-Sicht, d. h. ein System gilt als ausgefallen, wenn der Endanwender nicht arbeiten kann, unabhängig von den technischen Komponenten, die letztendlich für den Ausfall verantwortlich waren),
- *Finanz-Kennzahlen* (z. B. Budgetverbrauch, Kostenvergleich Plan-Ist, Forecast, interne Leistungsverrechnung, ausgewählte Stückkosten),
- *Komplexitäts-Kennzahlen* (z. B. Anzahl der Anwendungen, Schnittstellen, Plattformen.),
- *Kunden-Kennzahlen* (z. B. Anzahl der gleichzeitig durchgeführten Projekte, Zufriedenheit der Kunden mit dem Projektverlauf, Zufriedenheit mit dem Projektergebnis, jeweils gewichtet mit der Projektgröße),
- *Innovations-Kennzahlen* (z. B. verwendete IT-Mitarbeiterkapazität für Neuentwicklungen bzw. Innovationen im Vergleich zu allen anderen IT-Aufgaben),

- *Projekt-KPI* (z. B. gewichtetes Mittel aller rechtzeitig fertiggestellten Projekte, Fertigstellungsgrad, Budgetverbrauch in Abhängigkeit vom Fertigstellungsgrad).

Oft fallen Kennzahlensysteme durch hohen Detaillierungsgrad und Scheingenauigkeit auf. Zudem sind sie selten auf Topmanagement-Niveau aufbereitet, somit also für Fachfremde schwer verständlich. Demzufolge sollten die KPIs in der turbulenten Stabilisierungsphase situationsgerecht auf ein Minimum beschränkt und empfängergerecht aufbereitet werden. Die Implementierung von umfangreichen Balanced Scorecard-Modellen empfiehlt sich gegebenenfalls vielleicht zu einem späteren Zeitpunkt. In der Stabilisierungsphase sollte die kurzfristige und pragmatische Verbesserung der Transparenz ein wichtiger Schritt sein. Ziel ist die Dokumentation der IT-Leistungsfähigkeit und – in einer Krise noch wichtiger – dem Gesundheitszustand der IT.

Benchmarking nutzen

Die Verwendung von Benchmark-Daten der einschlägigen IT-Marktforschungsunternehmen kann ein geeignetes Mittel sein, um Diskussionen über die tatsächliche Kosteneffizienz von IT-Bereichen zu versachlichen. Oftmals aufschlussreich sind die Gegenüberstellung von Branchendurchschnittswerten mit den Werten des eigenen Unternehmens, beispielsweise bei den Kennziffern IT-Kosten im Verhältnis zum Umsatz, Anzahl der IT-Mitarbeiter im Verhältnis zur Gesamtzahl der Mitarbeiter, Aufteilung der IT-Ausgaben auf Ausgabenkategorien (z. B. Wartung gegenüber Neuentwicklung) usw.

Ferner existieren detaillierte Benchmark-Daten für den Vergleich der Preise für spezifische IT-Dienstleistungen. Diese ermöglichen eine faktenbasierte Orientierung hinsichtlich der eigenen Ausgaben für eingekaufte IT-Services. IT-Services umfassen Dienstleistungen von spezialisierten Unternehmen für die Bereiche Plan, Build und Run, also z. B. IT-Consulting. IT-Engineering (u.a Konzeption und Umsetzung der IT-Architektur) und Betrieb (u. a. Betreuung von Servern, Bereitstellung von Mitarbeitern, Management der dezentralen Client-Hard- und Software).

Die Beschaffung von externen Benchmark-Daten von professionellen Anbietern ist mitunter recht teuer und die Daten sind nicht immer gut mit der eigenen Situation vergleichbar. Günstiger sind meist – sofern verfügbar – interne Benchmark-Daten, die auf einen Vergleich von Konzerntöchtern oder anderen Organisationseinheiten innerhalb einer Unternehmensgruppe abzielen.

Benchmarking umfasst jedoch nicht nur den Vergleich von Kennzahlen. Aufschlussreicher ist oft der Blick über den Tellerrand auf die Nutzung der IT bei anderen Unternehmen in der Branche. Welche Prioritäten in der IT sind dort gesetzt worden? Welche wichtigen Projekte laufen? Welche IT-Branchenstandards bilden sich heraus? Welche Fehler wurden eventuell in der IT begangen? Welche Schlüsseltechnologien in der IT werden eingesetzt?

Quick Hits nicht überschätzen

Quick Hits, also die Realisierung von kurzfristig wirksamen Verbesserungen der Situation, sind in der Stabilisierungsphase das „Salz in Suppe". Sie belegen, dass „etwas geht", dass Änderungen zum Guten möglich sind, und dass in der IT noch positive Resultate erzielt werden können.

Die Grundursachen von IT-Krisen sind allerdings in den seltensten Fällen allein durch Quick Hits auszumerzen. Vielmehr sind grundlegende Änderungen der IT-Ausrichtung im Unternehmen erforderlich, die auch in der Regel längere Umsetzungszeiträume mit sich bringen. Dies sollte bei aller Euphorie bedacht werden. Das Abbrennen von Strohfeuern und die Flucht in Aktionismus werden bei den Stakeholdern einer IT-Restrukturierung schnell als solche erkannt. Relativ einfach sind beispielsweise Einsparungen bei noch nicht begonnen IT-Vorhaben zu realisieren. Streichungen, etwa von IT-Ersatzinvestitionen für das laufende Budgetjahr, die dann unweigerlich im nächsten Jahr kommen, vielleicht dann noch zu höheren Kosten, sind allenfalls noch im Rahmen von Liquiditätsmaßnahmen während einer akuten Unternehmenskrise vertretbar. Nachhaltige Kostensenkungen und eine Neuausrichtung einer kriselnden IT erfordern weitreichendere Maßnahmen – entsprechende Handlungsfelder sind in Kapitel 6 beschrieben.

Dennoch sollte in der Stabilisierungsphase neben der Identifikation von akuten Risiken auch die Umsetzung von kurzfristig wirksamen Verbesserungen angegangen werden. Diese sind von Unternehmen zu Unternehmen bzw. Situation zu Situation verschieden und können beispielsweise folgende Maßnahmen enthalten, die oftmals schnell und mit begrenztem Aufwand umgesetzt werden können:

- Schaffung von *Transparenz* hinsichtlich der verfügbaren IT-Kapazität und der aktuellen Finanzsituation,
- *Kostensenkung bzw. Eindämmung der Budgetüberschreitung*, z. B. durch Reduzierung der Anzahl der *externen Mitarbeiter*,
- einvernehmliche *Reduzierung von Projekt-Leistungsumfängen* (Scopes),
- Einschaltung des Zentraleinkaufs des Unternehmens und *Nachverhandlung* eines Vertrags mit einem IT-Dienstleister, der eine signifikante Verbesserung des Preis-Leistungs-Verhältnisses bedeutet,
- *Reduzierung der Serviceintensität* einer eingekauften Leistung durch Anpassung der SLA,
- *Abschaltung* von nicht oder kaum genutzten Systemen bzw. Rückgabe von nicht genutzten Lizenzen und Nachverhandlung der entsprechenden Verträge,
- *Vereinfachung* eines wichtigen Prozesses an der Schnittstelle von IT und Kunden, z. B. Eliminierung von überflüssigen Prozessschritten beim Anforderungsmanagement durch die Reduzierung der Eingangskanäle auf wenige zentrale Personen in der IT,

- *Halten* von wichtigen und abwanderungswilligen Mitarbeitern,
- *Trennung* von einzelnen leistungsunwilligen Mitarbeitern,
- *Eliminierung von problematischen Projekten,* die der Stoßrichtung der Restrukturierung entgegenlaufen oder nicht die notwendigen Umsetzungsvoraussetzungen aufweisen,
- *Einfädelung eines kleineren Cloud- bzw. Outsourcing-Deals* als Resultat einer Make-or-Buy-Analyse anstatt der Durchführung einer Eigenentwicklung.

Oftmals werden durch die Stakeholder der IT-Restrukturierung zahlreiche Maßnahmen aufgeworfen, die der Turnaround-CIO hinsichtlich Realisierungsaufwand und Verbesserungs-Wirkung (Effekt) bewerten sollte. Vorrang ist den Vorhaben zu gewähren, die bei möglichst geringem Aufwand eine möglichst große Wirkung versprechen. Hierfür kann eine grafische Darstellung (siehe Bild 5.5) hilfreich sein.

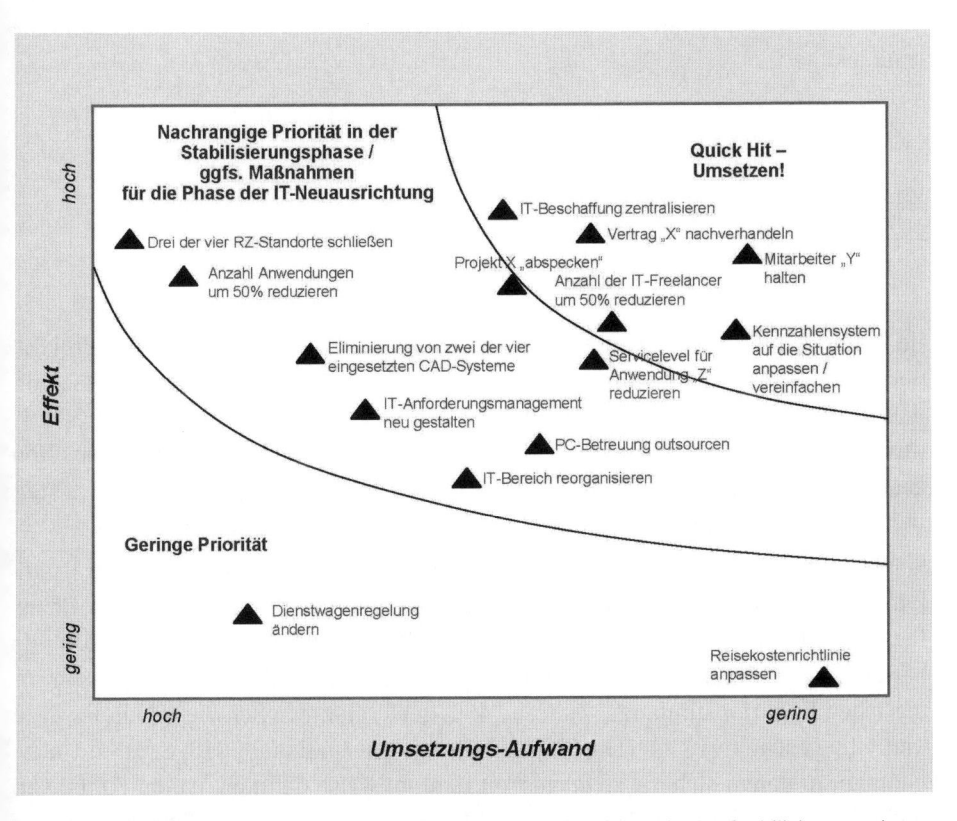

Bild 5.5 Darstellungsmöglichkeit für die Bewertung von Quick Hits in der Stabilisierungsphase (schematisches Beispiel)

Die IT-Marschrichtung innerhalb der ersten Wochen klar erkennen lassen

Es ist für einen Turnaround-CIO kaum möglich, innerhalb der ersten Wochen eine ausgefeilte Strategie für die IT-Restrukturierung vorlegen zu können. Das wird auch nicht erwartet. Allerdings sollte die Stabilisierung des Bereichs in Arbeit sein, die wesentlichen Risiko-Knackpunkte im Fokus sein und die Marschrichtung der IT-Restrukturierung bereits klar erkennbar und idealerweise mit dem Business und dem Topmanagement abgestimmt sein. Auf dieser Basis kann dann in den nachfolgenden Monaten die Ausarbeitung des Umbauplans in Angriff genommen werden.

Mit zielgerichteten Analysen gemäß den vorgestellten Schwerpunkten, klarer Priorisierung der Maßnahmen und intensiver Kommunikation gelingt es, bereits innerhalb der ersten Wochen wesentliche IT-Weichenstellungen vorzunehmen. Damit kann der neue CIO klare Signale setzen, seine Glaubwürdigkeit beweisen und die Akzeptanz sowohl innerhalb seines eigenen Teams als auch auf der IT-Kundenseite festigen.

■ 5.9 Exkurs: Turnaround von Projekten mit IT-Bezug

Im Rahmen der Stabilisierungsphase ist regelmäßig eine Ausdünnung des Projektportfolios erforderlich (siehe Kapitel 5.6). Projekte, die einer betriebswirtschaftlichen Überprüfung nicht standhalten oder mit der Stoßrichtung der IT-Restrukturierung nicht vereinbar sind, sollten bei einem IT-Turnaround zur Disposition gestellt werden. Wie ist jedoch mit den Projekten zu verfahren, die für das Unternehmen wichtig sind, sich aber in einer Schieflage befinden?

Schieflagen von Projekten mit IT-Bezug sind sehr häufig: Schenkt man den Resultaten der Langzeitstudie des IT-Beratungsunternehmens Standish Group („Chaos Report") Glauben, so waren 2012 nur 39 % aller IT-Projekte erfolgreich, d. h. sie bewegten sich innerhalb des geplanten Zeit- und Kostenrahmens sowie des erforderlichen Funktionsumfangs, während 43 % der Projekte in Schwierigkeiten waren und 18 % gescheitert sind (The Standish Group International 2013, S. 5). In Unternehmen, in denen sich die IT insgesamt in einer Krise befindet, ist der Anteil von notleidenden Projekten erfahrungsgemäß sogar noch höher. Aus diesem Grund ist es bei IT-Restrukturierungen häufig erforderlich, aus dem Ruder gelaufene Projekte zu „drehen" oder, wenn notwendig, zu stoppen.

> [!] Erfahrungsgemäß befinden sich in problematischen IT-Bereichen viele Projekte im Status „Melone": außen grün und innen rot.

Für den Projekt-Turnaround kann eine ähnlich generische Vorgehensweise zur Anwendung kommen wie sie auch für die IT-Restrukturierung empfehlenswert ist (siehe Kapitel 3.2): Auf Basis einer fundierten Situationsanalyse ist zunächst ein Krisenzustand festzustellen sowie eine entsprechende Behandlung des Projekts einzuleiten. Es schließt sich eine Stabilisierungsphase an, die einerseits die handelnden Personen beruhigen und die existierenden Spannungen versachlichen sollte, andererseits aber auch die Zielsetzung, Projektressourcen und die Ursachen der Projektkrise unter die Lupe nimmt. In der anschließenden Phase der Projektneuausrichtung werden dann die Optionen für die Weiterbehandlung des Projekts evaluiert. Im Gegensatz zu IT-Restrukturierungen, bei denen der IT-Betrieb in jedem Fall weitergeführt werden muss, kann eine Option der Projektevaluation auch ein Ausstieg bzw. eine Beendigung des Projekts sein. Sofern das Projekt weitergeführt wird, sind in aller Regel Anpassungen des Budgets, des Zeitplans und/oder des Funktionsumfangs erforderlich. Daran schließt sich der Relaunch des Projekts an (siehe Bild 5.6).

1 Projektkrise erkennen und handeln	2 Projekt-stabilisierungs-Phase	3 Projekt-Evaluation / ggfs. -Neuausrichtung	4 Projekt-Governance Rahmen schaffen	5 Ggfs. Relaunch-Phase

• Projektschieflage erkennen
• Konsens über Handlungsnotwendigkeit bei den Projekt-Stakeholdern herstellen
• Projekt-Turnaround einleiten
• Beauftragung eines geeigneten Turnaround-Managers (amtierender Projektmanager oder Neubesetzung)
	• Situationsanalyse durchführen
	  - Ursachenanalyse
	  - Projekt-Assets (Team, Ergebnisse, Verfahren, Prozesse, Gremien)
	  - Projektplan und -finanzierung
	• Akute Projekt-Risiken identifizieren und managen
	• Notwendige Sofort-Maßnahmen durchführen
	• ...
		• Überprüfung der Projektzielsetzung
		• Identifikation von Optionen
		  - Anpassung der Ressourcen (vor allem Zeit und Geld)
		  - De-Scoping / Anpassung des Funktionsumfangs
		  - Exit
		• Business Case anpassen bzw. neu entwerfen
		• Entscheidung über Neuausrichtung
			• Grundlagen der Projekt-Governance überprüfen / implementieren (z.B. Lenkungsausschuss, Change Request Management, Ressourcenplanung)
			• Prozesse und Strukturen zwischen Auftragnehmer und Auftraggeber sowie innerhalb des Projektes optimieren
			• Moderation, Unterstützung bei der Entscheidungsfindung
				• Projekt-Relaunch sofern kein Einstellen / Exit beschlossen wurde
				• Kontinuierliches Beobachtung der Projekt-Gesundheit
				• Rechtzeitiges Gegensteuern bei Krisenanzeichen

• Change-Management
• Projekt-Stakeholder-Management
• Kommunikation

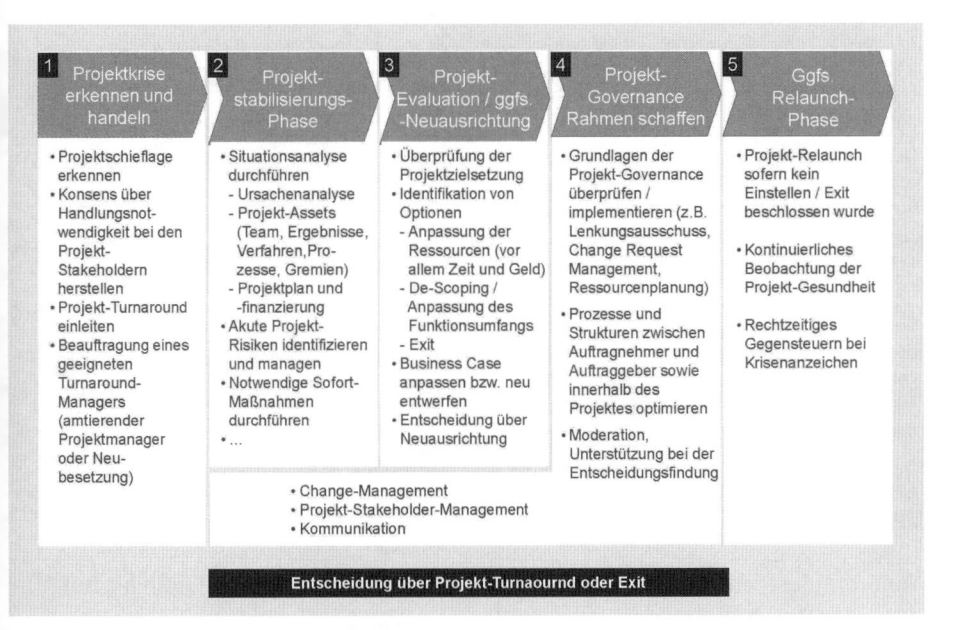

Entscheidung über Projekt-Turnaournd oder Exit

Bild 5.6 Phasen des Projekt-Turnarounds

Vorgehensweise beim Projekt-Turnaround

1. IT-Projektkrise erkennen und handeln

Zunächst stehen wie beim IT-Turnaround das Erkennen einer Projektkrise und entsprechende Handlungen im Vordergrund. Dazu gehört ein Eingestehen der Projektbeteiligten, dass sich das Projekt in der Schieflage befindet und dass Handlungsbedarf besteht. Die Beurteilung, ob ein Projekt in einer Schieflage steckt, muss immer situativ erfolgen. John M. Smith nennt die in Tabelle 5.2 dargestellte Indizien, die auf gefährdete Projekte mit IT-Bezug hinweisen können und einen brauchbaren Katalog von Anhaltspunkten darstellen (in Anlehnung an Smith 2001, S. 8).

Tabelle 5.2 Checkliste gefährdete Projekte mit IT-Bezug

Projekt-Sachverhalt	Nicht zu erwarten	Mit hoher Wahrscheinlichkeit zu erwarten	Bereits eingetreten
Die voraussichtliche Projektlaufzeit wird um mehr als 50 % überschritten (einvernehmlich durchgeführte Änderung nicht eingerechnet)			
Die voraussichtlichen Projektkosten werden um mehr als 35 % überschritten (ausschließlich einvernehmlich beschlossenen Erweiterungen des Funktionsumfangs)			
Der Auftraggeber ist mit dem vorliegenden Projektergebnis so unzufrieden, dass die Fortführung des Projekts in Frage gestellt wird bzw. die Zahlungen und Abnahmen verweigert werden			
Der Auftraggeber zeigt kein ausreichendes Interesse am Projekterfolg (z. B. keine Übernahme von Aufgaben im Projekt, einseitige Schuldzuweisungen, destruktive Einstellung, mangelnde Teilnahme in Projektgremien)			
Das Projekt verfehlt in erheblichem Umfang die Zielsetzung da es z. B. für die Unterstützung eines bestimmten Geschäftsprozesses nicht (mehr) geeignet ist oder den erwarteten Nutzen nicht erbringt (z. B. Verfehlen von Kosteneinsparungen oder anderen Prämissen des Business Plans)			
Das Projekt übervorteilt eine Seite unangemessen (z. B. als unakzeptabel wahrgenommene Projektbudgets oder Zeitpläne)			

Wenn mindestens eines der aufgeführten Anzeichen bereits vorliegt oder mit signifikanter Wahrscheinlichkeit eintritt, liegt die Vermutung nahe, dass sich ein Projekt mit IT-Bezug in einer Krise befindet und entsprechenden Handlungsbedarf aufweist. Dieser Handlungsbedarf sollte stets auf einem Konsens der Projekt-Stakeholder beruhen. Es ist ein Projektkrisenmanager oder eine Taskforce zu benennen, die mit einer fundierten Situationsanalyse, der Identifikation und Evaluation von Handlungsmöglichkeiten und gegebenenfalls mit der Durchführung des Projekt-Turnarounds zu beauftragen ist.

2. Projekt-Stabilisierungsphase

In der Projektstabilisierungsphase geht es häufig darum, die Wogen im Projekt zu glätten und eine oftmals emotional aufgeheizte Situation zu versachlichen. Dazu ist zunächst eine Situationsanalyse durchzuführen, die folgende Aspekte umfassen sollte:

- Analyse der Grundursachen *("root causes")* für die Projektschieflage: Die Gründe für kriselnde Projekte können mannigfaltig sein. Oft liegt wie bei IT-Krisen ein Cocktail verschieden stark ausgeprägter Gründe vor (siehe Bild 5.7).
- Analyse der Projektergebnisse und der vorhandenen Projekt-Assets (Aufteilung der Projektergebnisse in brauchbare, überarbeitungsbedürftige oder unbrauchbare Projektergebnisse, Grad der Fertigstellung sowie Analyse der vorhandenen Fähigkeiten, Verfügbarkeiten, Eignung und Motivation der Projektbeteiligten).
- Analyse der Projektfinanzierung und Abschätzung der notwendigen Kosten bis zur Fertigstellung unter den gegebenen Bedingungen.
- Durchführung einer SWOT-Analyse des Projekts (Stärken, Schwächen, Chancen, Risiken).
- Identifikation von Sofortmaßnahmen, die zur Stabilisierung des Projekts erforderlich sind.

Projekt-Governance	Projekt-Zielsetzung	Projekt-Initiierung
• Keine klare Aufteilung in Auftragnehmer- und Auftraggeber-Aufgaben, -Rollen und -Verantwortlichkeiten • Fehlende handlungs- und entscheidungsfähige Gremien • Unkoordinierte Behandlung von Änderungswünschen (Change Request Management) • Unzureichende Projekttransparenz, fehlendes Projekt-Controlling u. Risikomanagement	• Projekt basiert auf unsicheren Annahmen und / oder auf einem unrealistischen Business Case • Keine klaren Projektziele, Nutzenerwartungen und Erfolgskriterien vorhanden • Unrealistische Zeitplanung • Unrealistische Kostenplanung • Restriktionen nicht beachtet (z.B. technische, politische) • Projekt zu groß / zu hohe Komplexität / „Mission impossible"	• Unrealistische Zusagen bzw. Unterschätzung des Auftragnehmers hinsichtlich Projektkosten, Zeitplan, Ressourcen oder Fähigkeiten • Unzureichende Spezifizierung der Anforderungen • Unzureichende Projektmanagement-Methodik • Fehlende Ownership beim Kunden bzw. fehlende Top Management-Unterstützung

System-Design	System-Entwicklung	System-Implementierung
• Kein „Redaktionsschluss", laufende Nachreichung von Änderungswünschen, Moving Targets • Starres Design statt agiler Methoden • Unzureichende Steuerung der Designphase durch den Auftragnehmer bzw. unzureichende Kundeneinbindung • Unzureichende Verfahren, Prozesse, Tools, Standards	• Projekt wird durch technischen Fortschritt überholt • Unkontrollierte Handhabung von Änderungswünschen • Unzureichende Steuerung der am Projekt beteiligten Dienstleister (Generalunternehmerschaft) • Kein ingenieurmäßiges Vorgehen bei der Systementwicklung bzw. -parametrisierung	• Fehlende Go-Live Deadline • Unzureichende Roll-out Planung • Unzureichendes Testkonzept • Unzureichende Schulung • Unzureichendes Key-User Konzept • Unzureichende Benutzerbetreuung • Fehlendes Change-Management • Unzureichende Kommunikation

Bild 5.7 Häufig anzutreffende Ursachen von Projektkrisen im IT-Umfeld

3. Projektevaluation und – gegebenenfalls – Neuausrichtung

Im Rahmen der Projektevaluation sollten zunächst die ursprünglichen Projektziele hinterfragt werden. Sind diese Ziele noch relevant und stehen sie in einem vernünftigen wirtschaftlichen Verhältnis zum Restaufwand des Projekts? Sind die Prämissen bzw. Rahmenbedingungen des Business Cases noch gültig? Können die erforderlichen Mittel noch erbracht werden bzw. stehen in ausreichendem Maß finanzielle und personelle Ressourcen zur Verfügung? Ist der geplante Fertigstellungszeitpunkt noch akzeptabel? Ist das gewählte Vorgehensmodell zielführend?

In aller Regel ist ein Projekt-Turnaround nur mit einem angepassten, d. h. erweitertem Zeit- und/oder Finanzaufwand zu bewerkstelligen, sofern eine Verschiebung des Go-Live-Termins möglich ist bzw. zusätzliche finanzielle Ressourcen aufgebracht werden können. Häufig ist auch ein De-Scoping zielführend, d. h. eine Reduzierung des Funktionsumfangs des zu realisierenden Systems (z. B. Verzicht auf Funktionalitäten bei der Erstellung einer Online-Plattform). Oder es wird eine alternative Vorgehensweise zur Zielerreichung verfolgt („Plan B", z. B. Verzicht auf „Sonderwünsche" und Nice-to-have-Funktionen bei Verwendung einer Standardsoftware anstatt der Erstellung einer Individuallösung). Auch kann das Projekt grundlegend neu aufgestellt werden, indem z. B. ein überkomplexes Großprojekt in kleinere Einheiten zerlegt wird. Großprojekte scheitern weitaus häufiger als kleinere Projekte. Projekte, die bis zu einer Million Dollar an Personalkosten umfassen, sind zu 76 % erfolgreich, während Großprojekte mit mehr als 10 Millionen Dollar Personalkosten nur zu 10 % als erfolgreich gelten (The Standish Group International 2013, S. 8). In jedem Fall ist ein revidierter Business Plan zu erstellen und durch den Projekt-Lenkungsausschuss oder ein unternehmensweites IT-Entscheidungsgremium zu genehmigen. Ergänzend dazu sind ein überarbeiteter Projektplan sowie eine Turnaround-Vorgehensweise für das Projekt zu erstellen.

Stellen sich Fristverlängerungen, Budgeterhöhungen oder alternative Vorgehensweisen für das notleidende Projekt als nicht praktikabel heraus, so bleibt als Ultima Ratio nur eine Ausstiegsstrategie, d. h. eine kontrollierte Beendigung des Projekts. Dabei sind nicht nur rationale Gründe ausschlaggebend, wie z. B. ein unerreichbarer Return on Investment oder die objektive Irrelevanz oder Nicht-Eignung des Projektziels. Nicht selten geht es auch darum, dass Projektbeteiligte (auftraggebende Fachbereiche, IT-Dienstleister, Projektleiter, IT-Mitarbeiter, Sponsoren etc.) bei einem Scheitern des Projektes ihr Gesicht wahren können. In diesen Fällen sind die wichtigsten Projekt-Stakeholder für den Ausstieg aus dem Projekt zu gewinnen und die Konsequenzen eines Ausstiegs zu „verkaufen".

4. Projekt-Governance-Rahmen schaffen

Eine wesentliche Voraussetzung für Entscheidungen und die Führung des Projekts ist eine effektive Projekt-Governance. Zunächst ist ein handlungs- und entscheidungsfähiges Gremium erforderlich, das über die Optionen zum Turnaround des

Projekts und über den angepassten Business- und Projektplan entscheiden kann. Ebenfalls sind Projektstrukturen zu implementieren, die ein permanentes Projektcontrolling und ein angemessenes Risiko- und Qualitätsmanagement gewährleisten können. Ferner ist eine klare Aufteilung der Aufgaben, Rollen und Verantwortlichkeiten für die Projektkunden, die interne IT und ggfs. externe IT-Dienstleister notwendig (siehe Kapitel 7.4.3). Es gelten zudem weitgehend die gleichen Anforderungen an ein unterstützendes Change Management wie auch bei der Durchführung des IT-Turnarounds (siehe Kapitel 8).

5. Projekt-Relaunch

Sofern die Entscheidung zur Fortführung getroffen wird, erfolgt in der letzten Phase des Projekt-Turnarounds der Relaunch des kriselnden Projekts, wobei die identifizierten Kernursachen der Projektkrise eliminiert sein sollten. Auch können personelle Neubesetzungen erforderlich sein. Mit Hilfe der implementierten Projekt-Governance ist dann sicherzustellen, dass neuerliche Warnsignale rechtzeitig erkannt werden und eine permanente Fortschrittskontrolle erfolgt. Vor allem bei großen und für das Unternehmen entscheidenden Projekten ist eine Integration in das IT-Risikomanagement (siehe Kapitel 7.4.7) zu erwägen.

Der Turnaround-CIO sollte neben der Behandlung von kriselnden Projekten auch die Voraussetzungen bzw. organisatorischen Leitplanken schaffen, dass möglichst alle Projekte mit IT-Bezug erfolgreich sind. Dazu gehören neben einer fundierten Projektmanagement-Methodik, die neben den klassischen Aufgaben auch Qualitätssicherung und Risikomanagement mit einschließt, vor allem klare Entscheidungsprozesse der IT-Governance (siehe Kapitel 7.2.1) sowie adäquate Regelungen für die Behandlung von Projekten mit IT-Bezug (siehe Kapitel 7.4.3).

> **Zusammenfassung: Stabilisierung in der IT-Krise**
>
> - Zu Beginn eines IT-Turnarounds ist ein CIO gefragt, der von Anfang an Handlungsfähigkeit und Entschlossenheit demonstriert. Die Übernahme von Kontrolle über einen kriselnden Bereich ist ein wichtiges Signal für alle Beteiligten zu Beginn einer IT-Restrukturierung.
> - Der Turnaround-CIO sollte die IT-Marschrichtung innerhalb der ersten Wochen klar erkennen lassen und die wesentlichen IT-Weichenstellungen vornehmen.
> - Im Rahmen der Stabilisierungsphase steht zunächst die Bekämpfung der dringendsten Probleme im Vordergrund. Hierbei kommt der Priorisierungsfähigkeit große Bedeutung zu.
> - Eine Abwärtsspirale muss unbedingt vermieden werden. Dies beinhaltet vor allem das Erkennen und Managen von akuten IT-Risiken, die Unterbindung von IT-Vorhaben, die der Stoßrichtung der IT-Restrukturierung klar zuwider laufen, die Kontrolle aller IT-Ausgaben sowie die Etablierung von grundlegenden Regeln für die IT-Governance.

- Die IT-Mitarbeiter tragen die Hauptlast bei der Bewältigung der Krise. Der Turnaround-CIO sollte sich so schnell wie möglich ein fundiertes Bild über sein IT-Team machen und potenzielle Risiken auf Seiten der IT-Mitarbeiter identifizieren.
- Im Rahmen der Stabilisierungsphase ist regelmäßig eine Konsolidierung des Projektportfolios erforderlich. Projekte, die einer betriebswirtschaftlichen Überprüfung nicht standhalten oder mit der Stoßrichtung der IT-Restrukturierung nicht vereinbar sind, werden dabei zur Disposition gestellt. Notleidende Projekte mit IT-Bezug müssen „gedreht" oder, wenn notwendig, gestoppt werden.

Literatur

Baur, A.; Rüter, A.: *Willkommen an Bord: Die ersten 100 Tage als CIO - Honeymoon oder Blut, Schweiß und Tränen?* Information Management Services (Firmenbroschüre). München: AlixPartners GmbH (2012).

Dietrich, L.: *Die ersten 100 Tage des CIO - „Quick Wins und Weichenstellung.* In L. Dietrich & W. Schirra, IT im Unternehmen. Berlin, Heidelberg: Springer (2004).

Gartner Inc.: *IT Key Metrics Data 2012: Executive Summary.* Gartner, Inc. (2011).

Slatter, S.; Lovett, D.; Barlow, L.: *Leading Corporate Turnarounds.* West Sussex: Wiley (2006).

Smith, J. M.: *Troubled IT Projects.* London: The Institution of Electrical Engineers (2001).

The Standish Group International, Inc.: *CHAOS MANIFESTO 2013* (2013).

Westerman, G.; Hunter, R.: *IT risk: turning business threats into competitive advantage.* Boston: Harvard Business School Press (2007).

6 Handlungsfelder bei der IT-Neuausrichtung

Zu Beginn des Turnarounds stehen die Bekämpfung von akuten Risiken, die Schaffung von Transparenz und die Umsetzung von schnell wirksamen Verbesserungsmaßnahmen im Vordergrund. Das Instrumentarium dafür wurde im vorangegangenen Kapitel beschrieben. Die Grundursachen von IT-Krisen sind allerdings in den seltensten Fällen bereits in der ersten Phase des Turnarounds zu beheben. Vielmehr sind grundlegende Änderungen der IT-Ausrichtung im Unternehmen erforderlich, die auch in der Regel längere Umsetzungszeiträume mit sich bringen. Welche Änderungen zielführend sind, muss vor der dem Hintergrund der jeweiligen Situation und den herrschenden Rahmenbedingungen unternehmensspezifisch konzipiert werden. Für die Neuausrichtung im Rahmen einer Restrukturierung sind in der Praxis typische Handlungsfelder relevant, die in diesem Kapitel aufgezeigt werden (siehe Bild 6.1).

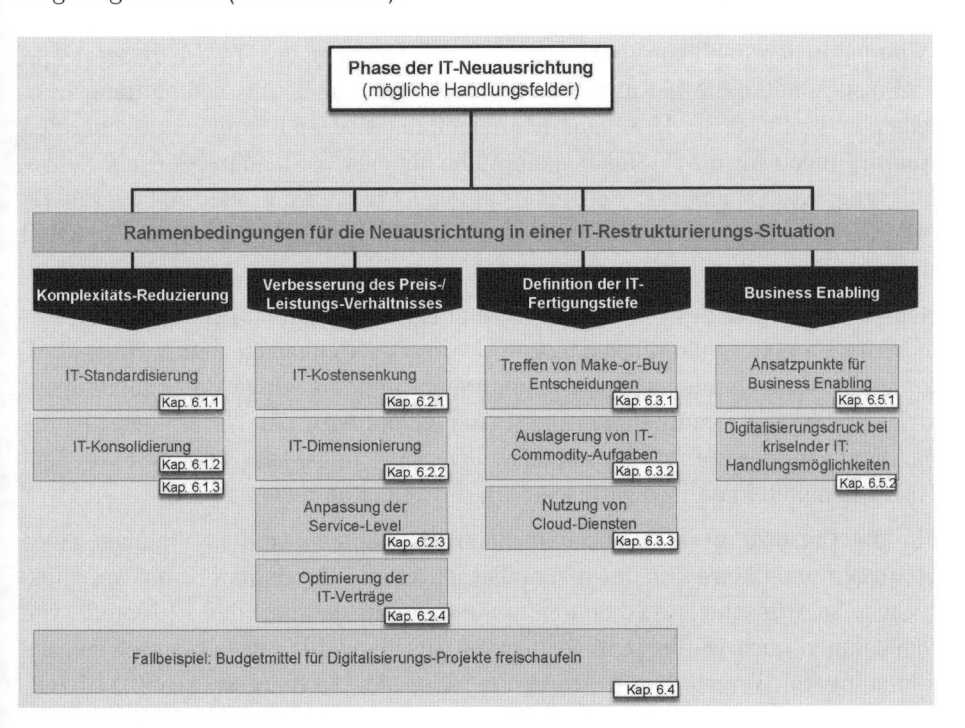

Bild 6.1 Typische Handlungsfelder bei der IT-Neuausrichtung

Folgende Prinzipien und Rahmenbedingungen helfen bei der Umsetzung des Turnarounds und sollten daher als „Leitplanken" dienen:

- *Gesicherte Topmanagement-Unterstützung*: Schmerzhafte Maßnahmen setzen solide Topmanagement-Unterstützung voraus.
- *Verifizierung und Konkretisierung der Stoßrichtung*: Die Stoßrichtung der IT-Restrukturierung bestimmt auch die Handlungsfelder der Neuausrichtung.
- *IT ist integraler Bestandteil des Business*, d. h. Business-IT-Alignment ist selbstverständlich.
- *Schnell greifende Maßnahmen*: Auch Maßnahmen zur IT-Neuausrichtung sollten schnell greifen – Planungszeiträume von über zwei Jahren sind nicht akzeptabel.
- *Bekämpfung der Grundursachen*:
  - Vorrang von Maßnahmen mit schneller Wirksamkeit – jedoch Bekämpfung der Grundursachen der IT-Krise.
  - Vorrang der IT-Restrukturierungsmaßnahmen, aber Beachtung der Rahmenbedingungen im Unternehmen.
- *Klare Fokussierung bzw. Priorisierung der Maßnahmen*: Pragmatismus bei der Umsetzung und die Anwendung der 80/20-Regel sind auch bei der IT-Neuausrichtung empfehlenswerte Handlungsprämissen.

> **!** Topmanagement-Unterstützung ist essenziell.

Während in der Stabilisierungsphase die Veränderungen der IT noch moderat sind und insbesondere die IT-Kunden und -Mitarbeiter oftmals nur bedingt tangieren, folgen in der Phase der IT-Neuausrichtung oft massive Änderungen mit konkreten Auswirkungen für die IT-Stakeholder. Maßnahmen wie Standardisierung, Konsolidierung, Kostensenkung, Re-Organisationen, Outsourcing oder Abbau von IT-Mitarbeitern erfordern teilweise massive Umstellungen im Unternehmen und sind mit erheblichen Widerständen verbunden.

Neben Maßnahmen des Change Managements (siehe Kapitel 8) sind für diese Veränderungen eine solide Rückendeckung durch das Topmanagement zwingend erforderlich. Ohne Topmanagement Commitment und tatkräftige Unterstützung auf strategischer und unternehmenspolitischer Ebene wird ein Turnaround-CIO bei der Implementierung von einschneidenden Änderungen der IT auf verlorenem Posten kämpfen und unweigerlich scheitern (siehe Kapitel 4.1).

Für die Umsetzung von einschneidenden Maßnahmen sind im Rahmen eines IT-Turnarounds klare Top-down-Vorgaben durch die Geschäftsführung am effektivsten. So wünschenswert Bottom-up-Ansätze hinsichtlich der Akzeptanz von Maßnahmen auch wären (z. B. Festlegung von Standards auf Bereichsebene, Bestimmung von verzichtbaren Anwendungen in der Tochtergesellschaft), so zeitintensiv und holprig hat sich die tatsächliche Implementierung erwiesen. In der Sondersituation „IT-Krise" mit dem oftmals vorherrschenden Zeitdruck sind mitunter eindeutige Anordnungen zielführender als langwierige Diskussionen und Abwägungen. Auch sollte nicht allzu viel Hoffnung in evolutionäre Verbesserungen gesetzt werden. Wirksamer ist ein straffes Umsetzungscontrolling mit klarer Verantwortungszuordnung und entsprechenden Meilensteinen.

> **!** Stoßrichtung der Restrukturierung verifizieren und konkretisieren.

In Kapitel 3.4 wurde erläutert, dass die Stoßrichtung der IT-Restrukturierung für die konkrete Ausgestaltung des Turnarounds maßgeblich ist; mit ihr werden die Zielsetzung und die Haupt-Handlungsfelder vorgegeben (z. B. Kostensenkung, Vereinfachung, Risikoabbau, Ausbau der IT-Leistungsfähigkeit, Business Enabling). Im Rahmen der Neuausrichtungsphase sollte die Stoßrichtung verifiziert und konkretisiert werden. Haben sich wesentliche Rahmenbedingungen geändert (z. B. neue strategische Ausrichtung des Unternehmens, eintreten einer Sondersituation), muss auch die Zielsetzung der IT-Restrukturierung angepasst werden. Ohne klare und konkrete Zielsetzung sollte eine Neuausrichtung nicht begonnen werden.

> **!** IT-Business-Alignment ist selbstverständlich.

Häufig wird bei der Planung der IT-Ausrichtung auf das sogenannte IT-Business-Alignment hingewiesen. Gemeint ist, dass sich die IT an den Anforderungen des Business orientieren sollte bzw. dass die Ausrichtung der strategischen IT-Ziele auf die Unternehmensstrategie zu erfolgen hat. In diesem Zusammenhang sei darauf hingewiesen, dass IT und Business nicht zwei unterschiedliche Bestandteile eines Unternehmens sind, die erst auf eine gemeinsame Linie gebracht werden müssen (Bonfante 2011, S. 33 f). Es gibt ja auch kein Marketing-Business-Alignment oder Finanzwesen-Business-Alignment, da Marketing und Finanzwesen nicht außerhalb des Business laufen, sondern ein Teil des Unternehmens sind. Die IT ist ebenfalls integraler Bestandteil des Unternehmens und bezieht ihre Existenzberechtigung einzig und allein aus der Unterstützungsfunktion für das Business. Zwei Seiten einer Medaille müssen aber nicht umständlich aneinander ausgerichtet werden. Dieses Selbstverständnis sollte auch bei der Planung der IT-Neuausrichtung verinnerlicht werden. Dass diese Selbstverständlichkeit vielfach in Unternehmen nicht ausreichend praktiziert wird, steht auf einem anderen Blatt Papier – bei einem IT-Turnaround sollte jedoch keine künstliche Barriere zwischen der IT und dem Rest des Unternehmens im Hinterkopf sein.

> **!** Kurz- und mittelfristige Maßnahmen bei der Neuausrichtung bevorzugen.

Oft ist bei IT-Strategien zu beobachten, dass sie einen sehr langfristigen Planungshorizont aufweisen, manchmal drei bis fünf Jahre und mehr. Gleichzeitig sind die Unternehmen bekanntlich einem immer stärkeren, marktinduzierten Veränderungsdruck ausgesetzt, der regelmäßig auch Auswirkungen auf die IT hat. Das Zeitalter von Fünfjahres-Projekten in der IT ist angesichts der Dynamik und der „Moving Targets" auf der Business-Seite vorbei. Ist die Ausformulierung einer IT-Strategie damit grundsätzlich überflüssig? Ja und Nein: Ohne strategische Rahmenbedingungen und klare Regeln der IT-Governance werden IT-Krisen erheblich begünstigt. Sind Strategien aber zu detailliert ausformuliert und zielen auf Veränderungen ab, die erst in mehrere Jahren wirksam sind, sind sie hinderlich und mitunter schädlich, da sie die Agilität und die Fokussierung auf den Unternehmensnutzen vernachlässigen. Flexibilität und damit möglichst geringe Komplexität müssen quasi in eine IT-Strategie „eingebaut" sein, was aber wiederum einer starren Verfolgung eines Zielzustands zuwider läuft.

> **!** Vorrang der IT-Restrukturierungsmaßnahmen.

In Kapitel 4.3.2 wurde auf den Vorrang der IT-Restrukturierungsarbeit vor den bisher im Rahmen der IT-Strategie verfolgten Aufgaben hingewiesen. Diese Prämissen sind auch bei der Neuausrichtung bedeutsam. Gleichwohl bedeutet eine IT-Restrukturierung nicht, dass auf der „grünen Wiese" unabhängig vom Unternehmensgeschehen eine „schöne neue IT" aus dem Boden gestampft werden kann. Der Turnaround-CIO befindet sich bei seiner Arbeit in einem permanenten Spannungsfeld zwischen der Gewährleistung eines stabilen und sicheren IT-Betriebs, der notwendigen Unterstützung des Business und der eigentlichen Restrukturierungsarbeit.

Daneben muss die Zielsetzung der Restrukturierung mit der Ausgangssituation bzw. den im Unternehmen vorhandenen Fähigkeiten (Capabilities) im Einklang sein. Überambitionierte Ziele, die mit den zur Verfügung gestellten Ressourcen (Zeit, Geld, Manpower) nicht realisiert werden können, erzeugen eine „Mission Impossible"-Stimmung und gefährden den Restrukturierungserfolg. Andererseits ist eine IT-Restrukturierung kein kosmetischer Eingriff, sondern in den meisten Fällen eine umfangreiche Operation, bei der tief genug geschnitten werden muss. Gleichzeitig ist die Beeinträchtigung der Geschäftstätigkeit des Unternehmens (Business Disruption) so weit wie möglich zu vermeiden.

6.1 Komplexität der IT reduzieren

In vielen Unternehmen haben die Umsetzung von neuen Geschäftsmodellen, die Verwendung zusätzlicher Vertriebskanäle, Produktentwicklungen, Akquisitionen, Internationalisierungen und andere Geschäftsentwicklungen deutliche Spuren in der IT-Landschaft hinterlassen. Um die Anforderungen des Business erfüllen zu können, sind die Systeme organisch gewachsen und leistungsfähiger aber auch komplexer geworden. Dabei wurden vielfach auch „Trade-Offs" eingegangen, bei denen schnelle Lösungen ungeachtet von technischen Standards und der Vereinbarkeit mit der bestehenden IT-Architektur realisiert werden mussten. Diese Vorgehensweise führt jedoch in vielen Unternehmen im Laufe der Zeit zu Patchwork-Landschaften mit extremer Heterogenität sowie hoher Schnittstellenkomplexität und daraus resultierender eingeschränkter Änderungsfähigkeit, mangelnder Unterstützungsfähigkeit von Geschäftsprozessen und hohen Betriebs- und Wartungskosten.

> Trade-offs zugunsten von bequemen, kurzfristigen Verbesserungen für einzelne Fachbereiche gehen häufig zu Lasten der Agilität des gesamten Unternehmens.

Aus diesen Gründen ist der Abbau von Komplexität eine wesentliche Zielsetzung nahezu aller IT-Restrukturierungen – oder zumindest die Beherrschung der Komplexität, sofern sie unvermeidlich oder notwendig ist. Unnötig ist IT-Komplexität immer dann, wenn sie objektiv gesehen nicht unmittelbar für die Wertschöpfung des Unternehmens erforderlich ist. Effektives IT-Management ist zunehmend durch den gezielten Umgang mit Komplexität gekennzeichnet (Crameri/Heck 2010, S. 106).

Wodurch wird IT-Komplexität begünstigt? Das Marktforschungsunternehmen Gartner hat Merkmale identifiziert, die als Treiber die Entstehung von IT-Komplexität begünstigen können (Gartner 2013, S. 3; siehe Bild 6.2).

- Nutzung von **eigenentwickelter Software** anstatt Standardsoftware
- **Überdurchschnittlich hohe Anzahl** von eingesetzten **Anwendungen**
- **Nicht-standardisierte IT** (Komponenten und Prozesse)
- **Viele Rechenzentren** anstatt Begrenzung auf einen oder wenige Standorte

IT-Komplexität

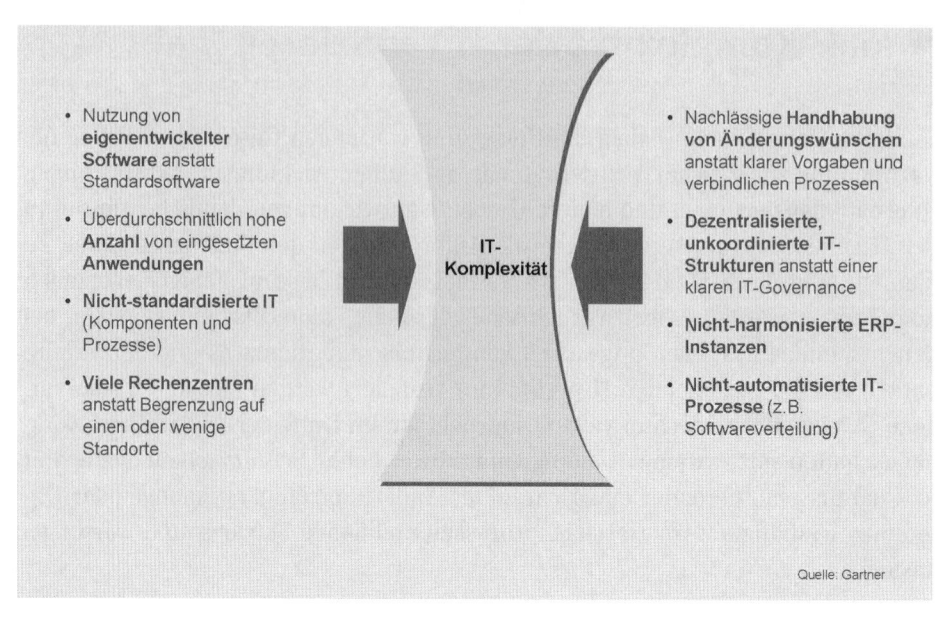

- Nachlässige **Handhabung von Änderungswünschen** anstatt klarer Vorgaben und verbindlichen Prozessen
- **Dezentralisierte, unkoordinierte IT-Strukturen** anstatt einer klaren IT-Governance
- **Nicht-harmonisierte ERP-Instanzen**
- **Nicht-automatisierte IT-Prozesse** (z.B. Softwareverteilung)

Quelle: Gartner

Bild 6.2 Beispiele für Treiber von IT-Komplexität

IT-Komplexität geht zu Lasten der Innovationskraft

Wie wirkt sich eine komplexe IT-Landschaft auf das IT Budget konkret aus? Die MIT-Professoren Weil und Ross (2009, S. 55 f.) haben die Aufteilung der IT-Gesamtausgaben auf die Kategorien

- Erhaltung und Betrieb sowie
- Investitionen für neue Geschäftsinitiativen und größere Änderungen von Anwendungen bzw. Geschäftsprozessen

untersucht.

Im Durchschnitt haben die betrachteten Unternehmen 71 % der Gesamtausgaben (Opex und Capex) für den Erhalt der bestehenden Systeme („keep the lights on") aufwenden müssen, während 29 % für Innovations- und Weiterentwicklungsinitiativen verwendet werden konnten (siehe Bild 6.3). Gartner [2011, S. 40 f] sieht den Anteil von investiven Ausgaben im Durchschnitt bei 26 %. Unternehmen mit komplexen IT-Landschaften müssen sogar bis zu 85 % ihres Budgets für die Aufrechterhaltung des Status quo ausgeben. Die Autoren raten, eine Quote von 60/40 (Erhaltung/Neuentwicklung) anzustreben, um ausreichende Mittel für die Weiterentwicklung des Unternehmens zur Verfügung zu haben – Voraussetzung dafür ist allerdings eine konsolidierte bzw. standardisierte IT im Unternehmen.

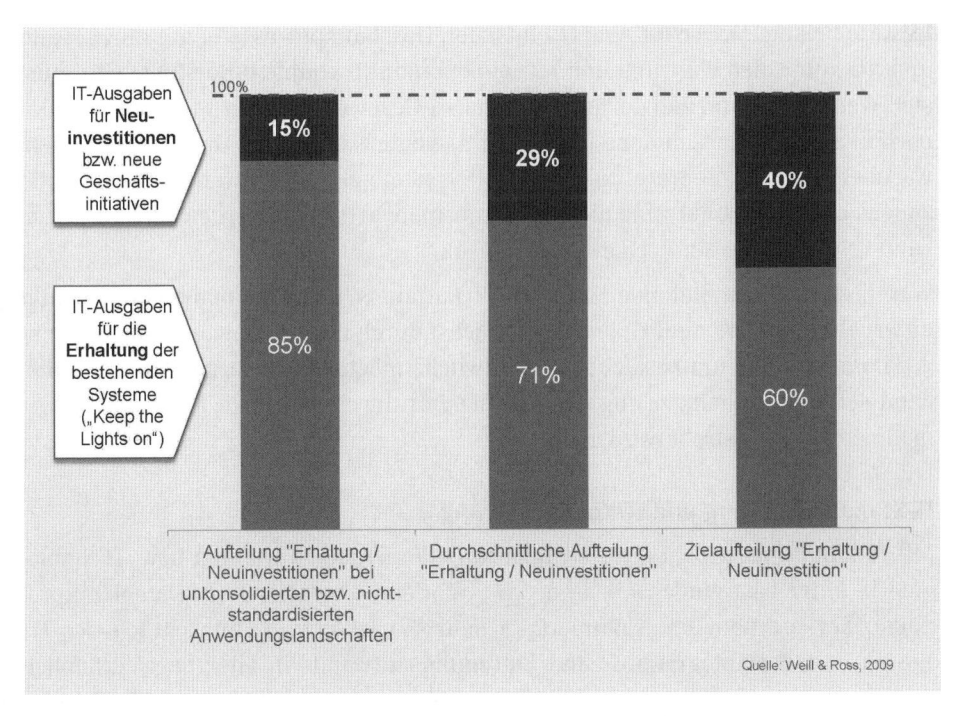

Bild 6.3 Aufteilung der IT-Ausgaben in Abhängigkeit vom Konsolidierungsstatus (Weill/Ross 2009)

Unterscheidung zwischen notwendiger und unnötiger IT-Komplexität

IT-Komplexität bzw. technische Heterogenität macht sich im IT-Alltag unter anderem durch funktionale und technische Überschneidungen, Datenredundanzen bzw. -inkonsistenzen sowie durch komplizierte Abhängigkeiten und Schnittstellen zwischen den eingesetzten Komponenten bemerkbar. Komplexität führt zu stetig steigenden Wartungs- und Betriebskosten und wird ohne geeignete Maßnahmen im Zeitverlauf immer schwerer beherrschbar. Wildwuchs kostet Zeit und Geld und absorbiert knappe Ressourcen. Dieser Zustand wird spätestens dann zu einer Bedrohung für die IT und das Gesamtunternehmen, wenn Komplexität Risiken nach sich zieht und die Agilität des Unternehmens hemmt. Ein IT-Problem wird dann zum Business-Problem und muss bekämpft werden.

> Die Herausforderung für den Turnaround-CIO besteht darin, zwischen notwendiger, d. h. mit der Geschäftstätigkeit des Unternehmens zwingend einhergehende, und unnötiger Komplexität zu trennen und entsprechende wirtschaftlich sinnvolle und technisch machbare Maßnahmen zur Reduzierung dieser unnötigen Komplexität zu konzipieren.

Es wäre beispielsweise für eine IT einfacher, Geschäftsprozesse in nur einem Land und mit nur einer Währung und nur einer Produktvariante unterstützen zu müssen. Wenn dies aufgrund der internationalen Geschäftstätigkeit bzw. des Produktportfolios des Unternehmens jedoch nicht möglich ist, sollte hinterfragt werden, warum dafür z.B. mehrere, parallele ERP-Systeme eingesetzt werden müssen, die zudem noch auf unterschiedlichen Plattformen betrieben werden und in jedem Land verschiedene Service Levels aufweisen.

Was lässt sich im Rahmen eines IT-Turnarounds gegen unnötige Komplexität unternehmen? IT-Komplexität sollte zunächst durch das Setzen von Standards eingedämmt werden, um zusätzlichen Wildwuchs möglichst zu vermeiden. Anschließend sollte eine Reduzierung der Komplexität durch geeignete Konsolidierungsmaßnahmen angestrebt werden.

IT-Standardisierung und IT-Konsolidierung

Mit *IT-Standardisierung* ist die Reduzierung der Produktvarianten bzw. Technologien in einer bestimmten Ebene der IT-Architektur gemeint (z.B. Datenbankprodukte, Servertypen, Programmiersprachen). So ist es z.B. hinsichtlich der IT-Kosten und des Integrations- und Betreuungsaufwands in aller Regel erheblich vorteilhafter, nur die Datenbank eines Herstellers zu betreiben und dafür Schnittstellen zu bauen, als etwa die Produkte von fünf verschiedenen Herstellern, eventuell noch in unterschiedlichen Releaseständen, zu betreiben und anzubinden.

IT-Konsolidierung hingegen zielt auf die Reduktion der Anzahl der im Unternehmen betreuten IT-Assets ab (z.B. Anwendungen, Server, Schnittstellen). Oftmals wird hierfür auch der Begriff „Harmonisierung" verwendet. Je geringer die Anzahl der Komponenten ist, desto einfacher ist die IT-Landschaft und desto weniger aufwändig ist die entsprechende Betreuung. Bei der Eindämmung von IT-Komplexität gehen Standardisierung und Konsolidierung Hand in Hand.

6.1.1 Standardisierung als Schlüssel für die Eindämmung der IT-Komplexität

In der Automobilindustrie hat die Plattformstrategie in Verbindung mit konsequenter Modularisierung eine flexible Anpassung an Marktgegebenheiten ermöglicht – dies bei hoher Produktivität und unter Beibehaltung einer geringen Komplexität. Standardisierung und geringe Komplexität auf der einen Seite sowie Flexibilität und Kundennähe auf der anderen Seite müssen also kein Dilemma darstellen – dies gilt auch für die IT (Müller u.a. 2011, S. 48 f).

Standardisierung in der IT definiert die verbindlichen Hard- und Softwareprodukte bzw. -technologien für das Unternehmen, die oft als „strategische Produkte" oder „Plattformen" bezeichnet werden. Durch Standardisierungsvorgaben wird auf die

Vereinheitlichung von IT-Komponenten abgezielt, die einen vergleichbaren fachlichen oder technischen Zweck haben (z. B. Standard-ERP, Standard-Datenbank, Standard-Entwicklungsumgebung, Standard-Programmiersprache usw.) Dies führt zunächst einmal zur einer (gewünschten) Einschränkung der Freiheitsgrade bei der Beschaffung von zusätzlichen IT-Komponenten und stellt später die Leitplanke für die Konsolidierung der unternehmensweiten IT-Landschaft dar.

Weitere Vorteile einer Standardisierung liegen in der Erlangung von Skaleneffekten, der Herstellung einer zentralen Verhandlungsmacht im Einkauf, in der Knowhow-Bündelung der IT-Mitarbeiter sowie in der Reduzierung von Lizenz-, Wartungs- und Betriebskosten (siehe Kapitel 6.2.1).

Die Standardisierung sollte für verschiedene Ebenen der IT-Architektur klare und verbindliche Vorgaben bereitstellen. In Form eines Standardisierungskatalogs werden diese Vorgaben dann Voraussetzung für die Anschaffung von IT-Komponenten, die Realisierung von Projekten mit IT-Bezug und die Durchführung von (Weiter-)Entwicklungsmaßnahmen.

In der Praxis wird die Standardisierung insbesondere in drei Bereichen angestrebt:

- technische Standardisierung (IT-Plattformen),
- Anwendungs-Standardisierung (Software),
- Service-Standardisierung (IT-Leistungen).

Technische Standardisierung (IT-Plattformen)

Fehlende technische Standards sind häufig in erheblichem Maß mitverantwortlich für überkomplexe IT-Landschaften. Kaum ein Unternehmen wird signifikante Wettbewerbsvorteile durch den Betrieb mehrerer Systeme für den gleichen Geschäftszweck generieren (z. B. Datenbanken, Office-Anwendungen, Programmiersprachen bzw. Entwicklungsumgebungen), mithin stellen diese Parallelsysteme zumeist unnötige Komplexität dar. In den allermeisten Fällen absorbiert die Betreuung und Wartung von funktionsgleichen Systemen zudem erhebliche Teile des IT-Budgets, welche dann nicht für innovative Anwendungen bereitstehen, die einen wirklichen Wettbewerbsvorteil begründen könnten.

In Bild 6.4 ist ein Zustand der technischen Heterogenität dargestellt, der aufgrund fehlender Standardisierung und nicht integrierter Zukäufe in einem Industriekonzern vorgefunden wurde. Es ist nachvollziehbar, dass die Betreuung und Wartung einer derartigen Infrastruktur umfangreiche, „breite" Supportleistungen der IT benötigt, kaum Raum für Bündelungseffekte beim Einkauf bietet und zudem die bereichsübergreifende Prozessunterstützung und Kommunikation im Unternehmen massiv erschwert.

Wie lassen sich nun die unternehmensweiten technischen Standards definieren und die Vielfalt der IT-Bausteine reduzieren? Hier hilft die Anwendung der 80/20-Regel: Zum Beispiel lassen sich als Faustregel 80 % der wirklich benötigten

Anwendungen auf 20 % der vorhandenen Plattformen betreiben. Voraussetzung ist die Schaffung von Transparenz hinsichtlich der eingesetzten Produkte auf den verschiedenen Ebenen der IT-Architektur. Dann sollte festgelegt werden, für welche Ebenen die Vorgabe von möglichst wenigen Referenz-Produkten bzw. Technologien sinnvoll und machbar ist.

Standard-Plattformen können für folgende Ebenen der IT-Architektur definiert werden:

- Basisinfrastruktur (z. B. zentrale und dezentrale Hardware wie Server, PCs, Notebooks, Drucker und andere Office-Infrastruktur, Netzwerk- und Storage-Technologie, IT-Sicherheitssysteme, Betriebssysteme),
- Integrations- und Entwicklungsumgebungen (z. B. Programmiersprachen, Entwicklungstools und -methoden, Middleware, Schnittstellen),
- Datenbanken, Datenformate und Datenmanagement,
- Kern-Anwendungssysteme (z. B. ERP, CAD, PPS, Supply Chain Systeme, CRM),
- Konzern-Anwendungen (z. B. für Personalwesen, Reporting, Konsolidierung).

	Geschäftsbereich A	Geschäftsbereich B	Geschäftsbereich C	Geschäftsbereich D
ERP, Supply Chain Management, CAD	SAP, i2, Peoplesoft	SSA BPICS, Great Plains	Oracle, QAD, Unigraphics	Peoplesoft, JDE, Catia
Office	Lotus SmartSuite, MS Office 2003	MS Office 2000	MS Office XP, Office 2007	MS Office 2003, Google Apps
Datenbank	DB/2, MySQL	MS Access, Oracle	Oracle, DB/2	Dateisystem, Ingres, Informix
Entwicklungsumgebung	SAP Abap, Java	Host/Cobol, .NET	.NET	Java
Netzwerk	IPX, SNA, TCP/IP	SNA, Named Pipes, TCP/IP	TCP/IP, IPX	BiSync, TCP/IP, NETBIOS
Betriebssystem (Clients, Server)	Windows, HP-UX, Solaris	DOS, Windows, OS/2, MVS	Windows XP, HP-UX, Solaris	Linux, AIX
Hardware (Server, Clients)	HP, Sun, Toshiba	IBM Z Series, Lenovo	HP, Sun, Wintel	IBM, Dell, No Name

Bild 6.4 Beispiel für mangelnde IT-Plattform-Standardisierung

Die Festlegung von Unternehmensstandards erfordert eine gründliche Analyse der vorhandenen IT und eine Abschätzung der relevanten technischen Entwicklungen. Gesetzt werden sollte auf etablierte, marktgängige Produkte und Technologien, die noch für absehbare Zeit den „Industriestandard" repräsentieren werden. IT-Pioniertaten, Experimente und Alleingänge sind im Restrukturierungskontext nicht empfehlenswert. Wesentlich herausfordernder als die Konzeption des Standardkatalogs ist die spätere Umsetzung, sowohl was die Beschränkung der Freiheitsgrade bei der Neuanschaffung als auch die Konsolidierung der existierenden IT-Landschaft betrifft (siehe Kapitel 6.1.2 und 6.1.3).

Anwendungs-Standardisierung (Software)

Auf der Anwendungsseite zeigen sich überkomplexe IT-Landschaften häufig durch zahlreiche parallel betriebene Anwendungen für gleiche oder ähnliche Zwecke, die meist räumlich verteilt über komplizierte Schnittstellen verbunden sind. Bild 6.5 zeigt ein bereits stark vereinfachtes Beispiel für eine derartige Situation, die in einem Medienunternehmen vorgefunden wurde. Es existieren zahlreiche unterschiedliche Produkte für den gleichen Zweck (z. B. Vertriebs-, Fakturierungs- und ERP-Systeme). Eine derartige Anwendungslandschaft ist nur äußerst schwer änderbar, ein Gesamtüberblick auf die Performance der Unternehmensteile ist kaum möglich, der Betriebs- und Wartungsaufwand für die IT ist hoch.

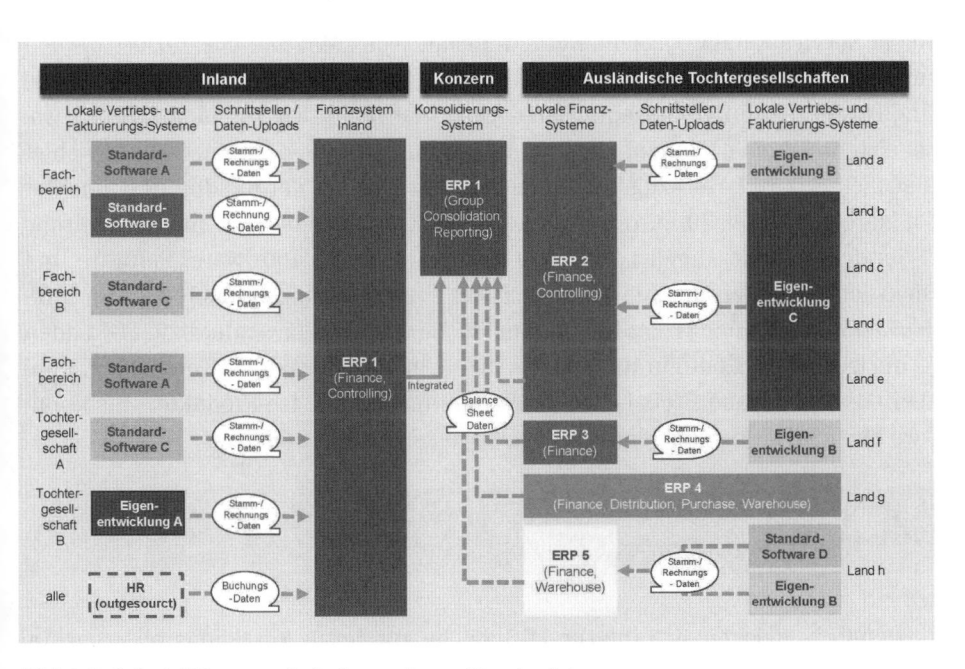

Bild 6.5 Beispiel für mangelnde Anwendungs-Standardisierung

Durch die Standardisierung auf der Prozessebene wird verbindlich festgelegt, welche Systeme für welche Geschäftsprozesse bzw. fachlichen Aufgaben zukünftig eingesetzt werden (z. B. „Die Fakturierung wird einheitlich mit dem Standardsoftware-Produkt X durchgeführt"). Die vorgegebenen Produkte entsprechen dabei hinsichtlich der benötigten Plattformen (z. B. Datenbank, Betriebssystem, Entwicklungsumgebung) den ebenfalls festgelegten technischen Standards.

Weit mehr noch als bei der Festlegung der technischen Standards ist bei der Definition von Vorgaben für Business-Anwendungen die Mitarbeit der IT-Kunden erforderlich. Sofern bereits ausreichende Akzeptanz für Standardisierungsmaßnahmen im Rahmen der IT-Restrukturierung besteht, ist ein Bottom-up-Ansatz erstrebenswert, bei dem die IT-Kunden auf Basis der vorgegebenen technischen Standards mit Hilfe der IT die entsprechenden Standardanwendungen bestimmen. Sofern dezentrale Ansätze hierfür nicht zeitnah fruchten, sollte eine Top-down-Vorgabe erwogen werden.

Standardisierung der IT-Leistungen (Service-Standardisierung)

Die Standardisierung der technischen Plattformen und der Anwendungen ermöglich als weiterer Schritt auch die Vereinheitlichung der durch die IT bereitgestellten Dienste. Statt unzähliger Leistungsvarianten, die oftmals einmalig bzw. anwenderspezifisch zusammengestellt werden („Build-to-Order"-Ansatz), erfolgt eine produktorientierte Standardisierung der Services, die von den Anwendern in einem Service-Katalog bestellt werden anstatt jedes Mal neu spezifiziert werden zu müssen (Kaplan u. a. 2005). Die von der IT angebotenen „gängigen" Dienste sind bei diesem produktorientierten Ansatz klar beschrieben und „bepreist", wobei sich der Preis nach dem Umfang der Leistung und der Servicequalität richtet (Beispiel: „Ein Netzwerkzugang mit der Verfügbarkeit X, der Bandbreite Y und der Latenzzeit Z kostet 30 Euro im Monat"). Dementsprechend setzen sich typische IT-Serviceprodukte zumeist aus einer Kombination von Hardware, Software und Dienstleistungen zusammen, die als „Paket" bzw. Leistungsbündel das vom Kunden wahrgenommene IT-Produkt darstellen. Für den Endanwender bzw. IT-Kunden ist die technische Konfiguration dieser Pakete in aller Regel nicht von Belang, wohl aber das angebotene Preis-Leistungs-Verhältnis des Service-Produktes, insbesondere hinsichtlich vergleichbaren Services von externen Anbietern.

> Mit IT-Servicekatalogen wird die Standardisierung der angebotenen IT-Leistungen wesentlich gefördert.

Letztendlich gleichen sich interne IT-Bereiche mit dieser Vorgehensweise der Arbeitsweise der externen IT-Dienstleistern an: Mit Leistungen wie IaaS (Infrastructure as a Service) oder SaaS (Software as a Service) werden hochgradig standardisierte und klar bepreiste Leistungen mit vereinbarter Servicequalität erbracht. Hierdurch können in erheblichem Umfang Kosten und vor allem Komplexität reduziert werden sowie die Grundlage für die Automatisierung bzw. Industrialisierung von IT-Services gelegt werden. Voraussetzung dafür sind jedoch entsprechende Strukturen auf Seiten der IT (z. B. Produktmanagement sowie Account-Manager, die den Bedarf der Anwender verstehen und prognostizieren können; siehe Kapitel 7.2.2), vor allem jedoch die Bereitschaft der Anwender, Standardleistungen als den Normalfall der Leistungserbringung zu akzeptieren. Hier liegt in der Praxis oft der „Hase im Pfeffer", da häufig auf gewohnte Sonderbehandlungen und Einzelfall-Lösungen verzichtet werden muss.

Ein weiterer positiver Effekt dieser Vorgehensweise ist die Herstellung eines Kosten-Bewusstseins bei den IT-Kunden, der auch eine Grundvoraussetzung für die Reduzierung der IT-Kosten darstellt (siehe Kapitel 6.2.1). Indem z. B. die Nutzung von problematischen Altanwendungen konsequent bepreist und abgerechnet wird, kann die Akzeptanz für die Durchführung von Standardisierungsbemühungen und damit verbundenen Kostensenkungseffekten forciert werden.

Eine vollständige Standardisierung und Katalogisierung aller Leistungen in der IT sowie die Festlegung entsprechender Service Level Agreements (SLA) ist jedoch nicht zu empfehlen. Ausgehend von den Kundenanforderungen bzw. den zu unterstützenden Geschäftsprozessen kommt es beim Service-Design darauf an, die Anzahl der IT-Produkte auf eine überschaubare Menge zu beschränken, d.h. nicht jeden Handgriff oder Sonderfall als Produkt im Katalog abzubilden. In der Praxis finden sich Kataloge mit 30 bis 60 Leistungsscheinen, wobei in stark diversifizierten, multinationalen Konzernen auch weitaus mehr erforderlich sein können. Stets ist auch hier die 80/20-Regel im Auge zu behalten (20 % der Service-Arten repräsentieren in der Regel 80 % der Service-Anfragen).

Für zahleiche Leistungen sind die entsprechenden Stückkosten schwer zu ermitteln (z. B. Nutzung des Netzwerk-Backbones), sodass eine möglichst nachvollziehbare Aufschlüsselung notwendig ist. Gleichwohl sollte bereits im Rahmen der IT-Restrukturierung damit begonnen werden, für gängige sowie relativ einfach konfigurierbare Leistungen, die für den Anwender auch „greifbar" sind, derartige Leistungskataloge, IT-Produkte und SLA zu definieren und zu implementieren.

Trotz dieser Schwierigkeiten ist die pragmatische Erstellung von Servicekatalogen zumindest für die am häufigsten nachgefragten IT-Leistungen in vielen (Anwender-) Unternehmen gängige Praxis. Die Vorgehensweise bei der Erstellung ist bekannt und gut beschrieben (z. B. bei Scholderer 2017) und ist auch im Rahmen der IT-Neuausrichtung eine empfehlenswerte Maßnahme.

Abweichungen von IT-Standards?

Die Standardisierung von technischen Plattformen, Anwendungen und den darauf aufbauenden IT-Diensten ist der Schlüssel für die Eindämmung und Reduzierung der Komplexität. Gleichzeitig sind Standards in vielen Fällen die Voraussetzung für Synergien, durchgängig unterstützte Prozesse und vertretbare IT-Kosten. Standardisierung sollte jedoch nicht übertrieben werden, schon gar nicht im Rahmen einer IT-Restrukturierung, wo in der Regel viele Baustellen Kapazität benötigen. Wichtig ist es, die Komplexitätstreiber zu ermitteln, d.h. diejenigen Plattformen, Anwendungen und Dienste, deren Heterogenität wesentlich zur IT-Komplexität beiträgt.

Ein Standardisierungsvorstoß muss auch einer wirtschaftlichen Überprüfung standhalten, d. h. die positiven Effekte einer Umstellung (z. B. Synergien, reduzierter Betreuungsaufwand, verbesserte Prozessunterstützung) müssen den Migrationsaufwand überkompensieren. Ferner ist zu beachten, dass eine exzessive Vereinheitlichung von Technik und Prozessen zu Lasten der Flexibilität der Fachbereiche gehen kann („Gleichmacherei"). Manche Fachbereiche benötigen allein aufgrund ihrer Geschäftstätigkeit eine besondere IT-Ausstattung (z. B. Hochleistungsrechner für Simulationsaufgaben bei der Flugzeugkonstruktion). Ein weiterer Grund für Ausnahmen von Vorgaben sind technische Innovationsvorstöße, auch wenn diese bei Turnarounds in der Regel nicht im Vordergrund stehen können. Viele Unternehmen haben beispielsweise die Integration von iPads in die Unternehmens-IT evaluiert oder untersuchen in Pilotprojekten die Einsetzbarkeit von innovativen Technologien in Verbindung mit Big Data, wie z. B. In-Memory-Datenbanken.

Hier ist also Augenmaß anstatt starrer, dogmatischer Bestimmungen gefragt. Nichtsdestotrotz ist ein verbindlicher Katalog standardisierter Komponenten dringend erforderlich, wobei Ausnahmen möglich sind. Die Entscheidung über derartige Ausnahmen sollte im Rahmen der IT-Governance geregelt sein (siehe Kapitel 7.2).

6.1.2 Konsolidierung der Anwendungslandschaft

In vielen Unternehmen ist eine ständig wachsende Zahl von verschiedenen Anwendungen zu beobachten. Dies ist ein normaler Zustand, da schlichtweg keine einzelne Applikation existiert, die alle Anforderungen in einem Unternehmen abdecken kann. Zudem sind neue Businessanforderungen für die Weiterentwicklung eines Unternehmens kennzeichnend. Mitunter sind auch M & A-Aktivitäten (M & A: Mergers and Acquisitions) ein Grund für eine steigende Anwendungsvielfalt.

Gründe für das Wuchern von Anwendungslandschaften

Oftmals ist aber auch zu beobachten, dass zur Umsetzung einer neuen Geschäftsidee zu schnell der Ruf nach einer (zusätzlichen) IT-Lösung erschallt. Anstatt zunächst neue Business-Ansätze zumindest in der Anfangsphase mit Bordmitteln, d. h. mit den bereits existierenden Werkzeugen zu erproben, werden Neuentwicklungen bzw. Neuanschaffungen gefordert. Aktuell trägt auch die Konsumerisierung der IT zu einer Aufblähung der Anwendungslandschaft bei, wenn z. B betrieblich genutzte Applikationen auf privaten Tablet-Computern und Smartphones durch die Unternehmens-IT zu betreuen sind.

> Unkontrollierter Anforderungsdruck auf der einen Seite und eilfertige Umsetzung der Forderungen mit technischen Mitteln auf der anderen Seite sind der ideale Nährboden für rasant wachsende Anwendungslandschaften.

Getrieben durch Forderungen aus den Fachbereichen versuchen etliche IT-Bereiche – sofern sie nicht schon übergangen werden – mit der opportunistischen Bereitstellung von Softwareprodukten, Reports, Schnittstellen und Modifikationen der Anforderungsflut Herr zu werden. Oft treiben aber auch die Anbindungen von Marktpartnern und Kunden (z. B. Just-in-time-Anforderungen) oder umfangreiche Merger-Aktivitäten die Anwendungsvielfalt.

Problematisch daran ist, dass neue Anwendungen dabei oftmals nicht die alten Systeme vollständig ersetzen, sondern parallel angeflanscht und über mehr oder weniger umfangreiche Schnittstellen mit den anderen existierenden Anwendungen, mit denen Daten ausgetauscht werden müssen, verbunden werden. Zudem erfordern neue Anwendungen – sofern nicht mit den IT-Unternehmensstandards kompatibel – oftmals auch den Einsatz von zusätzlichen Datenbanken, Betriebssystemen oder Entwicklungsumgebungen, die wiederum ebenfalls betreut und gewartet werden müssen und die technische Mannigfaltigkeit zusätzlich erhöhen. Es entsteht ein Zustand des unkontrollierten Wucherns, der einerseits sukzessive die Komplexität erhöht und andererseits einen immer größeren Anteil des IT-Budgets absorbiert.

Anwendungsvielfalt in den Griff bekommen

Wie sollte mit der Anwendungskomplexität umgegangen werden? Hierzu empfiehlt sich ein Vorgehen in drei Schritten:

- Überblick herstellen,
- Anwendungsvielfalt eindämmen,
- Anwendungskonsolidierung durchführen.

1. Überblick herstellen

Dazu ist zunächst der Status quo festzustellen. „Wie viele Anwendungen in welchen unterschiedlichen Releaseständen werden wo im Unternehmen wofür und wie häufig von wem genutzt?" lautet hier die Kernfrage, die in vielen Unternehmen nur sehr schwer beantwortet werden kann und oftmals hohen Analyseaufwand nach sich zieht. Diese Anwendungen sind dann je Geschäftsprozess bzw. Fachbereich mit einem Informationsflussdiagramm in Verbindung zu setzen. Das Informationsflussdiagramm stellt neben den einzelnen Anwendungen insbesondere die existierenden manuellen oder datentechnischen Schnittstellen dar, idealerweise ergänzt um die jeweilige Basisinfrastruktur (z. B. Datenbank, Betriebssystem, Entwicklungsumgebung). Das Informationsflussdiagramm sollte eins der selbstverständlichen Handwerkszeuge des IT-Architekten sein.

2. Anwendungsvielfalt eindämmen

Im Rahmen einer IT-Restrukturierung geht es nicht darum, Anforderungen möglichst gering zu halten oder gar ganz „abzuwürgen". Vielmehr sollte sichergestellt werden, dass neue Anforderungen kontrolliert in IT-Lösungen umgesetzt werden, d. h. auf Basis der bestehenden Standards des Unternehmens (siehe Kapitel 6.1.1). Auch ist für die Umsetzung eine Genehmigung obligatorisch; und zwar auf der Ebene eines unternehmensweiten Gremiums (siehe Kapitel 7.2.1). Eingedämmt werden sollte die unkontrollierte, individuelle Durchsetzung von Bereichsinteressen.

Vor der Anschaffung neuer Lösungen sind zudem zunächst Abbildungsmöglichkeiten der Anforderungen mit bestehenden Anwendungen objektiv zu prüfen. Die Nutzung von existierenden Bordmitteln, notfalls mit Erweiterung bzw. Anpassungen, ist Neuanschaffungen in der Regel vorzuziehen. Sofern Neuanschaffungen objektiv unumgänglich sind, sollten Abweichungen vom definierten Standard (z. B. Entwicklungsumgebung, Datenbank, Betriebssystem, Hardwareanforderungen) nur nach Genehmigung durch das zentrale Gremium möglich sein.

3. Anwendungskonsolidierung durchführen

Mit Präventionsmaßnahmen ist es jedoch in der Regel nicht getan. Insbesondere im Rahmen eines IT-Turnarounds ist häufig eine Konsolidierung der Anwendungslandschaft erforderlich. Die Konsolidierung der Anwendungslandschaft ist ein „Aufräumprozess", der nicht nur erheblich zur Senkung der Kosten beitragen kann, sondern auch eine tragfähige Ausgangsbasis für Agilität und Flexibilität schafft (Uebernickel/Brenner 2013, S. 22f).

Anwendungskonsolidierung ist allerdings in vielen Unternehmen eine wahre Herkulesaufgabe. Über Jahre, manchmal Jahrzehnte haben sich um Sonder- und Speziallösungen kleine Anwenderzirkel gebildet, die oft mit hoher Energie um die Beibehaltung „ihrer" vertrauten Lösung kämpfen. Diese Anwendergruppen befinden sich häufig in einer unheiligen Allianz mit IT-Mitarbeitern, die diese Systeme betreuen oder weiterentwickeln und eine mögliche Abschaltung mit dem Verlust ihres Arbeitsplatzes oder der Relevanz ihrer Fachkenntnisse verbinden.

Oft kann ein Durchbruch bei der Anwendungskonsolidierung bei einem IT-Turnaround nur durch eine klare Top-down-Zielvorgabe aus der Unternehmensführung gelingen. „Reduzierung der Anzahl der Anwendungen um 50 % innerhalb von 18 Monaten" ist ein Beispiel, wie eine derartige Top-down-Zielvorgabe lauten könnte.

Sodann sind, wie in Bild 6.6 dargestellt, Cluster von Anwendungen zu bilden und mit entsprechenden Strategien zu hinterlegen. Hierbei kann jede einzelne Anwendung Gegenstand der Diskussion mit den Anwendern sein. Wichtig ist, sowohl die Zielanwendung als auch den Weg dorthin (Migration) vorzubereiten und mit den betroffenen Anwendern abzustimmen.

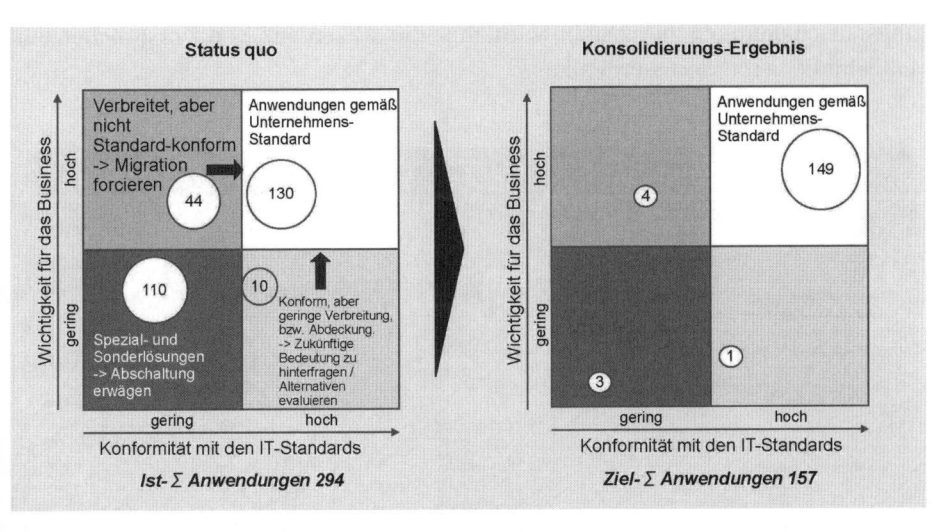

Bild 6.6 Beispiel für eine Zielsetzung bei der Anwendungskonsolidierung

Eine völlig standardisierte Anwendungslandschaft ist kaum realisierbar, zu unterschiedlich sind die Anforderungen und Voraussetzungen in jedem Unternehmen. Eine parallele Migration oder Ablösung aller kritischen Anwendungen ist ebenfalls nicht realistisch, da IT und Fachabteilungen dadurch sehr wahrscheinlich über Monate nahezu vollständig blockiert wären. Gleichzeitig existiert in vielen Unternehmen zuweilen eine vierstellige Anzahl von Anwendungen, die oftmals eine Anwendungskonsolidierung als „Mission Impossible" erscheinen lässt. Welche Vorgehensweise ist in diesem Zusammenhang nun im Rahmen eines IT-Turnarounds empfehlenswert?

Zunächst sollten die Anwendungen betrachtet werden, die für ähnliche Aufgaben im Unternehmen betrieben werden. Sind z. B. wirklich vier verschiedene CAD-Systeme notwendig? Mehrere gleichartige Systeme für die Zahlungsabwicklung? Mehr als ein E-Mail-Programm? Dann sind Systeme im Fokus, die kaum oder gar nicht (mehr) benutzt werden. Viele davon können ohne viel Federlesens sofort „retired" werden. Bei den übrigen Anwendungen ist wiederum die Anwendung der 80/20-Regel hilfreich: Als Faustregel stehen 20 % der Anwendungen für 80 % des Aufwands. Wichtig ist daher, zunächst die Anwendungen zu identifizieren, die den höchsten Betreuungsaufwand, das größte Risiko oder die höchsten Kosten verursachen.

In Bild 6.7 ist eine Vorgehensweise dargestellt, mit der die Reihenfolge bei der Anwendungskonsolidierung anhand einer Punktbewertung je Anwendung (Scoring) bestimmt werden kann. Auf Basis von konkreten unternehmensindividuellen Kriterien kann damit zunächst jede einzelne Anwendung bewertet werden. Dieses Vorgehen hat sich auch in der Zusammenarbeit mit Fachbereichen als hilfreich erwiesen, da mit dieser Methode Objektivität bzw. Nachvollziehbarkeit von Ablösungsentscheidungen hergestellt wird und die Akzeptanz von entsprechenden Maßnahmen verbessert werden kann.

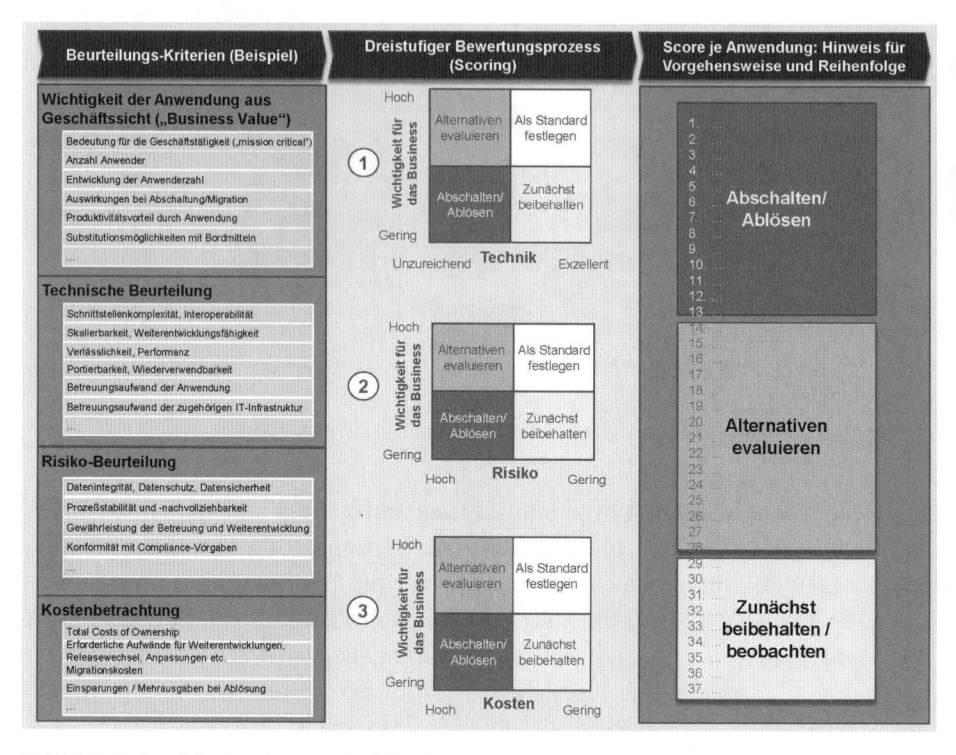

Bild 6.7 Reihenfolgebestimmung bei der Anwendungskonsolidierung

Nachdem die entsprechenden Kandidaten für eine Ablösung identifiziert und abgestimmt sind, sollte die Wirtschaftlichkeit und die technische Machbarkeit analysiert werden. Insbesondere für umfangreiche Ablösungsvorhaben ist die Erstellung eines Business Case erforderlich.

> Eine Minimierung der Anzahl der Anwendungen zum Zweck der Kostensenkung kann unwirtschaftlich sein. Auch hier gilt die 80/20-Regel: 20% der Anwendungen verursachen üblicherweise 80% der Kosten!

Nachdem der Konsolidierungsplan durch ein unternehmensweites Gremium genehmigt wurde, sollte der IT-Architekt mit der Entwicklung eines Rückbauplans beauftragt werden, mit dem die Anwendungskonsolidierung operationalisiert, d. h. mit Verantwortlichkeiten, Aufgaben und Meilensteinen hinterlegt wird.

Schnittstellenkonsolidierung

Oft ist nicht (nur) die reine Vielfalt der Anwendungen der Treiber der Komplexität, sondern auch die Anzahl und der Umfang der Datenschnittstellen zwischen diesen Anwendungen. Insbesondere wenn zahlreiche Direktverbindungen zwischen einzelnen Anwendungen (1:1-Schnittstellen) bestehen, ist von den sogenannten „Spaghetti-Landschaften" die Rede. Änderungen sind dann oft nur noch schwer möglich, weil „alles mit jedem" zusammenhängt; Agilität und Flexibilität des Unternehmens sind dadurch massiv behindert.

Abhilfe schafft zunächst die Konsolidierung der Anwendungslandschaft. Mit vielen abgeschalteten Anwendungen können auch die zugehörigen Schnittstellen entfallen. Wenn dadurch keine hinreichende Vereinfachung zu erreichen ist, z. B. nicht genügend Anwendungen obsolet oder ersetzbar sind, ist gegebenenfalls eine Modernisierung der IT-Architektur notwendig (z. B. Einziehen einer Middleware; Standardisierung der Schnittstellen, Trennung der Anwendungen in eine Funktions- und Datenschicht). Oftmals sind derartige Maßnahmen unvermeidlich, um eine flexible, integrierte Anwendungsplattform zu erhalten. Die Projektaufwände sind jedoch dann vielfach erheblich umfangreicher im Vergleich zu einer Konsolidierung der Anwendungen.

Harmonisierung von ERP-Kernanwendungen als Sonderfall

In einer Reihe von Unternehmen wird die Anwendungskomplexität nicht (nur) durch die schiere Menge der Anwendungen getrieben, sondern (auch) durch einzelne Kernanwendungen (z. B. ERP-, CAD-, Product Lifecycle Management-, Supply Chain-Systeme), die innerhalb eines Unternehmens in unterschiedlichen Konfigurationen oder technischen Zuständen (z. B. Versionen, Plattformen) eine Parallelexistenz führen. Diese Heterogenität ist dann besonders ausgeprägt, wenn z. B. in Fachbereichen, zugekauften Tochtergesellschaften bzw. Auslandsgesellschaften gleiche Kernprozesse mit unterschiedlichen bzw. gleichen, aber stark unterschiedlich konfigurierten Systemen unterstützt werden. Ein derartiger Zustand ist aus zwei Gründen nachteilig: Zum einen wird auf der Business-Ebene die gemeinsame und durchgängige Geschäftsprozessdurchführung und -transparenz über die Systemgrenzen hinweg erschwert, zum anderen bedeutet die systemtechnische Heterogenität erhöhten Betreuungsaufwand und Kostenanfall für die IT.

Eine Verbesserung dieser Situation ist in aller Regel nur durch eine Prozessstandardisierung zu erreichen, die Voraussetzung für die Reduktion der unterstützenden Kernanwendungen ist. Eine Prozessstandardisierung, vielleicht noch in einem internationalen Kontext, ist jedoch oftmals eine Mammutaufgabe, die in der Regel das gesamte Unternehmen betrifft und in jedem Fall durch das Business getrieben werden muss. Zunächst ist durch die Anwender das Harmonisierungspotenzial zu ermitteln und zu bewerten, d. h. die Vorteile einer Prozessharmonisierung den zu erwartenden Aufwänden gegenüberzustellen. Das weitere Vorgehen ist dann in Form einer Prozess- und Anwendungs-Roadmap zu detaillieren.

Handlungsbedarf für den Turnaround-CIO besteht insbesondere dann, wenn die Stoßrichtung der IT-Restrukturierung die Harmonisierung von Kernanwendungen als Ziel vorgibt und die erforderlichen strategischen und unternehmenspolitischen Rahmenbedingungen vorliegen. Für derartige Projekte sollten aber stets die Prozessverantwortlichen des Business im „Driver Seat" sitzen.

> **Aus der Praxis: Zwei IT-Welten driften auseinander**
>
> Im Rahmen eines IT-Health Checks bei einem Industrieunternehmen mit rund einer Milliarde Euro Umsatz und 20 internationalen Produktionsstandorten stand die Bewertung der internationalen SAP-Anwendungslandschaft im Mittelpunkt.
>
> Im Rahmen der Analyse stellte sich heraus, dass sich nach einer gemeinsamen, unternehmensweiten Standardsoftwareeinführung innerhalb von zehn Jahren zwei getrennte „SAP-Welten" gebildet hatten: Während in Europa mit einem Team umfangreiche Modifikationen des SAP-Standards vorgenommen wurden, bearbeitete ein anderes Team parallel das SAP-System in Amerika – und zwar mit unterschiedlichen Modifikationen und Workarounds für die gleichen Funktionen sowie mittlerweile auch in einem anderen Releasestand. Als Ergebnis drifteten die beiden ERP-Welten immer weiter auseinander – ohne betriebswirtschaftliche Notwendigkeit. Die Unterschiede waren nur zu einem sehr geringen Teil länderspezifischen Besonderheiten geschuldet: Weltweit wurden nahezu identische Produkte angeboten und auch die Produktionsverfahren lieferten keine Begründung für ein Auseinanderdriften. Begünstigt wurde diese kostspielige, riskante und kontraproduktive Entwicklung durch das Fehlen eines internationalen CIOs und die entsprechenden Klammern einer gemeinsamen IT-Governance.
>
> Wir empfahlen der Geschäftsführung (die das internationale Geschäft stärken wollte) einen sofortigen Stopp der parallelen Entwicklungstätigkeit und eine Re-Integration der SAP-Landschaft auf ein gemeinsames System, verbunden mit dem Rückbau der zahlreichen Modifikationen auf die mittlerweile vorhandenen Standardfunktionalitäten der Lösung. Als Voraussetzung dafür war eine Prozessvereinfachung und -harmonisierung erforderlich, die auf Basis des jeweiligen Best-Practice-Prozesses bzw. Business Blueprints in Europa oder Amerika durchgeführt werden sollte. Ebenfalls wurden die Einsetzung eines globalen CIOs, die Bildung eines SAP-Kompetenzteams und die Einführung von weltweit gültigen Regeln und Strukturen der IT-Governance beschlossen und umgesetzt.

6.1.3 Konsolidierung der IT-Infrastruktur

Die IT-Infrastruktur ist in vielen Fällen stärker als die Anwendungslandschaft von der geografischen Ausrichtung („Footprint") des Unternehmens geprägt, d.h. sie richtet sich nach Kriterien wie Lage, Anzahl und Komplexität von IT-Standorten. Im Vergleich zur Anwendungskonsolidierung, die oft mit viel „Herzblut" verbunden ist, sind Erfolge bei der Infrastrukturkonsolidierung jedoch zumeist schneller und einfacher zu realisieren.

Konsolidierung zentraler IT-Komponenten

Noch in vielen Rechenzentren finden sich bunt gemischte Serverlandschaften, die durch das Prinzip „eine Anwendung – ein Server" stark aufgebläht sind. In der Vergangenheit war dies oft dem Umstand geschuldet, dass viele Anwendungen spezifische Betriebssystem- oder Hardware-Umgebungen voraussetzten.

Für Maßnahmen zur Hardwarekonsolidierung lassen sich insbesondere vier Ansatzpunkte unterscheiden:

- *Serverkonsolidierung:* Hierbei steht die Vereinfachung von umfangreichen, oft heterogenen und auf zahlreiche Standorte verteilten Serverlandschaften im Vordergrund. Ziel ist die Reduzierung der absoluten Anzahl der Geräte, die logische Konzentration auf wenige physische Geräte (Virtualisierung) inklusive besserer Ausnutzung der Rechenkapazität sowie die Vereinfachung der Wartung dieser zentralen Systeme.
- *Netzwerkkonsolidierung:* Hierbei stehen die Vereinheitlichung der Netzwerk-Systemsoftware, der Netzwerk-Dienste und die Vereinfachung der Netzwerk-Strukturen im Mittelpunkt der Bemühungen.
- *Storagekonsolidierung:* Eine Konsolidierung von verteilten Storagekapazitäten zielt vor allem auf effizientere Speicherverwaltung und die Optimierung der Speicherkapazitäten ab.
- *Standortkonsolidierung:* Verteilte Standorte (Rechenzentren, Serverräume, Remote-Anbindungen) erfordern in aller Regel zahlreiche redundante lokale Infrastrukturen (z.B. eigene E-Mail-, File-, Print-Server, eigene Sicherheits- und Rechenzentrums-Infrastruktur, dedizierte Manpower). Eine Zentralisierung (virtuell oder physisch) zielt auf die Zusammenlegung von getrennten IT-Standorten ab und ist meistens auch der Verbesserung der IT-Sicherheit zuträglich.

Insgesamt tragen die Maßnahmen der Infrastrukturkonsolidierung nicht nur erheblich zur Komplexitätsreduzierung bei, sondern sind auch die Grundlage für Kostensenkungen in der IT (siehe Kapitel 6.2.1).

6.2 Das Preis-Leistungs-Verhältnis der IT verbessern

Die Reduzierung der IT-Kosten ist häufig eine Aufgabe im Rahmen von IT-Restrukturierungsprojekten. Es wird angestrebt, das Preis-Leistungs-Verhältnis der IT zu optimieren, d. h. die bestmögliche Leistung zu möglichst geringen Kosten bereitzustellen. Die Herausforderung besteht darin, Maßnahmen zu identifizieren, die die notwendige Unterstützungsfunktion der IT für das Business nicht gefährden. Anders ausgedrückt: Die IT-Kosten müssen gesenkt werden ohne die Geschäftstätigkeit des Unternehmens zu hemmen oder zu gefährden.

6.2.1 IT-Kostensenkung

Kostensenkungsmaßnahmen im Rahmen von IT-Turnarounds zielen primär auf die Schaffung von finanziellen Freiräumen ab. Diese Freiräume finden – je nach Stoßrichtung der IT-Restrukturierung – hauptsächlich für vier Zwecke Verwendung:

- *Beitrag der IT* zu unternehmensweiten Rationalisierungsprojekten bzw. zur Unterstützung der Sanierung des Unternehmens (siehe Kapitel 1.2),
- Zurückführung der IT-Kosten auf ein vorgegebenes Ziel (z. B. *Target-Budget*, Branchendurchschnitt der IT-Kosten in Relation zum Umsatz),
- Gewinnung von Mitteln für *Innovationsmaßnahmen* bei gedeckeltem Budget (z. B. Intensivierung des Business Enablings, siehe Kapitel 6.5),
- Gewinnung von Mitteln für die mengenmäßige *Ausweitung der IT-Leistung* bei gedeckeltem Budget (z. B. ohne Budgeterhöhung Unterstützung einer gewachsenen Zahl von Anwendern, Bewältigung eines höheren Transaktionsaufkommens, Betrieb zusätzlicher Anwendungen).

> Bei Restrukturierungen gibt es keine „fixen" IT-Kosten und „heilige Kühe".

Für eine spürbare und nachhaltige Senkung der IT-Kosten ist es in den allermeisten Fällen nicht getan, die sogenannten „low hanging fruits" einzusammeln, also mit einfachen Mitteln schon signifikante Reduzierung der IT-Kosten zu erreichen. Viele Unternehmen haben mehrfache Kostensenkungsrunden hinter sich und da IT einen wesentlichen Teil der Gemeinkosten in Unternehmen repräsentiert, wurden auch die entsprechenden Kosten normalerweise bereits mehrfach betrachtet.

Trotzdem finden sich insbesondere in kriselnden IT-Bereichen erhebliche Möglichkeiten zur Kostensenkung. Darunter sind Missstände, die als „heilige Kühe" bislang unangetastet geblieben sind, oder Potenziale, deren Hebung als vermeintliche „Mission Impossible" klassifiziert wurde. Zu oft werden Umstände schulterzuckend als gegeben hingenommen, z. B. aus Scheu vor zu erwartenden Widerstände im Unternehmen oder aus mangelnder Veränderungsbereitschaft in der IT. Zudem werden viele Kosten vorschnell als nicht adressierbar bezeichnet, da es sich um „Fixkosten" handele (z. B. Rechenzentren, IT-Verträge, Personalkosten). Bei Restrukturierungen gibt es allerdings per se keine Fixkosten; alle Positionen mit einer relevanten Höhe sind zu analysieren, zu hinterfragen und auf Reduzierungsmöglichkeiten abzuklopfen. Ein weiterer Grund für das Auslassen von Kostensenkungspotenzialen ist schlicht und einfach mangelnde Transparenz und fehlende Verantwortung für bestimmte Kostenblöcke.

Hier muss im Rahmen der IT-Restrukturierung angesetzt werden. Es ist ein breit angelegtes Vorgehen erforderlich, das auch die bislang gültigen Selbstverständlichkeiten der IT-Nutzung und der IT-Architektur im Unternehmen in Frage stellt. Allerdings sind die häufig anzutreffenden Kostensenkungsprojekte mit der „Rasenmäher-Methode" meistens nicht zielführend. Eingespart werden sollte da, wo ein Weniger an Kosten kein Weniger an Nutzen nach sich zieht. Dies ist von Unternehmen zu Unternehmen und von Situation zu Situation unterschiedlich und Bedarf einer genauen Betrachtung und eines differenzierten Vorgehens. Zudem muss eine permanente Transparenz über den aktuellen Status der IT-Kosten gewährleistet sein, verbunden mit der konkreter Zuordnung von Verantwortlichkeiten für definierte Kostenblöcke auf einzelne IT-Manager bzw. -Mitarbeiter.

Wo genau im Rahmen der Kostensenkung angesetzt werden sollte, ist vor dem Hintergrund der konkreten Situation zu entscheiden. Häufig bieten sich für Kostensenkungsprogramme drei Bereiche an:

- Kontrolle der Nachfrage nach IT-Leistungen,
- Flexibilisierung und Weiterverrechnung der IT-Kosten,
- Optimierung der IT-Leistungserbringung.

Bild 6.8 zeigt exemplarisch Maßnahmenbeispiele für diese drei Kategorien.

Ansätze für die Eindämmung der IT-Kosten

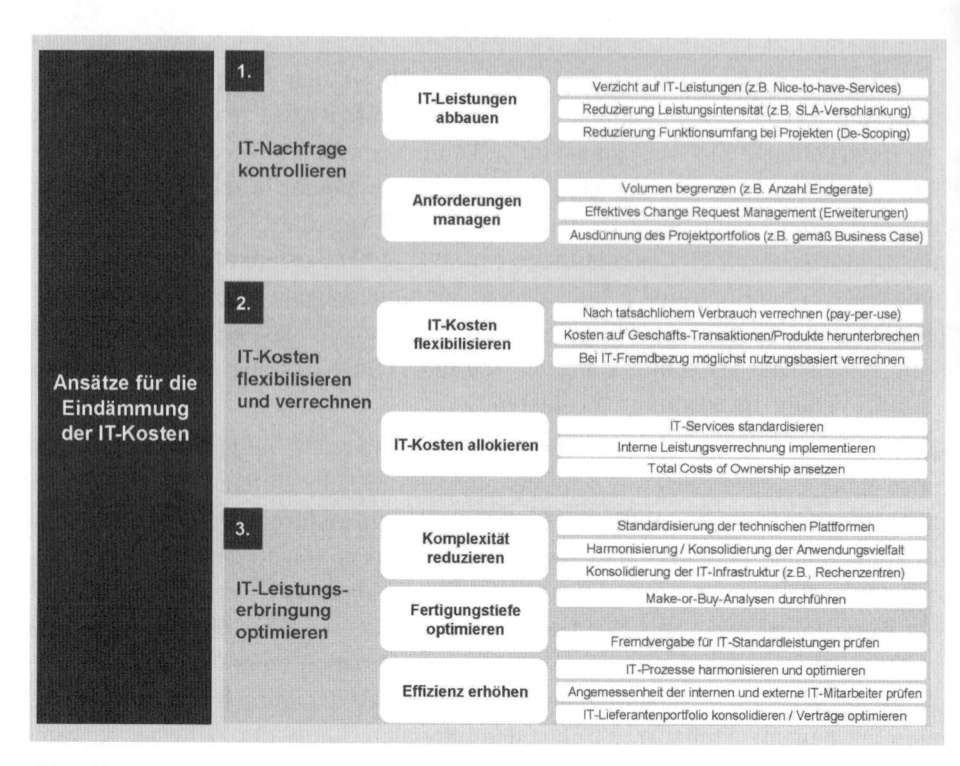

1. IT-Nachfrage kontrollieren
- IT-Leistungen abbauen
  - Verzicht auf IT-Leistungen (z.B. Nice-to-have-Services)
  - Reduzierung Leistungsintensität (z.B. SLA-Verschlankung)
  - Reduzierung Funktionsumfang bei Projekten (De-Scoping)
- Anforderungen managen
  - Volumen begrenzen (z.B. Anzahl Endgeräte)
  - Effektives Change Request Management (Erweiterungen)
  - Ausdünnung des Projektportfolios (z.B. gemäß Business Case)

2. IT-Kosten flexibilisieren und verrechnen
- IT-Kosten flexibilisieren
  - Nach tatsächlichem Verbrauch verrechnen (pay-per-use)
  - Kosten auf Geschäfts-Transaktionen/Produkte herunterbrechen
  - Bei IT-Fremdbezug möglichst nutzungsbasiert verrechnen
- IT-Kosten allokieren
  - IT-Services standardisieren
  - Interne Leistungsverrechnung implementieren
  - Total Costs of Ownership ansetzen

3. IT-Leistungserbringung optimieren
- Komplexität reduzieren
  - Standardisierung der technischen Plattformen
  - Harmonisierung / Konsolidierung der Anwendungsvielfalt
  - Konsolidierung der IT-Infrastruktur (z.B., Rechenzentren)
- Fertigungstiefe optimieren
  - Make-or-Buy-Analysen durchführen
  - Fremdvergabe für IT-Standardleistungen prüfen
- Effizienz erhöhen
  - IT-Prozesse harmonisieren und optimieren
  - Angemessenheit der internen und externe IT-Mitarbeiter prüfen
  - IT-Lieferantenportfolio konsolidieren / Verträge optimieren

Bild 6.8 Beispiel für Ansätze zur Eindämmung der IT-Kosten

IT-Kosten analysieren, Kostentreiber bestimmen und IT-Kosten sinnvoll reduzieren

Wie lassen sich IT-Kostensenkungsprogramme pragmatisch und zielführend aufsetzen? Zunächst ist der Status quo zu ermitteln. Wie sind die Kosten strukturiert? Sind die Kosten hinreichend detailliert darstellbar? Wie haben sich die einzelnen Kostenkategorien in den letzten drei Jahren entwickelt? Was sind die Treiber der Kostenhöhe und ihrer Entwicklung? Welche Maßnahmen zur IT-Kostensenkung wurden bereits versucht und wie effektiv und nachhaltig waren diese? Werden die Kosten zentral kontrolliert (IT-Controlling) und bestehen klare Verantwortungsbereiche für die jeweiligen Kostenkategorien?

Auch eine detaillierte Bestandsaufnahme muss keine monatelange Analysearbeit bedeuten: Als Faustregel gilt, dass 20 % der Komponenten in der Regel 80 % der Kosten verursachen. Auf diese Assets sollte sich der Analyse- und Optimierungsaufwand konzentrieren. Entscheidend ist das Verständnis der Treiber bzw. Verursacher der Kosten – erst wenn die Kostentreiber klar identifiziert und verstanden sind, lassen sich effektive und nachhaltige Maßnahmen entwickeln.

Im Anschluss an die Bestandsaufnahme empfiehlt sich eine Vorgehensweise mit folgenden Schritten:

1. Durchführung von Ideen-Workshops für Kostensenkungsansätze sowohl innerhalb der IT als auch mit den IT-Kunden, deren Anforderungen die IT-Kosten wesentlich treiben. Basis sind detaillierte Analysen hinsichtlich der Kostenverursacher, -arten, -treiber sowie Analysen hinsichtlich IT-Lieferanten, -Verträgen und -Leistungen,
2. Ableitung und Abstimmung von IT-Kostensenkungsmaßnahmen (mögliche Hebel finden sich nachstehend) mit konkreter Zuordnung von Verantwortlichkeiten auf einzelne Mitarbeiter sowie Definition von realistischen Zeitplänen für die Umsetzung,
3. Ernennung eines Mitarbeiters, der für das Maßnahmen-Controlling zuständig ist, Fortschritts- und Statusberichte anfertigt und den Status des Kostensenkungsprogramms permanent überwacht (hierfür bietet sich z. B. der „IT-Finanzer" an, der bereits in der Stabilisierungsphase hilfreich war – siehe Kapitel 5.5),
4. Verantwortlichkeit herstellen durch das Zuordnen von Kostenblöcken bzw. -positionen auf einzelne Mitarbeiter,
5. Sicherstellung permanenter Transparenz hinsichtlich der IT-Kosten, ihrer Zusammensetzung und ihrer Entwicklung (auch für die IT-Kunden).

Kostensenkung durch Standardisierung

Im vorangegangenen Kapitel wurden IT-Standardisierung und -Konsolidierung als primäre Maßnahmen zum Abbau von überflüssiger Komplexität beschrieben. Standardisierung und Konsolidierung gelten aber auch als Königsweg für Kostensenkungsvorhaben in der IT, da mit der Eindämmung des Wildwuchses auch eine signifikante Verbesserung des Preis-Leistungs-Verhältnisses einhergeht. Eine MIT-Studie ergab, dass Unternehmen mit einer standardisierten IT per se 16 % geringere IT-Kosten haben, als Unternehmen, die mit einer komplexen, heterogenen IT arbeiten (Weill/Ross 2009, S. 75 f).

Durch Standardisierung kann „viermal Geld gespart" werden (Dietrich 2004, S. 62 f), und zwar durch:

- höheres Einkaufsvolumen bzw. höhere Rabatte bei der Beschaffung gleichartiger, kommodisierter Hard- und Software sowie IT-Services (anstatt unterschiedliche bzw. nicht kommodisierte Produkte in kleinen Losen bei verschiedenen Lieferanten dezentral zu beschaffen),
- geringere Schnittstellenkomplexität bzw. bessere Integration von Prozessen und Informationen,
- Realisierung von Know-how-Spezialisierungsvorteilen durch Konzentration auf wenige Produkte bzw. technologische Standards, d.h. bessere Qualität der inter-

nen Betreuung durch Konzentration auf Standardprodukte sowie auch Reduzierung des Schulungsaufwands,
- Reduzierung der Supportkosten durch Vereinfachung, d. h. Personalkosten sinken, da sich die Anzahl der zu betreuenden Systeme reduziert und zudem kein Know-how für die abgelösten IT-Plattformen und insbesondere für deren Integration vorgehalten werden muss.

Weitere Hebel für die Senkung der IT-Kosten

Mit der IT-Standardisierung sind die Kostensenkungsmöglichkeiten jedoch noch nicht ausgeschöpft. Optionen für die Reduzierung von IT-Kosten sind äußerst vielfältig. Ihre Relevanz richtet sich in erster Linie nach dem Zustand, in dem sich die IT-Funktion im jeweiligen Unternehmen befindet. Fragmentierte, überkomplexe Landschaften ohne stringente IT-Governance und standardisierte Plattformen haben weitaus mehr Kostensenkungspotenzial als bereits optimierte Strukturen.

In Bild 6.9 sind für die klassischen IT-Funktionen Plan, Build und Run mögliche Hebel zur Reduzierung der Kosten aufgeführt. Das Schaubild stellt eine beispielhafte Auswahl von Maßnahmen dar, die bereits in zahlreichen Unternehmen umgesetzt wurden. Es handelt sich jedoch nicht um eine Blaupause, d. h. für jedes Unternehmen sind im Rahmen der IT-Restrukturierung individuelle Maßnahmen zu identifizieren und das mögliche Einsparpotenzial je Einzelfall abzuschätzen.

Bevor einzelne Kostensenkungsmaßnahmen initiiert werden, sollte jedoch im Rahmen von Make-or-Buy Überlegungen die Auslagerung von Commodity IT-Services evaluiert werden (z. B. Infrastructure-as-a-Service, Platform-as-a-Service, siehe Kapitel 6.3.1). Schätzungen gehen beispielsweise davon aus, dass die Total Costs of Ownership einer cloudbasierten Rechner/Speicher-Einheit zwischen 40 und 50 % niedriger sind im Vergleich zu einer im eigenen Rechenzentrum betriebenen Einheit (McKinsey 2017).

Jede IT-Kostensenkungsmaßnahme setzt ein Verständnis für die Verursachung und die Entwicklung der mit den jeweiligen Leistungen verbundenen Kosten voraus sowie die Definition und Umsetzungskontrolle geeigneter Maßnahmen. Als Resultat können die in Bild 6.9 beispielhaft aufgeführten Kostensenkungseffekte erzielt werden. Im Rahmen von IT-Restrukturierungsprojekten sind innerhalb von 24 Monaten Kosteneinsparungen von 30 % und mehr machbar. Die effektivsten Hebel dafür sind regelmäßig:

- Zusammenlegung von Rechenzentrums-Standorten,
- Konsolidierung von Anwendungslandschaften (siehe Kapitel 6.1.2),
- Standardisierung von technischen Plattformen (siehe Kapitel 6.1.1),
- Anpassung der Service-Level (siehe Kapitel 6.2.3),
- Optimierung der IT-Sourcing-Strategie (siehe Kapitel 6.2.4).

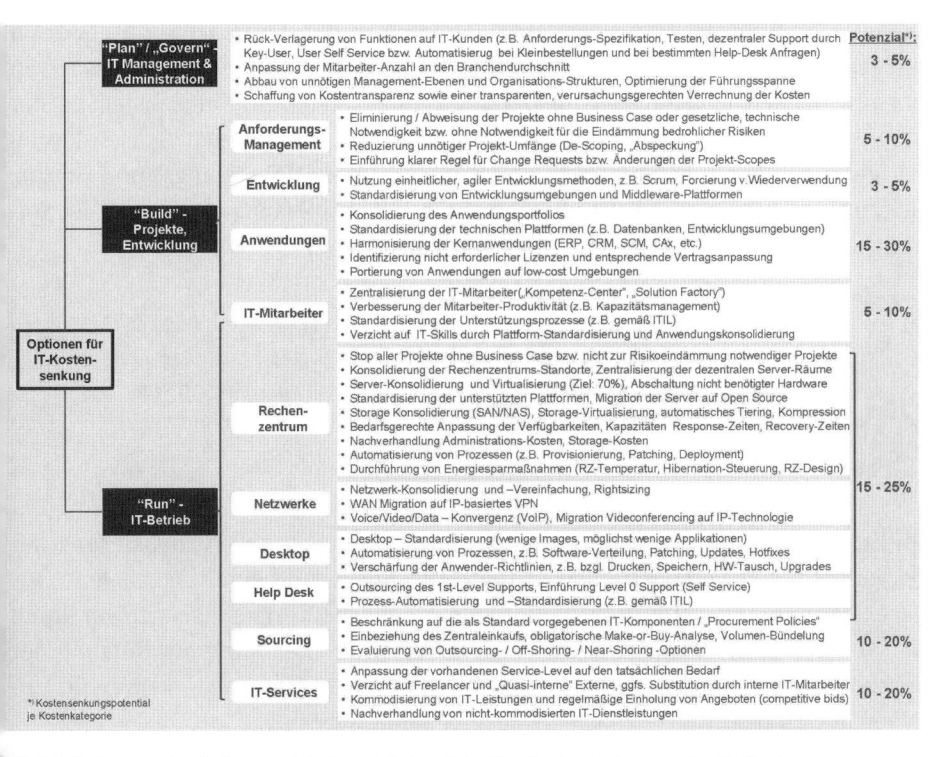

Bild 6.9 Auswahl möglicher Hebel und Potenziale für die Reduzierung der IT-Kosten

Optionen für IT-Kostensenkung:

"Plan" / "Govern" - IT Management & Administration
- Rück-Verlagerung von Funktionen auf IT-Kunden (z.B. Anforderungs-Spezifikation, Testen, dezentraler Support durch Key-User, User Self Service bzw. Automatisierug bei Kleinbestellungen und bei bestimmten Help-Desk Anfragen)
- Anpassung der Mitarbeiter-Anzahl an den Branchendurchschnitt
- Abbau von unnötigen Management-Ebenen und Organisations-Strukturen, Optimierung der Führungsspanne
- Schaffung von Kostentransparenz sowie einer transparenten, verursachungsgerechten Verrechnung der Kosten

Potenzial*): 3 - 5%

"Build" - Projekte, Entwicklung

Anforderungs-Management
- Eliminierung / Abweisung der Projekte ohne Business Case oder gesetzliche, technische Notwendigkeit bzw. ohne Notwendigkeit für die Eindämmung bedrohlicher Risiken
- Reduzierung unnötiger Projekt-Umfänge (De-Scoping, „Abspeckung")
- Einführung klarer Regel für Change Requests bzw. Änderungen der Projekt-Scopes

Potenzial: 5 - 10%

Entwicklung
- Nutzung einheitlicher, agiler Entwicklungsmethoden, z.B. Scrum, Forcierung v. Wiederverwendung
- Standardisierung von Entwicklungsumgebungen und Middleware-Plattformen

Potenzial: 3 - 5%

Anwendungen
- Konsolidierung des Anwendungsportfolios
- Standardisierung der technischen Plattformen (z.B. Datenbanken, Entwicklungsumgebungen)
- Harmonisierung der Kernanwendungen (ERP, CRM, SCM, CAx, etc.)
- Identifizierung nicht erforderlicher Lizenzen und entsprechende Vertragsanpassung
- Portierung von Anwendungen auf low-cost Umgebungen

Potenzial: 15 - 30%

IT-Mitarbeiter
- Zentralisierung der IT-Mitarbeiter („Kompetenz-Center", „Solution Factory")
- Verbesserung der Mitarbeiter-Produktivität (z.B. Kapazitätsmanagement)
- Standardisierung der Unterstützungsprozesse (z.B. gemäß ITIL)
- Verzicht auf IT-Skills durch Plattform-Standardisierung und Anwendungskonsolidierung

Potenzial: 5 - 10%

"Run" - IT-Betrieb

Rechenzentrum
- Stop aller Projekte ohne Business Case bzw. nicht zur Risikoeindämmung notwendiger Projekte
- Konsolidierung der Rechenzentrums-Standorte, Zentralisierung der dezentralen Server-Räume
- Server-Konsolidierung und Virtualisierung (Ziel: 70%), Abschaltung nicht benötigter Hardware
- Standardisierung der unterstützten Plattformen, Migration der Server auf Open Source
- Storage Konsolidierung (SAN/NAS), Storage-Virtualisierung, automatisches Tiering, Kompression
- Bedarfsgerechte Anpassung der Verfügbarkeiten, Kapazitäten Response-Zeiten, Recovery-Zeiten
- Nachverhandlung Administrations-Kosten, Storage-Kosten
- Automatisierung von Prozessen (z.B. Provisionierung, Patching, Deployment)
- Durchführung von Energiesparmaßnahmen (RZ-Temperatur, Hibernation-Steuerung, RZ-Design)

Potenzial: 15 - 25%

Netzwerke
- Netzwerk-Konsolidierung und –Vereinfachung, Rightsizing
- WAN Migration auf IP-basiertes VPN
- Voice/Video/Data – Konvergenz (VoIP), Migration Videoconferencing auf IP-Technologie

Desktop
- Desktop – Standardisierung (wenige Images, möglichst wenige Applikationen)
- Automatisierung von Prozessen, z.B. Software-Verteilung, Patching, Updates, Hotfixes
- Verschärfung der Anwender-Richtlinien, z.B. bzgl. Drucken, Speichern, HW-Tausch, Upgrades

Help Desk
- Outsourcing des 1st-Level Supports, Einführung Level 0 Support (Self Service)
- Prozess-Automatisierung und –Standardisierung (z.B. gemäß ITIL)

Sourcing
- Beschränkung auf die als Standard vorgegebenen IT-Komponenten / „Procurement Policies"
- Einbeziehung des Zentraleinkaufs, obligatorische Make-or-Buy-Analyse, Volumen-Bündelung
- Evaluierung von Outsourcing- / Off-Shoring- / Near-Shoring -Optionen

Potenzial: 10 - 20%

IT-Services
- Anpassung der vorhandenen Service-Level auf den tatsächlichen Bedarf
- Verzicht auf Freelancer und „Quasi-interne" Externe, ggfs. Substitution durch interne IT-Mitarbeiter
- Kommodisierung von IT-Leistungen und regelmäßige Einholung von Angeboten (competitive bids)
- Nachverhandlung von nicht-kommodisierten IT-Dienstleistungen

Potenzial: 10 - 20%

*) Kostensenkungspotential je Kostenkategorie

Zusätzliche signifikante Einsparungen lassen sich durch weitergehende Maßnahmen wie

- die Restrukturierung des IT-Bereichs bzw. die Anpassung der Mitarbeiteranzahl (siehe Kapitel 6.2.2) sowie
- die Optimierung der IT-Fertigungstiefe (Outsourcing, siehe Kapitel 6.3)

erzielen.

Als Faustregel entfallen rund 40 % der IT-Ausgaben auf Projekte und 60 % auf den IT-Betrieb (unabhängig davon, ob die Ausgaben für Investitions- oder Verbrauchszwecke verwendet werden); hiervon entfallen wiederum der Großteil auf die Kosten für den Betrieb des Rechenzentrums, des Unternehmensnetzwerks und der dezentralen Systeme. Für diese großen Blöcke haben sich folgende Hebel zur Kostensenkung als besonders wirkungsvoll erwiesen:

Hebel für die Senkung der Rechenzentrumskosten

Rechenzentrumskosten tragen im Durchschnitt zu rund 20 % der gesamten IT-Kosten bei. Erhebliche Kostensenkungspotenziale liegen vor, wenn die IT-Produktion noch an mehreren Orten erbracht wird und zusätzlich vielleicht noch zahlreiche dezentrale Serverräume existieren. Zunächst sollte ein kritischer Blick auf geplante technische Modernisierungsmaßnahmen in den Rechenzentren geworfen werden. Rechnen sich diese wirklich, auch im Vergleich zu einem Fremdbezug von entsprechenden Leistungen (Outsourcing)? Dann sollte die Zentralisierung der verteilten IT-Standorte evaluiert werden. Ziel ist die Senkung der Betriebskosten bei gleichzeitiger Erhöhung der Servicequalität durch Bündelungs- und Spezialisierungseffekte an möglichst wenigen Orten (z. B. von Manpower, Know-how, Serverauslastung, Speicherkapazität, Netzwerkauslastung).

> Zentralisierungsmaßnahmen gehen in aller Regel mit steigendem Datenverkehr und erforderlichen Maßnahmen zur Ausfallsicherheit einher. Entsprechende Mehrkosten und ggfs. notwendige Investitionen müssen im Rahmen einer Business Case Betrachtung den Konsolidierungsvorteilen gegenübergestellt werden.

Im Zuge der Rechenzentrumskonsolidierung sollte auch die Virtualisierung der Serverlandschaft vorangetrieben werden. Die Auslastung eines „normalen" Servers liegt mitunter bei nur 15 %. Hier sind erhebliche Kosteneinsparungen durch die Aufhebung des Prinzips „eine Anwendung pro Server" und die Nutzung der vorhandenen Serverkapazitäten möglich. Daneben sollten wiederkehrende Aufgaben auf Automatisierungspotenziale abgeklopft werden.

Angesichts der steigenden Energiekosten sind auch Maßnahmen zur Reduzierung des Stromverbrauchs und der Kühlanforderungen zu evaluieren („Green IT"). Hier sind z. B. Maßnahmen des Rechenzentrum-Designs zielführend, um die immer leerer werdenden Rechenzentren zu verkleinern und so Kosten für Strom bzw. Kühlung zu reduzieren.

Hebel für die Senkung der Netzwerkkosten

Die Kosten für das Netzwerk betragen im Durchschnitt ebenfalls rund 20 % der gesamten IT-Kosten (inklusive dazugehöriger Personalkosten und Telekommunikationsdienste) und sind regelmäßig einen kritischen Blick wert. Kosten lassen sich auch hier durch eine konsequente Zurückführung auf wenige Standards (z. B. Ethernet Access, Voice over IP) und die Vereinfachung des Netzwerk-Designs sparen. Hinsichtlich der Telekommunikationskosten können Hebel neben Nach- und Neuverhandlung von Verträgen beispielsweise in der Nutzung von VPN anstatt von MPLS für den Fernzugriff auf Server, in der Nutzung von IP-Technologie für Videokonferenzen sowie in der Nutzung reservierungsfreier anstatt reservierungsgebundener Telefonkonferenzanbieter liegen. Ferner sollte geprüft werden, ob die eingekauften Servicequalitäten auch den tatsächlichen Anforderungen entsprechen oder ob die Reduzierung der Service Level möglich ist (siehe Kapitel 6.2.3).

Hebel für die Senkung der Arbeitsplatzsystemkosten

Der Betrieb der Arbeitsplatzsysteme (PCs, Notebooks, Drucker etc.) benötigt im Durchschnitt rund 10 % der gesamten IT-Kosten und wird im Wesentlichen durch den Betreuungsaufwand getrieben. Hebel für Kostensenkungen liegen in der Reduzierung der Service-Level auf ein noch akzeptables Maß und in der Entlastung (und Reduzierung) des Benutzersupports durch Maßnahmen wie Anwender-Selbsthilfe (Key-User-Konzept, Bereitstellung eines User-Self-Service-Portals mit FAQ-Bereich, Passwort-Reset-Funktion und Bereitstellung von Anleitungen). Auch sollte eine Evaluation von Outsourcing-Möglichkeiten für den 1st-Level-Support vorgenommen werden. Ferner können im Zuge des Anforderungsmanagements (siehe Kapitel 7.4.2) restriktive Vorgaben hinsichtlich Hardwaretausch, Upgrades und die Limitierung des Speicherplatzes für das benutzerindividuelle E-Mail-Postfach zur Kostensenkung beitragen.

Beim Blick auf die Arbeitsplatzsystemkosten lohnt sich regelmäßig eine Überprüfung der eingesetzten Softwarelizenzen. Wie viele Lizenzen werden kaum oder gar nicht mehr genutzt (z. B. für ausgeschiedene Mitarbeiter und Externe, Praktikanten, Test-User)? Besteht eine problematische Unterlizenzierung bzw. der Einsatz von Raubkopien?

Hebel für die Senkung von Projektkosten

Im Durchschnitt entfallen 40 % der IT-Kosten auf Projekte. Bei der Suche nach Einsparmöglichkeiten empfiehlt sich zunächst, wie in Kapitel 5.6 beschrieben, eine Bereinigung des Projektportfolios: Welche Projekte sind weder mit der Stoßrichtung der Restrukturierung vereinbar noch mit quantifizierbaren Nutzen für das Business verbunden und können eingestellt werden?

Auch bei erforderlichen Projekten bestehen Hebel zur Kostensenkung. An erster Stelle steht hierbei die Suche nach Synergiepotenzialen. Zu identifizieren sind dazu Projekte, bei denen eine inhaltliche bzw. technische Vereinheitlichung sowie eine Kooperation zwischen Unternehmensbereichen machbar und sinnvoll sind. Ist z. B. in mehreren Teilen des Unternehmens die Implementierung von gleichartigen Anwendungs- oder Infrastrukturprojekten vorgesehen (z. B. Implementierung eines Dokumenten-Managementsystems, eines CRM-Systems oder der Rollout eines neuen PC-Arbeitsplatzes), so sollten diese Projekte auf Basis von einheitlichen Templates möglichst bereichsübergreifend geplant und implementiert werden. Die damit einhergehende höhere Projektkomplexität setzt eine Überkompensation durch die Synergiepotenziale voraus. Hierzu empfiehlt sich eine Business Case-Betrachtung.

Eine weitere Möglichkeit ist die „Abspeckung" des Projekt-Scopes, z. B. der Verzicht auf Nice-to-have-Funktionen, hinter denen signifikante Aufwände stecken.

Bewertung und Taktung der Kostensenkungsmaßnahmen

Viele IT-Kostensenkungsmaßnahmen sind zunächst mit Investitionen verbunden. Die Zusammenlegung von Rechenzentren, die Integration von Netzwerken oder die Migration auf standardisierte Plattformen sind erhebliche Verbesserungen, die nicht zum Nulltarif zu haben sind. Die Umsetzung derartiger Maßnahmen setzt einen soliden Business Case voraus, in dem einer möglichst realistischen Kostenschätzung die zu erwartenden Einsparungen gegenübergestellt werden. Schwer quantifizierbare qualitative Effekte wie z. B. erhöhte Flexibilität, höhere Sicherheit oder verbesserte Zukunftsfähigkeit der IT sollten dabei auch in die Waagschale geworfen werden.

Jede Kostensenkungsmaßnahme, deren Vorteilhaftigkeit nicht klar auf der Hand liegt, sollte hinsichtlich ihrer technischen Machbarkeit und ihres wirtschaftlichen Effekts detailliert werden. Zudem ist eine Risikobetrachtung durchzuführen, die je Maßnahme eine Abschätzung hinsichtlich Zeitaufwand, technischem Risiko, organisatorischem Änderungsaufwand und Investitionsbedarf beinhaltet.

Es hat sich als hilfreich erwiesen, zunächst Maßnahmen zu starten, die Aufräumarbeiten beinhalten und ein geringes technisches und organisatorisches Risiko mit sich bringen sowie möglichst keine oder geringe Investitionen erfordern (z. B. Zurückgabe nicht benötigter Lizenzen, Stilllegung von nicht oder kaum benutzen Geräten und Anwendungen, Beendigung offensichtlich fragwürdiger Projekte, Implementierung organisatorischer Verbesserungen). Durch die Realisierung von Maßnahmen mit geringem Risiko und kurzer Umsetzungszeit wird Dynamik und Schwung für nachfolgende bzw. parallel angeschobene Maßnahmen gewonnen, die dann meist umfangreicher und schmerzhafter sind.

> **Aus der Praxis: Der Klotz am Bein der IT**
>
> Im Rahmen der Restrukturierung eines großen mittelständischen Einzelhandelsunternehmens war auch die IT aufgefordert, einen Beitrag zur notwendigen unternehmensweiten Kostensenkung zu erbringen.
>
> Die IT war im Großen und Ganzen bereits schlank aufgestellt, fiel aber mit weit überdurchschnittlich hohen IT-Kosten auf. Der Klotz am Bein war das zentrale Warenwirtschaftssystem, das in den 1980er-Jahren auf Basis von proprietären (herstellerspezifischen) und mittlerweile veralteten technologischen Standards selbstentwickelt worden war. Diese Anwendung war ausschließlich in einer spezifischen Großrechner-Infrastruktur ablauffähig, die im Hause den Betrieb eines Rechenzentrums erforderlich machte. Die Betreuung dieser Anwendung oblag einem Team von 13 Mitarbeitern, die über spezielle Kenntnisse des Systems und der zugrundeliegenden Basistechnologie verfügten, sich jedoch zum überwiegenden Teil bereits bedrohlich der Pensionsgrenze näherten. Nachwuchs war für eine derartige, veraltete Technik kaum zu begeistern.

Allein die laufenden Kosten für den Betrieb der obligatorischen Mainframe-Umgebung verschlangen über die Hälfte des gesamten IT-Budgets. Unter anderem waren mehrere Millionen Euro jedes Jahr für das Leasing des Mainframes aufzuwenden. Es fand sich auch kein Outsourcing-Anbieter, der zu gangbaren Konditionen den Betrieb der eigenentwickelten Lösung übernehmen wollte, zumal die technologischen Standards (Datenbank, Programmiersprachen, Entwicklungsumgebung) nicht mehr dem Stand der Technik entsprachen.

Eine signifikante Reduzierung der IT-Kosten erschien nur durch die Verwendung von kostengünstigerer Hardware (Linux-basierte Server) anstatt des teuren Hostsystems realistisch. Dafür war jedoch die Portierung der proprietären Umgebung auf preisgünstige Open Source Plattformen (Programmiersprache, Betriebssystem, Datenbank) erforderlich. Die Ablösung des Warenwirtschaftssystems durch eine Standardsoftware war hingegen auf absehbare Zeit angesichts der damit verbundenen Investitionen und organisatorischen Veränderungen keine Option.

Aber auch schon die Portierungslösung ohne Veränderung der Programmlogik stellte aufgrund des umfangreichen Systems eine Herausforderung dar, die zunächst mit einer technischen Machbarkeitsstudie von einem spezialisierten Unternehmen analysiert wurde. Diese Feasibility-Studie prognostizierte einen Migrationsaufwand von rund 2,4 Millionen Euro, dem nach 15 Monaten Einsparungen bei den Betriebskosten von jährlich 1,9 Millionen Euro gegenüberstanden. Dieser attraktive Return-on-Investment in Verbindung mit den beherrschbaren technischen Risiken und dem geringen organisatorischen Veränderungsbedarf bewogen die Geschäftsführung zur Freigabe dieser Maßnahme.

6.2.2 Überprüfung der Dimensionierung und Fähigkeiten der IT-Mannschaft

Eine IT-Restrukturierung führt in aller Regel zu geänderten Anforderungen an die Fähigkeiten der IT-Mitarbeiter und zu einer Anpassung der Dimensionierung und der Struktur des internen IT-Bereichs. Hierbei stellt sich oft die Frage, wie viele Mitarbeiter mit welchen Kenntnissen erforderlich sind.

Die IT-Organisation restrukturieren

Eine hohe Zahl von Führungsebenen ist ein typisches Kennzeichen von über die Jahre gewachsenen IT-Bereichen. Einheiten mit Bereichsleitern als Kopf und darunter beispielsweise Abteilungsleitern, Referatsleitern, Sachgebietsleitern und Teamleitern sowie zahlreichen zugeordneten Stabsstellen sind häufig bürokratisch und aufgebläht und behindern Transparenz, Durchgriff auf Fachleute sowie Berichtswesen und Entscheidungsfindung. Letztendlich ist auf jeder Führungsebene die Frage nach der persönlichen Wertschöpfung zu stellen. Eine Reduzierung von Führungsebenen erleichtert mitunter die Organisation und trägt zur Reduzierung der Personalkosten bei, insbesondere dann, wenn keine ausgewogene Führungsspanne vorliegt.

Neben der Konsolidierung der Managementschichten ist die Reorganisation der IT-Abteilung eine häufig notwendige Aufgabe für den Turnaround-CIO (siehe auch Kapitel 7.3.1). Ein Blick auf das Organigramm eines historisch gewachsenen Bereichs wirft viele Fragen auf, die oft nur teilweise objektiv beantwortet werden können. Anstatt die Grundzüge effizienter IT-Organisationen aufzuweisen, spiegeln die vorhandenen Strukturen oft thematische Redundanzen oder -Sammelbecken („Gemischtwarenladen"), ausgeprägte Technik-Affinität („Silos") und Kompensationen für langjährige treue Dienste wider (z. B. Ein-Mann-Abteilungen und -Stabsstellen). Notwendig sind eine klare Ausrichtung auf die Bedürfnisse des Business, eine professionelle Kunden-Lieferanten-Schnittstelle und eine Fokussierung auf die IT-Stärken bzw. -Schwerpunkte (siehe Kapitel 7.3.2). Finden sich zu viele „Kästchen", die sich nicht objektiv begründen lassen, so liegt vermutlich hoher organisatorischer Anpassungsbedarf vor.

Insgesamt können durch die Straffung der Organisation in erheblichem Umfang Managementkapazitäten abgebaut werden – bei gleichzeitiger Senkung der Personalkosten sowie Verbesserung der Steuerungsfähigkeit und Flexibilität.

Den tatsächlichen Bedarf an IT-Manpower ermitteln

Um den wirklichen Bedarf an Personal zu ermitteln, sollte man zunächst den Blick von der vorhandenen IT und den eingesetzten Mitarbeitern lösen und stattdessen überlegen, wie viele Mitarbeiter mit welchen Fähigkeiten bei einem Neustart erforderlich wären, um die gegenwärtigen und zukünftigen Anforderungen abzudecken (Bottom-up- bzw. Zero-based-Ansatz).

> Zero-based-Ansatz: Wieviele Mitarbeiter wären erforderlich, wenn die IT von Null neu aufgebaut werden würde?

Hierdurch ergeben sich zumeist mehr oder weniger große Differenzen zwischen dem Ist-Zustand und der angestrebten Ziel-Situation. Pläne für die Gestaltung der IT-Fertigungstiefe (siehe Kapitel 6.3) sowie geplante Standardisierungs- und Konsolidierungsvorhaben (siehe Kapitel 6.1) sowie die Ausrichtung auf die Belange des Business (siehe Kapitel 7.3) spielen bei derartigen Überlegungen eine wesentliche Rolle.

Der Wegfall von zu unterstützenden IT-Plattformen oder die Verlagerung von Aufgaben an externe IT-Dienstleister kann dazu führen, dass ganze Funktionsbereiche mittelfristig obsolet werden. Leistungen in Bereichen, die bereits kommodisiert sind, können im Zuge der Überprüfung der Fertigungstiefe in der Regel günstiger zugekauft oder ganz outgesourct werden (z. B. Betreuung der Client-Desktops, Betrieb des Rechenzentrums, Betreuung des Firmennetzwerks). Auch finden sich regelmäßig in größeren IT-Bereichen Aktivitäten, die schlicht überflüssig bzw. nicht (mehr) wertschöpfend sind.

Ein weiterer Hebel für die Reduzierung der IT-Mitarbeiteranzahl ergibt sich durch die Vereinfachung und Standardisierung von Prozessen, z. B. beim Anforderungsmanagement, Incident und Change Request Management. Zu beachten ist jedoch, dass das Vorliegen effizienter Prozesse eine Voraussetzung für einen geplanten Mitarbeiterabbau ist. Weniger Mitarbeiter bei gleichermaßen ineffizienten Prozessen zur Verfügung zu haben führt tendenziell zu einer Verschlechterung der Situation – es droht eine Abwärtsspirale.

Parallel zu geringerem Personalbedarf an einer Stelle kann der Bedarf an anderen IT-Capabilities wachsen oder sogar völlig neu entstehen. Insgesamt werden in der IT tendenziell weniger „Technikkenntnisse" erforderlich, dafür mehr Geschäfts- und Prozessverständnis sowie die Fähigkeit, externe Dienstleister steuern und IT-Kunden betreuen zu können (siehe Kapitel 10). Dazu gehören z. B. Aufgaben wie Service Level-Management und Account-Management, Multiprojektsteuerung, Anforderungsmanagement, Change Request Management und Problemmanagement, professionelles Software-Testing und Qualitätssicherung.

Als erste Orientierung für die Dimensionierung eines IT-Bereichs können neben den wahrzunehmenden Aufgaben auch Benchmark-Daten dienen. Diese geben beispielsweise Hinweise auf die Anzahl der IT-Mitarbeiter im Branchendurchschnitt oder auf die Anzahl der Server, die im Durchschnitt durch einen Mitarbeiter administrierbar sind.

Wenn Personalmaßnahmen unausweichlich sind

Aus den Analysen zum Personalbedarf sollte frühzeitig mit dem Personalbereich eine Personalbedarfsplanung abgeleitet werden, die konkrete Maßnahmen für eventuell notwendige Ein- und Ausstellungen enthält. Sollte sich ein Personalabbau als unausweichlich herausstellen, so empfiehlt sich ein rasches und konsequentes Vorgehen. Unbedingt zu vermeiden ist die berüchtigte „Salami-Taktik", d. h. die stückweise Durchführung von Personalmaßnahmen über einen längeren Zeitraum. Die Auswirkungen auf Motivation, Vertrauen und Leistungsbereitschaft der Mitarbeiter wären verheerend.

„Klare Kante zeigen", eine zügige Umsetzung und eindeutige Kommunikation des Vorgehens im Rahmen des Change Managements (siehe Kapitel 8) erscheinen als Methode vielleicht schmerzhafter bzw. unangenehmer, sind jedoch die einzigen angemessenen Optionen.

Auch ist zu beachten, dass Personalmaßnahmen häufig Abfindungszahlungen voraussetzen, deren Höhe sich nach diversen Faktoren richtet. Strategien zur Reduzierung dieser Restrukturierungskosten wie z. B. „last in – first out" sind gerade in der IT oft kontraproduktiv und können eine Abwärtsspirale auslösen. Grundsätzlich empfiehlt sich ein frühzeitiges Einbinden des Personalbereichs, der Arbeitnehmervertretung sowie von auf Restrukturierungen spezialisierten Fachanwälten für Arbeitsrecht. Zudem ist der Finanzierungsbedarf für derartige Maßnahmen zu ermitteln und mit dem Finanzbereich bzw. der Geschäftsführung frühzeitig abzustimmen.

6.2.3 Anpassung der Service Level

Ein wichtiger Stellhebel für die Reduzierung der IT-Kosten liegt in der Anpassung der Service Level, d. h. der Leistungsintensität bzw. -qualität und der Leistungsmenge. Die Service Level sind dabei in Form von SLA durch die IT zu definieren und zu bepreisen, sofern sie nicht für fremdbezogene Services externer IT-Dienstleister vorliegen. Voraussetzung dafür ist unbedingte Kostentransparenz: An jeder Leistung, die von der IT selbst oder von IT-Dienstleistern bereitgestellt wird, sollte ein Preisschild kleben. Konsumenten von IT-Leistungen sollten wissen, was die Bereitstellung und Betreuung eines Notebooks, die Nutzung des ERP-Systems für einen Mitarbeiter oder die Verwendung von einem Terabyte an Speicherplatz kosten (Service-Katalog Ansatz). Diese Transparenz sollte je einzelner Leistung und konsolidiert für die jeweiligen Kundengruppen, z. B. Fachbereiche, vorliegen. Entscheider dort müssen die Möglichkeit haben, teure Leistungen abzubestellen bzw. auf niedrigere Niveaus zu reduzieren. Die IT-Leistungen sind allerdings nicht vollständig als variable Kosten für die IT-Kunden darstellbar. Ein Teil der Kosten ist als fixer Bestandteil bei der Weiterverrechnung obligatorisch – dieser sollte aber ebenfalls nachvollziehbar dargestellt sein.

Welche Leistungen sind wirklich notwendig?

Insbesondere beim Fremdbezug von IT-Leistungen empfiehlt sich zunächst die Überprüfung, ob alle eingekauften Services überhaupt (noch) benötigt werden. Allein hier lassen sich bereits mit geringem Aufwand oft signifikante Einsparpotenziale identifizieren. Auch die Leistungsstandards bzw. die Serviceintensität ist stets zu hinterfragen: Ist wirklich für alle Server Hochverfügbarkeit mit 24/7-Betreuung erforderlich? Oder lassen sich nicht etliche Server einer Leistungsklasse zuordnen, für die statt 99,999-prozentiger (Hoch-)Verfügbarkeit auch 95-prozentige Verfügbarkeit ausreichend ist sowie statt einer Rund-um-die-Uhr-Betreuung lediglich eine Überwachung von Montag bis Freitag zwischen 8.00 und 18.00 Uhr? In vielen IT-Bereichen wird „auf Nummer sicher" gegangen und undifferenziert für alle Systeme im Unternehmen die höchsten Servicestandards eingekauft. Eigenschaften wie maximale Zuverlässigkeit, Reaktionszeit und Zugriffe lassen sich IT-Dienstleister entsprechend bezahlen. Hier sollte mit Augenmaß die wirklich notwendigen Leistungen und deren Qualität ermittelt werden.

Neben der Leistungs*intensität* ist die Leistungs*menge* ein weiterer Parameter, der die IT-Kosten erheblich beeinflussen kann. Wie viele Notebooks, Smartphones, ERP-Lizenzen oder E-Mail-Accounts sind je Fachbereich tatsächlich erforderlich? Können Assets, also z. B. Geräte oder Lizenzen, zurückgegeben werden? Wie viele verschiedene CAD-Anwendungen sind wirklich gleichzeitig notwendig? Wenn die entsprechenden Leistungen mit Preisschildern versehen sind, kann sich jeder verantwortliche Fachbereichsleiter einfach ausrechnen, was eine Anpassung der Services auf das notwendige Niveau finanziell bedeutet.

Die IT hingegen sollte ihr Serviceportfolio rigoros überprüfen und nicht kostendeckende Leistungen entweder preislich anpassen, günstiger herstellen oder nicht mehr selbst anbieten – und ggfs. katalogbasierte Outsourcing-Leistungen stattdessen bereitstellen (siehe Kapitel 6.3). Auch sollten möglichst nur noch Standardservices angeboten werden, die marktgängig und vergleichbar sind. Wollen Fachbereiche abweichende Services (z. B. kürzere Daten-Wiederherstellungszeiten als standardmäßig angeboten, längeren Helpdesk Support, spezielle Notebook-Modelle etc.), sollten sie auch die Mehrkosten tragen, sofern derartige Sonderwünsche im Unternehmen genehmigungsfähig sind.

6.2.4 Optimierung der IT-Verträge

In der Stabilisierungsphase ist in der Regel bereits die Identifikation und Hinterfragung der im Unternehmen beschäftigten externen IT-Dienstleister erfolgt (siehe Kapitel 5.4). In der Phase der Neuausrichtung sollten darauf aufbauend Optionen für die Optimierung der vorhandenen Verträge beleuchtet werden. Die konsequente Optimierung kann erheblich zur IT-Kostensenkung beitragen. In Bild 6.10 sind exemplarisch Ergebnisse von IT-Vertrags-Nachverhandlungen aufgeführt.

Branche	Verhandelte Outsourcing-Leistung	Vertrags-volumen (m€)	Erzielte Einsparung	Hebel / Maßnahmen (Auswahl)
Automotive	• Web & Server Hosting, • Helpdesk, • Application Services (ERP, HR)	1.9	37%	18% Einsparpotenzial durch Vertragsnachverhandlungen – dann wurde jedoch ein Alternativanbieter identifiziert, mit dem Einsparungen von 37% erzielt werden konnten
Medien	• Helpdesk	1.3	62%	Reduzierung des Service-Umfangs (weniger Help Desk Plätze); cost per seat reduziert von €87 auf €40
Medien	• Helpdesk, Application Managed Services	3.3	25%	Benchmarking mit Marktpreisen; Vergleich mit Standard-Leistungen, Detailanalyse Leistungsumfang, „Rightsizing" der Servicequalität und des Leistungsumfangs
Automotive	• Data Center Outsourcing, • Legacy Application Support, • Accounts Payable	40	13%	Überarbeitung der Sourcing-Strategie (u.a. Provider-Konsolidierung), dadurch erhebliche Skaleneffekte
Industrie-Konzern	• Help Desk	120	23%	Nearshoring (Spanien)
Industrie-Konzern	• Server, Applications, Datenbanken, ERP Operation	230	23%	Konsolidierung der Rechenzentren; Nachverhandlung
Industrie-Konzern	• Mobile Services	30	48%	Zusammenfassung der Leistungen über vier Länder
Industrie-Konzern	• E-Mail	25	62%	Konsolidierung der E-Mail-Systeme, Rechenzentrums-Konsolidierung, Wechsel des Providers
Financial Services	• Telecom voice	5	30%	Zusammenfassung und Neuausschreibung aller Voice Leistungen, Wechsel des Carriers für Conference Call Dienste.
	Durchschnittliche Einsparung:		36%	
	Durchschnittliche Einsparung (gewichtet nach Vertragsvolumen):		26%	

Bild 6.10 Exemplarische Ergebnisse von IT-Vertrags-Nachverhandlungen

Review der vorhandenen IT-Verträge

Bei der Betrachtung der existierenden IT-Verträge ist zunächst nach der Art der bezogenen Leistung zu differenzieren. Hierbei gibt es zwei Pole:

- Unternehmensspezifische IT-Leistungen, die individuell für das Unternehmen nur durch einen Dienstleister erbracht werden können (z. B. Betreuung einer Eigenentwicklung auf einer „exotischen" technischen Plattform).
- Commodity-Services, für die eine Vielzahl von IT-Dienstleistern in Frage kommen (z. B. Server-Fernadministration, IMAC-Service – Install/Move/Add/Change: Aufgaben im Rahmen der Betreuung von Arbeitsplatzsystemen, Telekommunikationsdienste).

Der Königsweg bei der Reduzierung der Kosten für externe IT-Services ist die möglichst weitgehende Standardisierung des Bedarfs. Je standardisierter die benötigte Leistung ist, desto einfacher kann auf Services von alternativen Anbietern mit einem günstigeren Preis-Leistungs-Verhältnis gewechselt werden. Aus diesem Grund empfehlen sich regelmäßige Angebotseinholungen für derartige Commodity-Dienste. Wenn dies innerhalb der vergangenen zwölf Monate nicht geschehen ist, sollte dies nachgeholt werden. Für Unternehmen mit aufgeräumter und eventuell bereits ausgelagerter IT ergeben sich in aller Regel hohe Kostensenkungspotenziale, weil ein Provider-Wechsel weitaus leichter fällt als bei einer chaotischen IT-Landschaft.

Aber auch bei unternehmensspezifischen Leistungen lässt sich oftmals eine Verbesserung erreichen, wenn auch schwieriger. Dienstleister sind z. B. bei der Vereinbarung von festen Abnahmemengen über einen festgelegten Zeitraum oft zu Preiszugeständnissen bereit. Andere Hebel ergeben sich eventuell aus der Art der erbrachten Leistung. Zunächst sollte jedoch hinterfragt werden, aus welchem Grund nicht auf Commodity-Services zurückgegriffen werden kann bzw. ob die spezifischen Anforderungen nicht verallgemeinert bzw. abgespeckt werden können. Zudem kann der Bezug von hochspezialisierten Leistungen, für die nur ein Anbieter in Frage kommt, eine riskante Abhängigkeitssituation darstellen.

Optimierung des Dienstleister-Portfolios

Im Rahmen der IT-Restrukturierung sollte eine aktive Gestaltung bzw. Überarbeitung des vorhandenen Dienstleister- und Lieferanten-Portfolios bzw. der bestehenden Verträge erfolgen. Folgende Ziele können dabei eine Rolle spielen:

- absolute Kostensenkung bzw. Umwandlung von Fixkosten in variable Kosten,
- Vermeidung von Abhängigkeitssituationen,
- Aufrechterhaltung von Wettbewerbsanreizen bei den Lieferanten,
- Komplexitätsreduzierung durch die Konsolidierung der vorhandenen IT-Lieferanten,
- Verbesserung der Qualität der IT-Leistungen.

Bild 6.11 zeigt beispielhaft Ziele für die Optimierung des IT-Einkaufs in einem europäischen Industriekonzern, der eine ausgedehnte Fremdvergabe der IT bereits vollzogen hat. Die primären Zielsetzungen bei der Optimierung des umfangreichen Lieferanten-Portfolios lauteten Kostensenkung und Komplexitätsreduzierung. Zusammen mit einer konsequenten Anwendung von Demand-Management-Maßnahmen (unter anderem Konsolidierung von bereitgestellter Hardware, Anpassung von Service-Level) konnten innerhalb von zwölf Monaten Einsparungen in Höhe von 23 % der IT-Kosten erzielt werden. Wichtig war dabei, nicht nur die zentral entstandenen IT-Kosten zu betrachten, sondern auch die von den Fachbereichen verantworteten Ausgaben (siehe Kapitel 7.2.3) zu erfassen und zu optimieren.

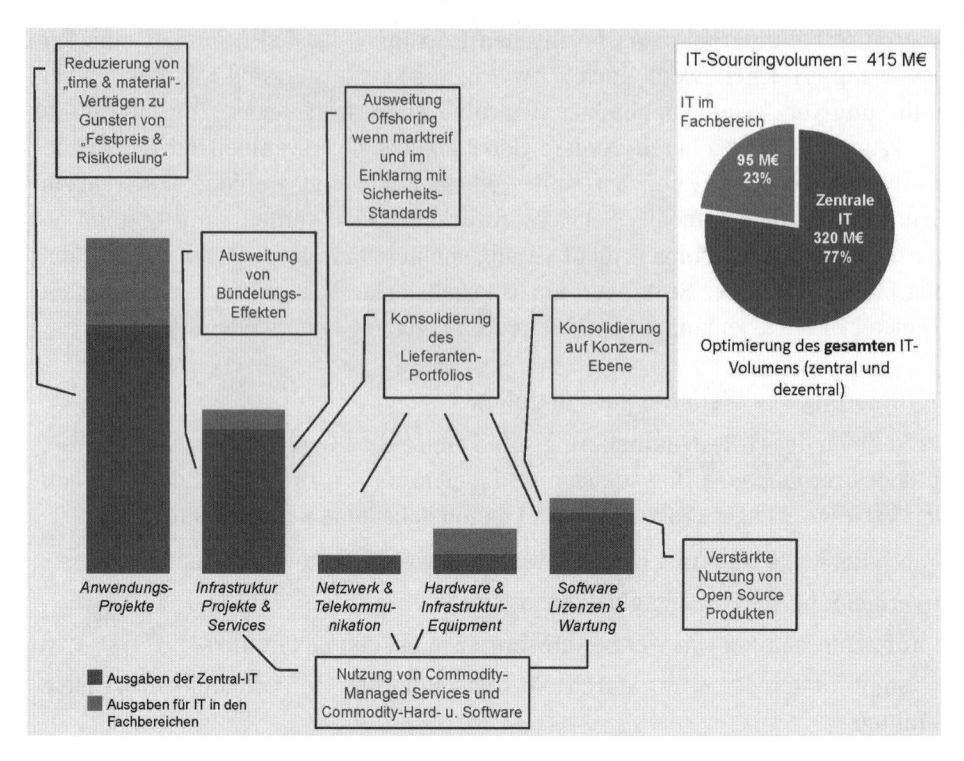

Bild 6.11 Beispiele für Optimierungsziele bzw. -hebel beim IT-Sourcing

Hebel für die Optimierung bestehender IT-Verträge

Wie sollte nun in eine Vertragsverhandlung mit externen Providern gegangen werden? In aller Regel hat man es auf der Seite der IT-Dienstleister mit erfahrenen Profis zu tun, die Nachverhandlungsbestrebungen wenig begeistert gegenüberstehen. Aus diesem Grund sollten Verhandlungsrunden stets gut vorbereitet werden. In Bild 6.12 sind für die Bereiche Markt, Unternehmenssituation sowie Kunden- und Anbieterseite typische Fragestellungen aufgeführt, die zur Vorbereitung von IT-Vertragsverhandlungen relevant sein können. Neben der Beurteilung der Zusammenarbeit mit dem Lieferanten ist vor allem das Verständnis der Komplexitäts- und Kostentreiber für die eingekauften Leistungen wichtig.

Mitunter kann es vor Eintritt in Verhandlungen geboten zu sein, zunächst gewisse „IT-Hausaufgaben" zu erledigen, z. B. die Notwendigkeit für bestehende Serviceleistungen bzw. deren Intensität zu verifizieren (siehe Kapitel 6.2.3).

6.2 Das Preis-Leistungs-Verhältnis der IT verbessern

Marktumfeld
- Was sind die gegenwärtigen **Marktpreise** für vergleichbare Outsourcing-Leistungen?
- Wodurch ist das **Marktumfeld** für die entsprechenden Leistungen gegenwärtig charakterisiert (Anbieter-/ Nachfragermarkt)?
- Was wären **alternative Anbieter** für die Leistungen? Was sind deren **indikative Preise**?

IT-Kundenseite (Anwender, Systeme)
- Wie sind die Outsourcing-Leistungen charakterisierbar: **Commodity Services oder spezische, individuelle Leistungen** bzw. Mischform?
- Wie kann die **Anwender-Zufriedenheit** beurteilt werden? Zu welchem Grad werden **SLAs** eingehalten?
- Was sind die **Komplexitäts-** bzw. **Kostentreiber** der Leistungen? Wie sind die spezifischen Leistungen zu rechtfertigen?
- Wie ist die **Service-Qualität** zu beurteilen? Ist diese (noch) im Einklang mit den Bedürfnissen?
- Gibt es häufige **Change Request** bzw. Zusatzprojekte innerhalb des Scopes?

Aspekte bei Nach- und Neuverhandlungen von IT-Verträgen

IT-Anbieterseite (Provider)
- **Welche Leistungen** werden durch den Provider erbracht? Sind die erbrachten Leistungen **exakt beschrieben**?
- Werden **professionelle, marktkonforme SLAs** verwendet? Sind diese vollständig? Wie ist insgesamt die **Vertragsqualität** zu beurteilen?
- Müssen unternehmensindividuelle Services erbracht werden und welche „**special skills**" müssen dafür vorgehalten werden?
- Werden die Anforderungen des Kunden hinsichtlich **IT Controlling und Service Level Management** erfüllt?
- Wie sieht die gegenwärtige **Kostenstruktur** des Providers aus? Werden Produktivitätsvorteile während der Vertragslaufzeit mit dem Kunden geteilt?

- Ist die bezogene **Service-Qualität und - Quantität** noch im Einklang mit den **aktuellen Unternehmensanforderungen**?
- Gibt es spezifische Kosten-/Qualitätsziele im Unternehmen? Wie sollen diese erreicht werden (z.B. Standardisierung, Konsolidierung, Harmonisierung)?

Unternehmens-Rahmenbedingungen

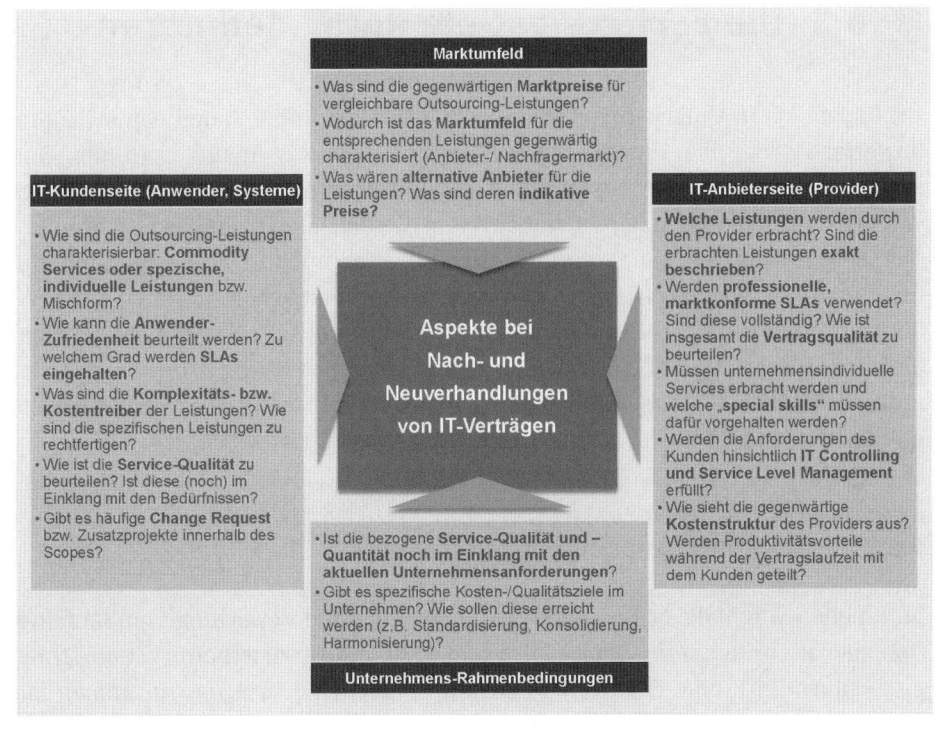

Bild 6.12 Mögliche Aspekte bei der Vorbereitung auf IT-Vertragsverhandlungen

Konsolidierung der IT-Dienstleister

Oftmals stellt auch die schiere Masse an existierenden IT-Verträgen ein Komplexitäts- und Kostenproblem dar. Große Unternehmen weisen nicht selten eine vierstellige Anzahl von Verträgen mit mehreren Hundert Lieferanten auf. Synergien und Bündelungseffekte stellen sich bei einer solcherart fragmentierten Lieferantenstruktur kaum ein. Zudem ist hoher Aufwand für die Administration der Lieferanten, Verträge und SLAs erforderlich. Neben einer klaren Sourcing-Strategie ist häufig eine Lieferanten- bzw. Dienstleisterkonsolidierung erforderlich, bei der die benötigten Leistungen gebündelt und dann auf eine überschaubare Anzahl alternativer strategischer Dienstleister bzw. Lieferanten je Anwendungsbereich konzentriert werden. Das Mineralölunternehmen Shell hat beispielsweise eine Reduzierung von ehedem 1 500 Verträgen auf nur noch elf Toplieferanten vorgenommen, und zwar für die drei Gruppen Basistechnologien (Toplieferanten sind in dieser Gruppe Cisco, Microsoft, Oracle und SAP), Infrastrukturdienste wie Netzwerke, Endanwender-Betreuung, Speicherdienste (AT&T, Hewlett-Packard, T-Systems) und Anwendungsdienste (Accenture, IBM, Logica, Wipro); Als Ergebnis dieser Portfoliobereinigung ergab sich ein verbessertes Preis-Leistungs-Verhältnis bei massiv gesunkenem Aufwand für das Lieferantenmanagement (Looff 2010, S. 39 f).

■ 6.3 Die Fertigungstiefe der IT definieren

Oft findet sich in Unternehmen mit kriselnder IT ein hoher Anteil von selbstproduzierter IT oder aber eine willkürlich erscheinende Mischung von In- und Outsourcing-Aktivitäten. Die Bestimmung der IT-Fertigungstiefe, also des Umfangs der selbst wahrgenommenen Aufgaben, ist in diesen Fällen nicht das Ergebnis fundierter Überlegungen, sondern die Auswirkung einer mehr oder weniger opportunistischen Vorgehensweise bzw. von kurzfristigen taktischen Sourcing-Entscheidungen. Als Resultat wird tendenziell zu viel Geld für die IT ausgegeben bzw. nicht die erforderlichen Qualitätsstandards erreicht sowie sich häufig in der Vielzahl der im Unternehmen benötigten IT-Leistungen verzettelt. Diese Fehlentwicklung sollte im Rahmen einer IT-Restrukturierung möglichst korrigiert werden.

6.3.1 Make-or-Buy-Entscheidungen treffen

Im Rahmen von Make-or-Buy-Entscheidungen steht die Bewertung von Sourcing-Optionen im Mittelpunkt. Dabei ist festzulegen, ob es wirtschaftlich und strategisch sinnvoll ist, eine definierte IT-Leistung selbst zu erbringen, zusammen mit einem Partner zu erbringen oder die Leistung von einem Dritten zu beziehen. Der Zeithorizont derartiger Entscheidungen ist nicht kurz-, sondern mittel- bis langfristig (Hodel u. a. 2004, S. 3).

Wie lässt sich bei einem IT-Turnaround die passende Strategie hinsichtlich Eigenproduktion oder Fremdbezug von IT-Leistungen pragmatisch ableiten? Zunächst ist auch hier ein Blick auf die Stoßrichtung der IT-Restrukturierung hilfreich, die wiederum mögliche Ziele bei der Gestaltung der Fertigungstiefe bestimmt. Folgende Sourcing-Ziele können unterschieden werden:

1. *Verbesserung der Qualität der IT-Leistungen.* Beispiel: Fremdvergabe einer 24/7-Betreuung für ein international eingesetztes ERP-System bei einem mittelständischen Unternehmen mit begrenzten Ressourcen anstatt lückenhafter Betreuung aus der Zentrale,
2. *verbesserter Zugang zu IT-Know-how.* Beispiel: Entwicklung, Integration und Betrieb einer Java-basierten Online-Plattform anstatt Aufbau und Aufrechterhaltung eines eigenen, spezialisierten Entwicklerteams für diese Aufgabe („Engpass-Auslagerung"; Hodel u. a. 2004, S. 55),
3. *absolute Kostensenkung.* Beispiel: Einkauf von Offshoring-Leistungen für die Server-Fernwartung anstatt Betreuung durch lokale IT-Mitarbeiter,
4. *Flexibilisierung hinsichtlich des Kostenanfalls und des Manpower-Einsatzes.* Beispiel: Auslagerung des User Helpdesks (UHD) und nachfolgend Abrechnung auf Basis von bearbeiteten Tickets anstatt des Vorhaltens eines eigenen UHD-Teams,

dadurch Ausweitung des Anteils an variablen Kosten anstatt eines fixen Kostenblocks),

5. *Komplexitätsreduzierung durch Fokussierung auf definierte IT-Aufgaben bei Auslagerung von weniger wertschöpfenden Aktivitäten.* Beispiel: Konzentration auf unternehmenskritische Aufgaben wie Projektmanagement, System-Design, IT-Architektur und Change Management bei Fremdvergabe von standardisierten bzw. standardisierbaren IT-Aufgaben (z. B. Serverwartung, Betreuung der Desktops, First Level Support).

6. Stärker verbrauchsorientierter Kostenanfall auch bei kapitalintensiven IT-Komponenten (consumption-based pricing): Nach dem Siegeszug des Software-as-a-Service-Modells weitet sich diese kapitalschonende Sourcing-Strategie zunehmend auch auf Hardware aus (Infrastructure-as-a-Service, Platform-as-a-Service).

Nach erfolgter Zielsetzung sollte das Portfolio der im Unternehmen erforderlichen IT-Dienste betrachtet werden. Hier stellt sich die Kernfrage hinsichtlich Fremdbezug (Outsourcing) oder Eigenerstellung dieser Leistungen. Nur noch wenige Unternehmen wählen bei dieser Entscheidung eine Extremposition, nämlich die komplette Eigenerstellung der IT oder aber die vollständige Übergabe an einen externen Dienstleister. Vielmehr wird die Strategie des Multisourcings verfolgt: Für nahezu jedes abgrenzbare Servicemodul (Los) wird die Frage „Make-or-Buy?" gestellt und dementsprechend der IT-Lieferant bestimmt. Hierbei geht es darum, mit einer möglichst kleinen, überschaubaren Anzahl von IT-Lieferanten die Aufgaben fremd zu vergeben, die für das Unternehmen nicht direkt wettbewerbsrelevant bzw. wertschöpfend sind. Die Herausforderung bei einer derartigen Strategie liegt darin, die Zügel der IT in der Hand zu behalten, d. h. nur die Aufgaben selbst wahrzunehmen, die strategisch wichtig bzw. für das Unternehmen kritisch sind. Für alle anderen Aufgaben sollte die Verlagerung auf externe Dienstleister evaluiert werden, um gegebenenfalls kostengünstiger, fokussierter und flexibler zu werden.

Welche IT-Aufgaben sind nun aber von strategischer Wichtigkeit für das Unternehmen bzw. stellen einen unmittelbaren Wettbewerbsvorteil dar? In welchen Bereichen macht die IT den Unterschied? Welche Leistungen sind für das Unternehmen wirklich wertschöpfend? Diese Fragen lassen sich nur individuell in jedem Unternehmen beantworten. Dabei sollten klare Kriterien definiert werden, anhand derer die Make-or-Buy-Entscheidungen getroffen werden. IT-Aufgaben sind insbesondere bei Vorliegen der folgenden Eigenschaften für eine Fremdvergabe geeignet:

- Technische *Machbarkeit* (z. B. Verlagerbarkeit einer Anwendung, Verfügbarkeit des erforderlichen technischen Know-hows beim Dienstleister, Vorhandensein des Source-Codes einer intern entwickelten Anwendung etc.).
- Signifikante *Verbesserung des Preis-Leistungs-Verhältnisses* (z. B. geringere Kosten je Geschäftsvorfall bzw. -prozess bei vergleichbarer Qualität, bessere Systemverfügbarkeit, flexible transaktionsbasierte Abrechnung).

- *Überschaubares fachliches und organisatorisches Risiko* (z. B. Beibehaltung der Kontrolle über die Ausrichtung der IT, Beibehaltung der unternehmensspezifischen Prozesskompetenz, akzeptables Projektrisiko bei der Transition).

Bild 6.13 zeigt am Beispiel eines europäischen Industrieunternehmens die Ausprägung einer Make-or-Buy-Strategie. Die zu erbringenden Leistungen wurden ermittelt, geclustert („paketiert", in der Grafik vereinfacht dargestellt) und auf ihre Eignung für eine Fremdvergabe bewertet. Als Leitlinien bei der Aufteilung wurde festgelegt, einerseits die IT-Zügel in der Hand zu behalten (z. B. Architektur, fachliches Design, Testwesen), andererseits aber auch durch Fremdvergabe die eigene IT zu entlasten und die Kostenvorteile von Spezialisten zu nutzen (insbesondere bei der technischen Realisierung und dem Betrieb; die Entscheidung zur Eigenerstellung im Bereich „IT Security" war besonderen Anforderungen aus dem Umfeld des Unternehmens geschuldet).

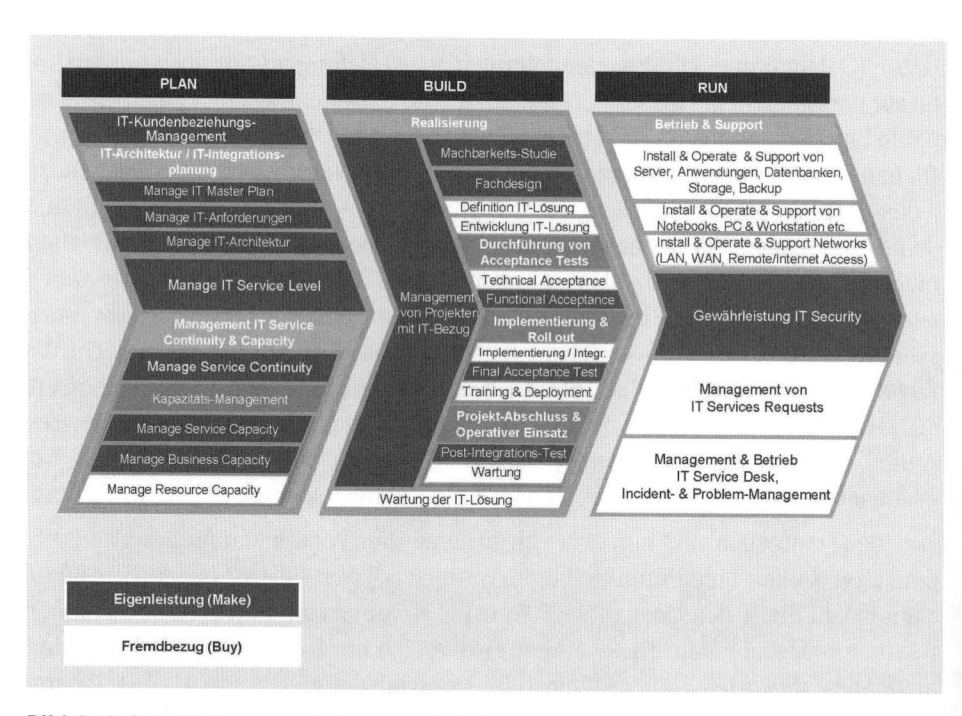

Bild 6.13 Beispiel für eine Aufteilung von IT-Aufgaben nach einer Make-or-Buy-Entscheidung

Viele Unternehmen differenzieren die Make-or-Buy-Entscheidungen auch noch auf Anwendungsebene. Dann wird z. B. nicht die komplette Auslagerung der Anwendungsbetreuung betrachtet, sondern nur die Anwendungen, die wenig strategische Relevanz für das Unternehmen haben (z. B. Eigenbetreuung des strategisch wichtigen Abrechnungssystems bei einem Telekommunikationsunternehmen bei gleichzeitiger Auslagerung der unkritischen ERP-Systeme).

> **!** Outsourcing löst per se keine IT-Probleme – und kann zunächst die Kosten erhöhen.

Zu beachten ist, dass insbesondere umfangreiche Outsourcing-Vorhaben zunächst eine höhere Belastung für die IT und das gesamten Unternehmens bedeuten können. Kostensenkungen, Qualitätsverbesserungen und eine Reduzierung der Komplexität stellen sich in aller Regel erst nach einer Übergangszeit (Transition-Phase) ein. Die Fremdvergabe von Leistungen löst per se keine (IT-)Probleme: Sofern die Übergabe z. B. eines „Technikzoos" oder einer unternehmensspezifischen Individualanwendung überhaupt technisch machbar ist und sich ein Dienstleister für die Übernahme findet, werden sich kaum Kostenvorteile einstellen, vom Projektrisiko ganz zu schweigen. Die Betreuung einer überkomplexen bzw. nicht-standardisierten Landschaft bedeutet auch für den IT-Dienstleister einen hohen Aufwand. Kostenvorteile lassen sich nur erzielen, wenn Skaleneffekte entstehen, d. h. standardisierte, gleichartige Leistungen nachgefragt werden, die der IT-Dienstleister für mehrere Kunden erbringen kann.

Zu beachten ist ebenfalls, dass mit umfangreichen Outsourcing-Maßnahmen auch erhebliche organisatorische Veränderungen einhergehen: Die erforderlichen Capabilities verändern sich fundamental, die Dimensionierung, die Prozesse und die Struktur der sogenannten „Retained Organisation" sind anzupassen (siehe Kapitel 7.3.4).

Je umfangreicher der Handlungsbedarf in der IT ist (z. B. fehlende technische Standards, unkonsolidierte IT-Landschaft, ineffiziente Prozesse, organisatorischer Handlungsbedarf), desto länger und teurer ist die Übergangsphase zu veranschlagen. Aus diesem Grund tun sich Unternehmen, deren IT sauber aufgestellt ist, bei der Fremdvergabe weitaus leichter als Unternehmen, die ihre (Restrukturierungs-)Hausaufgaben erst noch machen müssen. Ob diese Aufräumarbeit vor einer Auslagerung erledigt wird oder während eines Auslagerungsprojekts mit Hilfe des Outsourcing-Partners ist jeweils unternehmensspezifisch zu entscheiden. Handlungsbedarf besteht in jedem Fall.

Aber auch nach erledigten Hausaufgaben werden häufig die gewünschten Zielsetzungen von Outsourcing-Vorhaben, z. B. Kostensenkung oder Verbesserung der Flexibilität, nicht erreicht. Auslagern von IT-Funktionen bedeutet nicht, dass fortan alles von alleine funktioniert. Immer notwendig ist die Gestaltung einer effektiven internen IT („Retained Organisation") mit klar definierten Aufgaben, Verantwortlichkeiten und Prozessen. Auch sollte die Definition der Vertragsinhalte mit den Outsourcing-Dienstleistern mit großer Sorgfalt erfolgen, um teure Missverständnisse zu vermeiden. Im Vorfeld „vergessene" bzw. als selbstverständlich betrachtete IT-Leistungen werden durch externe Dienstleister in Rechnung gestellt und haben schon so manchen Business Plan ad absurdum geführt.

Schließlich müssen sich auch die internen Kunden umstellen: Standardisierte Leistungen, verbindliche Prozesse und konsequente Berechnung von Sonderwünschen bestimmen in einer Outsourcing-Beziehung die Art der Zusammenarbeit – für viele Fachbereiche am Anfang ein wahrer Kulturschock.

6.3.2 Umgang mit Commodity-Leistungen

In vielen Unternehmen wird noch ein Großteil der Commodity-IT-Leistungen selbst produziert, d. h. vorwiegend durch interne Mitarbeiter erbracht. Typische IT-Commodity-Leistungen sind beispielsweise die technische Betreuung einer ERP-Infrastruktur, die Übernahme des User Helpdesks oder die Server-Administration. Grundsätzlich ist gegen die interne Durchführung derartiger Aufgaben nichts einzuwenden; für Unternehmen mit gut funktionierender und kosteneffizienter IT besteht wenig Druck, diese zu verlagern, zumal jedes Outsourcing-Projekt auch ein Projektrisiko mit sich bringt. Häufig ist jedoch zu beobachten, dass in Unternehmen mit kriselnder IT die Leistungserbringung entweder zu teuer ist, qualitativ nicht ausreicht oder zu viele Mitarbeiterkapazitäten bindet.

Die interne Produktion von IT-Leistungen ist bei Turnarounds insbesondere in folgenden Fällen zu hinterfragen:

- Standardisierte Leistungen (z. B. Betrieb von Servern und Mainframes, Betreuung von dezentralen Arbeitsplatzsystemen, Netzwerk-Services) werden teurer produziert als vergleichbare Leistungen von spezialisierten IT-Dienstleistern.
- Standardisierbare Leistungen werden unnötig kompliziert bzw. unternehmensspezifisch erbracht (z. B. „eigene" Prozesse für das Management der Telekom-Kosten, unternehmensspezifische Prozesse für Asset Management und Incident Management/Behandlung von IT-Störungen).
- Standardisierte bzw. standardisierbare Leistungen können nicht auf einem ausreichenden Qualitätsniveau erbracht werden und stellen unter Umständen ein Risiko dar (z. B. häufiger Ausfall des Weitverkehrsnetzes, inakzeptable Antwortzeiten des ERP-Systems, Unzufriedenheit der Anwender mit dem Helpdesk).
- Akuter Bedarf zur Erweiterung des bestehenden Serviceportfolios in besonderen Unternehmenssituationen (z. B. Betreuung von ausländischen Standorten im Zuge der Internationalisierung des Unternehmens).

> Um das spezifische Know-how zu bewahren, bleibt die Betreuung von Anwendungen, die betriebliche Kernprozesse unterstützen, bevorzugt im Unternehmen, während Standard-Leistungen tendenziell Kandidaten für eine Auslagerung sind.

Im Rahmen der Restrukturierung sollten die internen IT-Kapazitäten konsequent auf die wirklich wertschöpfenden bzw. wettbewerbsrelevanten Aufgaben fokussiert werden und die anderen Tätigkeiten an externe Dienstleister übertragen werden, sofern die beschriebenen Potenziale bestehen.

6.3.3 Cloud-Dienste als zusätzliche Option für die Auslagerung von IT-Aufgaben

Cloud-Computing ist gegenwärtig in aller Munde und wird auch eine immer größere Rolle im betrieblichen Umfeld spielen. Web-Mail-Dienste wie z. B. GMX, Web.de oder Gmail, die bereits existierten, bevor derartige Dienste als „Cloud-Computing" bezeichnet wurden, sind Beispiele für Cloud-Lösungen für den Privatanwender („Consumer Cloud"). Die folgenden Äußerungen beziehen sich auf „Public Cloud"-Dienste, bei denen die Infrastruktur von einem externen Anbieter bereitgestellt wird und von vielen Kunden parallel genutzt wird („Shareconomy"). Im Gegensatz dazu werden „Private Cloud"-Lösungen durch die interne IT betrieben. Das US-amerikanische National Institute of Standards and Technology hat eine griffige Definition für Cloud-Dienste veröffentlicht:

„Cloud-Computing is a model for enabling convenient, on-demand network access to a shared pool of configurable computing resources (e. g., networks, servers, storage, applications, and services) that can be rapidly provisioned and released with minimal management effort or service provider interaction. [...]" (National Institute of Standards and Technology 2011)

Das IT-Beratungsunternehmen Accenture rechnet damit, dass bis zum Jahr 2016 bereits 46 % des Outsourcing-Neugeschäfts auf Cloud-Services entfällt (Accenture 2013, S. 79). Bei Cloud-Services handelt es sich um die Nutzung von IT-Lösungen bei Anbieterunternehmen, auf die zumeist mit einem herkömmlichen Internetbrowser zugegriffen wird. Die Bereitstellung (Provisionierung) einer derartigen Lösung ist meistens schnell und unkompliziert und erfordert relativ geringes Zutun der Kunden. Zudem bieten sie in der Regel ein Höchstmaß an Flexibilität, z. B. hinsichtlich Verfügbarkeit (On-Demand-Prinzip), Erweiterungsmöglichkeit (Skalierbarkeit) und Abrechnung (Pay-per-use-Prinzip). Von den anwendenden Fachbereichen wird zumeist die schnelle und problemlose Einsatzfähigkeit der Lösung (Time to Market) als Vorteil geschätzt.

Typische Anwendungsszenarien für Cloud-Computing sind beispielsweise Software-as-a-Service (z. B. für CRM mit Anbietern wie Salesforce.com), Platform-as-a-Service (z. B. Programmierumgebungen wie Oracle Cloud) und Infrastructure-as-a-Service (z. B. Nutzung von Datenbanken, Speicherplatz, Rechnerkapazität aus dem Netz von Anbietern wie Amazon Web Services). Selbst große Unternehmen nutzen in stark zunehmendem Maße die Dienste von Infrastructure-as-a-Service Anbietern, anstatt eigene Rechenzentrums-Kapazitäten auszubauen. Es wird erwartet, dass 2018 80% der Server- und Storage-Hardware an die Cloud-Anbieter geht (McKinsey 2017).

Anwender sollten sich allerdings im Klaren sein, dass sie auf Gedeih und Verderb dem Funktionieren einer (breitbandigen) Internetverbindung unterliegen sowie ihre Daten in die vollständige technische Verfügungsgewalt des Anbieters übergeben. Damit einher gehen ein gewisses Risiko des Kontrollverlustes sowie möglicherweise Compliance- und Rechtsprobleme, vor allem in Zusammenhang mit den ab Mai 2018 geltenden europaweiten Datenschutz-Bestimmungen (DSGVO). Insbesondere bei Speicherung der Unternehmensdaten auf Infrastrukturen von Cloud-Anbietern aus den USA ist zudem bezüglich der Vertraulichkeit der Daten Vorsicht geboten; zunehmend werden von Kunden Rechenzentren in Europa für die Cloud-Nutzung vorausgesetzt (o.V. 2014a). Aus diesem Grund sollte die Auswahl von Cloud-Diensten nicht unkoordiniert bzw. dezentral den Fachbereichen überlassen werden (siehe Kapitel 7.2.3). Vielmehr ist insbesondere bei unternehmenskritischen Anwendungsszenarien die Einschaltung der zentralen IT sowie der unternehmensinternen Fachleute für Compliance, Datenschutz und Vertragsrecht ratsam. Auch sollte sich der Anwendungsbereich von Cloud-Diensten zunächst auf Randprozesse beschränken, insbesondere, wenn noch keine Erfahrungen mit dieser Technologie im Unternehmen vorliegen.

Lösungen aus der Cloud sind aufgrund ihrer schnellen Verfügbarkeit, des geringen Investitionsbedarfs und der geringen Belastung der internen IT-Ressourcen im Rahmen von IT-Turnarounds gut geeignet, um zusätzliche Anforderungen abzudecken. Zusätzlich ergeben sich durch Cloud-Lösungen Möglichkeiten zur Verlagerung von bislang intern wahrgenommen (Rand-)Aufgaben, die nach erfolgter Make-or-Buy-Betrachtung (siehe Kapitel 6.3.1) als Kandidaten für eine Fremdvergabe identifiziert wurden. Wichtig bei der Nutzung von Cloud-Diensten ist die zentrale Koordination durch die Unternehmens-IT, um z.B. die Entstehung von isolierten Daten-Silos zu vermeiden und die korrekte Integration in die vorhandene IT-Landschaft zu gewährleisten.

> **Aus der Praxis: Realisierung einer Anforderung mal anders**
>
> Im Zuge des IT-Turnarounds bei einem Energieversorgungsunternehmen wurde von der Vertriebsabteilung nachdrücklich eine Lösung für das E-Mail-Marketing gefordert. Integriert mit dem vorhandenen CRM-System sollte der Stammdatenaustausch, die Versendung von Massen-E-Mails, die Handhabung des Anmeldevorgangs sowie die Behandlung der Kundenantworten über verschiedene Eingangskanäle unterstützt werden.
>
> Die anfordernde Fachabteilung hatte schon mit der Erstellung eines Pflichtenheftes begonnen und erwartete gewohnheitsmäßig eine Entwicklung der

skizzierten Lösung durch die interne Entwicklungsmannschaft, die allerdings vollkommen überlastet war. Der Einwand, die Anforderungen zunächst mit Bordmitteln, also mit den vorhandenen Anwendungen abzudecken, wurde durch die Fachabteilung abgelehnt. Auch der Ankauf und Betrieb einer Standardsoftware wurde verworfen, da der Fachbereich um die Abdeckung seiner spezifischen Wünsche bangte und zudem eine weitere zu integrierende und zu betreibende Anwendung innerhalb der IT auf wenig Akzeptanz stieß.

Im Zuge des Turnarounds hatten wir die Make-or-Buy-Strategie angepasst. Unter anderem war vorgesehen, dass bei Neuanforderungen das Prinzip Wiederverwendung vor Neuanschaffung und bei Neuanschaffungen Kauf einer Standardlösung vor Eigenentwicklung zu gelten hatte. Zudem war der Betrieb von Marketinganwendungen nicht als Kernkompetenz der IT definiert worden und somit ein Kandidat für eine Fremdvergabe. Eine kurze Marktanalyse ergab, dass eine Reihe von Dienstleistern existierte, welche die geforderten E-Mail-Marketing-Funktionen als Cloud-Service anboten und auch für die Datenintegration mit dem vorhandenen CRM-System standardisierte Schnittstellen vorhielten. Insgesamt konnte so (bei akzeptablem Verzicht auf spezifische Funktionalitäten durch den Vertriebsbereich) die Anforderung im Vergleich zu einer Inhouse-Lösung in wesentlich kürzerer Zeit, mit erheblich geringerer Belastung der internen Ressourcen und zu weitaus geringeren Entwicklungs- und Betriebskosten bereitgestellt werden.

6.4 Fallbeispiel: IT-Budgetmittel für Digitalisierungs-Projekte freischaufeln

In den seltensten Fällen existiert in Projekten zur Restrukturierung bzw. IT-Kostensenkung ein „Silver Bullet", also eine singuläre Maßnahme, die zum angestrebten Ergebnis führt. Vielmehr ist in aller Regel die Definition und Implementierung von zahlreichen Einzelmaßnahmen zielführend, wie dieses Beispiel aus der Praxis zeigen soll.

Ausgangslage: Digitale Transformation des Unternehmens bei angespannter Situation

Die Lage bei einem weltweit tätigem Hersteller von Telekommunikationslösungen war seit mehreren Jahren angespannt. Kontinuierlicher Marktanteilsverlust, starker, globaler Wettbewerb, auch durch digitale Newcomer und ein insgesamt nur sehr leicht wachsender Markt machten dem Unternehmen zu schaffen. Zudem erschwerte eine unflexible Kostenstruktur die Anpassung an die veränderte Wettbewerbssituation. Ziel der Restrukturierung war die Transformation von einem

Hardware-zentrierten Anbieter mit Direktvertrieb zu einem Software- und Dienstleistungsorientierten Unternehmen mit Fokus auf indirekten Vertrieb (Channel-/Partnerkonzept).

Ziel für die IT-Restrukturierung: Bei sinkendem IT-Budget Mittel für die notwendigen Transformatons-Projekte freischaufeln

Die IT des Unternehmens befand sich seit Jahren unter massivem Kostendruck – „low hanging fruits" waren also kaum mehr vorhanden. Es lag eine hochkomplexe, globale Applikationslandschaft mit länderspezifischen SAP-Systemen, unzähligen Anwendungen, umfangreicher Schatten-IT sowie mangelnder Kostendisziplin und Kostentransparenz vor. Der IT-Bereich litt zudem an einem kontinuierlichen „Brain Drain"; zahlreiche IT- und Prozess-Know-how-Träger hatten das Unternehmen im Zuge von Restrukturierungs- und Outsourcing-Maßnahmen verlassen bzw. hegten Abwanderungspläne. Das vom CFO konkret benannte Ziel bestand in der Senkung der IT-Ausgaben (hoher zweistelliger Millionenbetrag) um mehr als 20 % auf ein Targetbudget – und dies innerhalb eines Jahres ergebniswirksam und bei gleichzeitiger massiver Erhöhung des Budgets für Digitalisierungs-Projekte.

Vorgehensweise: Definition, Abstimmung und Implementierung von rund 100 Einzelmaßnahmen

Folgende Vorgehensweise wurde gewählt:

- Analyse des IT-Budgets, der IT-Kostenstruktur und -entwicklung sowie der Kostentreiber,
- Review der bereits geplanten und laufenden Kostensenkungsmaßnahmen (Baselining),
- Durchführung/Moderation von „Idea Workshops" zur Identifizierung von zusätzlichen Kostensenkungs-Potentialen (mehrere „Wellen" bzw. „Packages" und Themen wie z. B. Headcount, Local IT, Supplier),
- Verifizierung der Potentiale (Machbarkeit, Umsetzungszeitraum, Risiken, Abhängigkeiten etc.) mit dem IT-Management,
- Abstimmung der Maßnahmenvorschläge mit dem Top Management und Einholung einer Go-/No Go-Entscheidung,
- Ableitung von Einzelmaßnahmen mit Härtegraden, top-down geschätzten Einsparungen, Verantwortlichen und Umsetzungsschritten,
- Bottom-up Verifizierung der Effekte und Umsetzungstermine durch die Maßnahmen-Verantwortlichen IT-Mitarbeiter (Transfer of Ownership),
- Implementierung/Umsetzung/Treiben der Maßnahmen durch die verantwortlichen IT-Mitarbeiter: ab einem definierten Reifegrad/Härtegrad einer Maßnahme erfolgte ein Update der jeweiligen IT-Budgetposition,

- Kontinuierliches Tracking und Review auf Einzelmaßnahmenebene sowie Reporting.

Insgesamt wurden mehr als 100 Einzelmaßnahmen definiert, quantifiziert, den Maßnahmen-Ownern des Kunden zugeordnet und im Rahmen des Maßnahmenmanagements kontinuierlich zentral verfolgt und koordiniert.

Folgende Hebel wurden beispielsweise gewählt:

- *Application Management:* Nachverhandlung aller Application Management-Outsourcing-Verträge, u. a. mit Anpassung der Service Levels, verschärftes Demand Management mit Reduktion des Budgets für Change Requests, Reduzierung der Sprachen für den 1st Level Support, Ersatz des teuren internen Ticketsystems durch eine cloudbasierte Open Source-Lösung.
- *Rechenzentrums-Kosten:* Nachverhandlung der Data Center-Outsourcing-Verträge, Konsolidierung von Rechenzentren, Anpassung der Service-Qualität, konsequente Übertragung von Nicht-Management-Aufgaben an die bestehenden Outsourcing-Partner.
- *Software-Lizenzen bzw. -Wartungskosten:* Strikte Konsolidierung des Lizenzbedarfs, Teil-Kündigung von ERP-Lizenzen, Einschränkung der Anwenderkreise, verstärkte Nutzung von Open-Source Software.
- *Ausgaben für externe Dienstleister:* Reduzierung des VIP-Services, Reduzierung von externen Mitarbeitern, Ausweitung des Scopes der strategischen Outsourcing-Partner.
- *Headcount:* Konsequente Beschränkung auf die Aufgaben einer Retained Organisation (siehe Kapitel 7.3.4), stärkere Nutzung des Nearshore Shared Services Centers, Reduzierung der regionalen IT-Mitarbeiter.

Ergebnis: IT-Betriebskosten reduziert, Anteil der IT-Ausgaben für Digitalisierungsprojekte signifikant erhöht

Als Ergebnis konnte durch die Einleitung von kurzfristigen Maßnahmen mit wiederkehrendem Effekt und durch die Reduzierung von Projektausgaben für sekundäre Themen die Einhaltung des IT-Budgets des laufenden Restjahres gewährleistet werden.

Im Folgejahr wurde dann eine ergebniswirksame Reduzierung der IT-Kosten durch Maßnahmen mit wiederkehrendem Effekt um 20 % erreicht.

> Bei bestehendem Kostendruck in der IT können durch die Reduzierung der operativen IT-Kosten die notwendigen Budgetmittel für die essentiellen Digitalisierungs-Projekte „freigeschaufelt" werden.

Da das Projekbudget anteilig erhöht wurde ergab sich insgesamt eine Senkung der operativen IT-Kosten um rund 24 %. Trotz reduziertem IT-Gesamtbudget konnte so eine Verdopplung des Projektbudgets für Digitalisierungsvorhaben (z. B. Ausbau der Remote Service Plattform) ermöglicht werden.

■ 6.5 Business Enabling: Beiträge der IT zum digitalen Unternehmen

Die Durchdringung der IT im Geschäfts- und Privatleben lässt sich nun schon seit etlichen Jahren beobachten. In letzter Zeit haben jedoch ausgehend vom Einsatz der Internettechnologien weitere IT-Trends massiv an Bedeutung gewonnen. Dazu gehören z. B. Cloud-Computing, Social Media, Mobiltechnologien und Big Data. Der innovative Einsatz von IT wird von neu entstehenden Unternehmen dazu genutzt, jahrzehntelang stabile Geschäftsmodelle und etablierte Anbieter zu bedrohen und sogar ins Wanken zu bringen (z. B. Einzelhandel, Reisebranche, Medienindustrie). Neuerdings zielen Digitalisierungsansätze sogar auf die klassische Produktionsindustrie ab (Schlagwort „Industrie 4.0"), damit werden als sogenannte „vierte industrielle Revolution" Digitalisierungsansätze in klassischen Industrien bezeichnet; Zielsetzung ist z. B. die „intelligente Fabrik".

6.5.1 Ansatzpunkte für Business Enabling

Innovative Unternehmen verwenden IT konsequent zur Reduzierung von Kosten, um dadurch Wettbewerbsvorteile zu generieren (z. B. Verlagerung von Aufgaben auf Kunden in der Versicherungswirtschaft, Automatisierung von Prozessen in der Telekommunikation und Energiewirtschaft). Accenture geht sogar so weit, *jede Geschäftstätigkeit bzw. Branche als digitalisiert bzw. „Software-getrieben" zu bezeichnen: „Every business is now a digital business. [...] Every industry is now software driven; as such, every company must adopt IT as one of its core competencies."* (Accenture 2013, S. 4). Vielleicht mag diese Einschätzung eines IT-Dienstleisters noch übertrieben erscheinen, unbestritten ist jedoch, dass IT eine immer größere Rolle einnimmt und Unternehmen die IT aktiv für die Erreichung der Unternehmensziele einsetzen. Ohne effektiven IT-Einsatz droht in der heutigen Geschäftswelt ein Blindflug, zudem bleiben Potenziale für die Verbesserung der Kosten- und Umsatzsituation eines Unternehmens ungenutzt.

Turnaround and Enabling: Das eine tun, das andere nicht lassen

Aufgrund der herausragenden Bedeutung der IT für Unternehmen kann auch im Rahmen einer IT-Restrukturierung die Unterstützung des Business nicht aus den Augen verloren werden. Grundvoraussetzung für die Fähigkeit des Unternehmens, mit IT-Mitteln schnell auf veränderte Geschäftsanforderungen reagieren zu können, ist eine gesunde, agile IT.

> Business-Agilität wird durch IT-Agilität massiv erleichtert.

Auch wenn in Abhängigkeit von der Stoßrichtung der Neuausrichtung zunächst bzw. vorrangig „IT-Hausaufgaben" wie Komplexitätsreduzierung und der Abbau unnötiger Kosten auf der Agenda stehen, sollte der Turnaround-CIO die Unterstützung zur notwendigen Digitalisierung des Unternehmens gewährleisten – auch wenn „Business Enabling" nicht als primäre Stoßrichtung der Restrukturierung ausgerufen wurde. Zu lange Beschäftigung der IT „mit sich selbst", so erforderlich dies in bestimmten Situationen auch sein kann, führt zur Abkopplung vom Business und zur Verselbständigung von dezentralen IT-Aktivitäten auf der Anwenderseite. Hier sei nochmals auf das Spannungsfeld des Turnaround-CIOs zwischen Restrukturierung, Gewährleistung des Betriebs und Unterstützung des Business hingewiesen (siehe Kapitel 4.3.2).

Informationsgewinn, Effizienzsteigerung und Umsatzerhöhung durch IT

Seit langem wird IT dazu verwendet, Geschäftsprozesse zu unterstützen und neue Märkte zu erschließen sowie das Management des Unternehmens mit Daten bzw. Informationen zu versorgen; IT wird zur Verbesserung der Produktivität der Mitarbeiter oder zur Automatisierung ganzer Prozesse eingesetzt. Unternehmen, die IT erfolgreich einsetzen, erzielen eine um 20 % höhere Marge als ihre Wettbewerber, wie eine Studie des MIT ergab (Weill/Ross 2009, S. 18).

Im Rahmen von Business Enabling Projekten wird sich die Zusammenarbeit von IT und Fachbereichen noch weiter intensivieren – erfolgreiche IT-Anwendungsunternehmen zeichnen sich durch eine enge Verzahnung von IT und Fachbereichen aus. In Abhängigkeit von der Unternehmensstrategie und den konkreten Anforderungen der Fachbereiche lassen sich drei Gruppen von IT-Transformations- bzw. Digitalisierungsvorhaben unterscheiden:

- Beitrag der IT zur *Unternehmenssteuerung und Entscheidungsfindung* (Informationsgewinnung bzw. -versorgung: Bereitstellung von Daten für die Entscheidungsfindung im Business),
- Beitrag der IT zur *Effizienzsteigerung* des Unternehmens (Einsatz von IT zur Optimierung bzw. Automatisierung von Geschäftsprozessen mit dem primären Ziel der Kostensenkung),

- Beitrag der IT zur *Umsatzsteigerung* (Einsatz von IT zur direkten Unterstützung der Geschäftstätigkeit des Unternehmens bzw. zur Verbesserung der Marktposition).

Beitrag der IT zur Unternehmenssteuerung und Entscheidungsfindung

Durch die Bereitstellung der notwendigen Informationen zur Unternehmenssteuerung und Entscheidungsfindung kommt der IT eine erhebliche Befähigungsfunktion (Empowerment) zu: Durch IT werden Informationen den Entscheidern im Unternehmen zugeführt, beispielsweise mit folgenden Ansätzen:

- einheitliche interne Finanzinformationen (z. B. Performance-Kennzahlen, Marktentwicklungen, Liquiditätsausschöpfung),
- Prozess-Kennzahlen bzw. Herstellung von Prozess-Transparenz (z. B. Höhe der Bestände in der Lieferkette, Einkaufsvolumen je Land, Filiale, Warengruppe, Durchlaufzeiten, Lieferzeiten),
- Business Intelligence, Data Warehousing, Data Analytics, Big Data (z. B. Auswertung und Prognose von Kundenverhalten, Marktentwicklungen, Vertriebsaktivitäten),
- verbesserte Auskunftsfähigkeit für Kundenbetreuer im Call Center durch den automatisierten Zugriff auf Kundendaten und geeignete Angebote,
- Reduzierung von Geschäftsrisiken (z. B. Entdeckung von Unregelmäßigkeiten bei Finanztransaktionen durch Big Data-Analysen).

Beitrag der IT zur Effizienzsteigerung des Unternehmens

IT kann darüber hinaus einen erheblichen Beitrag zur Effizienzsteigerung im Unternehmen leisten: Geschäftsprozessoptimierung, Automatisierung von Prozessen und die Einführung von technischen Innovationen zielen auf Kostensenkungen und Effizienzverbesserung ab. Beispiele dafür sind:

- Optimierung bzw. Automatisierung von Geschäftsprozessen (z. B. Automatisierung des Vertragsabschlusses bei einer Kfz-Versicherung, Beschleunigung der Auftragsabwicklung im Maschinenbau, Reduzierung von Lieferzeiten, Verkürzung von Durchlaufzeiten),
- Kostensenkung durch Streamlining von Prozessen, die bereits durch ERP-Systeme unterstützt werden (die Unternehmensberatung A. T. Kearney berichtet von zusätzlichen Kostensenkungspotenzialen nach erfolgter SAP-Einführung in den Bereichen Einkauf, Entwicklung, Produktion, Verkauf/Kundendienst und Management/Administration in Höhe von 1 bis 6 %; Buchta u. a. 2009, S. 28),
- Integration mit Kundensystemen und -prozessen, um ein „Preferred Supplier" zu werden bzw. zu bleiben,
- Mobilisierung von Mitarbeitern durch die Bereitstellung von mobilen Endgeräten wie Tablets und Smartphones bei der Auftragsannahme im Außendienst, bei

Vor-Ort-Einsätzen im Rahmen von Wartungsleistungen oder zur Verkaufsunterstützung am Point of Sale,
- Kostensenkung durch die Einführung von Selbstbedienungsangeboten bei der Kundenbetreuung (z. B. Selbsterledigung der Anliegen von Krankenversicherten durch internetbasierte Anwendungen; o. V. 2014b).

Beitrag der IT zur Umsatzsteigerung

IT ist nicht nur ein Werkzeug zur Einsparung von Kosten, sondern auch zur Erhöhung des Umsatzes; Motto: *„IT drives Revenue"*. Die Kernfrage lautet hierbei, wie IT eingesetzt werden kann, um neue Märkte zu erschließen, veränderten Kundenbedürfnissen zu entsprechen oder neu aufgetauchten Wettbewerbern zu begegnen. Große Bedeutung kommt auch hier der Konsumerisierung der IT zu: Durch die umfassende Verwendung von intelligenten Endgeräten auf Kundenseite werden neue, internetbasierte Vertriebskanäle relevant. Gleichzeitig entstehen massenhaft Daten, die durch Big Data-Analysen nutzbar gemacht werden können.

Ansätze für die IT zur Verbesserung der Umsatzsituation sind vielfältig und müssen unternehmens- und branchenindividuell entwickelt werden, wie folgende Beispiele zeigen:

- Transformation der Kunden-Interaktion auf einen zeitgemäßen Standard (z. B. durch eine hochkomfortable Benutzer-Schnittstelle, wie sie Kunden zunehmend von Herstellern wie Apple gewohnt sind sowie Gewährleistung von Schnelligkeit und Unkompliziertheit bei der Durchführung von Transaktionen),
- Auf- bzw. Ausbau von digitalen Vertriebskanälen als Ergänzung bzw. Substitution von traditionellen Wegen der Kundeninteraktion (vor allem Handel, Industrie, Finanzwirtschaft),
- Unterstützung des Customer Relationship Managements (CRM) durch flexible und leistungsfähige Infrastrukturen (Hardware, Software, Telekommunikation),
- Intelligente Energieverbrauchssteuerung (Smart Metering) durch die Auswertung der Kunden- und Verbrauchsdaten (Energiewirtschaft),
- Kundenbindung durch IT-gestützte Prozessintegration (z. B. direkte Kommunikation zwischen dem Bestellsystem des Kunden und dem ERP-System des Lieferanten),
- Integration von IT in die Endprodukte des Unternehmens: Auch in traditionellen Branchen wird IT ein wesentlicher Bestandteil der Produkte und Dienstleistungen (z. B. Connected Car-Entwicklungen in der Automobilindustrie, Smart Home-Angebote von Energieversorgern).

6.5.2 Digitalisierungsdruck bei kriselnder IT: Handlungsmöglichkeiten für CIOs

"Digitalisierung" bzw. „digitale Transformation" ist in letzter Zeit Gegenstand intensiver Debatten auf Top Management-Ebene geworden. „Wie können wir uns durch Digitalisierung im Wettbewerb differenzieren?", „Wie kann unser Unternehmen eine digitale Kultur adaptieren?", „Können wir unsere Kundendaten nicht effektiver nutzen?", „Wie sollten wir uns gegen neue, digitale Wettbewerber in unserem Markt behaupten?". So lauten einige der typischen Themen, die in Vorstandssitzungen diskutiert werden.

Wenngleich das Schlagwort „Digitalisierung" erst seit kurzer Zeit als primäres Ziel von „Nicht-ITlern" in der Geschäftsführung, von Politik und Medien formuliert wird – die IT ist bereits seit vielen Jahren mit Digitalisierungsvorhaben beschäftigt. Geschäftsprozesse werden durch ERP-Systeme unterstützt oder gar automatisiert, Geschäftspartner werden über EDI (Electronic Data Interchange) angebunden, Kundendaten werden mittels Data Warehouses und Business Intelligence ausgewertet, neue Services werden auf Basis von Internettechnologien realisiert usw. Neu ist nun, dass die digitalen Möglichkeiten auch auf breiter Front außerhalb der IT erkannt werden und dass etablierte Unternehmen zunehmend fürchten müssen, durch neue Wettbewerber, die in disruptiver Form IT einsetzen, bedrängt oder gar verdrängt werden, wenn sie nicht selbst intensiv Digitalisierungsvorhaben treiben. Digitalisierung bedeutet letztendlich den fundamentalen Umbau bestehender Geschäftsmodelle. Dies führt zu einer stark gestiegenen „Awareness" für IT-relevante Themen im Top Management, wobei Technologie lediglich ein Baustein einer digitalen Unternehmenstransformation sein kann.

Positiv ausgedrückt ist die Bedeutung der IT im Zuge der Digitalisierung entsprechend massiv gewachsen – negativ betrachtet geht dieser Megatrend nicht selten mit einem erheblichem Druck auf die interne IT einher, wenn von CIOs erwartet wird, die „Digitalisierungsstrategie" für ihr Unternehmen zu entwickeln und in möglichst kurzer Zeit auch umzusetzen.

Die Digitalisierungsstrategie ist nicht (allein) Sache des CIO

Die Fachbereiche bzw. die Geschäftsführung müssen sich darüber klar werden, in welchen Bereichen die größten Hebel für die IT-Unterstützung liegen. Gerade in einer IT-Restrukturierungssituation ist Priorisierung und Fokussierung das Gebot der Stunde. Zahlreiche digitale Testballons unkoordiniert steigen zu lassen führt letztlich nur zu einer Verzettelung und zur Blockade der knappen IT-Ressourcen. Zudem können singuläre Digitalisierungsprojekte ohne strategisches Gesamtkonzept (Kernfrage: „Wie muss sich unser Unternehmen transformieren?") als Insellösungen kaum den gewünschten Erfolg erbringen.

Ausgangspunkt für Digitalisierungs-Vorhaben muss regelmäßig die Unternehmensstrategie sein. Nur eine über alle Fachbereiche koordinierte digitale Transformationsstrategie kann zu einer konsequenten Veränderung des Gesamtunternehmens führen. Ohne klare Zielsetzung, z.B. hinsichtlich Geschäftsmodell, Produktangebot, Serviceangebot und Kanälen sollten keine Digitalisierungsprojekte losgetreten werden. Im Unternehmen muss Klarheit darüber herrschen, welche Projekte mit IT-Bezug insgesamt im Unternehmen fortgeführt bzw. gestartet werden sollten, um den größten Nutzen zu erbringen – dies vor dem Hintergrund des laufenden IT-Turnaround-Projekts.

Wichtig ist eine Priorisierung der Enabling-Vorhaben

Für die Priorisierung gewünschter Vorhaben eignen sich zentrale, unternehmensweite Entscheidungsgremien (beispielhaft in Kapitel 7.2.1 dargestellt). IT und Fachbereiche sollten diese Entscheidung sauber vorbereiten, d.h. die technische Machbarkeit sowie den Zeit- und Ressourcenbedarf abschätzen. Auch sollten ein detaillierter, positiver Business Case sowie eine fundierte Make-or-Buy-Entscheidung wesentliche Voraussetzungen für eine Freigabe des Vorhabens sein.

Mit dem Druck zur Digitalisierung umgehen

Dem Turnaround-CIO kommt eine wichtige Beratungsfunktion hinsichtlich der Relevanz von digitalen Trends und Technologien zu. Gleichzeitig ist die tatsächliche Leistungsfähigkeit der IT im Turnaround-Prozess zu beachten. Überambitionierte Zusagen und Versprechungen können sich zumindest kurzfristig als nicht umsetzbar erweisen, weder mit internen noch mit zugekauften Ressourcen. Hier sind eine realistische Einschätzung der vorhandenen Fähigkeiten und ein ehrliches „Expectation Management" erforderlich. Oft sind als Voraussetzung für umfangreiche Enabling-Vorhaben zunächst die „Hausaufgaben" bzw. „Aufräumarbeiten" zu erledigen – dies sollte im Unternehmen als Turnaround-Auftrag und als Rahmenbedingung der IT-Nutzung verstanden werden.

Zusammenfassend ist für IT-Verantwortliche – nicht nur bei laufenden IT-Restrukturierungen – folgende Vorgehensweise bei akutem Digitalisierungsdruck empfehlenswert:

- *Digitalisierungsstrategie einfordern:* Wo ist das Kerngeschäft des Unternehmens durch digitale Entwicklungen in Gefahr? Wie kann das Unternehmen sich proaktiv durch Digitalisierungsprojekte profilieren? Warum muss etwas passieren bzw. was ist das Risiko von Nichtstun? Wie soll unser zukünftiges Geschäftsmodell aussehen?
  Dies sind einige der Kernfragen, die im Unternehmen geklärt werden müssen, und zwar nicht allein durch den CIO bzw. durch seine Experten. Hier ist eine klare Marschrichtung für das gesamte Unternehmen zu bestimmen, die selbstverständlich durch Beratung aus der IT beeinflusst sein kann.

- *Roadmap einfordern*: Wie soll die Digitalisierungsstrategie umgesetzt werden? Welche Projekte sollen kurz- und mittelfristig auf den Weg gebracht werden? Welche Fähigkeiten sind dazu erforderlich (Mitarbeiterkapazitäten und –skills)?

  Hier muss verstanden werden, in welchem Umfang und in welchem zeitlichen Rahmen Digitalisierungsvorhaben realisiert werden sollen. Auch dies bedarf des konkreten Inputs von Geschäftsführung bzw. Bereichsleitern. Erforderlich ist hierfür kein in Stein gehauener detaillierter Plan, jedoch sollten bestimmte Milestones und inhaltliche Eckpunkte klar definiert werden.

- *Transparenz schaffen bezüglich der Unterstützungsmöglichkeiten und –grenzen durch die interne IT*: Welche Kapazitäten in der IT sind vorhanden? Sind die erforderlichen Capabilities vorhanden? Welche technischen Voraussetzungen sind erforderlich, um Digitalisierungsvorhaben umsetzen zu können?

  Der CIO sollte klar und frühzeitig mögliche Einschränkungen kommunizieren, um rechtzeitig Realisierungsoptionen bewerten zu können und die Grundlage für Priorisierungsentscheidungen zu liefern.

- *Projektportfolio transparent machen und Priorisierungsentscheidungen einfordern:* Welche laufenden oder geplanten Projekte mit IT-Bezug sind essentiell, z. B. aus gesetzlichen Gründen oder zur Risikoabwehr? Wo werden gewünschte Digitalisierungsprojekte in Konflikt mit laufenden bzw. geplanten Projekten der IT-Restrukturierung geraten? Welche Kapazitäten (personell, technisch) sind verfügbar?

  Hier sollte der CIO deutlich machen, wie zusätzliche Digitalisierungsprojekte im Kontext der bereits laufenden oder geplanten Projekte mit IT-Bezug zu betrachten sind. Bei Vorhaben bzw. Projekten, die zu kapazitiven Konflikten führen, ist eine klare Priorisierung notwendig, die nicht ausschließlich durch den CIO vorgenommen werden sollte, sondern durch ein entscheidungsfähiges, unternehmensweites Gremium.

- *Make-or-Buy Optionen aufzeigen:* Welche Vorhaben können mit Bordmitteln umgesetzt werden? Wo und wie können externen Experten sinnvoll eingesetzt werden? Welche externen Partner kommen wofür in Frage?

  Hier kommt dem CIO die Aufgabe zu, konkrete Optionen für die Realisierung der geplanten Digitalisierungsvorhaben vorzuschlagen – mit Bordmitteln oder mit sinnvoller externer Unterstützung.

- *Konsens über die Vorgehensweise herstellen und Implementierungsfahrplan abstimmen:* Welche Digitalisierungsprojekte werden konkret wann und wie implementiert? Wie werden die Vorhaben finanziert? Welche Mitarbeiter aus Fachbereich, interner IT, externer Unterstützung und ggfs. vom Kunden werden mit welcher Kapazität eingesetzt?

  Hier ist der CIO in der Pflicht, einerseits die Erwartungshaltung klar zu fixieren, andererseits konkrete Pläne zur Umsetzung zu erarbeiten.

> Digitalisierung ist kein reines IT-Thema. Digitalisierung betrifft das ganze Unternehmen und muss von der Geschäftsführung und den Fachbereichen getrieben werden. Der internen IT kommt eine Beratungs- und Enabling-Rolle zu.

Der Turnaround-CIO sollte stets verdeutlichen, dass zusätzliche Digitalisierungsvorhaben laufende Standardisierungs- und Konsolidierungsprogramme nicht obsolet machen. Im Gegenteil, oft sind die Projekte zur Vereinfachung der IT-Umgebung eine essentielle Voraussetzungen, um die Agilität des Unternehmens zu gewährleisten und Digitalisierungsprojekte erfolgreich zu machen.

Zusammenfassung: Handlungsfelder bei der IT-Neuausrichtung

- Die Herausforderung für den Turnaround-CIO besteht darin, notwendige, d. h. mit der Geschäftstätigkeit des Unternehmens zwingend einhergehende Komplexität, von unnötiger Komplexität zu trennen und entsprechende wirtschaftlich sinnvolle und technisch machbare Maßnahmen zur Reduzierung dieser unnötigen Komplexität zu konzipieren.
- Standardisierung und Konsolidierung sind als Königsweg für Komplexitätsreduzierung und Kostensenkungsvorhaben in der IT anzusehen. Dazu sind die Eindämmung und die Rückführung des Wildwuchses an Anwendungen, Plattformen, Schnittstellen und anderen IT-Komponenten notwendig.
- Oft wird bei IT-Turnarounds die Senkung der IT-Kosten angestrebt. Dazu existieren zahlreiche Hebel, die vor dem Hintergrund der individuellen Unternehmenssituation zu evaluieren sind. Bei Restrukturierungen gibt es per se keine Fixkosten; alle Kostenpositionen ab einer relevanten Höhe sind zu analysieren, zu hinterfragen und auf Reduzierungsmöglichkeiten abzuklopfen.
- Bei IT-Kostensenkungsmaßnahmen ist von der Rasenmäher-Methode abzuraten. Eingespart werden sollte da, wo ein Weniger an Kosten kein Weniger an Nutzen nach sich zieht. Dies ist von Unternehmen zu Unternehmen und von Situation zu Situation unterschiedlich und Bedarf einer genauen Betrachtung und eines differenzierten Vorgehens.
- Grundvoraussetzung für die Fähigkeit des Unternehmens, mit IT-Mitteln schnell auf veränderte Geschäftsanforderungen reagieren zu können, ist eine gesunde, agile IT. Business-Agilität wird durch IT-Agilität massiv erleichtert. Bei einem IT-Turnaround besteht häufig die Aufgabe, die vorhandene, defizitäre IT so umzugestalten, dass mit ihr die Unternehmensziele schneller und kostengünstiger erreicht werden können.
- Die IT muss so aufgestellt werden, dass sie Informationsgewinn, Effizienzsteigerung und Umsatzerhöhung im Unternehmen unterstützen bzw. „enablen" kann. Bei der Neuausrichtung der IT nach einer Krisensituation sind jedoch häufig zunächst „Hausaufgaben" bzw. „Aufräumarbeiten" zu erledigen, bevor umfangreiche Business Enabling-Vorhaben in Angriff genommen werden können. Eine kluge Priorisierung der Vorhaben ist deshalb sehr wichtig.

Literatur

Accenture: *Accenture Technology Vision 2013*. Abgerufen am 8. Januar 2014 von http://www.accenture.com: http://www.accenture.com/microsites/it-trends-innovations-2013/Pages/ home.aspx (2013)

Bonfante, L.: *Lessons in IT Transformation*. Hoboken: Wiley (2011).

Buchta, D.; Eul, M.; Schulte-Croonenberg, H.: *Strategisches IT-Management*. Wiesbaden: Gabler (2009).

Crameri, M.; Heck, U.: *Erfolgreiches IT-Management in der Praxis*. Wiesbaden: Vieweg+Teubner (2010).

Dietrich, L.: *Die ersten 100 Tage des CIO – „Quick Wins und Weichenstellung"*. In L. Dietrich & W. Schirra, IT im Unternehmen. Berlin, Heidelberg: Springer (2004).

Gartner Inc.: *IT Key Metrics Data 2012: Executive Summary*. Gartner, Inc. (2011).

Gartner Inc.: *Five Principles Underpin IT Cost Optimization Success*. Gartner Inc. (2013).

Hodel, M.; Berger, A.; Risi, P.:. *Outsourcing realisieren*. Wiesbaden: Vieweg (2004).

Kaplan, J. M.; Löffler, M.; Roberts, R. P.: *Managing next-generation IT infrastructure*. The McKinsey Quarterly (2005, Februar).

Looff, L. d.: *Managing IT transformation on a global scale*: An interview with Shell CIO Alan Matula. McKinsey on Business Technology Nr. 19, S. 36–42 (2010).

McKinsey: *Ten Trends redefining enterprise IT Infrastructure*. Abgerufen am 21. Januar 2018 von https://mckinsey.com: https://www.mckinsey.com/business-functions/strategy-and-corporate-finance/our-insights/ten-trends-redefining-enterprise-it-infrastructure (2017).

Müller, A.; Schröder, H.; & Thienen, L. v.: *Lean IT-Management*. Wiesbaden: Gabler (2011).

National Institute of Standards and Technology. *The NIST Definition of Cloud Computing*. Abgerufen am 9. Januar 2014, von https://www.nist.gov/publications/nist-definition-cloud-computing?pub_id=909616 (12. September 2011).

o. V.: *NSA-Affäre dämpft Nachfrage nach Cloud-Diensten*. Frankfurter Allgemeine Zeitung, S. 20 (2014a, 31. Januar).

o. V.: *Das Internet schrumpft die Krankenkassen*. Frankfurter Allgemeine Zeitung, S. 11 (2014b, 25. Februar).

Scholderer, R.: *IT-Servicekatalog*. Heidelberg: dpunkt.verlag (2017).

Uebernickel, F.; Brenner, W.: *Die Herausforderungen der IT heute*. In F. Abolhassan, Der Weg zur modernen IT-Fabrik (S. 11 – 33). Wiesbaden: Springer Gabler (2013).

Weill, P.; Ross, J. W.: *IT Savvy – What top executives must know to go from pain to gain*. Boston: Harvard Business Press (2009).

7 Organisatorische Rahmenbedingungen

Parallel zu den in den vorangegangenen Kapiteln beschriebenen Ansätzen der Stabilisierung und Neuausrichtung empfiehlt sich bei einem IT-Turnaround die Durchführung einer Reihe von vorwiegend organisatorischen Maßnahmen. Diese bilden die Grundlage für die Gesundung der IT (siehe Bild 7.1).

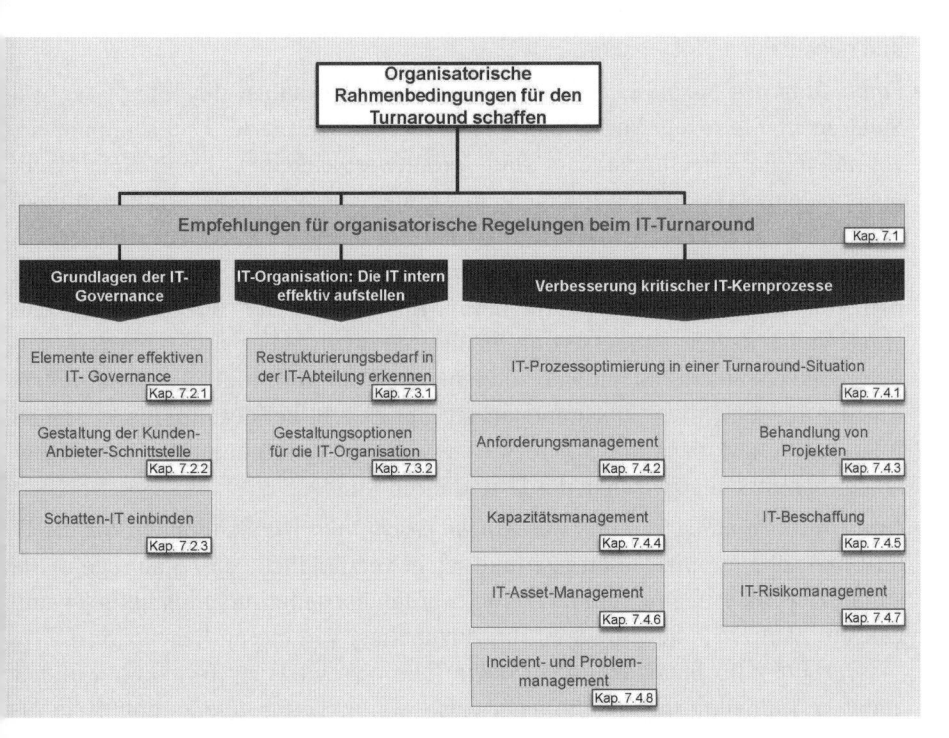

Bild 7.1 Auswahl typischer organisatorischer Handlungsfelder bei der IT-Restrukturierung

7.1 Organisatorische Regelungen umsetzen

Wie auch die Maßnahmen zur Neuausrichtung der IT, sollten auch die organisatorischen Rahmenbedingungen der Stoßrichtung der IT-Restrukturierung entsprechen und nicht etwa eine lehrbuchmäßige Einführung von nicht zur Situation und zum Umfeld passenden Prozessen und Strukturen beinhalten. Folgende Prämissen haben sich bei der Konzeption und Umsetzung von organisatorischen Rahmenbedingungen als hilfreich erwiesen:

- *Fokussierung* auf die organisatorischen Veränderungen, die einer raschen Korrektur bedürfen und hohes Wirkungspotenzial haben. Ein Komplettumbau der IT-Organisation, der Prozesse und der Governance kann insbesondere in der Frühphase einer Restrukturierungssituation sehr leicht zu Verunsicherung und Chaos führen. Gleichwohl sollte entsprechend der Stoßrichtung des Turnarounds eine klare Weichenstellung vorgenommen werden, z. B. hinsichtlich der Kundenorientierung der IT, den Spielregeln für IT-Entscheidungen und den zentralen und dezentralen IT-Aufgaben.
- *Einbindung des Business:* IT-Governance-Richtlinien haben den Charakter von Spielregeln. Sie regeln Verhaltensweisen im Umgang mit der Unternehmens-IT, vor allem Entscheidungsrechte und Verantwortlichkeiten. Wenn Spielregeln nicht akzeptiert werden, werden sie missachtet oder Mitspieler erfinden andere Regeln oder verzichten ganz darauf – Chaos droht. Sofern keine ausreichenden IT-Governance-Strukturen im Unternehmen vorhanden sind, tut ein Turnaround-CIO gut daran, eine Beteiligung der IT-Kunden bei der Ausgestaltung entsprechender Regeln, Prozesse und Strukturen anzustreben und nicht etwa fertige Konzepte aus der Schublade zu ziehen und deren Gültigkeit zu verkünden. Ansätze für fruchtbare Zusammenarbeit gibt es z. B. bei der organisatorischen Ausrichtung auf die Kundenbedürfnisse oder der Bestimmung der Mitarbeiter an der Schnittstelle zwischen der IT und ihren Kunden.
- *Einfach, verständlich, auf das wesentliche beschränkt:* Die Spielregeln für die IT im Unternehmen müssen einfach und leicht verständlich sein. Spielregeln, die kompliziert und missverständlich sind, werden entweder nicht befolgt oder umgangen. Zahlreiche Regelungen (und Ausnahmen von diesen Regelungen), Prozessvarianten für Entscheidungen sowie viele verschiedene Gremien mit immer anderen Teilnehmern sind üblicherweise ein Indiz für überkomplizierte IT-Governance-Strukturen, die im Rahmen eines IT-Turnarounds vereinfacht werden müssen. Mitunter wird dazu geraten, die Regeln der IT-Governance auf einem Blatt zusammenzufassen (Weill/Ross 2009, S. 153).
- *Überhastete Maßnahmen vermeiden:* Obwohl ein Turnaround-CIO zumeist unter Handlungsdruck steht und rasche Ergebnisse erwartet werden, ist bei der Durchführung von personellen und strukturellen Veränderungen Vorsicht geboten.

Mit Reorganisationsmaßnahmen wird massiv in das Unternehmensgefüge eingegriffen. Vorschnelle Aktionen können die Mitarbeiter im Unternehmen verunsichern und eine Krise noch weiter verschärfen. Hinzu kommen möglicherweise hohe Folgekosten für Abfindungszahlungen und Wiederbesetzungen, wenn z. B. Schlüsselmitarbeiter als Folge von überhasteten Umgestaltungsversuchen die Flucht ergreifen – von daher gilt bei der Durchführung von organisatorischen Maßnahmen: *„Beware the fast shooter!"* (Slatter/ Lovett 1999, S. 262 f)

- *Rasche Implementierung:* Haben sich organisatorische Maßnahmen jedoch als notwendig herausgestellt und wurden sie wohlüberlegt auf die Situation ausgerichtet sowie mit den Stakeholdern ausreichend abgestimmt, so sollten sie auch rasch umgesetzt werden. Hierbei ist stets einem pragmatischen Verfahren, bei dem die neuen Strukturen, Spielregeln und Prozesse noch nicht 100 %ig ausformuliert sind, Vorzug vor zögerlichen bzw. nach Perfektionismus strebenden Methoden einzuräumen. Die Praxis zeigt, dass sich Prozesse und Strukturen vor dem Hintergrund der Unternehmenskultur sowieso noch „einschleifen" müssen, d. h. stetig angepasst bzw. weiterentwickelt und verfeinert werden. Die Grundprinzipien der organisatorischen Gestaltung sollten hingegen als Basis für derartige Weiterentwicklungen tragfähig sein.

■ 7.2 IT-Governance: Die IT im Unternehmen integrieren

IT-Governance hat ihren Ursprung in der auf das gesamte Unternehmen abzielenden *Corporate Governance*. Diese umfasst den rechtlichen und faktischen Ordnungsrahmen für die Leitung und Überwachung eines Unternehmens (Werder). Mit dem Begriff „IT-Governance" wird ein festgelegter Rahmen von Entscheidungsrechten und Verantwortlichkeiten bezeichnet, der den Gebrauch der IT im Unternehmen in eine gewünschte Richtung lenken soll (Weill/Ross 2009, S. 8). IT-Governance beschreibt also im Wesentlichen, wer Entscheidungen trifft und dafür welche Verantwortung übernimmt.

Eine effektive IT-Governance muss weder Bürokratie noch endlose Meetings oder politische „Spielchen" bedeuten wie oft befürchtet wird. Im Gegenteil: Ziel ist es, Entscheidungsprozesse bzw. -kriterien transparent zu machen und so die Mitarbeiter im Unternehmen zu befähigen und zu motivieren, die Gestaltung der IT gemäß dieser Spielregeln zu übernehmen.

7.2.1 Grundlegende Elemente einer effektiven IT-Governance

Wer steuert die IT?

Bei der Gestaltung der IT-Governance kommt der Frage nach der Steuerung der IT eine entscheidende Rolle zu. Wer bestimmt die Ausrichtung der IT? Wer legt fest, welche Produkte und Services bereitgestellt werden? Wer entscheidet über die Freigabe von IT-Vorhaben? Weill und Ross haben in ihrem Standardwerk „IT Governance" die Zuweisung von Entscheidungsrechten und Verantwortlichkeiten für mindestens fünf Entscheidungsfelder empfohlen (Weill/Ross 2009, S. 26 ff). Diese sind:

1. IT-Prinzipien (Grundlegende Regeln entsprechend der jeweiligen Rolle der IT im Unternehmen, „IT-Verfassung"),
2. Architektur des unternehmensweiten Informationssystems (Ausgestaltung der IT-Landschaft, also z. B. Anwendungen, Datenarchitektur, technologische Plattformen),
3. IT-Leistungserbringung (Service-Infrastruktur bzw. die bereitgestellten IT-Dienste),
4. Geschäftsanforderungen (Bedarf der IT-Kunden an neuen bzw. zusätzlichen Funktionalitäten, Services, Produkten, Projekten),
5. IT-Investitionsentscheidungen (Entscheidung über die Durchführung bzw. Priorisierung von IT-Vorhaben).

Im Rahmen der IT-Governance ist nun festzulegen, wer für diese Bereiche Entscheidungsbefugnis und Verantwortung übernimmt.

Zunächst sind die *Prinzipien der IT* zu bestimmen. Hier sollte sich inhaltlich im Turnaround an der definierten Stoßrichtung der IT-Restrukturierung gerichtet werden. Sie gibt die Zielsetzung des Turnarounds vor und erlaubt die Ableitung entsprechender Grundsätze für den Einsatz der IT. Derartige Prinzipien können z. B. sein:

- *„Ausschließliche Verwendung von IT-Produkten, die zu den IT-Standards des Unternehmens passen",*
- *„Bordmittel einsetzen und das Rad nicht neu erfinden: Wiederverwendung vor Neuanschaffung, Kauf vor Eigenerstellung",*
- *„Nutzung von Standardfunktionalitäten – Modifikationen von Standardsoftware nur, wenn z. B. gesetzlich erforderlich oder mit einem quantifizierbaren Wettbewerbsvorteil verbunden",*
- *„Business Enabling forcieren – IT als Waffe im Wettbewerb einsetzen",*
- *„Es gibt nur ein ERP-System im Unternehmen",*
- *„Strikte Kostenkontrolle und kontinuierliche Verbesserung der IT-Effizienz".*

Wie auch immer diese Prinzipien im jeweiligen Unternehmen lauten, für die IT-Governance ist festzulegen, wer befugt ist, derartige Grundsätze zu definieren. Empfehlenswert ist, das Recht zur Bestimmung analog zur Festlegung der Restrukturierungs-Stoßrichtung beim Topmanagement des Unternehmens, beim Lenkungsausschuss des Turnaround-Projekts oder bei einem hochrangig besetzten, unternehmensübergreifenden IT-Ausschuss anzusiedeln.

Die Entscheidung und Verantwortung hinsichtlich der *IT-Architektur und der -Leistungserbringung* sind regelmäßig einfach zu bestimmen: Sie müssen in der Krise beim Turnaround-CIO liegen. Dies beinhaltet die Entscheidung über das „wie" bei der Realisierung von IT-Vorhaben und der Gewährleistung des Betriebs. Sie begründen auch ein Vetorecht des CIO, wenn z. B. nicht-standardisierte Produkte implementiert werden sollen oder Projekte klar den verfolgten Grundsätzen der IT-Architektur zuwiderlaufen. Auf der anderen Seite kann es zu Ausnahmeregelungen kommen, wenn einzelne Anforderungen nicht standardkonform umgesetzt werden können, aber erhebliche Wettbewerbsvorteile für das Unternehmen mit sich bringen. Hierfür sind im Rahmen der IT-Governance entsprechende Eskalationswege vorzusehen.

Die Zuweisung von Entscheidungsrechten und Verantwortlichkeiten für die IT-Steuerung ist jedoch immer dann problematisch, wenn die IT zu techniklastig ist und sich nicht ausreichend um die Belange des Business kümmert. Aus diesem Grund muss sich ein CIO zwei Sichtweisen zu Eigen machen – die des Business und die der IT.

Hinsichtlich der Verantwortlichkeit für die *Geschäftsanforderungen* ist es naheliegend, dass diese auf Seiten der IT-Kunden, also z. B. in den Fachbereichen, liegt. Nur sie sind in der Lage, aus konkreten Marktentwicklungen den Bedarf an benötigter IT-Unterstützung abzuleiten. Hier besteht jedoch häufig die Problematik, dass es *die* Geschäftsanforderung nicht gibt. Gerade wenn verschiedene Geschäftsbereiche aktiv sind, vielleicht noch in unterschiedlichen Marktsegmenten und Regionen, entsteht eine kaum zu bewältigende Flut von Anforderungen, die auch noch widersprüchlich sein können oder in Konkurrenz um bestimmte IT-Ressourcen stehen. Zudem fehlt häufig die Kompetenz (oder das Interesse), fachliche Anforderungen in IT-Produkt bzw. -Projektanforderungen zu übersetzen. Folglich muss mit der Allokation der Entscheidungsrechte auf die Kunden auch der Aufbau von „IT-Brückenköpfen" auf Kundenseite einhergehen. Dazu haben sich beispielsweise Key-User-Strukturen, IT-Koordinatoren oder Bereichs-CIOs bewährt (siehe Kapitel 7.2.2).

Wer entscheidet über die Durchführung von IT-Vorhaben?

Effektive IT-Governance erfordert klare Regeln, wer Investitionsentscheidungen trifft und wie diese Entscheidungen zustande kommen.

Dafür sind zunächst die Entscheidungsrechte für die *Priorisierung von IT-Investitionsvorhaben* festzulegen. Bei der Ausgestaltung gibt es hier in der Praxis die größten Probleme. Regelmäßig entbrennt ein Kampf um die knappen IT-Ressourcen, jedes Projekt ist je nach Blickwinkel für den Erfolg des Unternehmens wichtiger als das andere. Die Folge ist der Zwang zu Kompromissen und zu einer Priorisierung der vorgebrachten IT-Anforderungen aus dem Business. Messlatte dabei ist immer der Erfolg des Gesamtunternehmens und nicht die Optimierung der IT-Unterstützung in einzelnen Geschäftsbereichen. Hinzu kommen in Turnaround-Situationen die Einschränkungen, die mit den oft erforderlichen Aufräumarbeiten in der IT verbunden sind. Diese Herausforderungen machen deutlich, dass das Entscheidungsrecht hinsichtlich der Priorisierung von Vorhaben niemals bei der IT bzw. dem CIO alleine oder in einem oder mehreren Fachbereichen liegen kann. Vielmehr ist ein angemessen besetztes, unternehmensübergreifendes Gremium erforderlich, das für derartige Entscheidungen verantwortlich ist.

Hauptaufgaben IT-Ausschuss:
- Kontrolle der IT-Ausrichtung im Unternehmen gemäß den Turnaround-Zielen
- Unternehmensübergreifende Entscheidungskompetenz für IT-Vorhaben ab einer definierten Schwelle (z.B.: 50.000 €)
- Entscheidung über die Durchführung von IT-Großprojekten sowie (Re-) Priorisierungen und Projekt-Erweiterungen
- Priorisierung und Freigabe von IT-Vorhaben für das Folgejahr (IT-Budget-Verabschiedung)
- Unterjährig: Re-Allokation von freigewordenen (Projekt-) Budgets, Entscheidung über ungeplante Vorhaben

Turnus:
- Einberufung durch den IT-Vorstand bzw. durch das Geschäftsführungsmitglied mit IT-Verantwortung
- 3-5 Sitzungen p.a.
- Restriktive Vertretungsregelung

Beispielhafte Zusammensetzung:

- **Vorsitzende(r)** (IT-Vorstand / Geschäftsführungsmitglied mit IT-Verantwortung)
- **Controlling** (Finanzwesen; Review Business Cases, IT-Budget-Controlling)

Entscheider der IT-Kundengruppen:
- Fachbereich / Tochtergesellschaft A
- Fachbereich / Tochtergesellschaft B
- Fachbereich / Tochtergesellschaft C
- ...

IT-Koordinatoren / Bereichs-CIOs der Kundengruppen (sofern erforderlich / mit beratender Stimme):
- Fachbereich / Tochtergesellschaft A
- Fachbereich / Tochtergesellschaft B
- Fachbereich / Tochtergesellschaft C
- ...

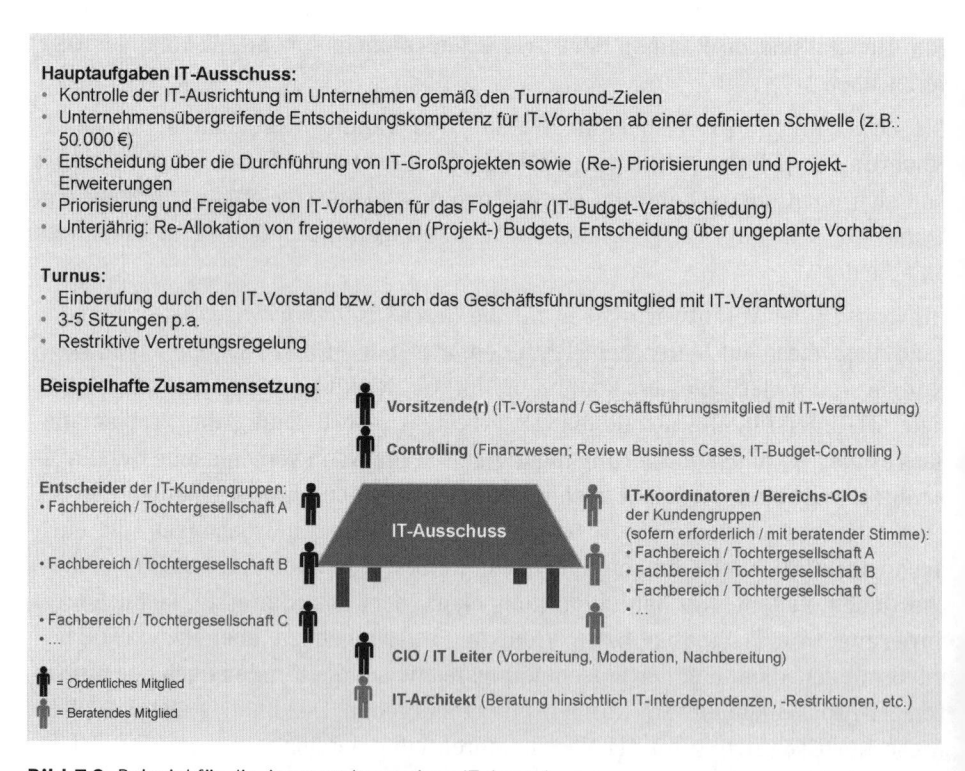

- **CIO / IT Leiter** (Vorbereitung, Moderation, Nachbereitung)
- **IT-Architekt** (Beratung hinsichtlich IT-Interdependenzen, -Restriktionen, etc.)

= Ordentliches Mitglied
= Beratendes Mitglied

Bild 7.2 Beispiel für die Ausgestaltung eines IT-Ausschusses

In Bild 7.2 ist beispielhaft ein derartiges Gremium skizziert, das in einem Unternehmen mit rund 3000 Mitarbeitern über ein jährliches IT-Budget von rund 40 Millionen Euro entscheidet. Die wesentlichen „Spielregeln" für die Arbeitsweise dieses Ausschusses sind im Bild enthalten: Durch die Leiter der Geschäftsbereiche, ggfs. unterstützt durch Bereichs-CIOs, werden Projektanträge, Re-Priorisierungsvorschläge und Budget-Allokationen eingebracht; IT-Architektur und -Leistungserbringung sind durch den CIO und den IT-Architekt vertreten. Gemeinsam mit dem IT-Vorstand und dem Leiter des Controllings ist dieses Gremium in der Lage, wesentliche IT-Entscheidungen vorzunehmen. Darunter fallen auch Vorhaben, die direkt durch die IT vorangetrieben werden.

Derartige Ausschüsse sind nur dann effizient, wenn die Besetzung zielführend gestaltet wird. Ein IT-Ausschuss sollte ein Entscheidungsgremium sein, d. h. Mitglieder müssen entscheidungsberechtigt und -fähig sein. Zudem sollten Vertretungsregelungen sehr restriktiv gehandhabt werden, um einen Sitzungstourismus zu unterbinden und Entscheidungskonstanz zu gewährleisten. Ferner sollte die Anzahl der Teilnehmer auf ein Minimum beschränkt bleiben; teilnehmende Entscheider sollten beispielsweise kleinere Kundengruppen nach vorheriger Abstimmung mitvertreten. In Großunternehmen, vor allem im Bereich Finanzdienstleistungen, gibt es aufgrund der thematischen Vielfalt neben einem derartigen zentralen Gremium weitere Unterausschüsse, die eine vorbereitende bzw. koordinierende Funktion haben, z. B. ein zentraler Projektportfolio-Ausschuss und dezentrale IT-Ausschüsse auf Fachbereichsebene.

Bei der Gestaltung eines zentralen IT-Gremiums kommt dem Vorsitzenden hohe Bedeutung zu. Dies sollte das Vorstandsmitglied bzw. das Mitglied der Geschäftsführung mit IT-Verantwortung sein. Weitere Voraussetzung für die Effizienz des Gremiums ist neben einer klaren Aufgabenzuweisung eine sorgfältige Vorbereitung, hierfür sollte der (Turnaround-)CIO eine tragende Rolle übernehmen.

Auch in einer IT-Restrukturierungssituation herrscht hoher Anforderungsdruck von Seiten der Fachbereiche. Ein großer Teil der IT-Kapazitäten, die ehedem mehr oder weniger koordiniert für die Realisierung von Businessanforderungen verbraucht werden konnte, ist nun mit der Umsetzung der Turnaround-Maßnahmen gebunden. Gleichwohl besteht ein berechtigtes Interesse der Fachbereiche an Unterstützungsleistungen, das sich aufgrund der Budgetplanung verstärkt ab Mitte eines Geschäftsjahres in hohem Projektanforderungsdruck äußert. Welche Handlungsoption bietet sich an, wenn aufgrund von limitierten IT-Ressourcen (vor allem Geld, Kapazität, Skills) absehbar ist, dass nicht alle Projektwünsche erfüllt werden können? Bild 7.3 zeigt eine Vorgehensweise, wie eine unternehmensübergreifende Priorisierung der Anforderungen erfolgen kann.

Das Vorschlagsrecht für fachliche IT-Investitionsvorhaben liegt bei den IT-Kunden (Bottom-up). Koordinatoren bzw. Bereichs-CIOs sammeln, filtern und priorisieren diese Anforderungen für ihre Kundengruppen bzw. Fachbereiche. Dazu gehören in aller Regel auch eine Business Case-Betrachtung sowie eine Kategorisierung hinsichtlich der Bedeutung des jeweiligen Vorhabens (A-, B-, C-Projekt) und eine zeitliche Reihenfolgeplanung (Priorisierung). Gerade die Notwendigkeit der Kategorisierung und Priorisierung stellt Fachbereiche oftmals vor erhebliche Herausforderungen. Die Bestimmung einer Reihenfolge bringt es mit sich, dass nicht alle Vorhaben gleich wichtig sein können und unangenehme Entscheidungen getroffen werden müssen, und zwar auf Kundenseite, denn nur dort lässt sich die Bedeutung eines Vorhabens bestimmen. Die IT selbst sollte niemals die Kategorisierung von IT-Vorhaben der Kundenseite vornehmen, auch wenn dieses Vorgehen noch in vielen Unternehmen übliche Praxis ist.

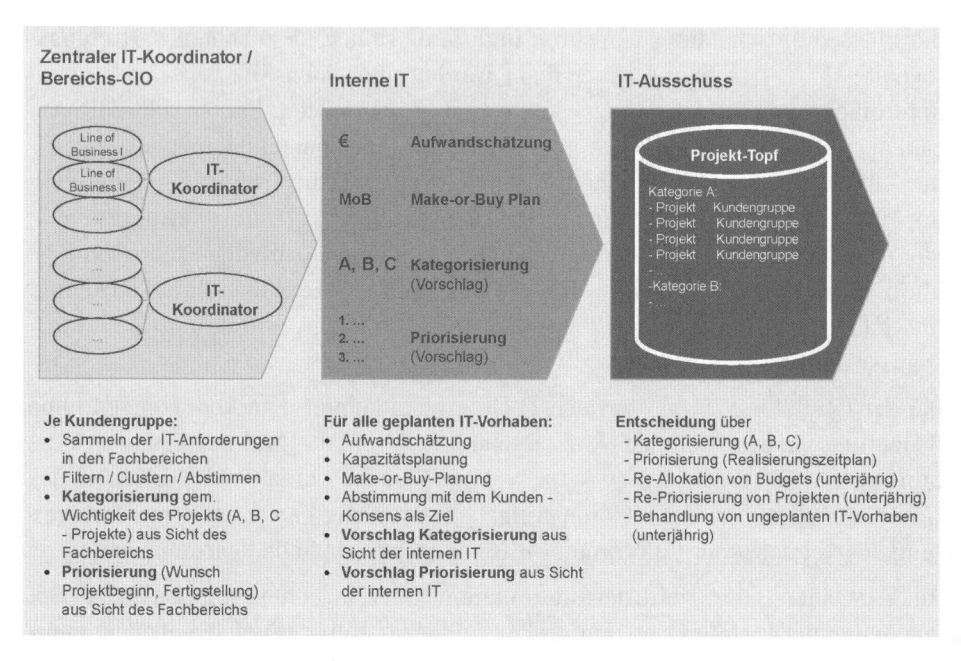

Bild 7.3 Beispiel für die unternehmensübergreifende Kategorisierung und Priorisierung von Projektvorhaben

Anschließend übernimmt auf Basis dieser Vorarbeit der IT-Bereich die Abschätzung von entsprechenden Realisierungsaufwänden, zeitlichen Realisierungsmöglichkeiten sowie Eigen- und Fremderstellungsoptionen. Zusammen mit den anfordernden Bereichen wird dann eine möglichst einvernehmliche Empfehlung hinsichtlich Kategorisierung und Priorisierung als Entscheidungsvorbereitung für den IT-Ausschuss vorbereitet. In der Praxis wird aufgrund von bestehenden Restriktionen nicht bei allen Vorhaben ein Konsens möglich sein; hier ist dann der IT-Ausschuss als finale Entscheidungsinstanz gefragt. Welche Projekte sind absolut notwendig (z. B. zur Abwehr von Risiken oder zur Einhaltung gesetzlicher Vorschriften)? Welche versprechen eine konkrete finanzielle Ergebniswirkung (z. B. aufgrund einer positiven Business Case-Betrachtung) oder einen quantifizierbaren

Effekt auf Geschäftsprozesse (z. B. Verringerung der Durchlaufzeit eines Auftrags, Reduzierung von manuellen Tätigkeiten)? Und welche sind lediglich „Nice-to-have" oder können mit vertretbarem Risiko verschoben werden? Diese Betrachtung muss fachbereichsübergreifend erfolgen, wobei zu beachten ist, dass z. B. auch Querschnittfunktionen ohne direkten Marktzugang (z. B. Finanzwesen, Personalwesen) berechtigte Anforderungen haben können.

Auch für Projektvorhaben der IT selbst oder top-down durch die Unternehmensleitung eingebrachte Themen sollte dieser Prozess verbindlich sein.

Letztendlich werden die genehmigten Vorhaben in den Projekt-Topf überführt, der die Grundlage für die Projekt-Roadmap des Unternehmens bildet.

7.2.2 Die Kunden-Anbieter-Schnittstelle gestalten

Der IT-Ausschuss tritt zwar mehrmals im Jahr zusammen, ist aber für die tägliche Steuerung der IT-Versorgung nicht gedacht. Wie lassen sich nun die Spielregeln der IT-Governance auch im „Tagesgeschäft", also der Zusammenarbeit von IT-Kunden und dem IT-Bereich anwenden?

Überträgt man die Arbeitsweise von IT-Dienstleistungsunternehmen auf die Zusammenarbeit zwischen IT und Fachbereichen, so lassen sich innerhalb eines Unternehmens eine IT-Anbieterseite (Supply) und eine IT-Nachfragerseite (Demand) bilden. Die Nachfragerseite bzw. die Kunden der IT definieren, *was* gemacht wird, während die Anbieterseite, also die interne IT, das *wie* bestimmt. Dazu gehören Entscheidungen über die IT-Architektur, über die eingesetzten IT-Komponenten und über die Eigen- oder Fremderstellung der Anforderung (Make-or-Buy). Um eine Steuerung der Anforderungen im Sinne der Ziele des Gesamtunternehmens zu erreichen, sind IT-Governance-Strukturen erforderlich, in denen über die Durchführung von Anforderungen entschieden wird (siehe Kapitel 7.2.1).

Die organisatorische Abbildung der IT-Anbieter und -Nachfragerseite

Bild 7.4 zeigt ein Beispiel für die organisatorische Abbildung der IT-Anbieter und -Nachfragerseite in einem Unternehmen. In dem Beispiel wird die Anbieterseite durch einen IT-Leiter geführt, der dem Unternehmens-CIO unterstellt ist, wobei in der Praxis auch eine Personalunion vorliegen kann. Auch ist in Großunternehmen gelegentlich eine disziplinarische Anbindung des IT-Leiters direkt an das für IT verantwortliche Vorstandsmitglied anstatt an den CIO zu beobachten. Der Unternehmens-CIO ist fachlich aber nicht disziplinarisch den dezentralen IT-Verantwortlichen auf Anwenderseite vorgesetzt (IT-Koordinatoren oder, in Großunternehmen, Bereichs-CIOs).

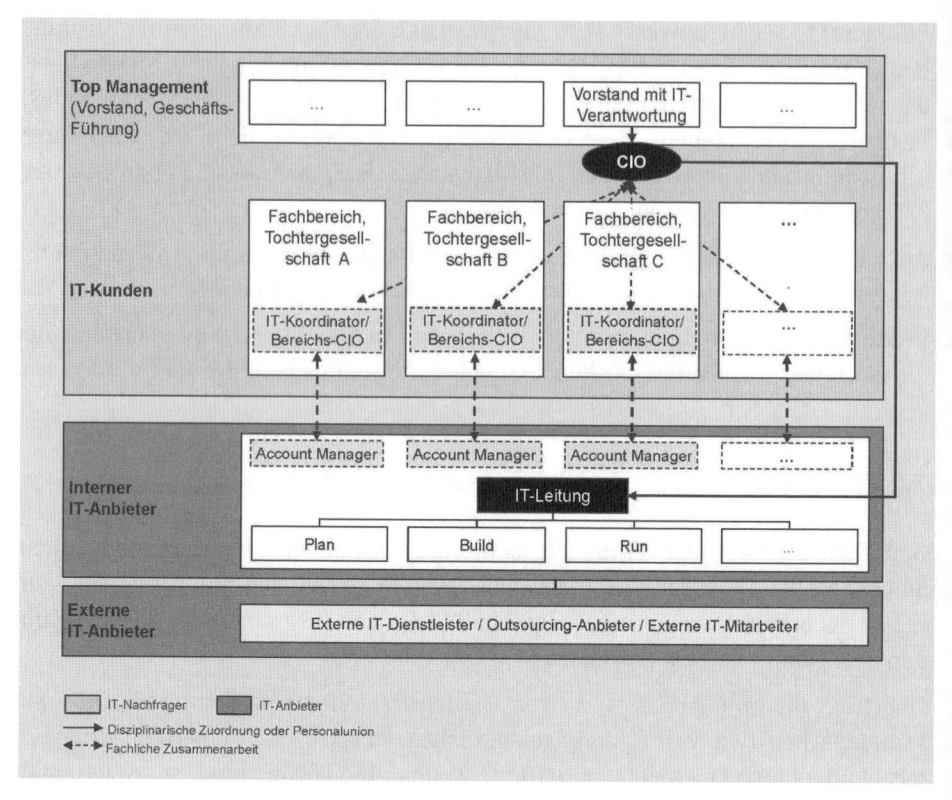

Bild 7.4 Beispielhafte Aufteilung in IT-Nachfrage- und IT-Angebotsseite (in Anlehnung an Buchta u. a. 2009, S. 102)

Die IT-Abteilung ist in diesem Beispiel neben der Kundenbetreuung als interner Anbieter für die Realisierung der Kundenanforderungen und den Betrieb der IT verantwortlich. Je nach Fertigungstiefe bedient sie sich dabei externer Unterstützung, wobei die Steuerung und Koordination sämtlicher Externer ausschließlich über den IT-Bereich erfolgt.

Die Gestaltung der Kunden-Anbieter-Schnittstelle

An der Schnittstelle zwischen den IT-Kunden und -Anbietern hat sich die Zusammenarbeit von IT-Koordinatoren bzw. Bereichs-CIOs und Account-Managern bewährt. IT-Koordinatoren bündeln die IT-Anforderungen in ihren Einheiten und arbeiten als Repräsentanten der Nachfrager-Gruppen eng mit den Account-Managern (analoge Bezeichnungen lauten z. B. IT-Business Partner, Relationship-Manager) auf Seiten der IT-Abteilung zusammen.

Auf der IT-Anbieterseite fällt den Account-Managern die Aufgabe zu, die Kundenanforderungen je Gruppe im Rahmen des Anforderungsmanagements zu erfassen, die Realisierung dieser Kundenanforderungen zu begleiten und zukünftige Anforderungen zu ermitteln (siehe Bild 7.5). Durch diese Nähe zum Kunden, idealerweise verbunden mit operativen Entscheidungskompetenzen, lassen sich Reaktionsfähigkeit und Flexibilität der IT erheblich verbessern. Gleichzeitig wird die IT-Leistungserbringung entlastet, indem der Account-Manager als „Single Point of Contact" bzw. zentrales Einfallstor für Anforderungen die Bedarfe aus der jeweiligen Kundengruppe aufnimmt, klassifiziert und zielgerichtet weiterleitet sowie die Realisierung begleitet. Die Akzeptanz der Account-Manager auf Kundenseite kann durch eine gemeinsame Auswahl von geeigneten Personen gefördert werden (z. B. im Fachbereich bekannte Projektleiter).

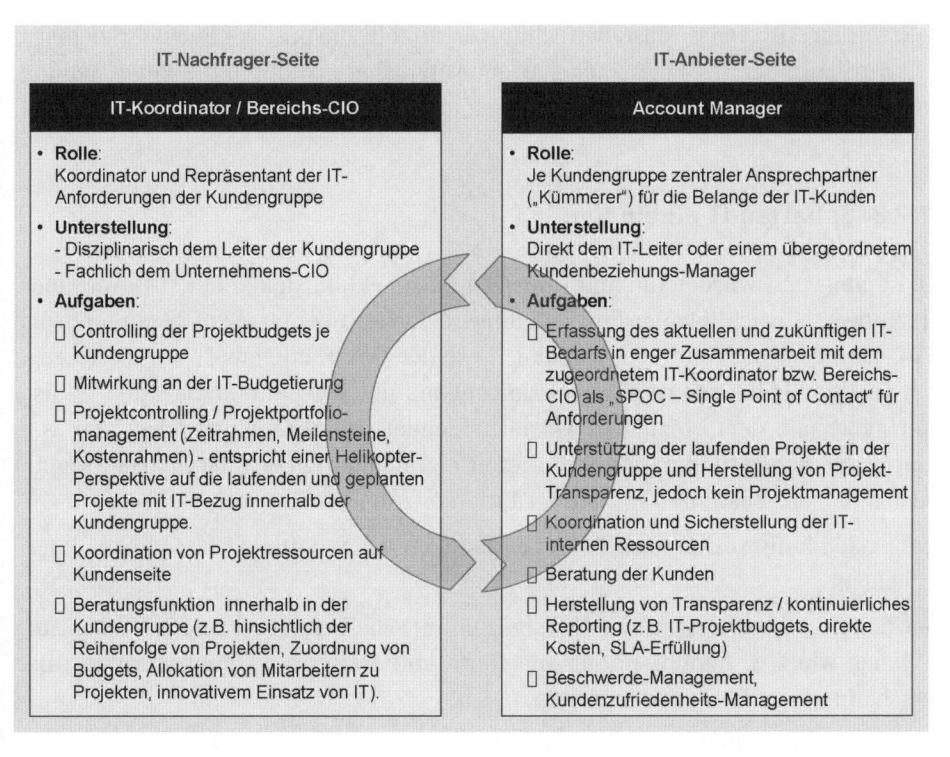

IT-Nachfrager-Seite	IT-Anbieter-Seite
IT-Koordinator / Bereichs-CIO	**Account Manager**
• **Rolle**: Koordinator und Repräsentant der IT-Anforderungen der Kundengruppe	• **Rolle**: Je Kundengruppe zentraler Ansprechpartner („Kümmerer") für die Belange der IT-Kunden
• **Unterstellung**: - Disziplinarisch dem Leiter der Kundengruppe - Fachlich dem Unternehmens-CIO	• **Unterstellung**: Direkt dem IT-Leiter oder einem übergeordnetem Kundenbeziehungs-Manager
• **Aufgaben**: ☐ Controlling der Projektbudgets je Kundengruppe ☐ Mitwirkung an der IT-Budgetierung ☐ Projektcontrolling / Projektportfoliomanagement (Zeitrahmen, Meilensteine, Kostenrahmen) - entspricht einer Helikopter-Perspektive auf die laufenden und geplanten Projekte mit IT-Bezug innerhalb der Kundengruppe. ☐ Koordination von Projektressourcen auf Kundenseite ☐ Beratungsfunktion innerhalb in der Kundengruppe (z.B. hinsichtlich der Reihenfolge von Projekten, Zuordnung von Budgets, Allokation von Mitarbeitern zu Projekten, innovativem Einsatz von IT).	• **Aufgaben**: ☐ Erfassung des aktuellen und zukünftigen IT-Bedarfs in enger Zusammenarbeit mit dem zugeordnetem IT-Koordinator bzw. Bereichs-CIO als „SPOC – Single Point of Contact" für Anforderungen ☐ Unterstützung der laufenden Projekte in der Kundengruppe und Herstellung von Projekt-Transparenz, jedoch kein Projektmanagement ☐ Koordination und Sicherstellung der IT-internen Ressourcen ☐ Beratung der Kunden ☐ Herstellung von Transparenz / kontinuierliches Reporting (z.B. IT-Projektbudgets, direkte Kosten, SLA-Erfüllung) ☐ Beschwerde-Management, Kundenzufriedenheits-Management

Bild 7.5 Beispielhafte Gestaltung einer Kunden-Anbieter-Schnittstelle

Auf Kundenseite ist der IT-Koordinator bzw. Bereichs-CIO für die Bündelung der Anforderungen aus „seiner" Kundengruppe verantwortlich. Diese Aufgabe kann eine Person in größeren Organisationen nicht alleine bewältigen – der Koordinator muss dazu innerhalb der Kundengruppe ein Netzwerk aufbauen, um Informationen über zukünftige Anforderungen und den Status der IT-Leistungen (z. B. Projektsituation, SLA-Erfüllung) zu erhalten. Geeignet dafür sind beispielsweise die vorhandenen Key User. Das kann z. B. über regelmäßig stattfindende Treffen innerhalb der Kundengruppe realisiert werden. Der Status aller laufenden Projekte sollte kundengruppenweit transparent gemacht werden (z. B. über eine Projektportfolio-Darstellung und Projekt-Steckbriefe, siehe Kapitel 7.4.2).

Der Bereichs-CIO hat zudem eine wichtige Funktion als Berater der Fachbereiche beim Einsatz von IT für die jeweiligen Geschäftszwecke. Idealerweise sitzt er mit den Führungskräften seines Fachbereichs an einem Tisch.

Neben den Koordinatoren bzw. Bereichs-CIOs sollten auf der IT-Nachfragerseite Key User und, insbesondere in größeren Unternehmen, Mitarbeitergruppen mit Geschäftsprozesskompetenz gebildet werden, die z. B. die Erstellung von fachlichen Projektanträgen und -spezifikation sowie Business Case-Betrachtungen übernehmen können und mit der IT und dem Einkauf an der IT-Beschaffung beteiligt sind. Die Zusammenarbeit zwischen den Kundengruppen und der IT bzw. dem IT-Ausschuss wird erheblich durch die Vereinheitlichung der Anforderungen an Projektanträge, Business Case-Betrachtungen und Fachspezifikationen erleichtert. Hierbei kann der IT-, Finanz- oder Organisationsbereich durch die Bereitstellung von einheitlichen Formularen (Templates) unterstützen.

7.2.3 Schatten-IT einbinden

In Kapitel 7.2.1 wurden die fünf zentralen Entscheidungsfelder der IT-Governance diskutiert. Hinsichtlich der Entscheidungsrechte und Verantwortlichkeiten für die IT-Leistungserbringung liegt es nahe, diese der Unternehmens-IT zu übertragen. Oftmals problematisch ist aber der Umgang mit der sogenannten Schatten-IT, also der außerhalb der „offiziellen" IT stattfindenden Beschaffung und Nutzung von Hardware, Software und Diensten. Dies erfolgt in aller Regel außerhalb der Kenntnisnahme, der Zustimmung oder der Unterstützung des IT-Bereichs.

Folgende häufig vorkommenden Ausprägungen der Schatten-IT lassen sich unterscheiden:

- Übernahme von originären IT-Aufgaben außerhalb der üblichen Key-User-Aufgaben wie z. B. Administration von Hard- und Software, „Troubleshooting", Beschaffung von IT-Dienstleistungen,
- Nutzung von cloudbasierten Software-Diensten („Software-as-a-Service", wie z. B. Salesforce.com, Google Docs, Dropbox, GMX),
- Verwendung privater Hardware für geschäftliche Belange (Smartphones, Notebooks, Tablets),
- selbst installierte Software (z. B. Skype, Chat- und Messenger-Programme),
- selbstbetriebene Standardsoftware für fachliche Aufgaben (z. B. Business Intelligence-Anwendungen) oder direkte Nutzung von Cloud-Anwendungen (z. B. zur Außendienststeuerung),
- selbstentwickelte Software und Skripte (z. B. Auswertungsprogramme für Kundendaten, Workflow-Systeme, Access-Anwendungen, Excel-Makros, Visual Basic-Skripte).

Die Bedeutung von Schatten-IT ist keinesfalls zu vernachlässigen: Das IT-Marktforschungsunternehmen Gartner rechnet damit, dass schon 2015 35 % der gesamten IT-Ausgaben eines Unternehmens außerhalb des eigentlichen IT-Budgets angefallen sind (Gartner 2011). Es wird davon ausgegangen, dass gegenwärtig zwischen 10 % und 50 % einer normalen Systemlandschaft in der Grauzone betrieben werden (Seidel 2013). Bereits heute nutzen laut dem Marktforschungsunternehmen IDC 32 % der Fachabteilungen teilweise, und 12 %, sogar sehr umfangreich Cloud-Computing – ohne die IT-Abteilung einzubeziehen (IDC 2013).

Cloud-Computing und die Konsumerisierung der IT als Treiber der Schatten-IT

„Konsumerisierung der IT" beschreibt den Trend der selbstverständlichen privaten Verwendung von Informationstechnik wie z. B. die Nutzung privater Tablets und die Verwendung von Cloud-Diensten wie Dropbox für private Zwecke. Die Einbindung privater IT in die Unternehmens-IT ist eine Folge dieser Konsumerisierung und wird mit dem Schlagwort „Bring Your Own Device (BYOD)" umschrieben.

Schatten-IT gibt es schon seit längerer Zeit in Unternehmen (z. B. Erstellung von Excel-Makros durch Nicht-IT-Mitarbeiter, Programmierung von Access-Datenbanken, Nutzung von Online-Angeboten für Datenspeicherung und geschäftlichen E-Mail-Verkehr). In letzter Zeit wird dieser Trend aber massiv befeuert, und zwar durch die Konsumerisierung der IT, die zunehmende Verfügbarkeit von Cloud-Diensten sowie durch Mobile Computing. Dadurch dass Fachbereiche nunmehr auch umfangreiche und strategische Anwendungen, wie z. B. für CRM, Außendienststeuerung und Massendatenauswertungen quasi „an der IT vorbei" einsetzten zu können, bekommt das Thema eine neue Dimension (Cox 2014, S. 22).

Aber nicht nur die Weiterentwicklung der Informationstechnik fördert die Verbreitung der Schatten-IT. Ein wesentlicher Faktor ist häufig auch die Unzufriedenheit der IT-Kunden mit der Reaktionsfähigkeit bzw. Flexibilität der Unternehmens-IT. Dieses Phänomen ist besonders häufig in Unternehmen mit kriselnder IT anzutreffen. Anstatt der Auseinandersetzung mit der als unzuverlässig, langsam und limitierend empfundenen „offiziellen" IT wird zur Selbsthilfe gegriffen und originäre IT-Aufgaben wie Beschaffung und Betrieb von IT-Lösungen in Eigenregie übernommen.

Zudem führt die Konsumerisierung der IT dazu, dass IT-Anwender in Fragen der IT mündiger werden, „mitreden" können und explizit ihre Anforderungen vorbringen. Insbesondere die ab 1980 geborenen sogenannten „Digital Natives" haben meistens keinerlei Berührungsängste der IT gegenüber. Im Gegenteil, die Nutzung von IT ist selbstverständlich geworden wobei gleichzeitig hohe Anforderungen an Benutzerfreundlichkeit, Funktionalität und Verfügbarkeit der IT bestehen. Dabei werden auch entsprechende Erwartungen und Ansprüche an die Unternehmens-IT formuliert, die ihren Ursprung unter anderem in der problemlosen und schnellen

IT-Bereitstellung im App-Zeitalter haben: *„Think of your iPhone and the fact that you can download an application and be up and running with it in seconds. That kind of speed now seems normal, and you now expect it. Well, that same expectation carries over into the business world."* (Muller 2011, S. 80)

Schatten-IT – ein zweischneidiges Schwert

Die Schatten-IT stellt einen Verlust an Kontrolle und Transparenz der IT-Abteilung über im Unternehmen eingesetzte IT-Systeme dar (Brenner u. a. 2011, S. 5). Sollte der professionelle Einsatz von privater IT bzw. selbsterstellten Lösungen nicht am besten verboten werden? Dazu empfiehlt sich zunächst ein Blick auf die Chancen und Risiken, die häufig mit der Schatten-IT einhergehen.

Zu den **Chancen** der Schatten-IT gehören beispielsweise:

- *Innovationstreiber:* Lösungen der Schatten-IT entstehen häufig aus dem Ausprobieren und Experimentieren der Endbenutzer mit neuen IT-Lösungen. Sie leiten sich direkt aus den Bedürfnissen der Anwender ab und weisen meist einen ausgeprägten Geschäftsprozessbezug auf. Technische Neuerungen und Verbesserungen können dadurch rasch und unkompliziert ihren Eingang in das Unternehmen finden.
- *Dezentralisierungsvorteile:* Indem Mitarbeiter ihre Arbeitsumgebung eigenverantwortlich mit IT-Lösungen gestalten, wird die Motivation gefördert, die Identifikation mit der Aufgabe verbessert und dadurch die Produktivität erhöht. Zur Produktivitätserhöhung tragen auch die Vorteile des Mobile Computing bei, also die Möglichkeit, ortsunabhängig erreichbar zu sein und arbeiten zu können.
- *Flexibilität und schnelle Realisierung:* Lösungen der Schatten-IT, insbesondere Cloud-Lösungen, erfordern meist nur geringen Bereitstellungsaufwand (siehe Kapitel 6.3.3). Dies fördert eine flexible Reaktion auf Geschäftsanforderungen (Time to Market) bei hoher technischer Anpassungsfähigkeit (Skalierbarkeit).
- *Entlastung der internen IT:* Sofern kontrolliert und transparent durchgeführt, können Lösungen der Schatten-IT zu einer Entlastung der internen IT beitragen.

Dem gegenüber stehen die **Risiken** der Schatten-IT, beispielsweise:

- *Sicherheitsrisiken:* Die Weiterleitung von Unternehmens-E-Mails mit Freemail-Angeboten oder die Verwendung von Dateispeicherungs-Diensten für Unternehmensdokumente stellt ein signifikantes Risiko hinsichtlich Datensicherheit und Datenschutz dar. Es ist häufig nicht transparent, wo die Daten gespeichert sind und wer darauf Zugriff hat. Zudem können die privaten Schutzvorkehrungen nicht ausreichend sein (z. B. unzureichende Passwortvergabe, Schutz von Geschäftsdokumenten beim Verlust von privater Hardware, Fremdsoftware als Einfallstor für Schadprogramme). Ähnliches gilt für die unreflektierte Nutzung von Cloud-Anwendungen: Wo werden die Unternehmensdaten gespeichert? Wer hat darauf Zugriff? Was sind die Konsequenzen bei Datenverlust?

- *Unklare Verfügbarkeit:* Wenn Lösungen der Schatten-IT geschäftskritisch sind, d. h. für das Funktionieren eines Prozesses oder für die Bereitstellung von Führungsinformationen unentbehrlich geworden sind, kann ein Ausfall ein erhebliches Risiko für das Unternehmen bedeuten. Das Ausfallrisiko ist oftmals mangels Leistungsbeschreibungen (SLA) bei einem Betrieb außerhalb der Unternehmens-IT in der Regel nicht hinreichend abzusichern.

  Aber auch der interne Betrieb kann problematisch sein. Wenn beispielsweise eine selbstprogrammierte, geschäftskritische Anwendung auf einem Rechner läuft, der ungeschützt unter dem Schreibtisch eines Mitarbeiters des Fachbereichs steht und über einen „selbstadministrierten" WLAN-Router den Zugriff im Fachbereich bereitstellt, kann kaum von einem professionellen IT-Betrieb gesprochen werden.

- *Abkopplung und Inselbildung:* Als „inoffizielle" IT werden die Anwendungen in der IT-Grauzone in der Regel nicht bei der Weiterentwicklung der zentralen IT betrachtet. Eine „selbstgebastelte" Datenschnittstelle beispielsweise, die heute noch funktioniert, kann morgen bereits „tot" sein, da die zugehörige Anwendung der zentralen IT abgelöst wurde oder ein Update erhalten hat. Es besteht das Risiko, dass sich die zentrale IT und die dezentralen IT-Inseln voneinander abkoppeln und mehrere nicht-integrierte „IT-Welten" im Unternehmen entstehen.

  Schatten-IT-Lösungen sind zudem häufig nicht mit den Systemen der Unternehmens-IT integriert, z. B. mangels Kompatibilität mit Standards oder aufgrund unzureichender technischer Integrationsfähigkeit. Als Folge bilden sich Daten- und Funktionsinseln, wodurch die Komplexität der IT im Unternehmen steigt und die durchgängige Unterstützung von Geschäftsprozessen erschwert wird.

- *Abhängigkeit:* Insbesondere wenn eigenentwickelte Skripte oder Programme für geschäftskritische Aufgaben eingesetzt werden, besteht häufig eine erhebliche Abhängigkeitssituation von dem Ersteller der Lösung. Oft unterbleibt eine hinreichende Dokumentation des Programms, so dass Support und Weiterentwicklung nach dem Ausscheiden oder dem Erlahmen des Interesses des Erstellers erschwert oder sogar unmöglich sind. Zudem sind die Methoden der Softwareerstellung, des Testens und der Inbetriebnahme nur selten mit professionellen Standards im Einklang und somit regelmäßig aus Compliance-Gesichtspunkten zu beanstanden, insbesondere dann, wenn sie für das Geschäft kritisch werden. Ähnliches gilt z. B. bei der Nutzung von Cloud-Newcomern, deren technischer Strategie und Zuverlässigkeit unreflektiert vertraut wird.

- *Ausufernde Kosten:* Das unkontrollierte Einbringen von dezentralen IT-Lösungen kann zu einem Ausufern von IT-Kosten führen, insbesondere, wenn an zahlreichen Stellen im Unternehmen redundante Lösungen zum Einsatz kommen. Investitionen in Schatten-IT-Produkte verfügen auch in der Regel über keinen Business Case, wenn sie verborgen in den Fachbereichen beschafft und betrieben werden. Eine unqualifizierte Auswahl von Produkten und Dienstleistungen kann zu Fehlinvestitionen, technologischen Sackgassen oder hohen Folgekosten führen.

Die exemplarische Aufstellung von möglichen Chancen und Risiken der Schatten-IT macht deutlich, dass die Nutzung von nicht-offizieller IT im Unternehmen ein zweischneidiges Schwert ist. Fachbereiche streben nach Flexibilität und Freiheit, während die zentrale IT ein planvolles Vorgehen und die Einhaltung von Standards durchsetzen will. Die IT-Grauzone kann sowohl für die interne IT als auch für die Anwender vorteilhaft sein. Ohne entsprechende Regelungen der IT-Governance besteht allerdings eine erhebliche Gefahr, dass die Risiken der Nutzung die entsprechenden Chancen überwiegen.

Schatten-IT mit der IT-Governance erfassen

Welches Vorgehen ist im Rahmen eines Turnarounds hinsichtlich der Schatten-IT empfehlenswert? Zunächst ist es nicht ratsam, die Nutzung zu verbieten. Gerade in Turnaround-Situationen hat die mangelnde Performance der internen IT oftmals viele Anwender in die IT-Selbsthilfe getrieben. Verbote behindern den anwendergetriebenen, innovativen IT-Einsatz und bewirken letztendlich nichts anderes, als dass die Schatten-IT vollends in den „Untergrund" wandert, wo sie schwer zu entdecken ist und urplötzlich böse Überraschungen hervorbringen kann. Zudem wird die Zusammenarbeit zwischen IT-Bereich bzw. Turnaround-CIO und Fachabteilung massiv belastet. Auch würde ein Verbot die Innovationschancen für das Business hemmen, die mit innovativen, schnell verfügbaren Lösungen einhergehen können.

Die Schatten-IT sollte vielmehr als unumkehrbare Entwicklung akzeptiert werden, die durch die Trends wie IT-Konsumerisierung, Verfügbarkeit von Cloud-Angeboten und mobilen Technologien noch weiter getrieben werden wird. Gleichwohl ist durch den Turnaround-CIO aber auch eine drohende Abwärtsspirale zu unterbinden. Wenn zahlreiche IT-Selbsthilfegruppen im Unternehmen ihre „eigene" IT betreiben, werden die negativen Auswirkungen auf die IT-Komplexität und -Leistungsfähigkeit gravierend sein – von den damit einhergehenden Risiken ganz zu schweigen. Es kann nicht vorausgesetzt werden, dass Fachbereichsmitarbeiter die Risiken, die mit der Schatten-IT einhergehen, erkennen und adäquat behandeln, selbst wenn sie vermeintlich „IT-kundig" sind. Die interne IT ist in diesem Zusammenhang gefordert, die Rahmenbedingungen hinsichtlich technischer Machbarkeit, Risiken und Kosten aufzuzeigen und einen professionellen, stabilen und sicheren Betrieb zu gewährleisten. Mithin ist es empfehlenswert, einerseits Freiräume zuzulassen, andererseits aber auch ein Mindestmaß an Kontrolle und Transparenz herzustellen. Die Vermeidung von Risiken muss bei der Behandlung der Schatten-IT im Vordergrund stehen.

Dazu empfiehlt sich im Rahmen der IT-Governance als Detaillierung der IT-Prinzipien die Vereinbarung einiger unternehmensindividueller Regeln, die beispielsweise wie folgt lauten könnten:

- Die IT ist der Partner des Business. Entscheidungen hinsichtlich des Einsatzes neuer Technologien werden unternehmensübergreifend, nachvollziehbar und transparent getroffen.
- Es existieren klare Bestimmungen, welche Ausprägungen der Schatten-IT im Unternehmen gestattet und welche verboten sind (z. B.: Dürfen Unternehmensinformationen auf privater Hardware gespeichert werden? Wenn ja, welche Sicherheitsmaßnahmen sind obligatorisch? Darf private Hardware in das Unternehmensnetzwerk eingebracht werden? Wenn ja, welche Regeln und Maßnahmen in der IT sind dafür erforderlich? Dürfen Firmeninformationen in der Public Cloud gespeichert werden? Wenn ja, welche Dienste sind dafür zugelassen?).
- Die Nutzung von Lösungen der Schatten-IT muss grundsätzlich mit den unternehmensweit geltenden Standards hinsichtlich Datenschutz und Datensicherheit sowie anderen rechtlichen Vorgaben vereinbar (compliant) sein.
- Der internen IT kommt bei der Beschaffung bzw. Auswahl eine beratende Funktion zu. Ziel ist die Unterstützung der Fachbereiche bei einer möglichst fachkundigen Auswahl und risikoarmen Nutzung der eingesetzten Lösungen. Zudem sind die im Unternehmen geltenden Regeln für die Beschaffung zu beachten (z. B. ab eines bestimmten Volumens ist die Einbindung des Einkaufs obligatorisch sowie, wenn erforderlich, der Rechts- und Finanzabteilung).
- Selbstentwickelte Anwendungen aus der IT-Grauzone sollten mit Daten der Unternehmens-IT arbeiten können – diese aber nicht zurückspielen dürfen, um die Datenintegrität nicht zu gefährden (Motto: „Extrahieren ja – Update nein"). Mithin darf es auch keine Konkurrenz der Informationen geben – die zentrale IT bzw. das Unternehmenssystem ist stets das führende System mit den führenden Daten (Motto: „Es gibt nur eine Wahrheit"). Wenn Anwendungen mit der zentralen IT integriert werden (müssen), fallen sie automatisch in die Verantwortung der IT. Zudem gibt es Mindestanforderungen für die Erstellung von Skripts, Makros und sonstigen Programmen auf Fachbereichsebene (z. B. Dokumentation, Sicherstellung der Betreuung).
- Wenn Lösungen geschäftskritisch werden, gehören sie in professionelle Betreuung durch die zentrale IT (bzw. durch einen professionellen IT-Dienstleister, der durch die zentrale IT gesteuert wird). Die Entscheidung bzw. Verantwortung darüber obliegt dem Leiter des Fachbereichs, in dem die betreffende Schatten-IT-Lösung betrieben wird.
- Um die Stabilität der Prozessunterstützung zu gewährleisten und Risiken und Kontrolle zu behalten, werden Kern-Geschäftsprozesse des Unternehmens ausschließlich mit „offiziellen" IT-Lösungen unterstützt.

Transparenz herstellen

Neben der Vereinbarung von Regeln sollte sich der Turnaround-CIO um Transparenz hinsichtlich des IT-Einsatzes in der Grauzone bemühen. Ziel ist es nicht, die Schatten-IT zu bekämpfen und auszumerzen, sondern Risiken zu identifizieren und Kostentransparenz zu gewährleisten. Wo im Unternehmen sind welche Formen der Schatten-IT im Einsatz? Welche Kosten werden durch die Nutzung verursacht? Welche Lösungen lassen sich zur Realisierung von Synergien eventuell auch in andern Unternehmensteilen einsetzten? Wo bestehen Risiken beim Einsatz? Welche Aufgaben können besser durch die zentrale IT erbracht werden?

■ 7.3 Die IT effektiv aufstellen

In den frühen Phasen einer IT-Restrukturierung (Stabilisierungsphase, siehe Kapitel 5) ist es zumeist angeraten, die organisatorischen Änderungen so gering wie möglich zu halten um eine zusätzliche Verunsicherung der Mitarbeiter zu vermeiden. Zudem sind strukturelle Defizite und vor allem die individuellen Fähigkeiten der IT-Mitarbeiter in der Regel noch nicht hinreichend bekannt, um zielführende Änderungen vornehmen zu können.

Im fortgeschrittenen Restrukturierungsstadium hingegen werden organisatorische Defizite und die Fähigkeiten von Abteilungen und Führungskräften deutlicher. Oftmals ist dann eine Anpassung der vorhandenen IT-Organisation erforderlich. Ziel ist es, gemäß der Restrukturierungs-Stoßrichtung Flexibilität und Effizienz der IT zu erhöhen und dadurch die erforderliche Unterstützung des Business zu verbessern.

7.3.1 Woran lässt sich ein Restrukturierungsbedarf in der IT-Abteilung erkennen?

Neben der Notwendigkeit zur Kostensenkung oder zum Abbau der IT-Komplexität können auch organisatorische Defizite im IT-Turnaround relevant sein. Unter anderem könnten folgende Merkmale von IT-Organisationen auf einen Reorganisationsbedarf hinweisen (siehe Bild 7.6):

- *Unzufriedenheit:* Unzufriedene, überlastete, demotivierte sowie nicht leistungsfähige bzw. -willige Mitarbeiter auf der einen und unzufriedene IT-Kunden auf der anderen Seite.
- Zu viele *Managementschichten* („Overhead"), die Entscheidungs- und Informationsprozesse innerhalb der IT behindern, die IT als „lahm", undurchsichtig und

schwer steuerbar erscheinen lassen und oft mit unpassenden Führungsspannen einhergehen.

- *Überkomplexe Strukturen:* Dies sind stark verschachtelte, fragmentierte Strukturen (viele „Kästchen") mit unklaren Zuständigkeiten und Verantwortungsbereichen bzw. einer wahllos erscheinenden Bündelungen oder Zuordnung von Aufgaben („Gemischtwarenladen") mit organisatorischen Engstellen („Bottlenecks").
- Zu starke *Zentralisierung oder Dezentralisierung* bzw. *unbalancierte Strukturen* in der IT-Organisation: IT-Krisen sind sehr häufig hinsichtlich der Aufgabenverteilung in der IT durch Extremsituationen gekennzeichnet. Entweder liegt eine zu starke Zentralisierung vor, bei der durch den IT-Leiter (oder der zweiten Managementschicht) nahezu alles kontrolliert und entschieden wird (Micro-Management). Dementsprechend trägt das Mittelmanagement bzw. die IT-Belegschaft kaum Verantwortung, was in der Regel zur Unselbständigkeit, Demotivation und Frustration führt. Das andere Extrem sind Bereiche, in denen unkoordiniert nebeneinander her gearbeitet wird, was meist zu chaotischen Verhältnissen und Doppelarbeiten führt und die IT-Kunden zur Verzweiflung bringt.
- *Nicht auf den Kunden ausgerichtete Strukturen:* Noch häufig findet man in IT-Organisationen technische „Silos" vor, bei denen sich Zirkel von Technologiespezialisten um Produkte (z. B. Workflow-Systeme, Office-Anwendungen, LAN/WAN-Infrastrukturen) herum gebildet haben und weitgehend isoliert vom Business ihrer oftmals unergründlichen Beschäftigung nachgehen. Gleichzeitig fehlen Einheiten, die technikübergreifend für die Betreuung der Kunden bzw. deren Anforderungen verantwortlich sind.
- *Karriere-Sackgassen,* in denen fähige Mitarbeiter in den unteren Hierarchiestufen aufgrund von starren oder formalistischen Regeln keine ausreichenden Aufstiegs- bzw. Entwicklungsmöglichkeiten haben und dementsprechend akute oder latente Abwanderungsgefahr besteht.
- Für den Turnaround-CIO schlecht kontrollierbarer bzw. *unzureichender Zugriff auf Schlüsselfunktionen bzw. -mitarbeiter:* Aktuell oder zukünftig wichtige Funktionen wie z. B. IT-Finanzwesen, Architektur, Projektportfolio-Management sind an untergeordneter Stelle in der Hierarchie „geparkt" bzw. unpassend zugeordnet. Zudem benötigen Planung, Entwicklung und Betrieb der IT unterschiedliche Fähigkeiten der Mitarbeiter. Diese Fähigkeiten sind gerade bei traditionell organisierten IT-Bereichen (z. B. Rechenzentrum, Anwendungsentwicklung, Infrastruktur) an zahlreichen Stellen angesiedelt, intransparent und oftmals nicht entsprechend den tatsächlichen Bedürfnissen dimensioniert.

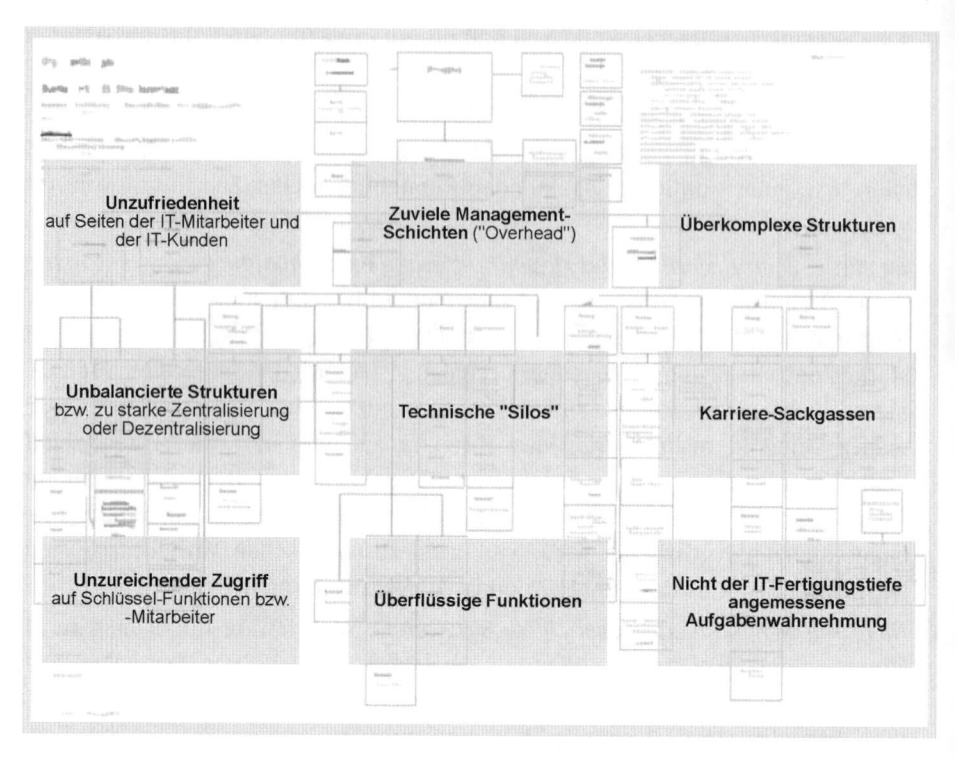

Bild 7.6 Mögliche organisatorische Defizite von IT-Bereichen

- Überflüssige Funktionen: Oft finden sich in IT-Bereichen Funktionen, die redundant zu bereits existierenden Zentralfunktionen im Unternehmen sind. Wofür ist z. B. eine IT-Personalabteilung erforderlich, wenn die zentrale Personalabteilung kompetente Business Partner für die IT vorhält? Ähnliches gilt für operative IT-Controlling- und -Einkaufsfunktionen.
- Nicht der IT-Fertigungstiefe angemessene Aufgabenwahrnehmung: Ein Bereich mit ausgeprägter Fertigungstiefe sollte anders aufgestellt sein als eine IT, die eine umfangreiche Auslagerung von operativen Aufgaben vorgenommen hat (Outsourcing). Oftmals gehen Auslagerungen aber nicht mit organisatorischen Anpassungen einher: Weder erfolgt ein konsequenter Rückbau der Organisationseinheiten, die von der Auslagerung betroffen sind, noch werden notwendig gewordene Strukturen für Lieferantenmanagement, Produktmanagement oder Kunden-Beziehungsmanagement neu errichtet (siehe Kapitel 7.3.4).

7.3.2 Gestaltungsoptionen für die IT-Organisation

In Kapitel 6.3.2 wurden bereits die Überprüfung des Personalbedarfs, die Konsolidierung von Managementschichten und die Anpassung an den tatsächlichen Bedarf an IT-Fähigkeiten als organisatorische Maßnahmen zur Verbesserung des Preis-Leistungs-Verhältnisses in der IT diskutiert. Zusätzliche Maßnahmen sind stark von der individuellen Unternehmenssituation, der zukünftigen Ausrichtung und den spezifischen Stärken und Schwächen des IT-Bereichs abhängig. Auf jeden Fall sollte die zeitliche Ansetzung von strukturellen Veränderungen bei einer IT-Restrukturierung wohl bedacht werden. Es besteht das Risiko, die Veränderungsfähigkeit im Unternehmen zu überschätzen und statt einer Verbesserung eine Abwärtsspirale aus zunehmendem Chaos, Verunsicherung und Demotivation der Mitarbeiter einzuleiten.

Essenziell ist auch das Verständnis des Unternehmensumfelds, der kulturellen Rahmenbedingungen und der agierenden Menschen. So hängt die Gestaltung der IT-Organisation beispielsweise von der Gesamtorganisation des Unternehmens ab, in das sie eingebettet ist (Tiemeyer 2013, S. 343). In sehr stark dezentral ausgestalteten Unternehmen, bei denen Tochtergesellschaften weitgehende Autonomierechte genießen, werden zentralisierte IT-Bereiche mit entsprechender Aufgabenhäufung als problematisch empfunden. Umgekehrt tun sich „schlanke" Fachbereiche ohne Bereitschaft bzw. Kapazität zur Übernahme von Zentralfunktionen mit ausgeprägten Dezentralisierungsansätzen der IT tendenziell schwer. Hier gilt es für den Turnaround-CIO eine für das jeweilige Unternehmen passende Struktur zu wählen.

Wie würde die IT-Organisation auf der „grünen Wiese" aussehen?

Häufig hat sich bei der Konzeption einer organisatorischen Umgestaltung, wie auch bei der Abschätzung der benötigten Mitarbeiteranzahl und -Qualifikation, ein „Greenfield"- bzw. „Zero based"-Ansatz als hilfreich erwiesen. Dabei steht die Überlegung im Mittelpunkt, wie eine neu zusammengestellte IT-Organisation gestaltet sein müsste, um die individuellen Anforderungen an die IT im betreffenden Unternehmen optimal erfüllen zu können. Folgende Kernfragen stehen dabei im Mittelpunkt:

- Welche Aufgaben soll die IT zukünftig erfüllen?
- Welche inhaltlichen Schwerpunkte bilden sich heraus (gegenwärtig und zukünftig, z. B. in einem Jahr)?
- Welche Aufgaben werden wo wahrgenommen (z. B. innerhalb der IT, als zentrale Unternehmens-Stabstelle, dezentral in den Fachbereichen)?
- Wie lassen sich die in der IT wahrgenommenen Aufgaben organisatorisch untergliedern, d. h. in Organisationseinheiten (z. B. Abteilungen, Kompetenzzentren, Netzwerkknoten) abbilden?

- Wie sollten diese Organisationseinheiten strukturiert werden (z. B. hinsichtlich Leitungsspanne, Mitarbeiteranzahl, Teamstruktur)?
- Welche kulturellen bzw. unternehmensspezifischen Rahmenbedingungen müssen beachtet werden?

7.3.3 Gestaltungsrichtungen für die IT-Organisation

Im Zuge von IT-Turnarounds haben sich einige zentrale Gestaltungsrichtungen für die IT-Organisation als hilfreich erwiesen:

- fachliche Ausrichtung auf den Bedarf der IT-Kundenseite vornehmen,
- Vereinfachung anstreben,
- dezentrale Verantwortungsbereiche bilden,
- Strukturierung der IT-Leistungserbringung überdenken.

Weitere Gestaltungsrichtlinien wären beispielsweise noch die Abbildung der IT-Anbieter und IT-Nachfragerseite im Unternehmen sowie die Gestaltung der Kunden-Anbieter-Schnittstelle (siehe Kapitel 7.2.2).

Fachliche Ausrichtung auf den Bedarf der IT-Kundenseite vornehmen

In Unternehmen mit kriselnder IT ist häufig eine erhebliche Diskrepanz zwischen dem Unterstützungsbedarf der Kunden und der fachlichen Ausrichtung der IT-Abteilung festzustellen. Viele IT-Leiter verfolgen ihre „Steckenpferde" anstatt die tatsächlich erforderlichen Kompetenzen (Capabilities) vorzuhalten. Im Zuge eines Turnarounds sollte die fachliche Schwerpunktsetzung überprüft werden. Wo besteht dringender Unterstützungsbedarf auf Seiten des Fachbereichs? Bestehen Über- bzw. Unterkapazitäten auf Seiten der IT? Wie lassen sich die erforderlichen Kompetenzen organisatorisch darstellen?

> **Aus der Praxis: Den IT-Bereich am Bedarf vorbei ausgerichtet**
>
> Im Zuge eines IT-Health-Checks bei einem mittelständischen Hersteller im Bereich der erneuerbaren Energien beklagten sich die Anwender massiv über mangelnde Unterstützung bei der Benutzung des neu implementierten ERP-Systems. Das System war offenbar nicht ausreichend konfiguriert („gecustomized"), um Geschäftsprozesse effizient unterstützen zu können. Entsprechende Projekte dauerten zu lange und die Betreuung der Anwender bei der Benutzung des Systems wurde als unzureichend wahrgenommen.
>
> Ein Blick auf das Organigramm des IT-Bereichs offenbarte die Verteilung der Skills: Von den insgesamt 51 Vollzeit-IT-Mitarbeiterkapazitäten waren 28 mit der Betreuung der technischen Infrastruktur (Netzwerke, zentrale und dezentrale Hardwareadministration, Helpdesk) betraut, während die technische und fachliche ERP-Betreuung nahezu vollständig an einen Dienstleister

> outgesourct war, der sich aber vor allem um die technische Bereitstellung des Systems kümmerte. Der CIO kam aus einer Konzern-IT, wo er für die technische Infrastruktur verantwortlich war. Dementsprechend hatte er auch die fachlichen Schwerpunkte in seinem Bereich gesetzt: Anstatt die geschäftskritische ERP-Prozessbetreuung intern bereitzustellen und die kommodisierten Administrationsaufgaben und das Netzwerk-Management auszulagern, hatte er genau die entgegengesetzte Ausrichtung gewählt. Das Resultat waren nicht nur unzufriedene Anwender und eine massive Abhängigkeitssituation in der ERP-Prozessbetreuung, sondern auch IT-Kosten, die erheblich über dem Branchendurchschnitt lagen. Wir empfahlen eine grundlegende Änderung der fachlichen Schwerpunktsetzung, verbunden mit einer Reorganisation des Bereichs und einer Überarbeitung der verfolgten Make-or-Buy-Strategie.

Vereinfachung anstreben

Die Grundprinzipien der Vereinfachung auf der Technik-Seite, nämlich Standardisierung und Konsolidierung, lassen sich auch für die Organisation anwenden. In den allermeisten Unternehmen trifft man noch hochgradig hierarchisch strukturierte und stark arbeitsteilig ausgeprägte IT-Bereiche an. Diese fördern Bürokratie, Langsamkeit und Demotivation; Kundennähe, Reaktionsfähigkeit und Flexibilität sind dadurch erschwert. Im Rahmen eines Turnarounds sind deswegen z. B. folgende Fragen relevant: Welche Managementebenen sind verzichtbar? Welche Stabsstellen werden wirklich benötigt? Wo existieren strukturelle Verästelungen, die nicht erforderlich sind?

Dezentrale Verantwortungsbereiche bilden

Der Umbau einer IT-Organisation sollte das Entstehen bzw. Bestärken von dezentralen Verantwortungsbereichen fördern. Dezentralisierung beinhaltet die Delegation von Aufgabenbereichen in die persönliche Verantwortung der Mitarbeiter mit dem Ziel, durch Autonomie die Motivation und Leistungsfähigkeit zu erhöhen. Voraussetzung dafür sind leistungswillige Mitarbeiter, die in der Lage sind, Verantwortung zu übernehmen. Eine weitere Voraussetzung sind effektive bzw. stabile Funktionsbereiche. Beides ist in Restrukturierungssituationen keineswegs selbstverständlich. Ein chaotisches Anforderungsmanagement beispielsweise, bei dem verunsicherte Mitarbeiter bislang über die IT-Abteilung verstreut ihrer Arbeit nachgingen, lässt sich nicht einfach so über die Bildung einer selbstbestimmten Einheit verbessern. Vielmehr sind zunächst stabile Prozesse zu entwerfen, die von geeigneten Mitarbeitern und Führungskräften mit Leben gefüllt werden (siehe Kapitel 7.4).

Strukturierung der IT-Leistungserbringung überdenken

Im Rahmen einer IT-Restrukturierung muss häufig entschieden werden, ob eine Transformation von einer oft traditionell strukturierten IT mit ihren um Technik-Silos herum angesiedelten Funktionen (z. B. Rechenzentrum, Anwendungsentwicklung, Benutzerbetreuung, Netzwerke) in eine stärker kundenorientierte, horizontale Organisationsform möglich ist (siehe Bild 7.7).

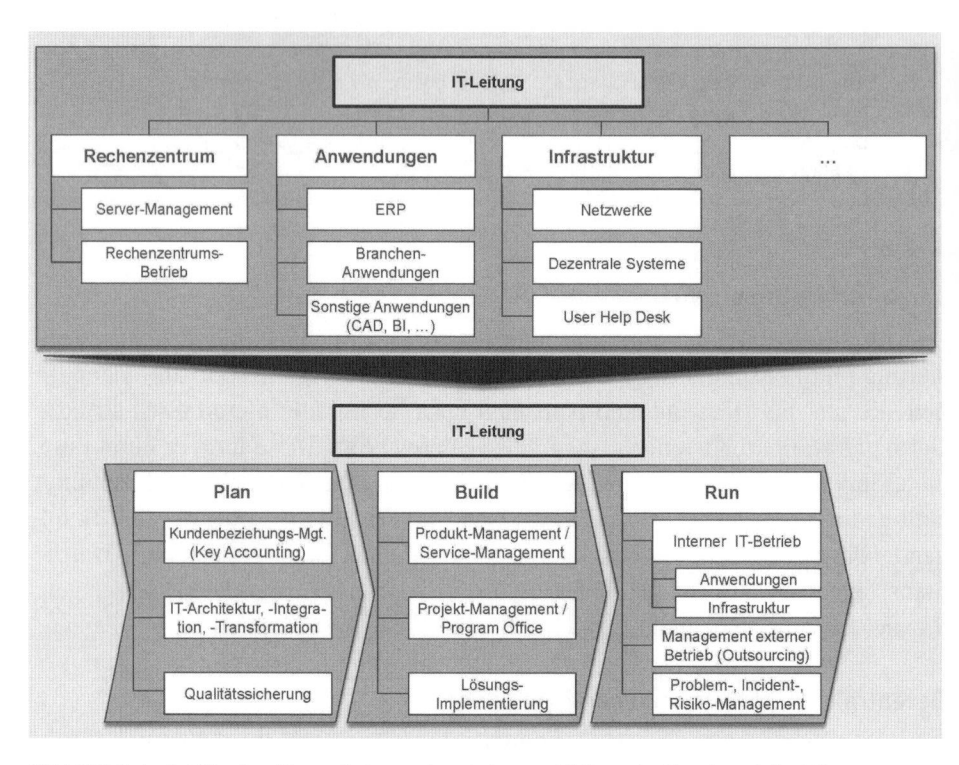

Bild 7.7 Beispiel für eine Umgestaltung einer internen IT-Organisation (vereinfacht)

Um die Kundenorientierung zu verbessern, können sich interne IT-Bereiche Organisationselemente von IT-Dienstleistungsunternehmen zu Eigen machen. Standardisierung und Bildung von Service-Produkten (siehe Kapitel 6.2.1), konsequente Verrechnung der erbrachten Leistungen und eine klare organisatorische Ausrichtung auf den Kunden sind einige dieser Gestaltungselemente. Abschied genommen werden sollte von einem „Build-to-Order"-Ansatz, bei dem wie in einer Manufaktur zahlreiche kundenspezifische Sonderlösungen erstellt werden, aber keine klare Kundenorientierung mit entsprechender Aufteilung der Fähigkeiten, z. B. in die Kategorien Plan, Build und Run, existiert.

Ein alternatives vertikales Organisationsmodell ist die Ausrichtung entlang von IT-Architekturdomänen bzw. den Geschäftsbereichen, wie sie mitunter in Großunternehmen anzutreffen ist, wie z. B. der Deutschen Telekom (Müller 2014). Hauptkennzeichen ist die Bündelung der Verantwortung über die gesamte IT-Wertschöpfungskette von Anforderungsmanagement, Anwendungsentwicklung, -betreuung und -betrieb. Im Idealfall entstehen so Bereiche, die auf ihre Architekturdomäne fokussiert sind und deren Bereichs- bzw. Domänen-CIOs unternehmerisch Verantwortung übernehmen. Zudem kommt diese Organisationsform einem ausgeprägt serviceorientierten Ansatz nahe, den IT-Nutzer von Cloudanbietern oder Outsourcing-Dienstleister kennen wie z. B. Infrastructure as a Service oder CRM as a Service (siehe Bild 7.8).

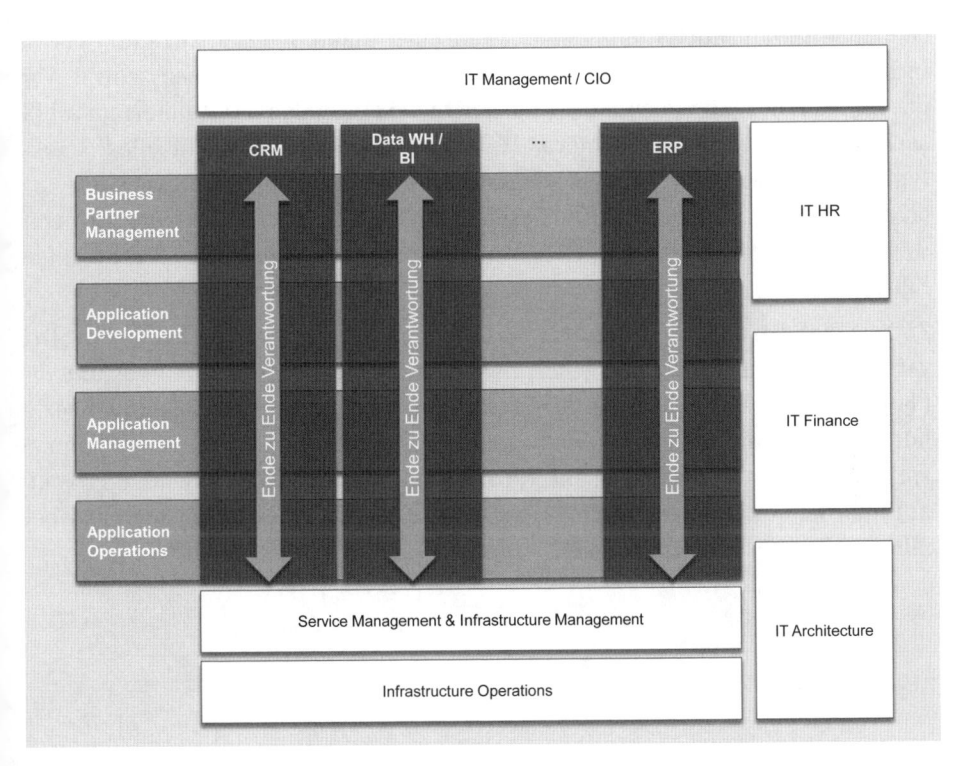

Bild 7.8 Organisation mit Ende-zu-Ende-Verantwortung für IT-Domänen (Müller 2014)

Eine Grundvoraussetzung für eine derartige Abkehr von traditionellen IT-Organisationsformen ist ein Denken in Services und Prozessen anstatt in Technologien. Ob im jeweiligen Unternehmen bereits ein Reifegrad vorliegt, der eine derartige Transformation rechtfertigt, ist mit Bedacht zu entscheiden. Neben den kulturellen Änderungen kommt es in erster Linie auch darauf an, ob geeignete Mitarbeiter verfügbar sind, die neben dem Willen zum Umdenken auch die Fähigkeiten für die erforderlichen zusätzlichen Aufgaben mitbringen. In jedem Fall sollten durch den Turnaround-CIO bereits so weit wie möglich Weichenstellungen hin zu einer serviceorientierten Organisationsform vorgenommen werden.

7.3.4 IT-Organisation nach Outsourcing: Die Retained Organisation

Bei der (Um-)Gestaltung der IT-Organisation spielt auch die Fertigungstiefe eine wesentliche Rolle. Unternehmen, die sehr viele IT-Services inhouse erbringen, nehmen andere Aufgaben wahr und benötigen andere Fähigkeiten (Capabilities) als Unternehmen, die ihre IT ausgelagert haben, etwa an Cloud-Anbieter oder andere Outsourcing-Dienstleister. Je geringer die Fertigungstiefe ist, desto mehr wandert der Aufgabenfokus von der Erbringung von IT-Services hin zur Steuerung von Dienstleistern sowie dem Managen des Demands bzw. der in Anspruch genommenen Services. IT-Abteilungen mit einem starken Outsourcing-Fokus werden als „Retained Organisations" bezeichnet. Statt einer Plan-Build-Run-Struktur, wie sie in Kapitel 7.3.3 skizziert ist, sind andere bzw. zusätzliche Aufgaben zentral. Vergleicht man dies mit einem Konzert, bei dem die IT-Kunden das Auditorium repräsentieren, „orchestriert" die interne IT, anstatt selbst zu spielen. Tabelle 7.1 zeigt typische Aufgaben einer Retained Organisation, die nach einer weitgehenden Auslagerung von „Build" und „Run" Services durch die interne IT wahrgenommen werden. In Tabelle 7.1 sind typische Aufgaben einer Retained Organisation aufgeführt.

Zu beachten ist, dass die interne IT bei sämtlichen strategischen Themen im „Driver Seat" bleiben sollte. Dazu gehört neben der Festlegung von Standards und der Planung der IT-Architektur vor allem auch die Beibehaltung der IT-Kundenbeziehung mit den Anwendern und Entscheidern in den Fachbereichen. Auch kann es sinnvoll sein, Projektmanagement-Kapazitäten vorzuhalten, um wichtige Projekte mit internen Mitarbeitern begleiten zu können und so eine enge Zusammenarbeit mit dem Business zu ermöglichen.

Tabelle 7.1 Typische Aufgaben einer Retained IT Organisation

Strategie, Governance, IT Management	Supplier Management	Delivery Management, Service Management	Demand Management, Business Enablement	Projektmanagement
Typische Aufgaben: • **IT-Strategie** (z. B. Definition von IT-Standards, Treiben von Harmonisierungs-/Konsolidierungs-Initiativen, Implementierung von Policies und Prozessen etc.) • **IT Architektur** planen und weiterentwickeln • **IT Security Management** • **IT Risk Management** • **People Management** (passende Mitarbeiter für die Retained Organisation finden, ausbilden, halten, allokieren) • **Implementierung und Pflege der IT Governance** im Unternehmen • **Financial Transparency** gewährleisten (**IT Controlling**)	Typische Aufgaben: • **Lieferanten-Strategie** (z.B: Lieferantenkonsolidierung, Lieferantenauswahl, Multi Vendor Strategie) • **Supplier Relationship Management** • **Contract Management** (IT-Dienstleistungen, Software, Hardware, externe Ressourcen) • Vertragsverhandlungen/Nachverhandlungen • **Performance Monitoring** – Transparenz bezüglich Kosten und Performance des Lieferanten herstellen	Typische Aufgaben: • **Monitoring der Service Performance** • Day-to-day-Überwachung der von den IT-Dienstleistern gelieferten Services und Projekten • **Service Level Management:** Überprüfung und Anpassung der erforderlichen Service-Qualität und -Quantität (Abstimmung mit dem Demand Management) • **Koordinieren der verschiedenen Vendoren**/Vermeidung von „Service Silos" • **Transparenz herstellen** bezüglich Incidents, Problemen bei der Leistungserbringung, Change Requests etc.	Typische Aufgaben: • **Abstimmung von** IT und Business fördern • **Anforderungen/Demand** der IT Kunden auf Basis des Geschäftsverständnisses erfassen und steuern • **Aufnahme, Filterung, Hinterfragen, Koordinierung der Anforderungen** aus dem Business • **Beratung und Übersetzung der Business-Anforderungen** in IT-Services/Projektanforderungen (Service/Solution Design) • Change Management und Monitoring der Implementierung von Changes – **enge Zusammenarbeit mit dem Projektmanagement**	Typische Aufgaben: • **Projekt-Portfolio managen** • **Interdependenzen, Risiken,** Einschränkungen im Projektportfolio verfolgen • **(Co-) Lead von wichtigen Projekten** mit IT-bezug • **Enge Abstimmung mit dem Demand Management**

Bei der Ausgestaltung einer Retained Organisation stellt sich nach der inhaltlichen Strukturierung oftmals die Frage nach der Dimensionierung, also nach der Anzahl der Mitarbeiter, die für die Bewältigung der beschriebenen Aufgaben erforderlich sind. Hierbei spielt eine Reihe von Parametern eine Rolle:

- *Anzahl der IT-Lieferanten bzw. Verträge:* Eine Multi-Vendor Umgebung, d. h. zahlreiche verschiedene IT-Dienstleister für unterschiedliche Services, stellt höhere Anforderungen als eine Single-Vendor Umgebung, bei der ein oder nur sehr wenige Lieferanten Leistungen erbringen.
- *Beziehung zum IT-Lieferanten:* In einem „eingeschwungenen Zustand" mit dem oder den IT-Dienstleistern (Lernkurveneffekte) ergibt sich tendenziell geringerer Managementbedarf im Vergleich zu einer neuen Geschäftsbeziehung.
- *Erfahrung der Mitarbeiter:* Langjährig funktionierende Retained Organisations erfordern aufgrund von Lernkurveneffekten tendenziell geringere Managementkapazitäten.
- *Komplexität des Service-Portfolios:* Ein umfangreiches Service-Portfolio stellt höhere Anforderungen an das Service Management im Vergleich zu einer Situation, bei der z. B. nur ERP-Dienstleistungen zugekauft werden. Es kann erforderlich sein, für komplexe Services, z. B. Security, User Help Desk, CRM oder Supply Chain Lösungen jeweils dedizierte Service Manager vorzuhalten.
- *Stabilität des Unternehmens:* Befindet sich das Unternehmen im Umbruch, besteht tendenziell höherer Bedarf an Service- und Projektmanagement-Kapazitäten.
- *Regionaler Scope:* Ist das Serviceportfolio noch regional differenziert (z. B.: Europa, USA, Asien) und bringt unterschiedliche Anforderungen mit sich, erhöht sich ebenfalls der Bedarf an Managementkapazität.
- *Komplexität der IT-Landschaft:* Stark heterogene und regional unterschiedliche Anwendungs- und Infrastruktur-Landschaften erfordern ebenfalls höhere Managementkapazitäten.
- *Anteil der Projekte, die von internen Projektmanagern geleitet werden sollen:* Wird im Unternehmen die Strategie verfolgt, als wichtig eingestufte Projekte von internen Mitarbeitern leiten zu lassen, steigt ebenfalls der Kapazitätsbedarf.

> **Aus der Praxis: Verschlankungskur für die Retained Organisation**
>
> Bei einem Hersteller von Telekommunikations-Hardware, -Software und -Services stellte sich die prognostizierte Zieldimensionierung der internen IT auch zwei Jahre nach der Realisierung des Outsourcing-Projekts nicht ein. Das Unternehmen hatte eine nahezu vollständige Auslagerung der IT-Leistungen an zwei strategische Partner und eine Handvoll zusätzlicher Lieferanten vorgenommen. Bild 7.9 zeigt schematisch das Zusammenspiel der Retained Organisation mit den IT-Dienstleistern und den IT-Kunden in den Fachbereichen.

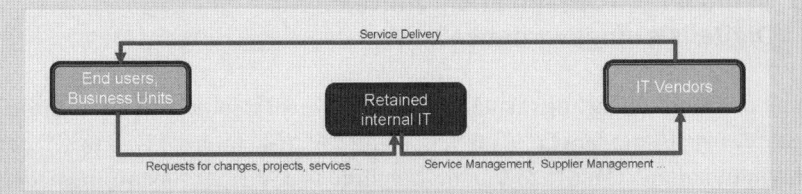

Bild 7.9 Zusammenspiel der Retained Organisation mit IT-Kunden und -Lieferanten

Eine Reihe von unterschiedlichen Hebeln führte innerhalb eines halben Jahres zu einer signifikanten Verschlankung des Bereichs:

- *Shift left:* Es wurden konsequent Tätigkeiten wieder den Fachbereichen zugeordnet, welche aus Gefälligkeit oder Gewohnheit durch die interne IT wahrgenommen wurden, eigentlich aber durch Mitarbeiter im Business zu erbringen sind. Dazu gehörten beispielsweise die Durchführung von Software-Tests (die IT stellt zukünftig lediglich Methoden und Tools), die Übernahme von Projektleitungs- und Projektmitarbeitsaufgaben (keine reinen IT-Projekte mehr) und die Erstellung von IT-Anforderungskatalogen (zukünftig nur noch Unterstützung und Beratung durch die interne IT).
- *Shift right:* Teilweise wurden Aufgaben übernommen, die vertragsgemäß eigentlich durch die IT-Dienstleister zu erbringen waren. Demzufolge konsequentes Übertragen von Nicht-Management-Aufgaben an die IT-Dienstleister (z. B. 2nd / 3rd Level Support).
- *Shift to low-cost:* Fluktuationen wurden genutzt, um benötigte Mitarbeiterkapazitäten in dem bestehenden Nearshore Shared Services Center aufzubauen.
- *Shift to projects:* Die Retained Organisation erbringt ausschließlich wiederkehrende IT-Managementaufgaben. Einmal-Aufgaben werden als Projekte extern vergeben (z. B. Entwicklung von Testkonzepten, Einführung der internen Leistungsverrechnung).
- *Stop doing things or reduce the scope:* Reduzierung des Aufgabenumfangs durch strikteres Demand Management, Eindämmung der IT-Komplexität, Vermeidung von Individuallösungen oder Reduzierung des Lieferantenportfolios).
- *Qualifizierung oder Austausch:* Einige Mitarbeiter hatten noch Schwierigkeiten, die erforderlichen Aufgaben in der Retained Organisation zu erfüllen. Trainings oder in Einzelfällen Austausch des Mitarbeiters führten hier zur Verbesserung.

7.3.5 Bi-modale IT-Organisation: Hilfreich für Digitalisierungsvorhaben?

Im Zuge des Digitalisierungsdrucks auf die IT wurden in den letzten Jahren unter dem Stichwort „Bi-modale IT" (Gartner, siehe z. B. (Gartner o. J.)) bzw. „IT der zwei Geschwindigkeiten" (McKinsey, siehe (Avedillo u. a. 2015)) Gestaltungsvorschläge für die IT (-Organisation) diskutiert, die für die Umsetzung von Digitalisierungsvorhaben besonders förderlich sein sollen. Traditionelle Unternehmensorganisationen, insbesondere in Deutschland, sind in der Tat sehr häufig durch ausgeprägte Risikoaversion („Nur nichts falsch machen"), schwache Kundenorientierung (zu viel Beschäftigung mit sich selbst) und dem Denken in Silos („das ist Aufgabe von Abteilung X") gekennzeichnet. Diesen Mindset kurzfristig, gar im Zuge einer IT-Restrukturierung, komplett zu ändern, ist zumeist unrealistisch. Um gleichwohl die Agilität des Unternehmens zu erhöhen und dem Digitalisierungsdruck zu begegnen, kann die Etablierung einer bi-modalen IT-Organisation zwar kein Allheilmittel, aber eine pragmatische Option darstellen.

Kennzeichen der bi-modalen IT-Organisation

Als bi-modal wird der Betrieb von zwei separaten, aber zusammenhängenden Verfahren der IT-Leistungserbringung bezeichnet, der eine mit Fokus auf Stabilität und der andere mit dem Schwerpunkt Agilität. Der „Modus 1" ist laut Gartner eher traditionell und sequentiell mit der Betonung des Sicherheits- und Verlässlichkeitsaspekts. „Modus 2" hingegen hat einen forschenden und nicht-linearen Charakter mit den vorherrschenden Zielen Geschwindigkeit (Time to Market) und Reaktionsfähigkeit. Der Schwerpunkt liegt dabei auf der Software-Entwicklung. Typische Aufgabenstellungen dieses „Fast Track" Modus umfassen z. B.:

- Digitale Produktinnovation für den Endkunden,
- Endkundenfreundlicher, integrierter Zugriff auf Systeme,
- Kundenanalysen durch Big Data,
- Automatisierungen von Kundenprozessen.

Einige Analysten sprechen CIOs bereits die Fähigkeit ab, die geschäftskritischen Systeme des zweiten Modus betreiben zu können – im Gegensatz zu den endkundenorientierten CDO (Chief Digital Officer) oder CMO (Chief Marketing Officer). Der „traditionellen IT" wird zunehmend die zeitnahe und flexible Realisierung von Digitalisierungsvorhaben nicht (mehr) zugetraut. Es wird ein Zielkonflikt zwischen dem Betrieb der Legacy-Systeme (Fokus: Stabilität, Sicherheit, Zuverlässigkeit, Compliance, Kosten) und der Durchführung von Digitalisierungsprojekten (Fokus: Schnelligkeit, Endkundenzufriedenheit, Trial-and-Error-Verfahren) gesehen. Demzufolge ist eine IT erforderlich, die mit zwei unterschiedlichen Geschwindigkeiten arbeiten kann. Vorbild für den Modus 2 sind digitale Vorreiterunternehmen, die „auf der grünen Wiese" kundenzentrierte Applikationen gebaut haben und diese auch kontinuierlich, zum Teil täglich, weiterentwickeln. Als Beispiel für derartige Unternehmen werden häufig der Videostreaming-Dienst Netflix oder der Taxivermittler Uber angeführt. Nun sind aber die wenigsten etablierten Unternehmen derartig flexibel in der IT aufgestellt. Eine komplette Umstellung ist allein aus technischen Gründen nur mit extremem Zeit- und Geldaufwand möglich. Mit dem Modus 2 als „Fast Track" soll die agile Vorgehensweise von digitalen Pionieren mit den Realitäten bei traditionellen Unternehmen verknüpft werden.

Bild 7.10 fasst die Kennzeichen dieser zwei Modi zusammen.

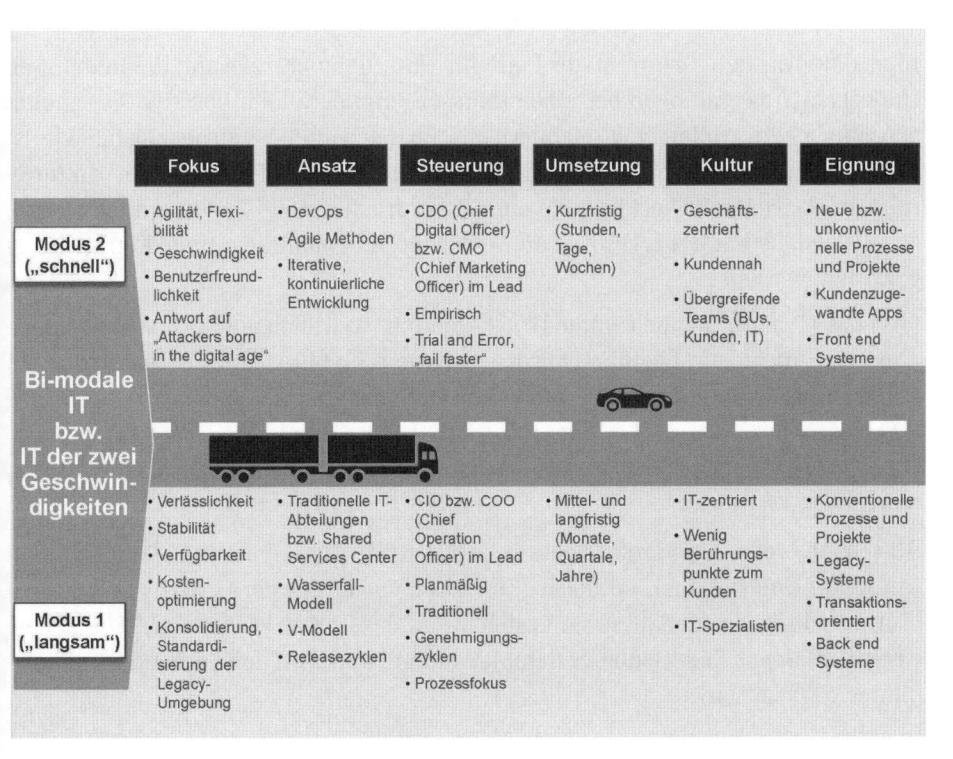

		Fokus	Ansatz	Steuerung	Umsetzung	Kultur	Eignung
Modus 2 („schnell")		• Agilität, Flexibilität • Geschwindigkeit • Benutzerfreundlichkeit • Antwort auf „Attackers born in the digital age"	• DevOps • Agile Methoden • Iterative, kontinuierliche Entwicklung	• CDO (Chief Digital Officer) bzw. CMO (Chief Marketing Officer) im Lead • Empirisch • Trial and Error, „fail faster"	• Kurzfristig (Stunden, Tage, Wochen)	• Geschäftszentriert • Kundennah • Übergreifende Teams (BUs, Kunden, IT)	• Neue bzw. unkonventionelle Prozesse und Projekte • Kundenzugewandte Apps • Front end Systeme
Bi-modale IT bzw. IT der zwei Geschwindigkeiten							
Modus 1 („langsam")		• Verlässlichkeit • Stabilität • Verfügbarkeit • Kostenoptimierung • Konsolidierung, Standardisierung der Legacy-Umgebung	• Traditionelle IT-Abteilungen bzw. Shared Services Center • Wasserfall-Modell • V-Modell • Releasezyklen	• CIO bzw. COO (Chief Operation Officer) im Lead • Planmäßig • Traditionell • Genehmigungszyklen • Prozessfokus	• Mittel- und langfristig (Monate, Quartale, Jahre)	• IT-zentriert • Wenig Berührungspunkte zum Kunden • IT-Spezialisten	• Konventionelle Prozesse und Projekte • Legacy-Systeme • Transaktionsorientiert • Back end Systeme

Bild 7.10 Bi-modale versus „traditionelle" IT

Der bi-modalen IT sollte eine bi-modale IT-Architektur zu Grunde liegen, bei der die transaktionszentrierten Anwendungen des Modus 1 beispielsweise via APIs (Application Programming Interfaces) mit den endkundenzentrierten Apps (Modus 2) verknüpft sind.

DevOps als Element der bi-modalen IT

Ein wesentlicher Erfolgsbaustein für den Modus 2 wird in DevOps anstatt der traditionellen funktionsorientierten Organisationsform der IT gesehen (DevOps:

Kunstwort, zusammengesetzt aus „Development" und „Operating"). Innerhalb der DevOps-Einheiten wird die Trennung von Entwicklungs- und Betriebsaufgaben der klassischen IT aufgehoben. Zudem sind Fachabteilungen und teilweise auch Endkunden integriert (Cross Functional Approach). Ziel ist die Vermeidung von Abstimmungsproblemen und eine agile, ergebnisorientierte und kooperative Arbeitsweise (*„Shift from activity-oriented organization to outcome-oriented cross-functional teams"*, Narayan 2015, S. 73). Diese Teams sind im Idealfall durch eine hohe Verbundenheit bezüglich ihrer Produkte gekennzeichnet: Sie entwerfen Apps, entwickeln, betreiben und pflegen diese.

Ansätze für bi-modale Organisationsformen bei der IT-Restrukturierung

Bi-modale Ansätze sind in erster Linie für Unternehmen relevant, die umfangreiche Legacy-Anwendungen betreiben (müssen) und parallel innovative Anwendungen entwickeln wollen, z. B. etablierte Großbanken und Versicherungen. Wie ist der bi-modale Ansatz nun vor dem Hintergrund einer laufenden IT-Restrukturierung zu beurteilen? Hierfür sollte ein Blick zurück auf die Zielsetzung des Turnarounds (siehe Kapitel 3.4) sowie die verfügbaren Capabilities (siehe Kapitel 2.3.1) geworfen werden:

- Ist die IT hauptsächlich unter Druck geraten, weil dringende Digitalisierungsprojekte nicht durchgeführt wurden, könnte eine bi-modale Ausrichtung – bei allen damit verbundenen Risiken – eine Option sein.
- Liegt der Fokus jedoch auf Themen wie Risikoeindämmung, Konsolidierung, Komplexitätsabbau oder Kostensenkung, dürfte eine Two-Speed IT nicht die erste Wahl darstellen.

Aber auch wenn die Marschrichtung „volle Kraft Digitalisierung" lautet: In den wenigsten Unternehmen mit Restrukturierungsbedarf in der IT wird die (Legacy-) IT-Anwendungslandschaft so aufgestellt sein, dass ohne weiteres eine bi-modale Organisation aus dem Boden gestampft werden kann, von den vorhandenen Capabilities ganz zu schweigen.

Welche Optionen bestehen trotzdem, vor dem Hintergrund des zunehmenden Drucks von der Marktseite und der unternehmensinternen Stakeholder (Geschäftsführung, Fachbereichsleiter, CDO, CMO etc.), Digitalisierungsvorhaben anzuschieben und gleichzeitig die vorhandene Landschaft aufzuräumen? Folgende Vorgehensweise hat sich bewährt:

1. *Geeignete Projekte bestimmen:* Bi-modale Strukturen sind ohne eine existierende bi-modale Architektur nur sehr eingeschränkt sinnvoll. Mit anderen Worten: Die Entwicklung einer App, die eine intensive, bi-direktionale Datenkommunikation mit zahlreichen Anwendungen einer nicht homogenisierten und komplexen Alt-Anwendungslandschaft voraussetzt, sollte nicht als Pilotprojekt in Angriff genommen werden. Gartner hat Empfehlungen gegeben, welche Projekte für den Start in den „Modus 2" geeignet sind (Gartner 2016, S. 51):

a) Projekte, die weitgehend isoliert von der bestehenden IT realisiert werden können („Island Project"),

b) sie sind schnell zu realisieren,

c) es sind externe Umsatzeffekte erzielbar,

d) das Projekt ist mit bereitwilligen Geschäftspartnern realisierbar,

e) es hat unklare Anforderungen,

f) es stellt eine Innovation dar,

2. *DevOps bilden und staffen,*
3. *Transformation der bestehenden Anwendungslandschaft vorantreiben.*

Grenzen von bi-modalen Organisationsformen

Dem Ansatz der bi-modalen IT folgend, geraten CIOs in Budgetfragen zunächst weiter unter Druck. Die klassischen bzw. Legacy-IT-Systeme müssen in erster Linie möglichst kostengünstig betrieben werden, obwohl auch sie immer komplexer werden und erhöhten Sicherheitsanforderungen unterliegen. Neue Applikationen erhöhen zusätzlich die Betriebskosten (Faustregel: 20 % der Entwicklungskosten per Annum). Die Einführung von bi-modalen Strukturen sollte aus diesem Grund mit einer Anpassung der Budgetierungs- und Planungsprozesse einhergehen (Petritsch 2016).

Auch sind Sicherheits- und Entscheidungsaspekte anzupassen. Der experimentelle Charakter vieler Entwicklungen des Modus 2 bringt ein höheres Betriebsrisiko mit sich. Auch ist es erforderlich, Entscheidungsprozesse zu verschlanken, um die erhofften Geschwindigkeitsvorteile nicht zu verspielen.

Weiterhin ist zu bedenken, dass der bi-modale Ansatz die IT im Unternehmen kulturell zweiteilen kann: Die „Schnellen und Modernen", die an den attraktiven Projekten mit Top Management-Beachtung arbeiten und die „Konventionellen und Langsamen", die die Altanwendungen am Leben halten. Es besteht die Gefahr, dass die ambitionierten und gut ausgebildeten Mitarbeiter in die Digitalisierungsprojekte drängen, obwohl für die herausfordernden Themen bei den bestehenden Systemen (z. B. Security, Konsolidierung, Migration) ebenfalls Toptalente benötigt werden („talent drain"). Core- bzw. Legacy-Systeme werden noch für absehbare Zeit in vielen Unternehmen das Fundament der betrieblichen IT bleiben. Dementsprechend vorsichtig sollten bi-modale Ansätze verfolgt werden.

7.4 Kritische IT-Kernprozesse verbessern

Nichtvorhandene oder nur auf dem Papier existierende IT-Kernprozesse sind ein typisches Kennzeichen von krisengeschüttelten IT-Bereichen. Funktionierende Prozesse sind aber Grundpfeiler der IT-Leistungserbringung und sollten im Rahmen einer IT-Restrukturierung so ausgestaltet werden, dass sie effektiv und einfach zu handhaben sind sowie im Unternehmen gelebt werden.

Es geht beim IT-Turnaround nicht um die Herstellung einer vielfach beschworene „Prozess-Exzellenz" oder um die lehrbuchmäßige Abbildung der durch ISO, ITIL oder COBIT vorgegebenen Standardabläufe. Vielmehr steht zumeist die pragmatische Implementierung von grundlegenden Abläufen bzw. deren Verbesserung im Vordergrund, wobei sich eine Orientierung an Referenzprozessen empfiehlt, um das Rad nicht neu zu erfinden. Prozessänderungen sollten nur dort vorgenommen werden, wo rasche Verbesserungen in den Dimensionen *Time, Cost, Quality* realistisch sind, also schneller auf Kundenanforderungen reagiert, Geld gespart oder die Leistungsqualität verbessert werden kann. Zu vermeiden sind langwierige Umstellungen und bürokratische Strukturen, die durch die schematische Übertragung von umfangreichen „Best Practice"-Abläufen entstehen können.

Auch sollte die Veränderungsbereitschaft und -fähigkeit der Mitarbeiter bei IT-Krisen nicht überschätzt werden: IT-Prozessveränderungen wie Anforderungsmanagement, Projektmanagement oder IT-Beschaffung erfordern Denk- und Verhaltensänderungen von zahlreichen Menschen an unterschiedlichen Stellen im Unternehmen. Für diese Veränderungsbereitschaft braucht es Zeit und Einsicht der betroffenen Mitarbeiter. Ein Turnaround-CIO, der im Zuge von Hauruck-Aktionen in der frühen Phase der Restrukturierung „Best in class"-Prozesse in eine bestehende Organisation drücken will, wird mit großer Wahrscheinlichkeit scheitern, da in aller Regel die notwendige Akzeptanz und Unterstützung im Unternehmen (noch) nicht gegeben ist.

Die Möglichkeiten für organisatorische Veränderungen sind beim Turnaround limitiert. Sollte man deswegen bei klar vorliegenden Problemen die Hände in den Schoß legen? Nein, aber auch hier kommt es auf das Setzten von Prioritäten und das Timing von entsprechenden Maßnahmen an.

Zu den IT-Kernprozessen, die häufig in defizitären IT-Bereichen unzureichend ausgeprägt sind, gleichzeitig aber hohe Bedeutung für das Funktionieren der IT haben, gehören vor allem:

- Service-Management, hier zunächst die Standardisierung von IT-Services und die Erstellung von Service-Katalogen (siehe Kapitel 6.1.1),
- Anforderungsmanagement (vielfach als Demand Management bezeichnet),
- Behandlung von Projekten,

- Kapazitätsmanagement,
- Change Management,
- IT-Beschaffung,
- IT-Asset-Management,
- IT-Risikomanagement,
- Incident- und Problemmanagement.

Diese Kernprozesse haben erfahrungsgemäß im Restrukturierungsprozess eine besondere Bedeutung bzw. erfordern spezielle Ausgestaltungsformen, die im Folgenden erläutert werden.

7.4.1 Anforderungsmanagement

Das IT-Anforderungsmanagement verfolgt die angemessene Ausrichtung der IT-Leistungserbringung auf die Bedürfnisse der Kunden. Ziel ist die bestmögliche Abstimmung von IT-Services und -Volumina mit den vorhandenen Kapazitäten bzw. den finanziellen und technischen Möglichkeiten. Grob lassen sich zwei Gruppen von IT-Anforderungen unterscheiden, nämlich

- *Projektanforderungen*, wie z.B. Neuentwicklung oder Erweiterung einer Software, Implementierung einer Standardsoftware, Integration von Anwendungen,
- *Anforderungen nach (zusätzlichen) IT-Leistungen*, wie z.B. Intensivierung der Benutzerbetreuung, Bereitstellung von zusätzlichen ERP-Arbeitsplätzen, Beschaffung und Bereitstellung von Smartphones.

Wie sollte mit derartigen Anforderungen umgegangen werden, insbesondere vor dem Hintergrund einer Turnaround-Situation?

Anforderungsmanagement ist in allen Unternehmenssituationen wichtig; bei der IT-Restrukturierung fällt diesem Prozess jedoch entscheidende Bedeutung zu: Oft sind die IT-Kunden verunsichert und befürchten, dass die IT-Leistungen drastisch gekappt werden oder dass neue Anforderungen bis auf weiteres gar nicht mehr bearbeitet werden. Zudem sind die Prozesse für die Behandlung von Anforderungen häufig ebenso unklar wie die Entscheidungswege und -kriterien, die für die Freigabe einer Anforderung gelten. IT-Kunden versuchen in dieser Situation nicht selten, über persönliche Beziehungen ihre Anforderungen „auf dem kleinen Dienstweg" unterzubringen („Hey Joe"-Effekt) und so die regelmäßig bereits angespannte Kapazitäts- und/oder Kostensituation weiter zu belasten. Oder aber sie greifen zur Selbsthilfe und flüchten in die Grauzone Schatten-IT (siehe Kapitel 7.2.3).

Aus diesem Grund sollte der Turnaround-CIO das Anforderungsmanagement auf folgende Punkte hin abklopfen:

- *Festgelegte Rollen und Aufgaben:* Hierbei ist zu bestimmen, welche Rollen und Aufgaben hinsichtlich der Anforderungsdefinition, -bearbeitung und -entscheidung im Unternehmen bestehen. Zentral dafür ist eine ausgeprägte Kundenorientierung der IT. Bewährt hat sich das Zusammenspiel zwischen einem Account-Manager auf IT-Anbieterseite mit definierten IT-Koordinatoren bzw. Bereichs-CIOs auf Kundenseite (siehe Kapitel 7.2.2). Auch ist zumindest festzulegen, wer auf Kundenseite die Spezifikation der Anforderungen erstellt bzw. abstimmt und wer auf IT-Seite die Bearbeitung der Anforderung koordiniert.
- *Eindeutige Prinzipien:* Ein effektives Anforderungsmanagement soll auch sicherstellen, dass nur das angeschafft wird, was dem tatsächlichen Bedarf des Unternehmens entspricht und beispielsweise wiederkehrende Wartungskosten oder Betreuungskosten minimiert. Dazu sind die im Rahmen der IT-Governance vereinbarten IT-Prinzipien zu beachten, z. B. die Befolgung der Reihenfolge Re-Use-Buy-Make (Wiederverwendung bzw. Nutzung von Bordmitteln vor Kauf einer neuen Lösung; Kauf vor Selbsterstellung).
- *Klarer Prozess:* Ist eindeutig geregelt, wer Anforderungen aufnimmt, welchen inhaltlichen Kriterien diese genügen müssen und wie die jeweilige Anforderung innerhalb der IT bearbeitet wird? Existiert ein zentrales „Einfallstor" für IT-Anforderungen oder gibt es zahlreiche Prozesse, Tools und Prozessbeteiligte an verschiedenen Stellen im Unternehmen bzw. je nach Kundengruppe?
- *Anforderungen an Anforderungen:* In Kapitel 7.2.1 wurde empfohlen, im Rahmen der IT-Governance die Entscheidungsrechte hinsichtlich neuer Geschäftsanforderungen im Fachbereich anzusiedeln. Dieses Recht sollte jedoch auch mit der Pflicht der IT-Kunden verbunden werden, die Anforderungen ausreichend zu spezifizieren. Erst eine ausreichende Spezifikation ist Auslöser für weitere Bearbeitungsschritte in der IT. Hierbei ist indes die Messlatte nicht zu hoch zu legen und formalistisch Anforderungen abzuschmettern, die nicht umfangreichen Kriterienkatalogen genügen. In der Praxis kommt es auf ein gesundes Maß an Detaillierung an; Verfeinerungen bzw. Iterationen sind ohnehin bei modernen Softwareentwicklungsmethoden wie Scrum quasi eingebaut.
- *Effiziente Entscheidungsgremien:* Wer entscheidet letztendlich über die Freigabe einer IT-Anforderung? Für neue Vorhaben hat sich In der Praxis beispielsweise die Festlegung von finanziellen Grenzen bewährt, ab der eine Investitionsentscheidung nicht mehr dezentral bzw. durch die IT getroffen werden kann, sondern einem zentralen, unternehmensweiten Gremium obliegt (siehe Kapitel 7.2.1). Bei der Anforderung nach IT-Services (z. B. betreute IT-Arbeitsplätze, Anzahl Hardware, Service Level von Outsourcing-Diensten) sind die benötigten Mengen vorab von den IT-Kunden zu planen und durch die IT zu budgetieren. Für Abweichungen kann jenseits von definierten Toleranzgrenzen wiederum ein Entscheidungsgremium zuständig sein.

- *Transparenz über Entscheidungsverfahren bzw. -kriterien:* Wie erfolgt der Genehmigungsprozess? Nach welchen Kriterien wird über die Freigabe einer Anforderung entschieden? Auch hierfür sollten klare Regeln getroffen werden. In Kapitel 7.2.1 wurde dazu beispielhaft ein Bottom-up-Verfahren für die unternehmensübergreifende Kategorisierung und Priorisierung von Projektvorhaben beschrieben.

- *Transparenz über den Status der Anforderung:* Die Behandlung einer eingebrachten Anforderung sollte klar kommuniziert werden, ganz gleich ob sie abgelehnt oder genehmigt wurde. Sofern die Anforderung in die Realisierungsphase gelangt, sollte der Projektstatus transparent sein. Insbesondere bei der Ablehnung einer IT-Anforderung sollten neben den Gründen auch pragmatische Workarounds, Alternativlösungen mit Bordmitteln oder Möglichkeiten einer zeitlichen Verschiebung besprochen werden. Ein schroffes „Nein" gegenüber anfordernden Fachbereichen erhöht die Gefahr eines Alleingangs und des Entstehens neuer Inseln der Schatten-IT.

7.4.2 Behandlung von Projekten

Der Turnaround-CIO sollte sich davon überzeugen, dass bei der Realisierung von Anforderungen professionelle Projektmanagement-Verfahren Anwendung finden, wie z. B. die empfehlenswerte Methode PRINCE2 (Köhler 2005, S. 113 ff). Auch hierbei kommt es nicht auf die buchstabengetreue Umsetzung von sogenannten „Best Practices" an, sondern auf das Vorhandensein und die einheitliche Anwendung von Grundprinzipien bewährter Verfahren. Eine Anwendung einer definierten, unternehmensspezifischen „Projektmanagement-Light"-Methode beispielsweise, ist allemal besser, als eine chaotische, methodisch lückenhafte und uneinheitliche Durchführung von Projekten.

In vielen Unternehmen mangelt es allerdings meistens nicht an den Fähigkeiten, die gemeinhin von einem Projektmanager erwartet werden, wie z. B. Ressourcenplanung, Projektsteuerung und Berichterstattung. Vielmehr ist die Behandlung von Projekten oft unzureichend, d. h. die Art und Weise, wie im Zusammenhang mit Projekten Entscheidungen getroffen und Aufgaben zugeordnet werden.

Die IT-Kunden in die Pflicht nehmen

Oftmals liegt die Verantwortung für die Realisierung von sogenannten „IT-Projekten" (z. B. CRM-Einführung, Anbindung einer ausländischen Tochtergesellschaft, Implementierung einer Business Intelligence-Anwendung) nahezu ausschließlich bei der IT. Es ist jedoch der Ansicht zuzustimmen, dass es eigentlich keine „IT-Projekte" geben sollte, sondern nur Projekte, die einen Beitrag zum Geschäftserfolg leisten (Dietrich 2004, S. 49). Diese Projekte können eine IT-Komponente haben, sind aber letztendlich Business-Projekte und sollten auch so behandelt werden. (Ausnahmen sind allenfalls Projekte, die ausschließlich interne bzw. technische Belange der IT betreffen, aber auch diese müssen einer wirtschaftlichen Überprüfung standhalten). Dementsprechend liegt es auch bei den beauftragenden Fachbereichen, die Kunden-Rolle wahrzunehmen sowie einen hochrangigen Sponsor und einen Hauptnutzer (Key User) für das Projekt zu benennen. Nur so lässt sich sicherstellen, dass Projekte das notwendige „buy-in" der Kunden haben und als Projektergebnis die beabsichtigten Resultate hervorbringen.

Empfehlenswert ist dazu eine klare Aufteilung in Auftragnehmer- und Auftraggeber-Aufgaben, wobei auch die auftraggebenden Fachbereiche in die Pflicht zu nehmen sind. Tabelle 7.2 stellt eine beispielhafte Aufteilung in Auftragnehmer- und Auftraggeber-Aufgaben bei Projekten mit IT-Bezug dar.

Tabelle 7.2 Beispielhafte Checkliste für die Aufteilung in Auftragnehmer- und Auftraggeber-Aufgaben bei Projekten mit IT-Bezug

Aufgaben des Projekt-Auftraggebers	Aufgaben des Projekt-Auftragnehmers
<ul><li>Benennung eines Projekt-Sponsors (z. B. Fachbereichsleiter, Process Owner)</li><li>Benennung eines Key Users</li><li>Erstellung des Business Cases, Quantifizierung des Geschäftsnutzens</li><li>Übernahme der Projekt-Gesamtverantwortung</li></ul>	<ul><li>Benennung eines technischen Projektverantwortlichen</li><li>Benennung eines IT-Sponsors (z. B. CIO, IT-Architekt, Account-Manager)</li><li>Übernahme der Realisierungsverantwortung</li><li>Bei Verwendung von externen Dienstleistern Übernahme der Generalverantwortung für die Realisierung („Senior Supplier"-Rolle)</li></ul>
Bestimmung des Projekt-Scopes bzw. des Funktionsumfangs („was?")	<ul><li>Technische Konzeption („wie?")</li><li>Beratung und Erstellung von Lösungsvorschlägen bzw. -alternativen</li><li>Abschätzung von Projektdauer und -kosten</li></ul>
Ausreichende fachliche Spezifikation der Anforderungen	<ul><li>Transfer des Fachkonzepts in ein IT-Konzept</li><li>Realisierung bzw. Implementierung der technischen Lösung</li></ul>
Freigabe des Umsetzungsplans (Meilensteine, Ressourceneinsatz, Kosten)	Leitung des Entwicklungsteams, d. h. Auswahl und Steuerung von internen und ggfs. erforderlichen externen IT-Dienstleistern
<ul><li>Projektleitung oder Co-Projektleitung zusammen mit dem Auftragnehmer</li><li>Projektberichterstattung vor dem Lenkungsausschuss durch den Projektleiter</li></ul>	<ul><li>Co-Projektleitung und/oder Teilprojektleitung für die IT-Komponente des Projekts</li><li>Projekt-Controlling (Ressourcenverbrauch, Termine, Realisierungsfortschritt)</li></ul>
Sicherstellung der erforderlichen Mitarbeiterkapazitäten auf Kundenseite, z. B. für Spezifikation, Test, Abnahme, Training	Sicherstellung der erforderlichen Kapazitäten für die Realisierung (interne und externe Mitarbeiter, technische Infrastruktur)
Test-Durchführung	<ul><li>Aufstellung des Testkonzepts</li><li>Sicherstellung der Projektqualität</li></ul>

Aufgaben des Projekt-Auftraggebers	Aufgaben des Projekt-Auftragnehmers
Abnahme	- Einhaltung von Termin- und Kostenvorgaben - Qualitätskontrolle
Durchführung der Schulungen	- Roll-out-Planung - Trainingskonzeption

Für Projekte ab einer zu bestimmenden Größe ist die Implementierung eines entscheidungsfähigen Lenkungsausschusses obligatorisch. Ein derartiges Gremium ist über die gesamte Projektlaufzeit erforderlich, und nicht nur dann, wenn das Projekt in eine Schieflage geraten ist. Der Lenkungsausschuss überwacht den Fortschritt des Projekts und entscheidet exklusiv über Änderungen des Projektumfangs (Change Requests) sowie über Termin- und Kostenvorgaben. Die beauftragenden Fachbereiche sollten in ihrer Rolle als Kunden eine wesentliche Rolle in diesem Gremium übernehmen.

Hinzu kommen Aufgaben, die dezentral (z. B. auf Fachbereichsebene oder in einer Tochtergesellschaft) im Rahmen der Behandlung von Projekten vorgenommen werden sollten:

- Führen eines Projektportfolios einschließlich der Kategorisierung und Priorisierung von Projektanforderungen,
- Bereitstellung von IT-Koordinatoren, in größeren Einheiten (z. B. Tochtergesellschaften) von Bereichs-CIOs, die vor allem die Projektanforderungen aus ihren Bereichen filtern, verifizieren, inhaltlich qualitätssichern und koordinieren (siehe Kapitel 7.2.2),
- Bereitstellung von Key Usern, die für Test, Schulung und den fachlichen First-Level Support in ihren Bereichen verantwortlich sind.

Die Behandlung von Projekten endet nicht mit dem „Go-Live". Viel zu selten werden allerdings nach beendeten Projekten Reviews durchgeführt, bei denen die positiven und negativen Erfahrungen analysiert werden *(„lessons learned")*. Auch sollten mit einem nicht zu großen zeitlichen Abstand die Prognosen aus dem Business Case mit dem tatsächlich erreichten Nutzen des Projekts für das Unternehmen verglichen werden.

Projektinflation vermeiden

Zusätzlich zu der häufig erforderlichen Bereinigung des Projektportfolios (siehe Kapitel 5.6) stellt oft bereits die bloße Anzahl der als Projekt behandelten IT-Vorhaben ein Problem dar („Projektinflation"). Es sollten klare, unternehmensspezifische Kriterien für die Klassifizierung eines IT-Vorhabens als „Projekt" existieren. Dadurch wird vermieden, dass die zahlreichen Kleinaufgaben (Minor Change Requests, begrenzte Customizing-Anpassungen, kleine Funktionserweiterungen etc.) die Genehmigungsverfahren, Entscheidungsgremien und Projektportfolios blockieren. Häufig werden für die Abgrenzung Bearbeitungsaufwände (z. B. „mehr als fünf Personentage Aufwand") oder Beauftragungsvolumina herangezogen (z. B. „mehr als 10 000 Euro Kosten"). Ergänzend sollten Mitarbeiter (z. B. die Account-Manager, siehe Kapitel 7.2.2) in definierten Bandbreiten dezentral und eigenverantwortlich über Behandlung und Mittelfreigabe für Kleinvorhaben entscheiden können.

Ebenfalls ist es ratsam, im jährlichen IT-Budget einen begrenzten Sockelbetrag einzuplanen, mit dem das unvermeidliche „Grundrauschen" an IT-Aufgaben pragmatisch finanziert werden kann. Dieses Kontingent liegt üblicherweise zwischen 10 und 20 % des IT-Budgets und sollte den im Jahresverlauf aufkommenden kleinen aber dringenden Businessanforderungen vorbehalten sein, die im Rahmen der Jahresbudgetierung aufgrund der Wirtschaftsdynamik nicht vorhersehbar sind (z. B. Anpassung der Tarifierung, Abbildung einer Produktvariante, Ergänzung von Funktionalitäten der Online-Plattform aufgrund von Wettbewerbsaktivität). Eine missbräuchliche Verwendung (z. B. Aufgliederung eines Projekts in zahlreiche Kleinanforderungen, „Salami-Taktik") muss ausgeschlossen sein.

Transparenz über die Projektsituation gewährleisten

Für die IT ergibt sich regelmäßig die Notwendigkeit, ein aussagekräftiges Multiprojektmanagement aufzusetzen, um Transparenz zu gewährleisten und den Überblick über alle Projekte mit IT-Bezug zu erhalten sowie Restriktionen, Projektrisiken sowie technische und fachliche Abhängigkeiten zu erkennen.

Zudem sollte das Multiprojektmanagement einen einfachen Überblick über die laufenden Projekte bieten. Hierzu bieten sich multidimensionale Projektportfolio-Schaubilder an, wobei sowohl eine aggregierte Darstellung auf Unternehmensebene als auch eine detaillierte Darstellung je Kundengruppe sinnvoll sein kann (siehe Bild 7.11).

Ausgehend von der Portfolio-Übersicht empfiehlt sich die Erstellung von Projektstatus-Blättern bzw. -Steckbriefen, die auf einen Blick die wesentlichen Eckdaten, Meilensteine sowie mögliche Risiken und Gegenmaßnahmen jedes einzelnen Projektes ab einer bestimmten Größe widerspiegeln. Diese Statusblätter sollten durch die Projektleitung mit einem hinreichenden Detaillierungsgrad so verfasst werden, dass sie auch für die IT-Kunden und das Topmanagement des Unternehmens verständlich sind. Bild 7.12 zeigt ein Beispiel für ein derartig gestaltetes Projektstatus-Blatt.

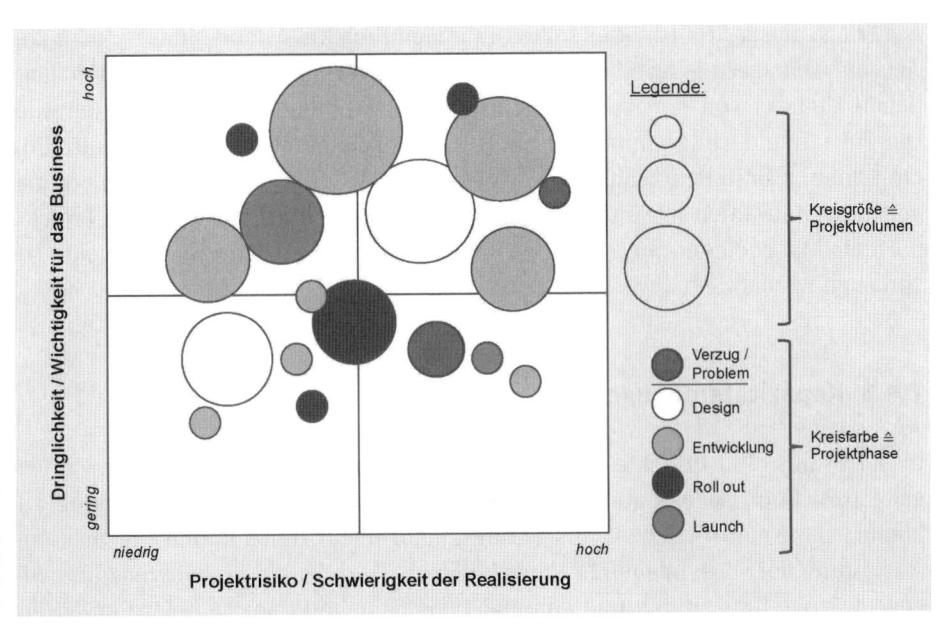

Bild 7.11 Beispiel für eine Projektportfolio-Darstellung

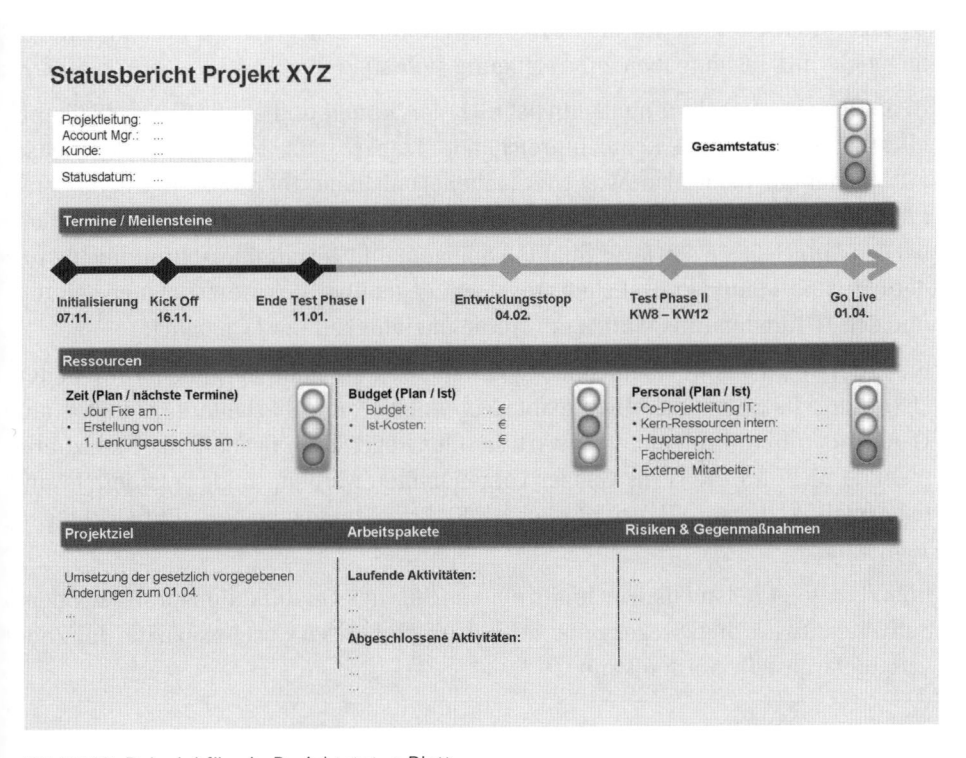

Bild 7.12 Beispiel für ein Projektstatus-Blatt

Die Pflege dieser Statusblätter sollte von einem Projektportfolio-Manager oder den Account-Managern je Kundengruppe koordiniert werden, wobei die z. B. wöchentlichen Updates von den verantwortlichen Projektmanagern vorzunehmen sind. Der Turnaround-CIO kann mit diesem Hilfsmittel ein effizientes Projektcontrolling einrichten, z. B. in dem während wöchentlichen Meetings mit den Account-Managern und relevanten IT-Führungskräften (z. B. Architektur, Entwicklung, Projektportfolio-Management, ausgewählten Projektleitern) die wichtigsten Projekte besprochen werden.

7.4.3 Kapazitätsmanagement

In der Praxis sind Projekte oftmals durch die Nutzung von gleichen Ressourcen gekennzeichnet, sodass auch dem Kapazitätsmanagement hohe Bedeutung zukommt. Das Kapazitäts- bzw. Auslastungsmanagement zielt auf eine angemessene Auslastung der vorhandenen IT-Kapazitäten ab. Dazu ist die Transparenz über die gegenwärtige Kapazitäten und eine möglichst genaue Prognose der zu erwartenden Auslastung erforderlich. Vermieden werden sollten sowohl Unterauslastung (Verschwendung) als auch Überlastung (Risiken). Unterschieden werden technische Kapazitäten (z. B. Bandbreiten, Serverleistung) und personelle Kapazitäten (z. B. IT-Mitarbeiter, die für die Realisierung von Anforderung, für Projektmanagement oder für Testaufgaben zur Verfügung stehen).

In der Praxis herrscht oftmals hinsichtlich der aktuell und zukünftig verfügbaren Mitarbeiterkapazitäten keine hinreichende Transparenz. Dies führt dazu, dass Mitarbeiter entweder überlastet oder (seltener) nicht ausgelastet sind. Überlastung führt aber über kurz oder lang zu permanentem Umplanungsbedarf, Frustration bei den Mitarbeitern sowie zu Qualitätsmängeln und Terminüberschreitungen. Außerdem sind keine verlässlichen Aussagen gegenüber der Unternehmensleitung und den IT-Kunden hinsichtlich der Aufnahmefähigkeit der IT möglich.

Erschwert wird das Kapazitätsmanagement durch die hohe Spezialisierung in der IT (technische Silos), die eine flexible Zuordnung von Mitarbeiterkapazitäten auf IT-Aufgaben bzw. Projekte erschwert. In aller Regel kann deshalb die Kapazitätsplanung nicht für die IT als Ganzes vorgenommen werden, sondern ist je relevantem Qualifikationsprofil erforderlich (z. B. Projektmanagement-, Entwicklungs-, Test-Skills).

Bild 7.13 zeigt beispielhaft, wie für ein spezifisches Qualifikationsprofil aus dem Softwareentwicklungsprozess die verfügbare bzw. reservierte Kapazität im Zeitverlauf dargestellt werden kann.

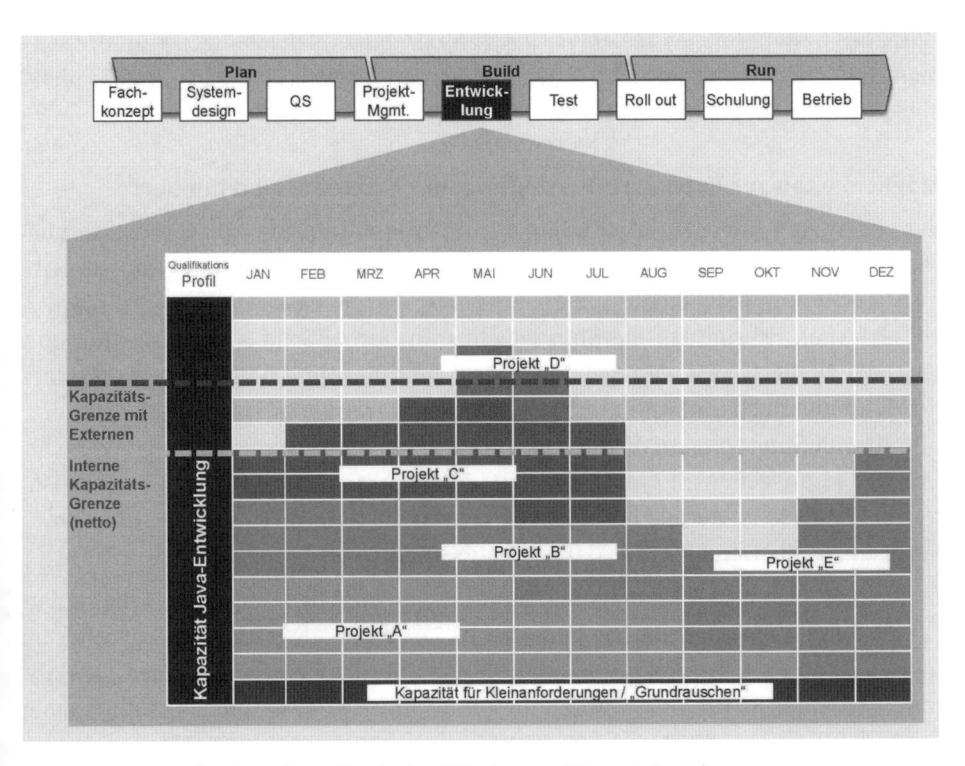

Bild 7.13 Kapazitätsdarstellung für ein Qualifikationsprofil (vereinfacht)

Kapazitätsmanagement ist das zentrale Werkzeug für die Allokation bzw. Reservierung von Ressourcen. Gleichzeitig dient es für die anfordernden Kunden dem Erwartungsmanagement (Expectation Management). Fest eingeplante, allokierte, Ressourcen unterstützen die Termineinhaltung, während eine transparente Darstellung der aktuellen und zukünftigen Auslastungen auch für die IT-Kunden verdeutlicht, dass oft nur über den Weg einer Re-Priorisierung zusätzliche Anforderungen realisiert werden können, da schlicht und einfach die vorhandene Kapazität ausgeschöpft ist. Nun kommt es in der Praxis aber regelmäßig unterjährig zu zusätzlichem Projektbedarf. In Bild 7.13 ist beispielsweise im Mai und Juni die verfügbare Kapazität für die Java-Entwicklung vollständig reserviert. Hier wäre zu überlegen, ob Projekt „D" nicht auf den August verschoben werden kann. Wenn dies nicht möglich ist, sind die parallel laufenden Projekte „A", „B" und „C" hinsichtlich Re-Priorisierungsmöglichkeiten zu überprüfen. Eine dritte Option ist die Auslagerung der Entwicklungstätigkeit nach dem Überdenken der getroffenen Make-or-Buy-Entscheidung.

Im Rahmen der Kapazitätsplanung sind auch die Interdependenzen der Qualifikationen zu beachten. Besteht beispielsweise noch freie Kapazität in der Entwicklung, könnten theoretisch noch Projekte eingeschoben werden. Moderne interaktive Entwicklungsverfahren wie z. B. Scrum setzen jedoch unter anderem ein zeitnahes bzw. paralleles Testen voraus. Fehlt es daher gleichzeitig z. B. an Projektmanagementkapazität oder an Testkapazität, so ist ein zusätzliches Projekt nicht ohne Weiteres möglich.

Möglichkeiten zur Kapazitätsausweitung durch Externe sind limitiert

Bei begrenzten internen Kapazitäten wird häufig die Beauftragung von externen Dienstleistern erwogen. Dadurch sind eine Erhöhung der Flexibilität und ein „Atmen" der IT-Kapazität möglich. Zu beachten ist jedoch, dass auch mit dem Einsatz von externen Ressourcen die Kapazität für die Durchführung von Projekten nur begrenzt skalierbar ist, da regelmäßig Steuerungsaufwand und Zuarbeit erforderlich sind, die durch interne Mitarbeiter erbracht werden müssen. Auch setzt der Einsatz von Externen die Möglichkeit voraus, in einer Turnaround-Situation mehr Geld für IT ausgeben zu dürfen bzw. zu können, was nicht selbstverständlich ist. Darüber hinaus ist gerade bei unternehmenskritischen Vorhaben der Know-how-Verlust bzw. die Gefahr einer Abhängigkeitssituation zu bedenken.

Eine detaillierte Kapazitätsplanung liefert auch deutliche Hinweise auf die in der IT existierenden personellen Bottlenecks: Wenn bestimmte Schlüsselmitarbeiter in nahezu jedes Projekt involviert sind, liegt es nahe, dass die Gefahr einer Überlastung und einer kritischen Engstelle besteht. Derartige Restriktionen sollten dem Turnaround-CIO bekannt und Anlass für Entlastungsmaßnahmen sein.

Zeitaufschreibung als Grundlage für Kapazitätsmanagement und Leistungsverrechnung

Ein wesentlicher Baustein des Kapazitätsmanagements ist die vollständige Zeiterfassung durch jeden einzelnen IT-Mitarbeiter, und zwar möglichst zeitnah (z. B. am Ende des Arbeitstags) und exakt, d. h. durch Kontierung auf das jeweilig bearbeitete Projekt bzw. Tätigkeit (Zeitaufschreibung). Hierbei werden oft Bedenken der Arbeitnehmervertretung laut, die aber zumeist schnell entkräftet werden können. Es geht nicht um den „gläsernen" Mitarbeiter, sondern in erster Linie um Transparenz hinsichtlich der verfügbaren oder eben nicht (mehr) verfügbaren Kapazität der Mitarbeiter. Insgesamt ermöglicht diese Transparenz eine realistische Arbeitsplanung der IT als Ganzes und nicht zuletzt die Vermeidung einer dauerhaften Überlastung der Mitarbeiter. Quasi als „Nebenprodukt" fallen exakte Informationen an, die als Verbrauchsdaten bzw. Kosten für die interne Leistungsverrechnung und das IT-Controlling erforderlich sind.

7.4.4 Change Management

Nahezu jede Änderung bestehender IT-Services stellt ein potentielles Risiko für die laufende IT-Unterstützung des Business bzw. für die bereits existierenden Services dar. In Unternehmen mit kriselnder IT ist häufig zu beobachten, dass keine transparenten und robusten Verfahren existieren, mit denen Änderungen in die Live-Umgebung überführt werden. Die Umsetzung von Projekten und anderen Changes in den IT-Betrieb (Transition) erfordert zwingend professionelle Strukturen für das Change Management, ansonsten drohen Chaos und riskante Beeinträchtigungen der Produktion. Gemäß ITIL sollten grundlegende Prozesse implementiert und gelebt werden, die alle Veränderungen an vorhandenen IT-Services sowie das Hinzufügen neuer Services und die Außerbetriebnahme von Services kontrollieren.

Ziele des Change Managements:

- Sicherstellung, dass alle Changes dokumentiert und evaluiert, sowie genehmigte Changes
    - priorisiert,
    - geplant,
    - getestet,
    - implementiert und
    - überprüft

    werden.
- Idealerweise wird dabei sichergestellt, dass alle Änderungen an den Komponenten der IT-Landschaft (Configuration Items) in einem zentralen Configuration Management System dokumentiert werden.
- Hauptziel ist die Minimierung von Risiken für das Business bzw. existierende IT-Services.

In der Praxis entstehen bei der Einführung von Change Management-Verfahren häufig Konflikte zwischen geregelten, professionellen Abläufen für die Behandlung von Changes einerseits und als bürokratisch empfundenen Strukturen und Bottleneck-Situationen andererseits. Der wichtigste Effekt eines funktionierenden Change Managements ist die Kontrollfunktion durch ein (mindestens) Vier-Augen-Prinzip: Changes können dann nicht mehr „auf dem kleinen Dienstweg" direkt vom Verursacher eines Changes (z. B. Projektmanager, externer Dienstleister, Softwarelieferant) mit unkontrollierten Risiken in den Betrieb „gepusht" werden. Zur Vermeidung von Bürokratie empfiehlt sich eine klare Klassifizierung der Changes mit definierten Abläufen mit dem Zweck, standardisierte bzw. automatisierte Verfahren damit zu verbinden. Ein Beispiel für eine Abgrenzung von Change-Vorhaben findet sich in Bild 7.14.

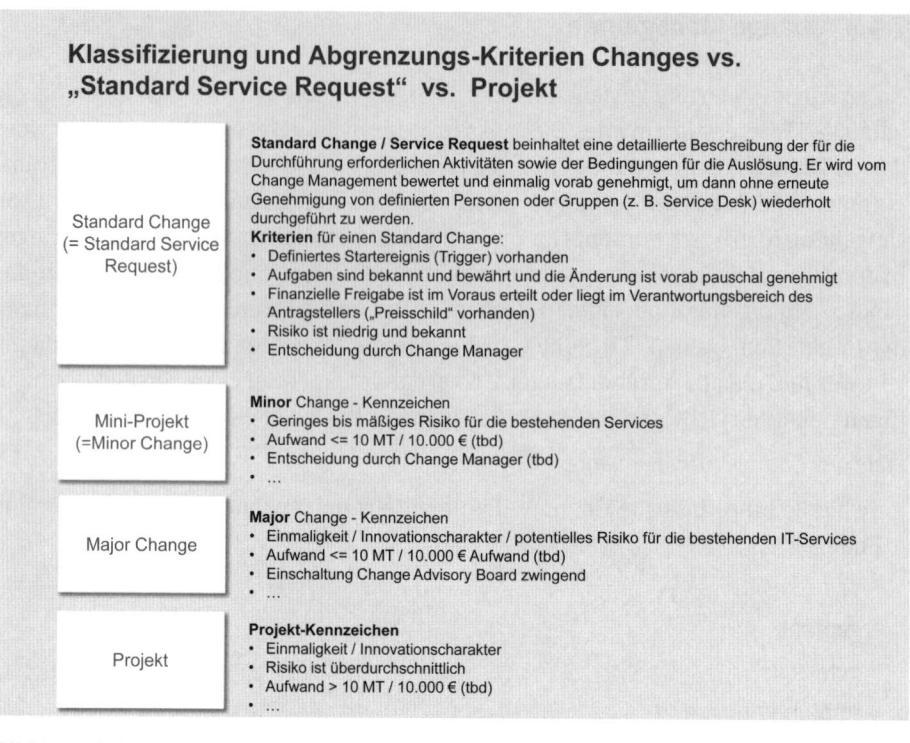

Klassifizierung und Abgrenzungs-Kriterien Changes vs. „Standard Service Request" vs. Projekt	
Standard Change (= Standard Service Request)	**Standard Change / Service Request** beinhaltet eine detaillierte Beschreibung der für die Durchführung erforderlichen Aktivitäten sowie der Bedingungen für die Auslösung. Er wird vom Change Management bewertet und einmalig vorab genehmigt, um dann ohne erneute Genehmigung von definierten Personen oder Gruppen (z. B. Service Desk) wiederholt durchgeführt zu werden. **Kriterien** für einen Standard Change: • Definiertes Starterereignis (Trigger) vorhanden • Aufgaben sind bekannt und bewährt und die Änderung ist vorab pauschal genehmigt • Finanzielle Freigabe ist im Voraus erteilt oder liegt im Verantwortungsbereich des Antragstellers („Preisschild" vorhanden) • Risiko ist niedrig und bekannt • Entscheidung durch Change Manager
Mini-Projekt (=Minor Change)	**Minor** Change - Kennzeichen • Geringes bis mäßiges Risiko für die bestehenden Services • Aufwand <= 10 MT / 10.000 € (tbd) • Entscheidung durch Change Manager (tbd) • ...
Major Change	**Major** Change - Kennzeichen • Einmaligkeit / Innovationscharakter / potentielles Risiko für die bestehenden IT-Services • Aufwand <= 10 MT / 10.000 € Aufwand (tbd) • Einschaltung Change Advisory Board zwingend • ...
Projekt	**Projekt-Kennzeichen** • Einmaligkeit / Innovationscharakter • Risiko ist überdurchschnittlich • Aufwand > 10 MT / 10.000 € (tbd) • ...

Bild 7.14 Beispiel Klassifizierung und Abgrenzungs-Kriterien für Changes

Für einfache, häufig wiederkehrende Changes mit überschaubarem Risiko (z. B. Umzug eines Systems) sollten Standard-Changes definiert und dokumentiert werden (Beims/Ziegenbein 2015, S. 118 ff). Für einen typischen Standard-Change kann detailliert beschrieben werden, welche Aktivitäten für die Durchführung erforderlich sind und unter welchen Bedingungen er in Frage kommt. Der Change wird vom Change Manager bewertet und vorab genehmigt, um dann ohne erneute Genehmigung von definierten Personen oder Gruppen (z. B. Service Desk) durchgeführt zu werden Auf Basis dieser Klassifizierung haben sich dann pragmatische, an den ITIL-Empfehlungen angelegte Verfahren bewährt, die als verbindliche Prozesse implementiert werden sollten. Ein Beispiel dafür ist in Bild 7.15 dargestellt.

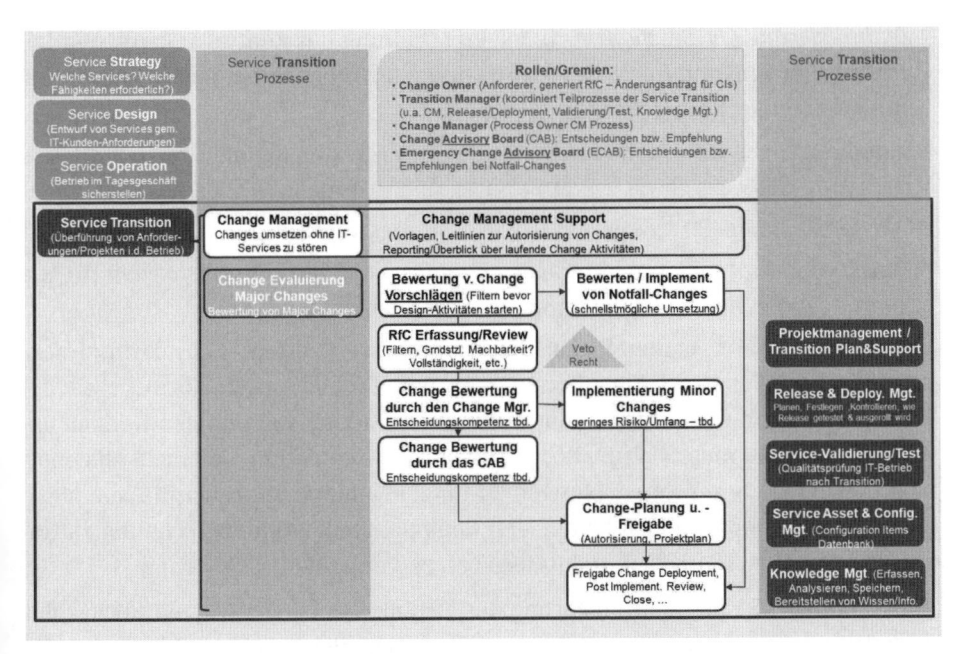

Bild 7.15 Beispiel Change Management Prozess in Anlehnung an ITIL

7.4.5 IT-Beschaffung

Aktuelle Entwicklungen wie Cloud-Computing und die zunehmende Konsumerisierung der IT (siehe Kapitel 7.2.3) führen zu wachsenden IT-Ausgaben in den Fachbereichen. Verträge über Software und IT-Dienstleistungen werden dabei zunehmend ohne Einbeziehung des CIO oder des zentralen Einkaufs abgeschlossen. Diese Entwicklung kann erheblich schädliche Folgen haben und sollte durch die Festlegung von verbindlichen Einkaufsprinzipien und -prozessen eingedämmt werden.

Bei der IT-Beschaffung kommt der Übereinstimmung mit den beschlossenen IT-Standards eine große Bedeutung zu. Ohne zentrale Koordination und die Beachtung von für das Unternehmen definierten Standards werden IT-Komponenten mitunter wahllos dezentral beschafft, was zum Entstehen eines „Technikzoos" beiträgt und hohe Folgekosten nach sich zieht (siehe Kapitel 6.2.1).

Hinsichtlich der Beschaffung von IT-Produkten und -Dienstleistungen sollte der Turnaround-CIO aus diesen Gründen vor allem auf folgende Aspekte achten:

- Existenz und Verbindlichkeit von definierten *Standards*, um den Wildwuchs von technischen Produkten einzudämmen (siehe Kapitel 6.1.1),

- *Zentralisierung der Beschaffung* unter Einschaltung des Zentraleinkaufs und Beachtung der Einkaufsrichtlinien, um Synergien zu realisieren und geltenden Bestimmungen Rechnung zu tragen (Compliance),
- Definition eines unternehmensweit gültigen *Prozesses* für die Beschaffung von Hard- und Software sowie von IT-Services und externen IT-Dienstleistern,
- *Vereinheitlichung* der existierenden Beschaffungswege für IT,
- Zuordnung von eindeutigen *Rollen, Aufgaben und Verantwortlichkeiten* für die interne IT, den Zentraleinkauf und die IT-Kunden.

Das Ziel von klaren, einheitlichen Einkaufsprozessen besteht nicht darin, dezentrale IT-Aktivitäten und Eigeninitiative in den Fachbereichen abzuwürgen. IT-Trends wie Cloud-Computing und auch die Verwendung von privaten Geräten am Arbeitsplatz sind nicht aufzuhalten. Vielmehr geht es darum, einerseits die enormen Potenziale dieser Entwicklungen zu nutzen, andererseits aber die Komplexität der IT unter Kontrolle zu halten, den Compliance-Richtlinien Rechnung zu tragen und unnötige IT-Risiken und -Ausgaben zu vermeiden.

Als Grundlage für die Zentralisierung des IT-Einkaufs ist zumeist ein Review der dezentral vorhandenen Software-Lizenzen und Dienstleistungsverträgen sowie die Gewährleistung einer zentralen Koordination dieser Vereinbarungen erforderlich (IT-Asset-Management, siehe Kapitel 7.4.6).

7.4.6 IT-Asset-Management

Im Rahmen des IT-Asset-Managements werden alle im Unternehmen vorhandenen Hard- und Softwarekomponenten erfasst, ergänzt um die jeweiligen Kosten und die im Lebenszyklus der Komponente anfallenden Ereignisse (z. B. Nutzer, Nutzungshäufigkeit, zu erwartende Lebensdauer, Abschreibungen, Wartungstermine, Vertragstermine). Oftmals finden sich im Unternehmen jedoch lediglich unvollständige, veraltete oder hinsichtlich der Kostenverursachung wenig aussagekräftige Aufstellungen der im Unternehmen eingesetzten Komponenten. IT-Asset-Management ist eine Grundvoraussetzung für die Herstellung von Transparenz in der IT und damit die Basis für Komplexitätsreduzierungen und Kostensenkungsmaßnahmen. Eine Intransparenz des Lizensierungs-Status kann zudem ein erhebliches finanzielles Risiko darstellen, z. B. wenn im Rahmen von Audits durch Softwarehersteller Diskrepanzen festgestellt werden, die hohe Nachlizenzierungsforderungen begründen können.

Aus diesem Grund ist die Bestandsaufnahme der vorhandenen IT-Assets und die Implementierung der fundamentalen Asset-Managementprozesse eine häufige Aufgabe bei IT-Restrukturierungen.

Die Grundlagen des IT-Asset-Managements etablieren

Sofern kein hinreichend aktuelles und vollständiges Asset-Management im Unternehmen existiert, sollte der Turnaround-CIO eine fundierte Bestandsaufnahme und den Aufbau entsprechender Prozesse einleiten. Dazu gehören:

- *Definition von Aufgaben und Verantwortlichkeiten für das IT-Asset-Management.* Hierfür sind gegebenenfalls Vorgaben aus dem Finanzbereich bzw. dem Einkauf zu beachten.
- *Identifikation der im Unternehmen vorhandenen Hard- und Softwarekomponenten.* Hierbei ist vor allem die Erfassung der lizenzpflichtigen Software herausfordernd, insbesondere wenn über viele Jahre hinweg zahlreiche Produkte dezentral und unkoordiniert beschafft und eingesetzt wurden. Zudem können IT-Komponenten als Bundle, d.h. als Kombination von Hard- und Software bzw. unterschiedlicher Softwarekomponenten erworben worden sein oder als ursprüngliche Test- bzw. nicht-kommerzielle Version im Einsatz sein. Darüber hinaus ist Software oftmals in unterschiedlichen Versionen, Konfigurationen und Upgrades installiert, was die Komplexität nochmals vergrößert.

Bezüglich der Hardware sollten revisionssichere Bestandsverzeichnisse obligatorisch sein, die Inventarnummern und zumindest Informationen über den Standort der Geräte sowie über deren finanziellen Status (z. B. Restwert) enthalten.

- *Überprüfung der Lizenzierungssituation der Software (Compliance Status).* Überprüfung des Verhältnisses von legal erworbenen zu tatsächlich eingesetzten Kopien.
- *Definition eines eindeutigen Prozesses für die Erfassung und das Management eines Assets.* Bei umfangreichen Asset-Beständen sind die Erfassung und die Durchführung der im Lebenszyklus des Assets anfallenden Aufgaben mit Bordmitteln (z. B. Excel) mitunter nicht mehr empfehlenswert. Hier sollte dann auf professionelle Tools zurückgegriffen werden, die auch eine erhebliche Unterstützung bzw. Automatisierung beim Management der Assets bieten.

"Friendly Audits" zur Vermeidung unerfreulicher Überraschungen

Um bei den regelmäßig stattfinden Lizenz-Audits der großen Anbieter (vor allem SAP, Oracle, IBM, Microsoft) keine böse Überraschung bezüglich Lizenzierungs-Compliance zu erleben, sollte der Bestand an vorhandenen Lizenzen mit den tatsächlich verwendeten Installationen abgeglichen werden. Bei Unterlizenzierung drohen erhebliche Forderungen der Softwareanbieter. Problematisch sind häufig die erwähnten „Bundles" sowie Datenbank-Lizenzen, bei denen aufgrund komplizierter Regelungen schnell der Überblick verloren gehen kann. Sofern Unklarheit über die Lizenzierungssituation herrscht, sollte der Turnaround-CIO die Beauftragung eines sogenannten „Friendly Audit" erwägen, bei dem spezialisierte Dienstleister den aktuellen Lizenzierung-Status exakt ermitteln und Optimierungsmöglichkeiten aufzeigen.

7.4.7 IT-Risikomanagement

Die Bedeutung eines effektiven IT-Risikomanagements ist lange verkannt worden; mittlerweile ist dieses Konzept jedoch im Zuge von unternehmensweiten Compliance-Anforderungen zu einer wichtigen Aufgabe der IT-Governance geworden (Tiemeyer 2013, S. 636). Grund dafür ist neben der zunehmenden Abhängigkeit von IT in Unternehmen das Aufkommen von neuen Bedrohungen durch internetbasierte Geschäftsmodelle und die zahlreichen Spielarten der Cyberkriminalität. Das IT-Risikomanagement zielt auf die Identifizierung möglicher Bedrohungen bzw. Schwierigkeiten im IT-Bereich, der Abschätzung von entsprechenden schädlichen Folgen sowie der Konzeption von geeigneten, betriebswirtschaftlich vertretbaren Maßnahmen zur Risikobewältigung ab.

> **!** Die wesentlichen Elemente eines IT-Risikomanagements sind obligatorisch.

Welche besondere Relevanz hat dieses Konzept bei einer IT-Restrukturierung? Bereits in der Stabilisierungsphase einer IT-Restrukturierung kommt der Bestandsaufnahme der bedrohlichsten IT-Risiken und deren Begegnung eine große Bedeutung zu (siehe Kapitel 5.3). IT-Risikomanagement ist aber auch eine fortlaufende Aufgabe, die als Prozess entsprechend in der IT-Governance zu verankern ist. Sofern nicht vorhanden, sollte ein Turnaround-CIO in der Phase der Neuausrichtung die wesentlichen Elemente eines professionellen IT-Risikomanagements implementieren. Zur Orientierung kann dabei mit Augenmaß auf Rahmenwerke wie COBIT oder ISO 31000 zurückgegriffen werden.

Zu den grundlegenden Maßnahmen des IT-Risikomanagements gehören insbesondere:

- *Beachtung der im Unternehmen geltenden Risikopolitik*, entsprechender Standards und Vorgaben (z. B. COSO ERM: Committee of Sponsoring Organizations of the Treadway Commission – Enterprise Risk Management; internationaler Standard für das Unternehmens-Risikomanagement),
- Identifikation der für das Unternehmen geltenden *gesetzlichen Anforderungen* an das (IT-)Risikomanagement und der spezifischen Maßgaben für die IT (z. B. Vorschriften von Aufsichts- und Regulierungsbehörden, Richtlinien von Verbänden, Gesetze wie beispielsweise Sarbanes-Oxley Act: Vorgaben für korrekte und verlässliche Finanzdaten für Unternehmen, deren Wertpapiere an US-Börsen gehandelt werden), Datenschutzbestimmungen
- Aufnahme relevanter Erkenntnisse zu *bestehenden IT-Risiken* (mögliche Quellen dafür sind, sofern im Unternehmen vorhanden, Corporate Risk Management, interne (IT-)Revision, Compliance-Management, Sicherheitsmanagement, Business

Continuity Management, durchgeführte IT-Healthchecks und -Audits von Unternehmensberatungen sowie vorliegende Wirtschaftsprüferberichte),
- Erstellung und regelmäßiges Update eines *Risikoinventars* durch die Identifikation von akuten und drohenden IT-Risiken (dazu ist z. B. der Katalog möglicher Schwachstellen der ISACA Germany Chapter e. V. [2013] hilfreich),
- *Bewertung* der identifizierten Risiken (Analyse bereits erfolgter Eintritte von IT-Risiken, zukünftige Eintrittswahrscheinlichkeit, mögliche Schadenshöhe, Bestimmung von Handlungsoptionen, Kategorisierung, Priorisierung),
- *Bestimmung von Maßnahmen*. Die Wahl der Maßnahme richtet sich dabei nach der Risikostrategie (Knoll 2014, S. 63 ff), z. B.:
  - Vermeidung eines Risikos (z. B. durch Isolation eines gefährdeten Systems in einer sogenannten „Sandbox"),
  - Begrenzung der Wahrscheinlichkeit des Eintritts eines Risikos (z. B. durch die Bereitstellung von redundanten IT-Komponenten bzw. -Infrastrukturen, durch ein aktives Management der Schatten-IT, durch die Vereinbarung verbindlicher Prozesse beim Einkauf),
  - Einleiten von Vorsorgemaßnahmen durch die Bildung von finanziellen Rückstellungen, z. B. für Schadensersatzansprüche nach dem Ausfall einer Kundenschnittstelle oder dem Versäumnis von Meldepflichten bei regulierten Unternehmen,
  - Risikoübertragung im Rahmen von Outsourcing-Maßnahmen, z. B. Auslagerung des Meldewesens von Finanzdienstleistungsunternehmen auf einen externen Dienstleister mit entsprechenden SLAs und Pönalen-Regelungen (Managed Services),
  - Versicherung gegen ein Risiko, z. B. gegen den Ausfall eines Rechenzentrums im Katastrophenfall,
  - Akzeptanz bzw. Toleranz des Risikos, d. h. das Erkennen und die bewusste Inkaufnahme eines Risikos (z. B. Toleranz der Nutzung von selbstinstallierter Software der Anwender). Das Akzeptieren bzw. Tolerieren sollte nicht mit Ignorieren verwechselt werden. IT-Risiken zu ignorieren ist die schlechteste aller Risikostrategien,
- *Management, Reporting und Controlling* der Maßnahmen.

Da IT-Risikomanagement keine Einmalaufgabe ist, sondern ein regelmäßig durchzuführender Prozess zur Identifikation, Bewertung und Behandlung von IT-Risiken, ist häufig zumindest die Bestimmung eines IT-Risikomanagers notwendig. Dieser Risikomanager sollte sich je nach Unternehmensgröße und -situation dediziert oder mit signifikanter Kapazität klar definierten Aufgaben widmen. In Abhängigkeit vom Zustand der IT im Unternehmen ist oftmals die Herstellung eines angemessenen Risikobewusstseins die primäre Aufgabe, und zwar sowohl innerhalb des IT-Bereichs als auch dezentral auf Anwenderebene (z. B. aufgrund der

Herausforderungen durch die Schatten IT, siehe Kapitel 7.2.3). Insbesondere in kleineren Unternehmen kann dazu der Einsatz von externen Fachleuten sinnvoll sein, die bei der Risikoinventur und der Auswahl entsprechender Maßnahmen behilflich sind.

Je größer ein Unternehmen ist und je höher die Abhängigkeit von der IT ist, desto stärkeres Gewicht muss das IT-Risikomanagement erhalten. Das heißt jedoch nicht, dass umfangreiche Organisationseinheiten mit komplizierten Prozessen und Prüfverfahren erforderlich sind. Viel wichtiger ist das Vorhandensein eines individuellen Risikobewusstseins in Verbindung mit dezentraler, persönlicher Verantwortung auf der IT-Anbieter und -Kundenseite.

7.4.8 Incident- und Problemmanagement

Wie beschrieben ist ein stabiler IT-Betrieb oft essentiell für die Wiedergewinnung des Vertrauens von Anwendern und Geschäftsführung. Zentral dafür sind die Konzeption und Implementierung von robusten Prozessen, die sich nicht nur auf aktionistisches „Feuerlöschen" beschränken, sondern auftretenden Vorfällen (Incidents) konsequent mit festgelegten und funktionierenden Abläufen begegnet. Auch hierfür kann eine Orientierung an den von ITIL vorgeschlagenen Referenzprozessen, -aufgaben und –rollen erfolgen Dazu gehört auch ein kontinuierliches Dokumentieren der aufgetretenen Störungen und der entsprechenden Lösungen (Fehlerdatenbank).

Im Rahmen des Problemmanagements müssen die Fehlerursachen möglichst nachhaltig eliminiert werden. Dazu sind in Unternehmen die Grenzen zwischen den oft anzutreffenden Technik-Silos (Domänen bzw. Wertschöpfungsketten Entwicklung, Betreuung, Betrieb) zu überwinden. Bewährt hat sich die Bildung von Expertengruppen, die technikübergreifend bei definierten Störungsmustern tätig werden (Task Forces) sowie den Ursachen für besonders gravierende bzw. wiederkehrende Störungen auf den Grund gehen (Root Cause Analysis).

> **Zusammenfassung: Organisatorische Rahmenbedingungen für den Turnaround**
>
> - Im Rahmen von IT-Turnarounds sind häufig auch organisatorische Anpassungen erforderlich. Diese betreffen die IT-Governance, die Struktur der IT-Abteilung sowie fundamentale IT-Prozesse.
> - Bei organisatorischen Maßnahmen ist jedoch besondere Vorsicht geboten. Vorschnelle Aktionen können die Mitarbeiter im Unternehmen verunsichern und eine Krise noch weiter verschärfen.

- Effektive Spielregeln der IT-Governance regeln klar und einfach, wer welche Entscheidungen in der IT trifft und wie Entscheidungen bezüglich der Durchführung von IT-Vorhaben getroffen werden.
- IT-Kunden treten verstärkt in direkten Kontakt mit Anbietern von Cloud-Diensten und übernehmen originäre IT-Aufgaben. Diese Aktivitäten der „Schatten-IT" sollten weder ignoriert noch untersagt werden, sondern als unumkehrbarer Trend akzeptiert und in die Regeln der IT-Governance einbezogen werden.
- Die Funktionsfähigkeit von grundlegenden IT-Prozessen muss für eine IT-Neuausrichtung vorhanden sein. Im Vordergrund steht dabei zumeist die pragmatische Implementierung von fundamentalen Abläufen bzw. deren Verbesserung, weniger die Abbildung von umfangreichen Best-Practice-Prozessen.

Literatur

Avedillo, J. G.; Behonha, D.; Peyracchia, A.: *Two ways to modernize IT systems for the digital era*. Abgerufen am 19. September 2017 von www.mckinsey.com: http://www.mckinsey.com/business-functions/digital-mckinsey/our-insights/two-ways-to-modernize-it-systems-for-the-digital-era (2015)

Beims, M.; Ziegenbein, M.: *IT-Service-Management in der Praxis mit ITIL*. 4. Auflage. München: Hanser (2015)

Brenner, W.; Györy, A.; Pirouz, M.; Uebernickel, F.: *Bewusster Einsatz von Schatten-IT: Sicherheit & Innovationsförderung*. Abgerufen am 3. Februar 2014 von https://www.alexandria.unisg.ch/214464/1/ATT2R549.pdf (20. Oktober 2011).

Buchta, D.; Eul, M.; Schulte-Croonenberg, H.:. *Strategisches IT-Management*. Wiesbaden: Gabler (2009).

Cox, I.: *Disrupt IT – A new model for IT in the digital age*. Axin (2014).

Dietrich, L.: *Die ersten 100 Tage des CIO – „Quick Wins und Weichenstellung"*. In L. Dietrich & W. Schirra, IT im Unternehmen. Berlin, Heidelberg: Springer (2004)

Gartner Inc.: *Bimodal IT Is the Best Way to Deliver Application Rationalization*. Abgerufen am 20. September 2017 von www.gartner.com: https://www.gartner.com/webinar/3404517 (2016).

Gartner Inc.: *From the Gartner IT Glossary: What is Bimodal?*. Abgerufen am 19. September 2017 von www.gartner.com: https://www.gartner.com/it-glossary/bimodal/ (ohne Datum).

Gartner Inc.: *Gartner Reveals Top Predictions for IT Organizations and Users for 2012 and Beyond*. Abgerufen am 27. Dezember 2013 von www.gartner.com: http://www.gartner.com/ newsroom/id/1862714 (1. Dezember 2011).

IDC: *IDC-Studie: Deutsche Unternehmen wollen mit Cloud Services Geschäftsprozesse optimieren*. Abgerufen am 19. März 2014 von http://idc.de: http://idc.de/de/ueber-idc/press-center/54895-idc-studie-deutsche-unternehmen-wollen-mit-cloud-services-geschaftsprozesse-optimieren (26. Juli 2013)

ISACA Germany Chapter e. V.: *IT-Risikomanagement – leicht gemacht mit Cobit*. Abgerufen am 17. Februar 2014 von https://isaca.de/sites/pf7360fd2c1.dev.team-wd.de/files/attachments/2012-isaca-leitfaden-it-risikomanagement_0.pdf (2013).

Knoll, M.: *Praxisorientiertes IT-Risikomanagement*. Heidelberg: dpunkt.verlag (2014).

Köhler, P. T.: *PRINCE 2 – Das Projektmanagement-Framework*. Berlin Heidelberg: Springer (2005).

Muller, H.: *The Transformational CIO*. Hoboken: Wiley (2011).

Müller, M.: *Innovation vs. Kostensenkung: Wege aus der Kostenfalle.* In: CIO-Handbuch Sonderedition Best Practices von CIOs, S. 114 f. Düsseldorf: Symposion (2014).

Narayan, S.: *Agile IT organization: for digital transformation and continuous delivery.* London: Addison-Wesley (2015).

Petritsch, G.: *Die bimodale IT als Antwort auf die Digitalisierung.* In: CIO Handbuch Band 4. Düsseldorf: Symposion (2016).

Seidel, B.:. Schatten-IT ist Notwehr. Abgerufen am 19. März 2014 von *http://www.computerwoche.de*: http://www.computerwoche.de/a/schatten-it-ist-notwehr,2546588 (19. September 2013).

Slatter, S.; Lovett, D.: *Corporate Turnaround.* London: Penguin Books (1999).

Tiemeyer, E.: *Handbuch IT-Management.* München: Hanser (2013).

Weill, P.; Ross, J. W.: *IT Governance.* Boston: Harvard Business School Publishing (2004).

Weill, P.; Ross, J. W.: *IT Savvy – What top executives must know to go from pain to gain.* Boston: Harvard Business Press (2009).

Werder, A. v.: *Corporate Governance.* Abgerufen am 4. Januar 2014, von *http://wirtschaftslexikon.gabler.de/Definition/corporate-governance.html* (ohne Datum).

8 Management of Change beim IT-Turnaround

Die Durchführung einer jeden (IT-)Restrukturierung hat sehr viel mit Veränderungen zu tun, die notwendig sind, um ein Unternehmen bzw. einen IT-Bereich zu stabilisieren und nachhaltig neu auszurichten. Verändern muss sich dabei nicht nur die IT, sondern auch die Menschen, die mit der IT in Berührung kommen: die IT-Stakeholder wie IT-Mitarbeiter und -Anwender, Topmanagement und Endkunden. Diese Veränderungen betreffen in der Regel nicht nur abstrakte Faktoren wie beispielsweise verbindliche technische Standards oder die mit der IT verbundenen Kosten. Bei Umgestaltungen in der IT ist es mit dem Ersatz von alter durch neue Technik und der Verkündung entsprechender Richtlinien nicht getan. Vielmehr sind auch umfangreiche organisatorische Veränderungen notwendig, z. B. hinsichtlich der Struktur der IT, der Prozesse und der Art und Weise, wie IT-Entscheidungen getroffen und Verantwortungen und Aufgaben zugeordnet werden. Nicht zu vergessen sind die oftmals erheblichen organisatorischen Veränderungen, die auf die Nutzer der IT bei Turnarounds zukommen, wenn z. B. für die Zusammenarbeit mit der IT plötzlich neue Regeln gelten.

Ein erfolgreicher IT-Turnaround ist auch niemals nur durch einen Turnaround-CIO erreichbar, der in Einzelkämpfer-Manier „aufräumt", auch nicht nur durch ein Team oder eine Gruppe von Managern, selbst wenn sie noch so fähig sind. Für nachhaltige Verbesserungen der IT-Situation müssen sich in den allermeisten Fällen das Verhalten der IT-Mitarbeiter und -Anwender sowie deren Einstellungen ändern. Dazu ist es erforderlich, dass sie den Restrukturierungskurs und die damit einhergehenden Umgestaltungen akzeptieren und unterstützen.

Um derartige Umgestaltungen zu flankieren, ist das Management von Veränderungen erforderlich: Management of Change umfasst Prozesse und Verfahren, die darauf abzielen, einen Wandel im Unternehmen zu unterstützen bzw. zu gestalten. Die Bedeutung von Change Management wird in der Regel für längerfristige Transformationen betont und bei den auf kurz- und mittelfristigen Veränderungen abzielenden Turnarounds und Restrukturierungen mitunter vernachlässigt, obwohl auch hierbei ein effektives Veränderungsmanagement unerlässlich ist.

Mit „Change Management" wird in der IT auch ein Prozess verstanden, der die Behandlung von Änderungswünschen am IT-System, zum Inhalt hat. Dieser Prozess ist hier nicht gemeint (siehe dazu Kapitel 7.4.4).

> **!** Die emotionalen Aspekte sind entscheidend.

Das IT-Beratungsunternehmen Capgemini hat in einer Befragung zum Thema Management of Change unter anderem die Bedeutung von politischen, rationalen und emotionalen Aspekten für den Erfolg bzw. Misserfolg eines Veränderungsprojekts untersucht. Für die Befragten ist die emotionale Dimension mit 49 Prozent deutlich am wichtigsten, danach folgen mit erheblichem Abstand die politische (28%) und zuletzt erst die rationale Dimension mit 23% (Capgemini 2012, S. 20). Es ist also bei weitem nicht ausreichend, bei einem Turnaround eine zielführende Vorgehensweise zu präsentieren und die politischen Rahmenbedingungen im Unternehmen zu beachten. Das „Auftauen" und „Abholen" der Mitarbeiter und die Beachtung ihrer Bedürfnisse, Befürchtungen und Ängste sind in erster Linie entscheidend für einen Stimmungswandel und den Erfolg einer jeden (IT-)Restrukturierung. Es kommt darauf an, diesen Stimmungswandel möglichst schnell zu erreichen. Je eher die betroffenen Menschen den neuen Kurs unterstützen, desto größer ist die Erfolgswahrscheinlichkeit der Restrukturierungsbemühungen.

An verschiedenen Stellen dieses Buches wurden bereits Elemente des Managements of Change erläutert, die bei einem IT-Turnaround hilfreich sind. Ergänzend bzw. zusammenfassend dazu finden sich in diesem Kapitel drei Handlungsfelder, die den Wandel in der IT flankieren können:

- Bereitschaft zum Wandel herstellen,
- Kommunikation wirksam gestalten sowie
- Stakeholder einer IT-Restrukturierung mobilisieren.

■ 8.1 Bereitschaft zum Wandel herstellen

Der Idealzustand bei einem IT-Turnaround sind aufgeschlossene IT-Mitarbeiter und -Anwender, die von Anfang an mit großem Enthusiasmus einen vorgezeichneten Restrukturierungskurs unterstützen. Die Realität sieht indes in der Regel ganz anders aus. Oft ist mit massivem Widerstand zu rechnen, der eine Neuausrichtung erheblich erschweren, wenn nicht blockieren kann.

Welche Verhaltensweisen sind bei einer Restrukturierung zu erwarten? Welche Voraussetzungen bestehen für einen Wandel? Wie lässt sich Gleichgültigkeit, Skepsis oder gar Ablehnung in konstruktives Handeln umwandeln? Wodurch entsteht die Bereitschaft zum Wandel?

8.1.1 Auf Trägheit, Ablehnung und Gegenwind gefasst sein

Menschen sind bekanntlich Gewohnheitstiere, nahezu alle Veränderungen werden zunächst als unangenehm wahrgenommen. Man möchte in der sogenannten „Komfort-Zone" verharren, selbst wenn die aktuelle Situation schon gar nicht mehr so komfortabel ist. Bei Restrukturierungen kommt hinzu, dass in vielen Unternehmen keine Erfahrungen mit Krisen existieren, schon gar nicht mit den Methoden und Hebeln zu deren Bewältigung. Turnaround-Situationen sind für viele etwas völlig Neues. Trägheit, Passivität oder Widerstand sind deshalb zu Beginn von Veränderungsprozessen natürliche Verhaltensweisen – der Turnaround-CIO sollte sich dementsprechend auf Lethargie, Ablehnung und „Gegenwind" einstellen und die damit verbundenen Verhaltensweisen der betroffenen Mitarbeiter verstehen und antizipieren.

Trägheit begünstigt das Gedeihen von IT-Missständen

Selbst in IT-Bereichen, die tief im Schlamassel stecken, ist keineswegs bei allen Mitarbeitern die Bereitschaft zum Wandel vorhanden. IT-Mitarbeiter, die monate-, oft jahrelang im Kreuzfeuer der Kritik standen, sind mitunter an Tiefschläge gewöhnt, abgestumpft und haben im Extremfall bereits resigniert.

Aber selbst bei den IT-Kunden, die ja in erster Linie unter den IT-Defiziten leiden, herrscht oft Trägheit, wenn es um Änderungen in der IT geht. Anwender beharren mitunter auf der Nutzung von veralteten IT-Systemen, die sie „schon immer" verwenden, selbst wenn diese Systeme Prozesse nicht mehr ausreichend unterstützen können oder nicht mehr wirtschaftlich zu betreiben sind. Aber auch bei deutlichen IT-Defiziten wie regelmäßigen Projektverzögerungen, unzureichend unterstützten Geschäftsprozessen oder mühseliger Zusammenarbeit mit der IT hat sich nicht selten ein Gewöhnungseffekt eingestellt. Man hat sich mit vielerlei Missständen „arrangiert", da ja offenbar an der unzureichenden IT-Versorgung nichts zu ändern ist.

Viele Situationen haben sich auch über Jahre entwickelt, so dass ein Problembewusstsein („Sense of Urgency"), das notwendig ist, um das IT-Ruder herumzureißen, nicht entwickelt oder verkümmert ist. Irgendwann werden dann in der IT und auch bei deren Kunden IT-Defizite und Chaos als Normalzustand hingenommen. Es wird viel zu lange auf die Beteuerungen vertraut, dass entweder die Situation „nicht so schlimm" sei oder die IT „alles im Griff" hat.

Die Verkündung eines IT-Turnarounds ändert meistens erst einmal nichts

Der berühmte „Ruck" wird allein durch die Ankündigung eines Turnarounds durch das Topmanagement, so wichtig sie auch ist, nicht entstehen. Zu der ohnehin vorhandenen Trägheit gesellen sich negative Emotionen wie Angst vor Veränderung und Verunsicherung aufgrund der neuen Situation.

Die Ankündigung eines IT-Umbruchs wird vor allem dann negativ aufgenommen, wenn die Glaubwürdigkeit des Topmanagements bereits angekratzt ist. Es ist dann z. B. im Unternehmen von Panikmache die Rede („So schlimm ist es ja auch nicht", „Jetzt wird aus einer Mücke ein Elefant gemacht") oder aber es stellt sich Sarkasmus ein („Oh je, jetzt kommt der soundsovielte CIO/Berater/Interim Manager ..."). Als „Strategie" gegen Veränderungsbemühungen wird dann Aussitzen bzw. „Business as usual" verfolgt. Wird dieser negative Wirkungskreis nicht durchbrochen, verlaufen (IT-)Restrukturierungen mit großer Wahrscheinlichkeit im Sande.

Die typischen Verhaltensmuster bei Veränderungsprozessen beachten

Der Management of Change Spezialist William Bridges hat darauf hingewiesen, dass für erfolgreiche Veränderungsprozesse das Verständnis des Übergangs von einem alten Zustand auf einen Neuanfang entscheidend ist (Bridges 2009, S. 4 ff). Dabei wird ein Übergangsprozess (Transition) durchlaufen, bei dem Menschen sukzessive eine neue Situation und die damit verbundenen Veränderungen verarbeiten und sich entsprechend verhalten (siehe Bild 8.1).

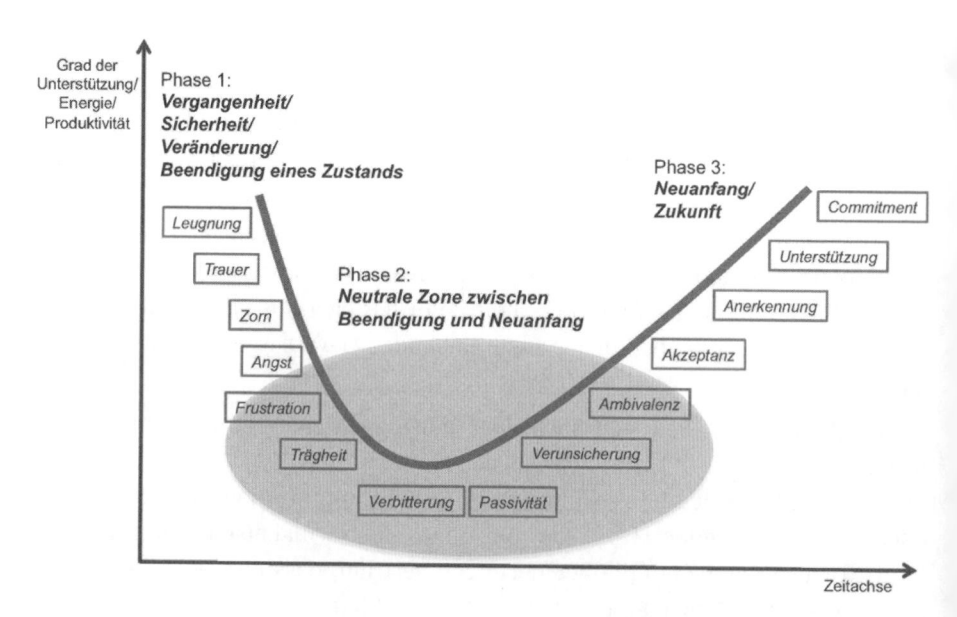

Bild 8.1 Verhaltensweisen im Veränderungsprozess (in Anlehnung an Bridges 2009)

Dieser Übergangsprozess ist zum Beispiel bei IT-Outsourcing-Vorhaben mit Personalübergang deutlich sichtbar: Die betroffenen Mitarbeiter müssen zunächst die emotionale Bindung an ihr „altes" Unternehmen überwinden. Dazu ist Zeit notwendig, um auch die Vor- und Nachteile der veränderten Situation zu verinnerlichen, eine Entscheidung zu treffen, dann die neue Situation zu akzeptieren und sich schließlich an den Outsourcing-Dienstleister als den neuen Arbeitgeber zu binden (Bohdal 2005, S.137 ff). Diese drei Phasen – Abschied bzw. Verlust, danach Ambivalenz bzw. Skepsis sowie Akzeptanz bzw. Neuanfang – sind als psychologische Prozesse bei jeder Veränderung zu beachten. Hierbei kommt insbesondere der sogenannten „neutralen Zone" große Bedeutung zu. Weder kann diese Phase übersprungen werden noch ist sie zu vernachlässigen. Im Gegenteil, in dieser Phase entscheidet sich, ob sich Verhaltensmuster anpassen und eine Veränderung angenommen und unterstützt wird.

Restrukturierungssituationen sind in aller Regel durch akuten Handlungsbedarf und hohen Zeitdruck gekennzeichnet. Neben klaren Prioritäten und entschiedenem Handeln bedingt dieser Umstand auch, dass die Haupt-Stakeholder eines IT-Turnarounds, die IT-Mitarbeiter und -Kunden, möglichst schnell die ersten zwei Phasen der Transition durchlaufen müssen. Zu langes Verweilen in einem Zustand des Nachtrauerns, der Unschlüssigkeit oder gar der Ablehnung des neuen Kurses gefährdet einen nachhaltigen Projekterfolg.

Welche Möglichkeiten bestehen nun, um die natürliche Ablehnung der Veränderung möglichst schnell in Unterstützung, oder zumindest Akzeptanz für einen IT-Turnaround umzuwandeln?

8.1.2 Trägheit und Ablehnung in Akzeptanz, Buy-in und Unterstützung umwandeln

Unter Beachtung der natürlichen Verhaltensmuster in einem Veränderungsprojekt besteht die Herausforderung darin, möglichst schnell die Entstehung von Akzeptanz und – im Idealfall – tatkräftiger Unterstützung der Restrukturierungsanstrengungen zu fördern. Gleichzeitig sind (IT-)Restrukturierungen aber keine Konsensveranstaltungen. Ohne straffe Führung, die Vorgabe der Leitplanken des Turnarounds sowie die Übertragung von Aufgaben und Verantwortung ist ein Projekterfolg mehr als fraglich. Hier gilt es im Rahmen des Management of Change durch geschicktes Kommunizieren und Handeln einerseits die Turnaround-Zielsetzung nicht aus dem Auge zu verlieren, andererseits die betroffenen Menschen einzubinden und das notwendige Buy-in zu erzeugen.

Bei der Durchführung von IT-Turnarounds haben sich für das Management of Change die in Bild 8.2 dargestellten zehn Erfolgsfaktoren der Kommunikation und des Handelns als zielführend erwiesen.

1. Business Imperativ, klarer **Auftrag** der Geschäftsführung, **Commitment** des **Topmanagements**	2. **Stakeholder** identifizieren, zielgerichtet **kommunizieren**, adäquat **involvieren**	3. **Sinn und Zweck** der Restrukturierung verdeutlichen, **Nutzen und Nutznießer** der Veränderung benennen (Upside)	4. Problembewusstsein, "**Sense of Urgency**" erzeugen (Downside)
5. **Ziel(e)** aufzeigen bzw. entwickeln		Kommunizieren und Handeln – Erfolgsfaktoren des Change Managements beim IT-Turnaround	6. Vorgehensweise, machbare **Schritte** bzw. **Meilensteine** und messbare Teilziele definieren
7. Regeln, Prozesse, **IT-Governance-Strukturen** anpassen	8. **Rollen und Aufgaben** definieren, **Verantwortung** übertragen	9. Anpassung der **Incentivierungssysteme** bzw. Zielvereinbarungen vornehmen	10. "**Toxische**" **Emotionen** und Verhaltensweisen lokalisieren und adäquat behandeln

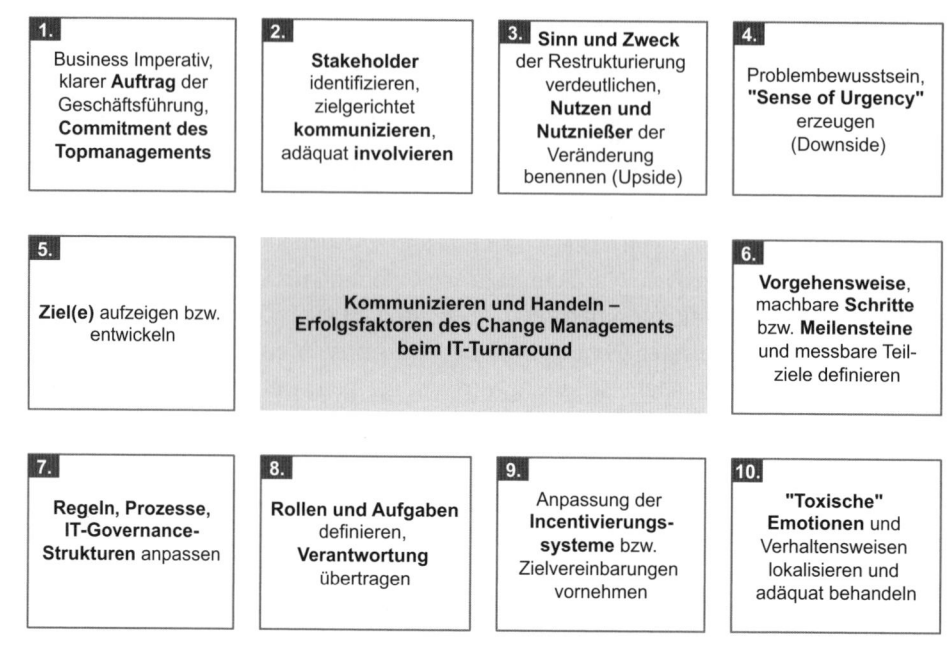

Bild 8.2 Kommunikation und Handeln: Zehn Erfolgsfaktoren des Management of Change beim IT-Turnaround

1. Business Imperativ, klarer Auftrag der Geschäftsführung, Commitment des Topmanagements

Das „Topmanagement Commitment" steht als Erfolgsfaktor bei nahezu allen Veränderungsprojekten an erster Stelle. Es ist indes nicht ausreichend, dass diese Verpflichtung sich „im stillen Kämmerchen" auf die Beauftragung des amtierende IT-Verantwortlichen oder eines (externen) Turnaround-CIOs beschränkt. Der Kommunikation und dem Handeln des Topmanagements kommt vor, während und nach der Durchführung des Turnaround-Projekts erhebliche Bedeutung zu (siehe Kapitel 4.1). Im Rahmen des Management of Change sollten durch einen Sponsor des Topmanagements die vorhandenen IT-Defizite anerkannt und ausgesprochen werden sowie die Bedeutung des Turnaround-Projekts für das gesamte Unternehmen dargestellt werden. Dies geht einher mit einem unmissverständlich kommunizierten Auftrag an einen Turnaround-CIO zur Bewältigung der IT-Krise.

2. Stakeholder identifizieren, adäquat kommunizieren, involvieren

Ein wichtiger Hebel für den Erfolg von IT-Restrukturierungsprojekten ist die Einbindung der Interessen- und Anspruchsgruppen, die durch geplante Änderungen betroffen sind (Stakeholder). Die wichtigsten Stakeholder-Gruppen bei einem IT-Turnaround sind die internen IT-Mitarbeiter sowie die internen Anwender und Entscheider auf Kundenseite. Je nach Unternehmenssituation und Stoßrichtung der IT-Restrukturierung sind jedoch auch weitere Gruppen relevant, die im Zuge des Management of Change zu identifizieren sind (siehe Kapitel 8.3).

Die gefürchtete „Veränderungsmüdigkeit" ist häufig dann zu beobachten, wenn die für den Wandel wichtigen Menschen nicht ausreichend eingebunden werden. Anstatt passives „Verändertwerden" sollte eine situationsadäquate, aktive Beteiligung angestrebt werden, z.B. durch die Einbindung bei der Erarbeitung neuer Spielregeln für die Behandlung von Projektanträgen oder die Reduzierung der Kosten der IT am Arbeitsplatz.

> Ziel ist es, dass Zuschauer zu Mitspielern werden, Betroffene zu Beteiligten.

Eine häufige Diskussion hinsichtlich des Vorgehens bei Restrukturierungen ist die Frage, ob Ziele und entsprechende Maßnahmen Top-down vorzugeben sind oder aber Bottom-up erarbeitet werden sollten. Aufgrund des Zeitdrucks bei Restrukturierungen und der häufig fehlenden Turnaround-Erfahrung in Unternehmen ist eine Top-down-Vorgabe der grundlegenden Stoßrichtung einer IT-Restrukturierung am praktikabelsten. Auch sollten die Vorgehensweise, die Schlagzahl und die Priorisierung der Hauptmaßnahmen durch den Turnaround-CIO vorgegeben sein. Das bedeutet jedoch nicht, dass die IT-Stakeholder nicht an der Maßnahmenkonzeption beteiligt werden sollten. Im Gegenteil, eine intensive Einbindung verbessert die Umsetzungschancen erheblich.

Ein nachrangiges Ziel bei der Einbindung der Stakeholder im Turnaround ist die Herstellung von Commitment bei den Stakeholdern der IT-Restrukturierung. Zum einen ist Commitment nicht von außen „generierbar", sondern kann nur aus der inneren persönlichen Überzeugung jedes einzelnen Menschen erwachsen. Zum anderen dauert es in aller Regel sehr lange, bis aus Passivität, Angst und Ablehnung im Change Prozess letztendlich Hingabe und Verpflichtung erwächst. Darauf kann im Turnaround nicht gewartet werden. Zudem ist Commitment bei den Beteiligten des Turnarounds auch nicht unbedingt erforderlich; Unterstützung oder zumindest Akzeptanz sind als Verhaltensweisen für einen erfolgreichen IT-Turnaround schon ausreichend und im Rahmen des Change Management auch leichter und schneller zu erlangen. Dies gilt nicht für den Turnaround-CIO und sein Team sowie zumindest für den Topmanager, der für den IT-Turnaround zuständig ist: Hier ist Commitment essenziell und springt sogar mitunter auf die weiteren IT-Stakeholder über.

3. Sinn und Zweck der Restrukturierung verdeutlichen, Nutzen und Nutznießer der Veränderung benennen (Upside)

Für die betroffenen Stakeholder-Gruppen muss zweifelsfrei klar werden, warum ein IT-Turnaround erforderlich ist, welche IT-Defizite konkret angegangen werden und welche Vorteile das Unternehmen von einer gelungenen IT-Restrukturierung hat.

Die überzeugende Darstellung des Nutzens einer IT-Restrukturierung für die IT bzw. für das Unternehmen ist allerdings nicht ausreichend. Jeder einzelne Beteiligte wird sich fragen, was die geplanten Veränderungen für ihn selbst bedeuten, d. h. welche Kompensation oder welcher individuelle Nutzen eine Unterstützung oder Mitwirkung im Veränderungsprojekt mit sich bringt. Dazu sollte dargelegt werden können, welche Vorteile ein gelungener Turnaround nicht nur für das Unternehmen, sondern auch individuell, also für den einzelnen Mitarbeiter hat. Auf der Seite der IT-Mitarbeiter können z. B. mehr Verantwortung, Verbleib im Unternehmen, erhöhte Sichtbarkeit, ein neuer Aufgabenbereich oder eine konkrete Aufstiegschance derartige persönliche „Upsides" darstellen. Es ist unbedingt sicherzustellen, dass vor allem für Schlüsselmitarbeiter klare Perspektiven sichtbar sind.

Bei den IT-Kunden kann sich für die IT-Anwender z. B. eine Arbeitserleichterung durch automatisierte Prozesse ergeben oder eine verbesserte Transparenz hinsichtlich des Status von Projekten möglich werden. Auch für die anderen am IT-Turnaround beteiligten Stakeholder-Gruppen sollte eine Nutzenargumentation vorliegen, wenn eine Unterstützung oder Mitwirkung erforderlich ist.

4. Problembewusstsein/„Sense of Urgency" erzeugen (Downside)

Ein häufiger Fehler bei Veränderungsprojekten ist die Fokussierung auf die Problemlösung, ohne dass ein ausreichendes Problembewusstsein bei den Mitarbeitern vorliegt (*„Most managers and leaders put 10 % of their energy into selling the problem and 90 % into selling the solution to the problem."*, Bridges 2009, S. 16) Bevor aber die existierenden Defizite bzw. eine krisenhafte Situation von den Mitarbeitern weder wahrgenommen noch verstanden und anerkannt werden, fehlt eine entscheidende Voraussetzung für eine Verhaltensänderung. Was nicht als problematisch, akut bzw. dringend und gleichzeitig veränderbar wahrgenommen wird, kann nicht auf Beachtung und Reaktion hoffen. Je nach Projektziel sollte beispielsweise Common Sense sein, dass

- die fortlaufende Verfehlung von Projektdeadlines kein Naturgesetz ist, sondern über kurz oder lang die Wettbewerbsfähigkeit des Unternehmens bedroht.
- ein unkoordiniertes Wuchern von Anwendungsinseln die Datenintegrität gefährdet, die Wartungskosten in die Höhe treibt und die Veränderungsfähigkeit der IT und des gesamten Unternehmens behindert.
- eine permanente Überlastung der IT-Mannschaft zu Qualitätsmängeln und erhöhter Fluktuation führt.

Aber selbst wenn akute Probleme bzw. krisenhafte Zustände bewusst sind, ist damit nicht automatisch der notwendige Wille bzw. die Bereitschaft zur Veränderung verbunden. Mitarbeiter auf der IT- und Anwenderseite können bereits so demotiviert und lethargisch sein, dass kein Leidensdruck vorhanden ist und offensichtliche Missstände schulterzuckend hingenommen werden, da ja sowieso nichts an den herrschenden Zuständen änderbar sei. Um aus diesem „Business as usual"-Modus herauszukommen ist es erforderlich, die negativen Konsequenzen von mangelnder Veränderungsbereitschaft aufzuzeigen, und zwar auch hier für das Unternehmen und individuell für jeden einzelnen Mitarbeiter. Diese „Downsides" zielen darauf ab, die ungesunde Ruhe und Trägheit zu destabilisieren, die Menschen „aufzutauen" und in Unruhe zu versetzen (Doppler/ Lauterburg 2008, S. 116). Es geht dabei nicht um Panikmache, das Herbeireden einer Krise oder die Einschüchterung der Stakeholder einer IT-Restrukturierung. Wenn aber Situationen als selbstverständlich und unveränderbar angesehen werden, fehlt grundsätzlich die Voraussetzung für eine Veränderung.

5. Ziel(e) aufzeigen bzw. entwickeln

Oftmals sind zu Beginn eines IT-Turnarounds allenfalls die Symptome einer kriselnden IT bekannt und es besteht lediglich eine Vermutung hinsichtlich der Ursachen. Vielleicht sind die Defizite schon offensichtlich und die Stoßrichtung der IT-Restrukturierung wurde schon beschlossen (siehe Kapitel 3.4). In jedem Fall ist zumindest die Kommunikation der groben Zielrichtung des Turnaround-Projekts essenziell. Für das erforderliche „Buy-in" der zentralen Stakeholder-Gruppen ist es ohnehin vorteilhafter, wenn die Erarbeitung der Ziele unter Einbindung der IT-Mitarbeiter und der IT-Kunden erfolgt. Nicht zuträglich sind abstrakte Allgemeinplätze als Zielvorgabe („Wir streben nach Prozess-Exzellenz", „XYZ braucht eine hochmoderne IT", „Unsere IT muss effizienter werden").

Sind z.B. Budgetvorgaben bereits Top-down vorgegeben, so müssen unter Umständen auch unangenehme Ziele kommuniziert werden. Wenn klar ist, dass z.B. die IT zu teuer produziert, zu viele IT-Mitarbeiter an Bord sind, die Qualifikationen bzw. Capabilities nicht mehr ausreichend sind oder zu viele Projekte die Pipeline der IT verstopfen, sollte dies klar angesprochen werden – mit der entsprechenden Zielsetzung für die Restrukturierung.

6. Vorgehensweise, machbare Schritte, Meilensteine und Teilziele definieren

Im Rahmen eines IT-Turnarounds müssen in aller Regel anspruchsvolle und umfangreiche Ziele verfolgt werden. Bekämpft man nicht die Ursachen, sondern nur die Symptome der IT-Krise oder belässt man es bei kosmetischen Eingriffen, so stellen sich über kurz oder lang wieder die bekannten Krisenanzeichen ein. Die Bereitschaft zur Veränderung bei den Mitarbeitern ist aber durch die Konfrontation mit weitreichenden, unrealistisch erscheinenden oder abstrakten Veränderungszielen wie gelähmt (z.B. „Die Anwendungslandschaft mit 2000 verschiedenen Applikationen muss um die Hälfte reduziert werden", „Wir müssen die IT-Kosten innerhalb eines Jahres halbieren"). Dringende IT-Defizite werden deswegen häufig nicht angegangen, weil sie als vermeintliche „Mission Impossible"-Projekte als nicht machbar gelten.

Indem man anspruchsvolle Veränderungsvorhaben in überschaubare Teilziele zerlegt, steigt bei den Mitarbeitern die Zuversicht, etwas Machbares anzupacken und die übertragenen Aufgaben erfüllen zu können (Bonfante 2011, S. 118), Beispiel: „Reduzierung von 20 % der nicht notwendigen Anwendungen, die für 80 % des Betreuungsaufwandes verantwortlich sind". Diese Teilziele sollten auch messbar sein, d. h. die Zielerreichung sollte an quantifizierbaren Erfolgen festgemacht werden können. Gleichzeitig wird durch das Erreichen von Meilensteinen bzw. Quick Hits die Motivation gestärkt und die Verbindung mit dem Projekterfolg abgesichert.

7. Regeln, Prozesse, Governance-Strukturen anpassen

Ein weiterer häufiger Grund für Sand im IT-Veränderungsgetriebe sind komplizierte, unakzeptable oder nicht mit Leben gefüllte Spielregeln der IT-Governance (siehe Kapitel 7.2). Existieren beispielsweise klar geregelte Einfallstore für Anforderungen an die IT oder können Anforderungen bei der IT „über den Zaun geworfen" werden? Sind die Rollen, Aufgaben und Verantwortlichkeiten bei Projekten mit IT-Bezug zielführend? Ist sichergestellt, dass eine Allokation der IT-Ressourcen im Interesse des gesamten Unternehmens erfolgt? Werden IT-Architekturprinzipien bzw. -Standards befolgt oder herrscht Disziplinlosigkeit?

Sind in diesen Bereichen Defizite vorhanden, sollten fehlende oder unzureichende Elemente der IT-Governance gleichzeitig als Bestandteil *und* Voraussetzung des Wandels konsequent und schnell umgesetzt werden. Insofern müssen häufig mit einer neuen oder optimierten Governance-Struktur die geplanten Veränderungen eines Restrukturierungsprogramms zu Beginn vorweggenommen werden (Rüter u. a. 2006, S. 176). Insbesondere bei der Gestaltung der Entscheidungsrechte sollten klare Regeln und eine effektive Einbindung der IT-Kundenseite realisiert werden, beispielsweise durch Sitz und Stimme in einem zentralen IT-Ausschuss (siehe Kapitel 7.2.1).

Auch hinsichtlich der Steuerung der IT-Restrukturierung ist eine Einbindung der wesentlichen Stakeholder-Gruppen für die Akzeptanz des Projekts wichtig. Häufig berichtet der Turnaround-CIO an einen dedizierten Lenkungsausschuss, der dann auch mit Vertretern der relevanten Interessengruppen besetzt sein sollte. Ist der Turnaround-CIO nur dem für IT verantwortlichen Mitglied der Geschäftsführung berichtspflichtig, so empfehlen sich regelmäßige persönliche Updates für die weiteren Mitglieder des Topmanagements.

Wichtig ist auch ein professionelles Programmmanagement, das jederzeit die Richtung des Projekts sowie den Status und den Umsetzungsgrad der verfolgten Restrukturierungsmaßnahmen widerspiegelt (siehe Kapitel 3.3).

8. Rollen und Aufgaben definieren, Verantwortung übertragen

(IT-)Restrukturierung ist immer Teamwork. Es muss klar sein und klar kommuniziert werden, welche Rollen und Aufgaben im Team bestehen und wer wofür Verantwortung trägt (siehe Kapitel 3.3). Dies geht einher mit der Übertragung von Verantwortung auf einzelne Personen. Die Übertragung von Verantwortung auf Manager und andere Mitarbeiter, z. B. für das Einhalten von Budgets, für die Durchführung von Maßnahmen oder für die Erreichung von Zielen und Deadlines ist eine der entscheidenden Hebel für kurzfristige Veränderungen (Slatter u. a. 2006, S. 186). Dazu gehört auch die unmissverständliche Kommunikation dessen, was von den jeweiligen IT-Managern und -Mitarbeitern erwartet wird und welche neuen Regeln und Prinzipien gelten.

9. Anpassung der Incentivierungssysteme bzw. der Zielvereinbarung vornehmen

Nicht zuletzt sollte das Buy-in insbesondere der IT-Manager auch über geeignete Zielvereinbarungen gefördert werden. Dazu ist die Überprüfung der getroffenen Zielvereinbarungen der Führungskräfte durch den Turnaround-CIO erforderlich. Sind die vereinbarten persönlichen Ziele der jeweiligen Manager mit der Stoßrichtung des Turnarounds im Einklang oder werden Ergebnisse honoriert, die nicht mehr zu der neuen Situation passen? Sind die Zielvereinbarungen geeignet, ein hinreichendes Engagement herzustellen? Lassen sich finanzielle Anreize (Boni) so formulieren, dass sie für die Ziele der Restrukturierung förderlich sind? Hier empfiehlt sich eine möglichst konsensorientierte Anpassung der individuellen Zielvereinbarungen; die neuen Ziele müssen für die Mitarbeiter machbar und – der Situation entsprechend – sinnvoller sein als die bisherigen Vereinbarungen.

10. „Toxische" Emotionen und Verhaltensweisen lokalisieren und adäquat behandeln

Einbindung und Kommunikation im Management of Change schließen einen kritischen Dialog, die Kenntnisnahme von Verbesserungsvorschlägen und die Auseinandersetzung mit alternativen Lösungsvorschlägen ausdrücklich nicht aus, sondern fördern diese sogar. „Von Oben" verordnete Maßnahmen und Veränderungen sind für die Akzeptanz und die erforderliche Unterstützung wenig zuträglich. Involvieren heißt nicht „vorsetzen" und „schlucken", sondern aktive Gestaltung und Mitarbeit.

Turnarounds sind jedoch weder Debattierclubs noch Konsensveranstaltungen. Mit hohem Zeitdruck gilt es für alle Beteiligten, an einem Strang zu ziehen und einen defizitären IT-Bereich „umzudrehen" und je nach Stoßrichtung der Restrukturierung Funktionsfähigkeit, Kosteneffizienz und Leistungsfähigkeit wiederherzustellen. Wie in Kapitel 8.1.1 ausgeführt, sind z. B. Trägheit, Ambivalenz oder Verunsicherung und auch Widerstände typische und zu akzeptierende Verhaltensweisen im Veränderungsprozess. Offener oder versteckter Dissens bei Einzelpersonen aus den Reihen der IT-Mitarbeiter, der sich in destruktivem Verhalten oder gar Sabotage äußert, kann dabei jedoch nicht hingenommen werden. Grund für derartiges Verhalten sind häufig sogenannte „toxische Emotionen", wie z. B. Neid, Missgunst, Wut und andere destruktive Gefühle von Einzelpersonen. Der Turnaround-CIO hat dabei die Pflicht, sich vor sein Team zu stellen und die Quellen negativer Emotionen und Verhaltensweisen zu lokalisieren und adäquat zu behandeln. Zunächst müssen die Ursachen derartiger Emotionen und Verhaltensweisen verstanden werden und eine intensive Kommunikation mit den Betroffenen erfolgen. Wenn dann aber eine konstruktive Umwandlung von Ängsten, Widerständen und Ablehnung auf Seiten der IT-Mitarbeiter nicht in absehbarer Zeit fruchtbar ist, sollten als Ultima Ratio entsprechende personelle Maßnahmen erwogen werden. Aber auch destruktives Verhalten bei Personen aus anderen Stakeholder-Gruppen sollte konsequent angegangen werden.

> **Aus der Praxis: Vom Teil des Problems zum Teil der Lösung**
>
> Im Zuge eines IT-Healthchecks bei einem multinationalen Industrieunternehmen (rund eine Milliarde Euro Umsatz, über 3000 Mitarbeiter) wurde relativ schnell klar, dass der amtierende IT-Leiter für die Rolle des Turnaround-CIOs nicht in Frage kam. Über Jahre hinweg hatte sich ein Berg an Problemen angehäuft, unter anderem eine unzureichende Harmonisierung der im Konzern eingesetzten ERP- und maschinennahen Systeme, ein misslungenes internationales Data-Warehouse-Projekt, gefährliche Abhängigkeiten von kleinen Softwareherstellern und eine IT-Infrastruktur, die riskante Wartungsdefizite und erheblichen Modernisierungsbedarf aufwies. Insgesamt war der IT-Leiter mit dem Management der Konzern-IT überfordert.
>
> Es wurde ein neuer, unternehmensfremder CIO geholt, dessen Hauptaufgabe in der Reorganisation der IT und der Harmonisierung der vorhandenen Anwendungslandschaft bestand. Der alte IT-Leiter und die meisten IT-Mitarbeiter waren zunächst völlig verunsichert und es war zu befürchten, dass viele das Unternehmen verlassen würden. Der neue CIO suchte nach Wegen, die Mitarbeiter zu halten. Er hatte erkannt, dass die notwendige Harmonisierungsaufgabe angesichts des Drucks aus den Fachbereichen in einem akzeptablen Zeitraum nur mit den vorhandenen Spezialisten zu bewerkstelligen war, da nur sie über die notwendigen Detailkenntnisse verfügten. Der alte IT-Leiter, der dem Unternehmen sehr loyal gegenüberstand, war nicht begeistert von seiner Enthebung und es war zunächst fraglich, ob er den neuen Kurs unterstützen wollte – ein Risiko, da er ein Integrationspunkt für wichtige IT-Mitarbeiter war und ausgeprägte Systemkenntnisse besaß.
>
> Der neue CIO verstand es jedoch, einerseits keinen Zweifel an seiner Führungsrolle und der Notwendigkeit des IT-Turnarounds für das Unternehmen aufkommen zu lassen, andererseits aber auch die existierenden Mitarbeiter einzubinden und diese auch die neue Marschrichtung mitentwickeln zu lassen.

> Zudem wurde der IT-Bereich mit Hinblick auf die Turnaround-Ziele neu strukturiert, einhergehend mit klar definierten Rollen und Aufgabenbereichen für die einzelnen IT-Mitarbeiter. Der Vorgänger erklärte sich schließlich bereit, die Leitung des für die Restrukturierung zentralen ERP-Harmonisierungsprojekts zu übernehmen. Dadurch hatte er die Möglichkeit, sich auf sein Spezialgebiet zu fokussieren und durch die Verantwortung für das wichtigste Turnaround-Projekt auch sein Gesicht zu wahren. Das Projekt konnte erfolgreich abgeschlossen werden; der ehemalige IT-Leiter ist dem Unternehmen treu geblieben und leitet heute die bedeutendste Abteilung in der neuen IT-Organisation.

8.2 Wirksam kommunizieren

Kommunikation und Handeln sind bei einem Turnaround eng miteinander verbunden (Faulhaber/Grabow 2009, S. 153). Ein guter Turnaround-CIO sieht Kommunikation dementsprechend nicht als Zeitverschwendung an, sondern als wesentliches Hilfsmittel der Führung und des Wandels. Auch Analyse-, Konzeptions- und Umsetzungsarbeit sind notwendig – nur dürfen diese nicht zu Lasten der Kommunikation mit IT-Kunden, -Mitarbeitern und sonstigen IT-Stakeholdern gehen. Kommunikation ist auch nicht bloße Übertragung von Informationen, sondern ein Dialog, bei dem die Interessen und Bedenken der Gesprächspartner eine wesentliche Rolle spielen.

Wie kann in diesem Zusammenhang der besonderen Bedeutung der Kommunikation bei einem IT-Turnaround Rechnung getragen werden? Wie kann die Kommunikation innerhalb der IT gestaltet werden? Was empfiehlt sich bei der Kommunikation in das Unternehmen?

8.2.1 Ziele und Aufgaben der Kommunikation beim IT-Turnaround

Zu Beginn des Turnarounds ist es wichtig, dass eine Krisensituation und ein akuter Handlungsdruck für die IT konkret benannt werden (siehe Kapitel 3.5). Hier gilt es, offen und ehrlich die tatsächliche Lage darzustellen. Damit verbunden sind erste konkrete Handlungen, z.B. die Ernennung eines Turnaround-CIOs, der mit einem konkreten Auftrag ausgestattet ist. Aus Gründen der Glaubwürdigkeit sollte diese Ankündigung bzw. Erstkommunikation durch die Geschäftsführung direkt erfolgen und nicht etwa durch einen externen Berater oder Interim Manager.

Im nächsten Schritt sollte der Turnaround-CIO den Kontakt mit möglichst vielen Stakeholdern der IT-Restrukturierung suchen. Als Gesprächspartner sollte ein breites fachliches und hierarchisches Spektrum ausgewählt werden, d. h. Führungskräfte und sonstige Mitarbeiter aus der IT, den Fachbereichen sowie von anderen Querschnittsfunktionen und Stabsstellen des Unternehmens (z. B. interne Revision, Controlling, Risikomanagement, Personalwesen). Auch können unternehmensexterne Personen durch den „Blick von außen" wertvolle Informationen liefern (z. B. IT-nutzende Endkunden, Wirtschaftsprüfer, IT-Dienstleister, externe Mitarbeiter).

> Ziel der Kommunikation im Turnaround ist die Wiederherstellung eines Vertrauensverhältnisses zu den IT-internen und -externen Stakeholdern.

Dazu gehört auch die Aussprache von harten Wahrheiten und unangenehmen Maßnahmen. Kommunikation im Turnaround sollte weder Schönfärberei noch Panikmache sein. Ehrliche Kommunikation adressiert die vorhandenen Risiken und den akuten Handlungsbedarf, aber auch die Chancen einer Restrukturierung und die eventuell bereits realisierten Erfolge.

Zu Beginn des Turnarounds bzw. während der Stabilisierungsphase ist eine klare Kommunikation beispielsweise durch folgende Inhalte gekennzeichnet:

- Das Kind beim Namen nennen, d. h. *Situation*, vorhandene Risiken, akute Bedrohungen und Handlungsbedarf aufzeigen (Was sind die dringendsten Probleme bzw. Defizite? Warum muss sich die IT-Situation ändern? Was wären die Konsequenzen, wenn nicht gehandelt würde? Was wird beendet bzw. eingestellt? Was bleibt erhalten?).
- *Ziele und Chancen* des Turnarounds aufzeigen (Welche Verbesserungen werden verfolgt? Wie wird eine Verbesserung im Vergleich zum gegenwärtigen Zustand gemessen? Welches Ergebnis des Turnarounds wird angestrebt? Wie soll die IT zukünftig aussehen?).
- *Vorgehensweise, Zeitplan* mit Zwischenschritten und Etappenerfolge erklären (Wie soll die IT-Restrukturierung ablaufen? Welche Methodik wird verfolgt? Welche Stufen bzw. Zwischenziele sind geplant?).
- *Rollen, Aufgaben und Verantwortlichkeiten* bekannt geben (Wer ist Teil des Turnaround-Teams? Welche Rollen und Aufgaben existieren? Wer ist für was verantwortlich? Was wird von den IT-Mitarbeitern und ggfs. anderen Stakeholdern erwartet?).

Ergänzend dazu ist regelmäßig der Projektfortschritt zu kommunizieren. Folgende Punkte sind von Interesse:

- *Status* der IT-Restrukturierung erläutern (Wie ist der aktuelle Stand des Turnaround-Projekts, z. B. hinsichtlich der IT-Budgetausschöpfung, der Umsetzung

der Maßnahmen, getroffenen Grundsatzentscheidungen bzw. geänderten Spielregeln und Prozesse?).
- Entscheidungen, neue Regeln und Strukturen sowie ggfs. nicht (mehr) erwünschte Verhaltensweisen ankündigen.
- Offene Punkte, nächste Schritte erläutern (Was ist noch offen? Welche Optionen und Alternativen werden evaluiert? Wie geht es weiter?).

Dabei können auch „Halbfertigprodukte" mitgeteilt werden, also teilweise erreichte Ziele und erste Ergebnisse. Dies sind positive Signale, dass sich etwas bewegt bzw. dass an den richtigen Themen gearbeitet wird.

IT-Restrukturierungen sind keine Sprints, sondern Marathonläufe, die Projektlaufzeiten reichen nicht selten bis über zwei Jahre. Aus diesem Grund muss die Kommunikation kontinuierlich über die gesamte Projektlaufzeit erfolgen, um z. B. Projektsponsoren bei der Stange zu halten, erreichte Meilensteine bekannt zu geben oder konkret realisierte Verbesserungen zu kommunizieren. Im IT-Turnaround gibt es aber auch Phasen, in denen es eigentlich nichts Neues zu berichten gibt. Auch in diesen Zeiträumen darf keinesfalls Funkstille herrschen. Die Stakeholder sollten nie den Eindruck erlangen, dass nichts passiert, dass „Undercover" gemauschelt wird oder, dass das Projekt gar zum Erliegen gekommen ist. Wenn es tatsächlich nichts Neues gibt, sollten die Mitarbeiter trotzdem davon überzeugt sein, dass konzentriert, professionell und systematisch gearbeitet wird.

8.2.2 Kommunikation innerhalb des IT-Bereichs

Die Hauptlast bei der Bewältigung einer IT-Krise tragen die IT-Mitarbeiter. Mithin kommt der Kommunikation innerhalb des IT Bereichs entscheidende Bedeutung im Management of Change zu. Welche Möglichkeiten der Interaktion bestehen und worauf kommt es an?

Mündliche Kommunikation

Gespräche, Telefonate, Meetings sind das mit Abstand wichtigste Mittel der Kommunikation im Change Prozess. Miteinander reden anstatt vorwiegend E-Mail-Ketten, Berichte und PowerPoint-Präsentationen zu produzieren, sollte auch vom Turnaround-CIO bzw. seinem Team präferiert werden. Folgende Ausprägungen sind dabei vorherrschend:
- *Interviews bzw. Einzelgespräche.* Einzelinterviews zu definierten Themen (Fokusinterviews) sind zwar zeitaufwändig aber meistens die effektivste Methode, Mitarbeiter kennen zu lernen und Informationen zu erhalten – vorausgesetzt, die richtigen Gesprächspartner sitzen am Tisch und es besteht ein ausreichendes Maß an Vertrauen und Kooperationsbereitschaft. Zu Beginn des Turnarounds,

insbesondere bei der Situationsanalyse, werden Interviews den überwiegenden Teil der Kommunikation bilden.

Es empfiehlt sich, diese Interviews teilstrukturiert durchzuführen, d. h. sich je Gesprächspartner vorab mit fünf bis zehn Fragen zu präparieren, jedoch auch Zeit für eine offene Diskussion einzuplanen.

- *Townhall-Meetings:* Jeder Mitarbeiter der IT sollte die Möglichkeit haben, den Turnaround-CIO persönlich kennen zu lernen und seine Aufgabe, Vorgehensweise und Ziele sowie eventuell schon erste Einschätzungen zur IT-Situation aus erster Hand zu erfahren, insbesondere dann, wenn er oder sie neu im Unternehmen ist. Dafür sind in größeren Unternehmen sogenannte Townhall-Meetings (Präsentationen der Geschäftsleitung für die Mitarbeiter) zweckmäßig, die ggfs. je Standort mit signifikanter IT-Belegschaft wiederholt werden.
- *Workshops:* Workshops sind ein hervorragendes Mittel, um den Buy-in von IT-Mitarbeitern aber auch anderen Stakeholder-Gruppen zu erlangen. Voraussetzung ist, dass die Menschen in derartigen Veranstaltungen aufgeschlossen sind und sich aktiv in die Problemlösung einbringen. Die Themen sollten dabei relativ eng begrenzt werden; Veranstaltung mit Universalanspruch („Was könnte man in der IT alles verbessern?") sind nicht besonders ergiebig. In aller Regel sind die zuvor durchgeführten Fokusinterviews die Voraussetzung für die thematische Auswahl und die Vorbereitung von Workshops.

Typische Workshop-Themen bei IT-Restrukturierung sind z. B.:

- Wie können wir Projekt XYZ wieder auf die Spur bringen?
- Wo bestehen die größten Risiken beim dezentralen Einsatz der IT?
- Wie können wir bei der Bereitstellung der IT-Infrastruktur Geld sparen?
- Wie kann der Prozess des Anforderungsmanagements verbessert werden?

Der Teilnehmerkreis sollte bei derartigen Workshops ausreichend breit sein, also neben ausgewählten IT-Mitarbeitern z. B. Projektsponsoren, Key User, externe Dienstleister, Finanzwesen, interne Organisationsabteilung etc. umfassen. Auch sollten Workshops durch den Turnaround-CIO adäquat vorbereitet, umsichtig moderiert und die Ergebnisse zusammengefasst und aufbereitet werden.

- *Führungskräfte- bzw. Team-Meetings*:

Neben der Durchführung von Ad-hoc-Besprechungen sind regelmäßige Führungsbesprechungen mit den IT-Führungskräften ratsam. In Abhängigkeit vom Turnaround-Ziel empfiehlt sich z. B. folgende Ausgestaltung:

- Wöchentliche Update-Meetings mit dem für die IT verantwortlichen Mitglied der Geschäftsführung bzw. dem Turnaround-Lenkungsausschuss zwecks Besprechung des Restrukturierungsfortschritts und der Behandlung von Widerständen im Unternehmen und den weiteren Schritten im Projekt.
- Wöchentliche oder 14-tägige Meetings des Turnaround-CIO mit den IT-Führungskräften (Abteilungsleiter und ggfs. eine Ebene darunter) zur Besprechung

des aktuellen Zustands der IT (z. B. Budgetsituation, Mitarbeiterentwicklung, Ereignisse in den einzelnen Abteilungen) und der Restrukturierungsfortschritte. Hierbei sollte nicht nur der Turnaround-CIO berichten, sondern zu ausgewählten Themen auch die teilnehmenden IT-Manager. Zudem können Mitarbeiter eingeladen werden, die den Status von ausgewählten Projekten darstellen (z. B. Status der Implementierung eines Kapazitätsmanagements-Tools). Derartige Veranstaltungen bedürfen einer Agenda, einer aktuellen To-do-Liste mit Terminen und Verantwortlichen sowie eines Ergebnisprotokolls.

- 14-tägige Meetings zwischen dem Turnaround-CIO und einzelnen IT-Managern zu Schwerpunktthemen („Deep Dives", z. B. Kostensenkung im Rechenzentrum, Konsolidierung der Anwendungsvielfalt, Status der Auslagerung von bestimmten Funktionen).
- Wöchentliche oder 14-tägige Meetings mit dem Projektportfolio-Manager, Account-Managern und ausgewählten Projektleitern zum Status-Update der wichtigsten Projekte mit IT-Bezug.
- *Regelmäßige Teilnahme an Projekt-Lenkungsausschusssitzungen*, insbesondere bei problematischen, verzögerten oder schwierigen Projekten mit IT-Bezug.

Der Turnaround-CIO sollte gegenüber den IT-Führungskräften darauf bestehen, dass „nach unten durch" kommuniziert wird, d. h. die Weiterleitung von relevanten Informationen und Beschlüssen an alle IT-Mitarbeiter erfolgt. Dies führt bei großen, streng hierarchisch strukturierten IT-Bereichen in der Praxis häufig zu Problemen, da das mittlere IT-Management oftmals Defizite bei der Ansprache der unterstellten Mitarbeiter hat. Es ist allerdings essenziell, dass kaskadierend kommuniziert wird, d. h. alle IT-Mitarbeiter über den Stand der Restrukturierung informiert sind sowie relevante Entwicklungen und Handlungsprämissen (z. B. „keine direkte Beauftragung eines IT-Mitarbeiters durch einen Anwender") zur Kenntnis genommen haben. Oftmals kann der Turnaround-CIO hier Hilfestellung leisten, in dem er z. B. sporadisch als Zuhörer an Abteilungssitzungen teilnimmt.

- *Sprechstunden und „Open Door Policy".* Traditionell aufgebaute IT-Organisationen mit ihren hierarchischen Strukturen sind häufig hinsichtlich der Kommunikation bzw. der Interaktion von CIO und IT-Mitarbeitern nicht ausreichend durchlässig. Als sofortiges Zeichen eines Wandels kann ein Turnaround-CIO informelle Möglichkeiten der Kommunikation anbieten, indem z. B. die Bürotür geöffnet bleibt, wenn gerade keine Besprechungen stattfinden, verbunden mit der Möglichkeit für Ad-hoc-Gespräche oder für einen persönlichen Austausch nach Vereinbarung (Sprechstunde).
- *Management by walking around.* Management by walking around ist ein Mittel, um Mitarbeiter direkt in ihrem Arbeitsumfeld kennen zu lernen, Fragen zu stellen (und zu beantworten) und ein Gefühl für die Stimmung „an der Front" zu entwickeln.

- *„Stehung" statt Sitzung.* Gerade zu Beginn eines Turnarounds kann eine hohe Sitzungsfrequenz erforderlich sein, z. B. des engeren Turnaround-Teams oder bei der „Intensivbehandlung" eines notleidenden Projekts mit IT-Bezug. Zielführend haben sich in diesem Zusammenhang relativ kurze, tägliche Treffen, z. B. von 8:30 bis 9:00 Uhr erwiesen, die nicht wie üblich als Sitzung, sondern als sogenannte „Stehung" durchgeführt werden. Dabei stehen die Teammitglieder in lockerer Runde z. B. um einen Hochtisch. Diese informelle Struktur kann sich sehr positiv auf Kreativität, Produktivität und Zeiteffizienz sowie auf die Vermeidung von Routine auswirken.

Schriftliche Kommunikation

Um alle Mitarbeiter zu erreichen, sollten die mündlichen Mittel der Kommunikation durch schriftliche Möglichkeiten ergänzt werden. Relevant sind hierbei vor allem:

- *E-Mails:* E-Mails können bei der Turnaround-Kommunikation für Ad-hoc-Mitteilungen an die IT-Mannschaft (z. B. Erfolgsmeldungen bei erreichten Meilensteinen aber auch Gedankenanstöße oder Verhaltensanweisungen) oder regelmäßig für die Kommunikation des Projektfortschritts eingesetzt werden.
- *Intranet:* Im Intranet sollte ein gesonderter Bereich für die Darstellung des Turnaround-Teams, der Vorgehensweise und Zielsetzung sowie eine stets aktuelle Zusammenfassung der wichtigsten Projektfortschritte jederzeit einsehbar sein.
- *Blogs, soziale Medien:* Ob man bei der schriftlichen Kommunikation moderne Social Media-Werkzeuge wie Blogs und Twitter-Nachrichten verwendet, ist eine Frage des persönlichen Stils. Ein großer Vorteil derartiger Medien ist die hohe Akzeptanz bei den IT-Mitarbeitern, die selbst in traditionellen Branchen häufig auch privat derartiger Kanäle nutzen.

Kommunikation an die Öffentlichkeit

Bei gravierenden IT-Krisen kann gerade zu Beginn einer IT-Restrukturierung auch eine Kommunikation an die Öffentlichkeit erforderlich werden. Auslöser dafür können z. B. sein:

- Verlust von Kundendaten bzw. andere Formen des Datenmissbrauchs,
- fehlgeschlagene „IT-Projekte" mit Außenwirkung,
- umfangreiche Personalabbaumaßnahmen,
- gescheiterte Geschäftsbeziehungen zu großen IT-Dienstleistern.

Vertuschung, Leugnung oder anderweitig ungeschickte Kommunikation von Datenpannen und anderen negativen Ereignissen kann im „Social Media"-Zeitalter leicht zu einem Desaster für das Ansehen des gesamten Unternehmens führen („Shitstorm") und eine Krise noch weiter verschärfen. Auch sind Meldungen über gescheiterte Großprojekte oder zerrüttete Lieferantenbeziehungen ein gefundenes

Fressen für die IT-Fachpresse, wenn z. B. bekannte Namen auf Kunden- oder Dienstleisterseite im Spiel sind. Der Turnaround-CIO selbst sollte bei IT-Desastern keinerlei Kommunikation nach außen betreiben. Derartige Situationen sind ausschließlich durch die Geschäftsführung bzw. die zentrale Unternehmenskommunikation zu koordinieren, wobei unter Umständen sogar die Einschaltung von Spezialisten für Krisen-PR empfehlenswert sein kann. Wenn nach außen kommuniziert werden muss, sollten die Botschaften an die Öffentlichkeit widerspruchsfrei zur internen Kommunikation sein.

8.2.3 Kommunikation innerhalb des Unternehmens

Ein Grund für die oftmals schlechte Wahrnehmung der IT im Unternehmen liegt in der ungünstigen Eigendarstellung (Brenner u. a. 2010, S. 17). Dieser Sachverhalt wird von IT-Leitern oft unterschätzt. Viele sind davon überzeugt, dass es hinsichtlich der IT keinen Grund gibt, irgendetwas zu „vermarkten"; es müsse doch für alle selbstverständlich sein, was die IT leistet (Bonfante 2011, S. 60). Ein gefährlicher Irrglaube.

Es geht bei IT-Marketing nicht um eine ausgefeilte Imagekampagne, sondern konkret um die Darstellung des Beitrags der IT zum Unternehmenserfolg. Wo dies nicht gelingt, fristet die IT oft ein Dasein als Stiefkind des Unternehmens, das viel kostet und wenig bringt und somit permanentem (Kosten-)Druck ausgesetzt ist – oder mehr und mehr ignoriert und substituiert wird. Diese Entwicklung wird verschärft, wenn der IT-Bereich in der Kommunikation auch noch eine unverständliche Fachsprache verwendet und die Interaktion mit den Kunden auf ein Mindestmaß beschränkt.

Die Bedeutung des IT-Marketings in einer Turnaround-Situation

Insbesondere in Krisensituationen ist der Ruf des IT-Bereichs oft massiv ramponiert, sodass der positiven Eigendarstellung noch größere Bedeutung zukommt. Für die Wiederherstellung des Vertrauens sind in erster Linie Taten und Ergebnisse entscheidend, also z. B. die Eindämmung von IT-Risiken, die Einhaltung von zugesagten Projektterminen und das Anpacken der notwendigen Aufräumarbeiten. Diese Aktivitäten sollten jedoch auch kommunikativ flankiert werden, um Transparenz und Verständnis im Unternehmen zu untermauern. Hierzu wird IT-Marketing als ein Element des Change Managements eingesetzt.

Gerade zu Beginn eines Turnarounds ist für die meisten IT-Kunden keine unmittelbare Verbesserung spürbar. Im Gegenteil, oft sind zunächst unbequeme Maßnahmen wie Standardisierungen, verbindliche Prozesse oder die Bereinigung von übervollen Projektportfolios erforderlich. Im Unternehmen sollte aber verstanden werden, warum diese Maßnahmen notwendig sind, was das Ziel der Restrukturierung ist und welche Fortschritte zu erwarten sind.

Ferner ist zu bedenken, dass sich die interne IT zumindest teilweise im Wettbewerb zu externen IT-Dienstleistern befindet. Zu nennen sind hier z. B. Cloud-Anbieter, die direkt auf potenzielle Kunden in den Fachabteilungen zugehen. Wie in Kapitel 7.2.3 beschrieben, sollte die Schatten-IT nicht unterbunden werden. Vielmehr empfiehlt es sich, die Stärken der internen IT herauszustellen und die Unterstützungsmöglichkeiten für das Business zu verdeutlichen. In Abhängigkeit von getroffenen Make-or-Buy-Entscheidungen steht dabei eine Positionierung als leistungsfähiger und zuverlässiger Anbieter im Vordergrund.

Nicht zuletzt wirkt IT-Marketing als Element des Management of Change auch nach innen, d. h. auf die Einstellung der IT-Mitarbeiter. Positive Nachrichten, „Success Stories" und eine zunehmend verbesserte Akzeptanz im Unternehmen fördern auch innerhalb der IT Mitarbeiterbindung, Motivation und Produktivität.

Mögliche Aktivitäten des IT-Marketings

Welche konkreten IT-Marketingmaßnahmen sind im Rahmen des Change Managements beim IT-Turnaround empfehlenswert? Zunächst ist sehr genau zu überlegen, welche Botschaften vermittelt werden. Ankündigungen inhaltlicher oder terminlicher Art sollten durch die IT bzw. den Turnaround-CIO tunlichst eingehalten werden, um nicht Glaubwürdigkeit und Vertrauen aufs Spiel zu setzen. Mithin dürfen auf keinen Fall großen Versprechungen nur kleine Taten folgen. Vorsicht ist auch bei der Kommunikation von notwendigen Personalmaßnahmen, geplanten Outsourcing-Vorhaben oder der Stilllegung von Anwendungen geboten. Es empfiehlt sich, in Abstimmung mit der Geschäftsführung zeitnah, offen und ehrlich über derartige Pläne zu kommunizieren, jedoch erst dann, wenn derartige Vorhaben wirklich „spruchreif" sind.

Zudem ist empfängerorientiert, d. h. nutzen- und nicht technikorientiert zu kommunizieren. Welche Verbesserungen sind in Arbeit, die dem Business zu Gute kommen? Welcher konkrete Beitrag für das Unternehmen wird angestrebt? Was verbessert sich konkret für die Anwender?

Der Inhalt der Kommunikation beim IT-Turnaround sollte eine klare Darstellung der Vorgehensweise bei der Stabilisierung bzw. Neuausrichtung und eine realistische Beschreibung der Erfolge sein. Ziel ist es, Aufbruchstimmung zu signalisieren, das Vertrauen in die IT schrittweise wiederherzustellen sowie gewünschte bzw. geplante Verhaltens- und Richtungsänderungen hinsichtlich der IT-Nutzung zu flankieren. Gleichzeitig muss das Verständnis für eventuell unangenehme IT-Restrukturierungsmaßnahmen (z. B. Konsolidierung von Anwendungen) und die Akzeptanz von neuen Regeln (z. B. Verbindlichkeit von Prozessen, Disziplin bei der Beschaffung) gefördert werden.

Für das IT-Marketing während eines Turnarounds haben sich beispielweise folgende Aktivitäten als zielführend erwiesen:

- Darstellung des IT-Restrukturierungsauftrags, -Teams und -fortschritts im Intranet,
- Informationsveranstaltungen auf Unternehmens- und Fachbereichsebene, d. h. Darstellung der IT-Defizite und -Lösungsmöglichkeiten sowie der Vorgehensweise im Projekt bei den IT-Kunden,
- regelmäßige Kommunikation von Erfolgen und Verbesserungen (z. B. Newsletter bei bedeutenden Projektfertigstellungen, beim Launch einer neuen Software mit konkretem Geschäftsnutzen, bei der Implementierung eines Prozesses oder der Bereitstellung von Tools, Checklisten und Formularen für Business Cases, Fachkonzepte und Projektanträge),
- Treffen oder Telefonate mit einflussreichen Personen im Unternehmen („Opinion Leader", „Change Advocates"), um z. B. in das Unternehmen hinsichtlich der Akzeptanz des Turnarounds „hineinzuhören" und Umsetzungschancen von geplanten Maßnahmen zu diskutieren bzw. vorab zu „testen",
- Verbesserung der Transparenz, z. B. durch die Kommunikation von Kennziffern, die für IT-Kunden interessant sind – oder sogar die KPIs des Business betreffen (z. B. Projektperformance, Auftragsdurchlaufzeiten, bearbeitete Endkundenanfragen, Komplexitäts-Kennziffern, Budgetverwendung),
- flexible, kurze Schulungsveranstaltungen, z. B. Webcasts, zu von Anwendern gewünschten Themen,
- gezielte Kundenbetreuung durch Account-Manager (siehe Kapitel 7.2.2),
- regelmäßige Kundenzufriedenheitsmessungen,
- Hospitationen, d. h. temporäre Einbettung von IT-Mitarbeitern in das direkte Umfeld der Kunden zum Kennenlernen des Arbeitsumfelds bzw. der Probleme und Anforderungen aus erster Hand.

Derartige Aktivitäten sind sorgfältig zu koordinieren, vorzubereiten und durchzuführen. Hier ist in erster Linie der Turnaround-CIO gefragt, wobei die Unterstützung durch einen versierten, kundenorientierten Mitarbeiter notwendig sein kann. Große Bedeutung kommt dem Aufbau einer effektiven Kunden-Lieferantenschnittstelle mit fähigen Account-Managern auf der IT-Seite zu, die „das Ohr am Kunden" haben. Der Aufbau einer dedizierten IT-Marketingabteilung empfiehlt sich in einer Restrukturierungssituation allerdings nicht.

Marketingaktivitäten in Richtung Kunden sind wenig überzeugend, wenn nicht auch unter den IT-Mitarbeitern eine entsprechende Einstellung (Mindset) vorhanden ist. Auch wenn es in einer Turnaround-Situation nicht immer ganz leicht ist, sollte der Turnaround-CIO bei allen IT-Mitarbeitern eine Einstellung fördern, bei der ein positives und kundenorientiertes Verhalten im Umgang mit den Kunden im Mittelpunkt steht.

> **Aus der Praxis: Andere Botschaften**
>
> In einem europäischen Maschinenbauunternehmen befand sich der IT-Bereich seit anderthalb Jahren in einer schweren Schieflage, die für die IT-Kunden durch zahlreiche Projektverzögerungen und unzureichend unterstützte Geschäftsprozesse spürbar war. Zur Kommunikation mit den rund 500 Anwendern wurden ein monatlicher E-Mail-Newsletter und eine Intranet-Darstellung des IT-Bereichs verwendet. Der IT-Leiter verfolgte im Rahmen des IT-Marketings die Strategie, offensichtliche IT-Defizite durch Kommunikationsmaßnahmen schön zu färben bzw. zu verharmlosen, was bei den Anwendern als Adressaten zunehmendes Unverständnis und Verärgerung hervorrief. Die Kommunikation fand auch nur in eine Richtung statt und die übermittelten Botschaften waren zudem sehr techniklastig und wenig anwenderorientiert (Originalzitat: *„CATIA wurde letzte Woche auf Oracle 11g Release 2 und PLM Agile e6.1.1 migriert."*). Als Resultat öffneten nur noch rund 15 % der Empfänger diese E-Mails. Großen Zulauf hatte hingegen ein „IT-Kummerkasten", den Key User im Intranet eingerichtet hatten.
>
> Im Zuge der IT-Restrukturierung war auch die IT-Kommunikation umzustellen. Zunächst wurde Klartext gesprochen, d. h. in Abstimmung mit der Geschäftsführung die vorhandenen Defizite benannt und entsprechende Maßnahmen vorgestellt. Auch erfolgte eine Verbesserung der Interaktion: Die Anwender konnten abstimmen, zu welchen Themen Webcasts oder Schwerpunktschulungen gewünscht waren. Zudem wurden Umfragen zur Kundenzufriedenheit und zu erwünschten Verbesserungsmaßnahmen durchgeführt. Regelmäßig erfolgte auch die Bekanntgabe von Fortschritten und Erfolgen bei der Restrukturierung. Dabei kam nicht primär die IT zu Wort, sondern Anwender, die kritisch aus dem Projektumfeld berichteten oder ihre Erfahrungen mit veränderten Prozessen schilderten.
>
> Als Resultat wurde der E-Mail-Newsletter wieder von über 80 % der Adressaten gelesen und eine ansteigende Kundenzufriedenheit registriert.

8.3 Stakeholder mobilisieren

IT-Bereiche, die sich in einer Krise befinden, sind oft auch durch gestörte Beziehungen zu ihren Stakeholdern gekennzeichnet. Als Stakeholder werden die Interessens- und Anspruchsgruppen bezeichnet, die von Veränderungen in der IT direkt betroffen sind und/oder ein Interesse am Zustand der IT haben.

8.3.1 Ziele und Aufgaben des Stakeholder-Managements

IT-Mitarbeiter, -Kunden, -Dienstleister und sonstige Stakeholder innerhalb und außerhalb des Unternehmens können häufig auf eine lange Leidensgeschichte zurückblicken, die durch Enttäuschungen, unzureichende Kommunikation, Verzögerungen und Nichtlieferungen sowie anderen Ärgernissen mit der IT gekennzeichnet ist. Oft ist das Vertrauen der Stakeholder in die IT massiv erschüttert. Im Zuge des Management of Change muss Vertrauen wieder hergestellt werden und die Beziehungen zu den Stakeholdern müssen repariert werden.

> [!] Im Rahmen der Stakeholder-Analyse muss klar sein, was die vermeintliche bzw. tatsächliche Interessenlage der jeweiligen Gruppe ist, welche Vorteile sich nach der Veränderung ergeben und welche Zugeständnisse bzw. Verzichte ggfs. erforderlich sind.

Dazu sind die verschiedenen Stakeholder-Gruppen zu identifizieren und hinsichtlich ihrer Bedeutung im Unternehmen sowie ihrer Einstellung zum Turnaround zu klassifizieren. Relevant sind auch die Stakeholder, die gerade nicht in der Unternehmenszentrale greifbar sind, sondern z. B. als Außendienstmitarbeiter oder Key User in Niederlassungen und ausländischen Tochtergesellschaften ebenfalls betroffen sind. Dezentrale Anwendergruppen in Tochtergesellschaften, eventuell noch im Ausland werden häufig beim Management of Change außen vor gelassen. Bei nur durch bzw. in der „Zentrale" getriebenen IT-Veränderungen besteht die Gefahr des Versandens in den dezentralen Einheiten.

Im Allgemeinen sind beim Stakeholder-Management folgende Aufgaben relevant:

- Identifikation der unterschiedlichen Interessen- und Anspruchsgruppen und Verstehen der jeweiligen Einschätzungen, Erwartungen und Befürchtungen,
- Herstellung eines gemeinsamen Verständnisses der Ausgangssituation und der Vorgehensweise bei der IT-Restrukturierung,
- Gewährleistung eines angemessenen Informationsstands,
- frühzeitiges Erkennen von Widerständen gegen die Restrukturierungsbemühungen sowie aktive Einbindung der Gruppen, von denen Widerstand zu erwarten ist,
- Mobilisierung der Gruppen, die einen positiven Beitrag zur Gesundung leisten können, und sei es auch nur durch Verzicht oder Entgegenkommen.

> [!] Der Turnaround-CIO verfolgt die Interessen des gesamten Unternehmens und hat auch die Aufgabe, zwischen den unterschiedlichen IT-Stakeholder-Gruppen zu moderieren.

Auch der CIO ist ein Stakeholder des IT-Turnarounds. Er hat die primäre Aufgabe, die IT aus der Krise zu führen. Dabei geht es nicht nur um das Setzen von Prioritäten und die Vorgabe der Marschrichtung. Der Turnaround-CIO ist als Change Manager vor allem dafür verantwortlich, dass Veränderungen im Unternehmen ankommen und „gelebt" werden.

Dem Turnaround-CIO kommt die Aufgabe zu, einerseits Verantwortung für die Gesundheit der IT zu übernehmen, andererseits aber auch zwischen Stakeholder-Gruppen zu vermitteln. Im Sinne einer ganzheitlichen Aufgabe verfolgt er die Interessen des gesamten Unternehmens. Er kann sich z. B. nicht ausschließlich auf die Seite der IT schlagen, wenn z. B. die Zusammenarbeit zwischen den IT-Mitarbeitern und deren Kunden gestört ist. Ein weiteres Beispiel betrifft das Verhalten bei Schieflagen in Projekten (siehe Kapitel 5.9). Hier ist oftmals das Beziehungsgeflecht zwischen externen IT-Dienstleistern, der internen IT und den Projektkunden belastet. Auch dabei kommt dem Turnaround-CIO eine moderierende Rolle zu, um für alle beteiligten Stakeholder eine faire und konstruktive Zusammenarbeit wiederherzustellen.

8.3.2 Typische Interessenlagen bei IT-Stakeholdern

Bei der Stakeholder-Analyse geht es zunächst um die Frage, wer die relevanten Stakeholder-Gruppen sind, d. h. wer von der IT-Restrukturierung betroffen ist und/oder wer zum Gelingen beitragen kann. Zu verstehen ist die jeweilige Ausgangssituation sowie Handlungsalternativen, Informationsbedürfnisse und die spezifischen Upsides und Downsides. Dazu sind die relevanten Stakeholder zu identifizieren und je nach Bedeutung für den Erfolg der Restrukturierung einzubinden bzw. zu mobilisieren. Die einzelnen Stakeholder-Gruppen haben unterschiedliche Erwartungen und Prioritäten. Zudem haben sie je nach Situation unterschiedlichen Einfluss und Bedeutung im Unternehmen. IT-Dienstleister spielen beispielsweise eine umso größere Rolle, je mehr IT-Leistungen fremd bezogen werden und je kritischer die jeweilige Abhängigkeitssituation ist. Üblicherweise aber sind die wichtigsten Stakeholder-Gruppen die internen IT-Mitarbeiter und die IT-Anwender im Unternehmen. Relevanz, Haltung zum IT-Turnaround und Interessenlage sollten im Rahmen der Stakeholder-Analyse je Gruppe herausgearbeitet werden.

Welche Rollen im Change Prozess können einzelne Personen in den Stakeholder-Gruppen spielen? Neben dem Turnaround-CIO als „Change Leader" sind insbesondere „Change Agents" zu bestimmen, also Menschen, die bei der Implementierung von Veränderungen helfen. Dies können interne (z. B. Personalmanager, Organisationsmitarbeiter, IT-Manager mit entsprechender Qualifikation) und/oder externe Fachleute sein. Zudem sind die sogenannten „Change Advocates" auszumachen. Dies sind Menschen, die ihren Einfluss im Unternehmen einsetzen können, um den Wandel zu unterstützen (mitunter auch als „Meinungsführer" bezeichnet). Je mehr Change Advocates existieren, die glaubwürdig die Notwendigkeit und Zielsetzung einer IT-Restrukturierung vertreten können, desto besser.

Üblicherweise spielen folgende Stakeholder-Gruppen bei IT-Turnarounds eine Rolle:

- IT-Mitarbeiter,
- IT-Kunden im Unternehmen,
- IT-Anwender außerhalb des Unternehmens,
- Finanzwesen und Controlling,
- Betriebsrat bzw. Arbeitnehmervertretung,
- Topmanagement,
- unternehmensinterne Kontrollinstanzen,
- IT-Dienstleister und externe IT-Mitarbeiter.

Folgende typische Interessenlagen sind bei diesen Gruppen häufig zu beobachten:

IT-Mitarbeiter

Der Turnaround-CIO hat sich zu Beginn eines Projektes von Seiten der IT-Mitarbeiter auf „mixed Emotions" einzustellen: Einige Mitarbeiter werden der neuen Situation mit Trauer, Zorn und Verärgerung gegenüberstehen, andere wiederum einen Wandel begrüßen und wie befreit agieren. Die meisten IT-Mitarbeiter sind jedoch in der Regel verunsichert und zurückhaltend und beobachten den „Neuen" bzw. die neue Situation kritisch. Folgende Stimmungslagen sind dabei typisch:

- diffuse Angst vor Mitarbeiterselektion bzw. Gefährdung des Arbeitsplatzes, insbesondere wenn ein neuer CIO auf den Plan tritt und Make-or-Buy-Überlegungen intensiviert werden,
- Angst vor dem Verlust des angestammten Aufgabengebietes, wenn neue Rollen, Aufgaben und Verantwortungsbereiche notwendig werden bzw. vorhandene Fähigkeiten nicht mehr erforderlich sind,
- Befürchtung vor dem Verlust von Herrschaftswissen, das z. B. mit der Abschaltung von Legacy-Systemen in Folge von Standardisierungs- und Harmonisierungsvorhaben einhergehen kann,
- übertriebene Risikoaversion und dogmatische Ablehnung von neuen Systemen, Vorgehensweisen und Prozessen.

IT-Mitarbeiter müssen die Hauptlast bei der Bewältigung der IT-Krise tragen. Aus diesem Grund ist es von hoher Wichtigkeit, dass sich bei dieser Stakeholder-Gruppe möglichst rasch nach Einleitung einer IT-Restrukturierung Akzeptanz und Unterstützungsbereitschaft hinsichtlich der Turnaround-Bemühungen einstellen. Dies ist oft vor dem Hintergrund von jahrelanger Überlastung, Zuweisung der Sündenbock-Rolle und unklarer Marschrichtung in der IT („Moving Targets") keine leichte Aufgabe.

In vielen kriselnden IT-Bereichen lassen sich zudem ausgeprägte Abgrenzungstendenzen feststellen. In seiner Rolle als Moderator zwischen Stakeholder-Gruppen sollte der Turnaround-CIO darauf achten, dass kein Lagerdenken bzw. keine „Us and them"-Kultur entsteht bzw. gepflegt wird, also IT-Mitarbeiter die Veränderungsbereitschaft bzw. -fähigkeit ihrer Kunden verneinen („Der Fachbereich XYZ hält sich ja sowieso nicht an die Prozesse", „Die Anwender verstehen die neuen Systeme nicht", „Die Kunden können ihre Anforderungen nicht gut genug beschreiben" usw.). Um dem entgegen zu wirken, kann der Turnaround-CIO die Kommunikation und Zusammenarbeit zwischen IT-Mitarbeitern und Anwendern fördern, z. B. im Projektkontext, durch Hospitationen oder bei der gemeinsamen Definition der Prozesse zwischen IT und Fachabteilung.

IT-Kunden im Unternehmen

Ein wichtiger Hebel für den Erfolg von IT-Restrukturierungsprojekten ist die Einbindung der IT-Kunden bzw. der Endbenutzer. Nur wenn diese Stakeholder-Gruppe die IT-Defizite nicht als Naturgesetz wahrnimmt und gleichzeitig die individuellen Vorteile erkennt, die mit der Neuausrichtung der IT einhergehen ohne aber unrealistische Erwartungen zu hegen, ist eine Unterstützung des Turnaround-Kurses wahrscheinlich.

Wie sieht die typische Interessenlage der IT-Kunden aus? Anwendern ist zunächst an der Wiederherstellung einer sicheren und stabilen IT-Versorgung gelegen, sofern dies in der Vergangenheit nicht gewährleistet war. Primäres Interesse ist aber häufig auch die Durchsetzung von fachbereichsspezifischen Anforderungen und weniger die Beachtung von grundlegenden Verbesserungen in der IT (z. B. Standardisierung, Konsolidierung, harmonisierte IT-Prozesse), die als Voraussetzung für eine agile IT dem gesamten Unternehmen zu Gute kommen. Hier besteht also eine große Herausforderung darin, die oft im Zuge der Restrukturierung notwendigen „Hausaufgaben" als Voraussetzung für eine zukünftig leistungsfähige IT zu „verkaufen" und gleichzeitig den kurzfristigen Anforderungen des Business so weit wie möglich entgegen zu kommen (siehe Kapitel 4.3.2 sowie 6.5).

Im Zuge der Verfügbarkeit von Cloud-Angeboten sind zudem häufig IT-Autonomiebestrebungen festzustellen, die ebenfalls adäquat zu behandeln sind (siehe Kapitel 7.2.3).

IT-Anwender außerhalb des Unternehmens

Hierbei handelt es sich um Nutzer der IT, die nicht gleichzeitig Angehörige des Unternehmens sind. Grob lassen sich Business-to-Business-Kunden (Geschäftspartner, z. B. über Just-in-time-Prozesse und -Systeme angebundene Zulieferer) und Business-to-Consumer-Kunden (Endkunden, z. B. Nutzer einer E-Commerce-Plattform) unterscheiden. Die Interessen dieser Stakeholder-Gruppe liegen in erster Linie in „Rund-um-die-Uhr" verfügbaren Systemen, wobei insbesondere im Consumer-Bereich auch hohe Benutzerfreundlichkeit erwartet wird. Hinzu kommt je nach Marktmacht der externen Kunden bzw. Wettbewerbsintensität teilweise erheblicher Anforderungsdruck, der zumeist indirekt über den Marketing- bzw. Vertriebsbereich an die IT herangetragen wird. Hierbei geht es z. B. um kundenspezifische Modifikationen (z. B. spezifische Formate bei elektronischem Nachrichtenaustausch, Bereitstellung von individuellen Auswertungen, besondere Etikettierung) oder auf der Consumer-Seite z. B. um die Realisierung von Funktionen zur Erhöhung der Attraktivität eines Onlineauftritts.

Akute Probleme und Klagen über generelle Unzulänglichkeiten des Systems gelangen nicht selten über den Umweg Vertriebsabteilung oder direkt über die Geschäftsführung ins Unternehmen, von daher sind externe IT-Kunden als Stakeholder-Gruppe durch einen Turnaround-CIO tendenziell schwerer zu beeinflussen als interne Anwender. Am ehesten gelingt dies noch im Rahmen der Kommunikation mit den IT-Verantwortlichen von wichtigen Geschäftspartnern, bei der z. B. bilaterale Vereinbarungen (z. B. Verzichte, Aufschübe) hinsichtlich der Realisierung dringend benötigter Funktionen getroffen werden können.

Finanzwesen und Controlling

Das Finanzwesen bzw. das Unternehmenscontrolling ist neben der Abdeckung ihrer fachlichen Anforderungen in erster Linie an Kosten- und Leistungstransparenz in der IT und an dem Ausbleiben von negativen finanziellen Überraschungen (z. B. Budgetüberschreitungen, Unterdeckungen, Strafzahlungen an Regulierungsbehörden) interessiert. Bei IT-Turnarounds ist das Finanzwesen zumeist ein starker Verbündeter bei der Herstellung eines kostenbewussten Umgangs mit IT im Unternehmen, d. h. Ansätze wie obligatorische Business Case-Betrachtung als Grundlage für Investitionsentscheidungen, regelmäßige Make-or-Buy-Analysen, Zentralisierung der Einkaufsaktivitäten und konsequente interne Leistungsverrechnung werden unterstützt.

Betriebsrat bzw. Arbeitnehmervertretung

Die Zusammenarbeit mit Betriebsräten bzw. anderen Arbeitnehmervertretungen kann kooperativ verlaufen, wenn reiner Wein eingeschenkt wird, d. h. die vorhandenen Defizite in der IT klar benannt werden, selbst wenn damit Personalmaßnahmen in der IT verbunden sind. Gerade weil IT viele Menschen im Unternehmen betrifft, schlagen sich Arbeitnehmervertretungen meistens nicht einseitig auf die Seite der IT-ler, sondern haben auch ein Interesse an einer angemessenen IT-Unterstützung für alle Anwender im Unternehmen und an einer konstruktiven Zusammenarbeit.

Erwartungsgemäß werden eine permanente Überlastung der IT-Mitarbeiter, Outsourcing-Pläne und Personalabbaumaßnahmen kritisch gesehen. Bei umfangreichen Outsourcing-Maßnahmen oder einem geplanten Personalabbau ist es selbstverständlich, die Arbeitnehmervertretung zu involvieren, und das nicht nur, weil sie über ein beträchtliches Repertoire an Möglichkeiten verfügt, einen Turnaround zu blockieren oder zumindest erheblich zu verzögern (Walter 2012, S. 180 ff). Arbeitnehmervertretungen sind im Unternehmen vernetzt und können wertvolle Hinweise liefern ohne auf Bereichsinteressen oder Hierarchien Rücksicht nehmen zu müssen. Von daher empfiehlt sich eine offene und intensive Information des Betriebsrats sowie eine frühzeitige, sachorientierte Zusammenarbeit mit solider Vertrauensbasis.

Spätestens dann, wenn Verhandlungen z. B. über einen Interessenausgleich und einen Sozialplan notwendig werden sollten, empfiehlt es sich, die Gespräche nicht durch den Turnaround-CIO alleine, sondern nur unter Hinzuziehung versierter Spezialisten durchzuführen.

Topmanagement

Die Interessenlage des Topmanagements besteht in einer möglichst schnellen Bewältigung einer IT-Krise. Je massiver die Beschwerden im Unternehmen vernehmbar werden, desto entschlossener wird eine IT-Restrukturierung unterstützt. Ziel ist das Vermeiden von Unruhe und der Störung von Betriebsabläufen durch defizitäre IT. Auch können Schwierigkeiten mit Geschäftspartnern (z. B. IT-Anbindung von Großkunden in der Automobilindustrie) oder unzufriedene bzw. abwandernde Endkunden (z. B. Benutzer der Online-Plattform) erheblichen Druck für das Topmanagement bedeuten. Dementsprechend herrscht ein hohes Interesse an schnellen Ergebnissen, Erfolgen und Fortschritten bei der Krisenbewältigung.

Das Topmanagement kann jedoch vielfach nicht als Stakeholder-Gruppe mit einheitlicher Interessenlage behandelt werden. Zwar ist häufig ein Grundkonsens bezüglich der vorhandenen IT-Defizite und der Notwendigkeit von Restrukturierungsmaßnahmen vorhanden, die Auswahl der Maßnahmen wird jedoch oftmals durch die einzelnen Mitglieder der Unternehmensleitung unterschiedlich beurteilt. Während z. B. für den Finanzvorstand die Einhaltung von Budgetgrenzen oder die Reduzierung der IT-Kosten primär sind, kann für einen Vertriebsvorstand die Durchführung von opportunistischen IT-Soforthilfemaßnahmen primär sein, wohingegen der für die IT zuständige Vorstand wiederum die Konsolidierung einer überkomplexen IT-Landschaft oder die Eindämmung der IT-Risiken vorangetrieben sehen will. Dem Turnaround-CIO kommt hierbei vor allem eine beratende Funktion zu. Er sollte verdeutlichen, welche Ursachen-Wirkungszusammenhänge in der IT bestehen und welche Maßnahmen zur Gesundung der IT vordringlich sind. Insgesamt muss sichergestellt sein, dass durch die Unternehmensleitung stets ein ausreichendes Maß an Commitment und Rückendeckung gewährleistet ist, und zwar über die gesamte Projektlaufzeit.

Unternehmensinterne Kontrollinstanzen

Interne Unternehmensinstanzen wie z. B. Compliance-Management, interne (IT-) Revision, Corporate Governance und Risikomanagement beobachten kriselnde IT-Bereiche häufig mit großer Sorge. Zumeist verfügen diese Instanzen über eine mehr oder weniger fundierte Einschätzung der IT-Situation sowie entsprechende Maßnahmenpläne, die aber mitunter zu umfangreich bzw. nicht priorisiert und koordiniert sind, an den grundlegenden Krisenursachen vorbeizielen oder sich nur halbherzig in der Umsetzung befinden.

Das gemeinsame Interesse dieser Stakeholder-Gruppe besteht zumeist darin, dass die vorgebrachten Probleme und Risiken ernst genommen werden und dass die IT Entscheidungs- und Handlungsfähigkeit bei der Behandlung dieser Defizite beweist. Die Behandlung von IT-Risiken und akuten Defiziten ist eine vorrangige Aufgabe bei der IT-Restrukturierung (siehe Kapitel 5.3). Dementsprechend sollte der Turnaround-CIO zusammen mit diesen Stakeholder-Gruppen eine gemeinsame Sicht auf die tatsächliche Bedrohungslage sowie auf die Ausgestaltung und Priorisierung entsprechender Maßnahmen entwickeln.

IT-Dienstleister und externe IT-Mitarbeiter

Die Ankündigung eines IT-Turnarounds versetzt IT-Dienstleister und externe IT-Mitarbeiter oftmals in helle Aufregung. Befürchtet wird eine Straffung bzw. Konsolidierung des Lieferantenportfolios oder eine Überprüfung bzw. Nachverhandlung der vorhandenen Verträge und Leistungsvereinbarungen (siehe Kapitel 6.3). Auch externe IT-Mitarbeiter, die als „Quasi-Interne" oftmals seit Jahren im Unternehmen beschäftigt sind, fürchten mitunter eine Hinterfragung der zugrundeliegenden Beauftragungsgründe.

Der Turnaround-CIO sollte rasch ein fundiertes Gefühl für die Leistungsfähigkeit und Relevanz der externen Dienstleister entwickeln. Welcher Externe kann wie zur Gesundung des IT-Bereichs beitragen? Mit welchem Dienstleister bestehen riskante Abhängigkeitsbeziehungen? Wo besteht die Gefahr, dass gute Mitarbeiter abgezogen werden, die Leistungsqualität reduziert wird oder das Unternehmen als Kunde wie eine heiße Kartoffel fallen gelassen wird?

Sonstige Stakeholder der IT-Restrukturierung

Je nach Unternehmenssituation, Branche und Größe des Unternehmens können weitere Stakeholder ein berechtigtes Interesse an der Ausrichtung und dem Fortgang einer IT-Restrukturierung haben. Dazu gehören z. B.

- *Programmmanagement eines unternehmensweiten Restrukturierung sprojekts:* Auslöser für eine Restrukturierung der IT können auch außerhalb der IT liegende Ereignisse und Entwicklungen sein (siehe Kapitel 2.3.2). Befindet sich das Unternehmen z. B. selbst in der Restrukturierung bzw. durchläuft eine Transformation oder führt eine Übernahme eines anderen Unternehmens durch bzw. wird selbst übernommen, werden regelmäßig erhebliche Beiträge der IT zum Projekterfolg erwartet (siehe Kapitel 1.2). Das Programmmanagement koordiniert derartige Projekte und erfasst, terminiert und quantifiziert Maßnahmen in der IT, die beispielsweise zur Kostensenkung bzw. Liquiditätsschonung beitragen.

- *Wirtschaftsprüfer:* Auffälligkeiten bzw. Verstöße gegen die Grundsätze ordnungsmäßiger DV-gestützter Buchführungssysteme (GoBS) in buchführungsrelevanten Systemen können Wirtschaftsprüfer auf den Plan rufen und Testatvermerke nach sich ziehen. Die Prüfung beschränkt sich dabei nicht auf Systeme für die Buchführung. Prüfungsgegenstand kann z. B. auch das IT-Sicherheitskonzept, die IT-Organisation und die verwendete Infrastruktur sein.

  Ähnliches gilt für ein US-Börsen gelistetes Unternehmen bei Mängeln hinsichtlich der SOx-Compliance. Dabei stehen vor allem die Systeme im Fokus, die relevant für die Finanzberichterstattung sind. Hier empfiehlt sich eine Koordination der Aktivitäten in enger Zusammenarbeit mit den aufgeführten unternehmensinternen Kontrollinstanzen (Finanzwesen, Compliance etc.).

- *Regulierungs- und Aufsichtsbehörden:* In regulierten Branchen (z. B. Finanzdienstleistungen, Telekommunikation, Versorgungswirtschaft) bestehen erhebliche Transparenzanforderungen, die nur unter intensivem Einsatz der IT zu erfüllen sind. Kann ein Unternehmen diesen Verpflichtungen nicht nachkommen, werden unter Umständen hohe Strafzahlungen fällig. Im Rahmen des Turnarounds sollten deswegen möglichst schnell eine Information an die zuständigen Behörden erfolgen und gangbare Lösungen verhandelt werden, wenn z. B. die Erfüllung von Meldepflichten temporär aufgrund von IT-Problemen eingeschränkt ist.

> **Zusammenfassung: Management of Change beim IT-Turnaround**
>
> - Die Beachtung der emotionalen Aspekte ist für das Gelingen eines IT-Turnarounds entscheidend. Neuausrichtungen in der IT sind niemals nur der Ersatz von alter durch neue Technik oder das bloße Verkünden von anderen Prozessen, Regeln und Verfahren.
> - Um die mit einer IT-Restrukturierung verbundenen Veränderungen zu flankieren, ist das Management von Veränderungen erforderlich. Der Turnaround-CIO als Change Manager ist vor allem dafür verantwortlich, dass Veränderungen im Unternehmen ankommen und gelebt werden.
> - Die Herausforderung für den Turnaround-CIO besteht darin, die Verhaltensweisen im Change Prozess wie Passivität, Ablehnung und Widerstand in Akzeptanz und Unterstützung zu verwandeln.
> - Kommunikation und Handeln hängen bei einem IT-Turnaround eng zusammen. Entsprechende Erfolgsfaktoren für das Management of Change sollten beachtet werden.

- Es reicht nicht aus, die allgemeine Bedeutung eines Turnarounds für das Unternehmen herauszustellen. Jeder einzelne Betroffene sollte erkennen, welche persönlichen Vorteile des Projekts und Konsequenzen des Scheiterns bestehen.
- Bei der Kommunikation kommt der Ansprache der IT-Mitarbeiter große Bedeutung zu. Sie tragen die Hauptlast der Veränderung. Ergänzend dazu empfiehlt sich die gezielte Kommunikation in das Unternehmen hinein. Dazu sind entsprechende Mittel des IT-Marketings hilfreich.
- Im Rahmen des Stakeholder-Managements ist zu ermitteln, was die jeweilige Erwartungshaltung der relevanten Interessen- und Anspruchsgruppen einer IT-Restrukturierung ist, welche Vorteile sich nach der Veränderung ergeben und welche Zugeständnisse bzw. Verzichte ggfs. erforderlich sind.

Literatur

Bohdal, U.: *Change Management bei Outsourcing-Vorhaben*. In H.-J. Hermes, & G. Schwarz, Outsourcing – Chancen und Risiken, Erfolgsfaktoren, rechtssichere Umsetzung (S. 137–156). München: Haufe (2005).

Bonfante, L.: *Lessons in IT Transformation*. Hoboken: Wiley (2011).

Brenner, W.; Resch, A.; Schulz, V.: *Die Zukunft der IT in Unternehmen*. Frankfurt/Main: F. A.Z. Institut für Management-, Markt- und Medieninformationen (2010).

Bridges, W.: *Managing Transitions – Making the Most of Change*. Da Capo Press (2009).

Capgemini Consulting: *Change Management Studie 2012*. Abgerufen am 21. Februar 2014 von http://www.de.capgemini-consulting.com: https://www.capgemini.com/consulting-de/resources/change-management-studie-2012/ (15. Oktober 2012).

Doppler, K.; Lauterburg, C.: *Change Management – Den Unternehmenswandel gestalten*. Frankfurt/Main: Campus (2008).

Faulhaber, P.; Grabow, H.-J.: *Turnaround-Management in der Praxis*. Frankfurt/Main: Campus (2009).

Rüter, A.; Schröder, J.; Göldner, A.: *IT-Governance in der Praxis*. Berlin, Heidelberg: Springer (2006).

Setzwein, M.: *„Gelb vor Neid, rot vor Wut". Emotionen in Krisenprojekten*. In C. Setzwein, M. Setzwein, Turnaround-Management von IT-Projekten (S. 181–195). Heidelberg: dpunkt.verlag (2008).

Slatter, S.; Lovett, D.; Barlow, L.: *Leading Corporate Turnarounds*. West Sussex: Wiley (2006).

Walter, J.: *Die Rolle der Betriebsräte in der Restrukturierung*. In M. Baur, J. Kantowsky, A. Schulte, Stakeholder-Management in der Restrukturierung (S. 176–187). Wiesbaden: Springer Gabler (2012).

9 Externe Unterstützung beim IT-Turnaround

Restrukturierungsprojekte stellen eine Sondersituation für das Unternehmen mit besonderen Anforderungen an die handelnden Personen dar. Unerfahrenheit und Überlastung können zu Fehleinschätzungen, dem Setzen falscher Prioritäten und letztlich zum Scheitern der IT-Restrukturierung führen. Unternehmen sollten kritisch hinterfragen, ob die Bewältigung der IT-Krise mit Bordmitteln, d. h. mit eigenen Mitarbeitern, gestemmt werden kann oder ob die zeitweise Hilfe von externen Fachleuten für derartige Aufgaben vorteilhaft ist.

Der Einsatz von externen Beratern in einer Krisensituation sollte jedoch wohl bedacht werden. Das Topmanagement sollte nicht den Fehler machen, sich bei der Lösung schwieriger Probleme – wie z. B. einer IT-Krise – hinter externen Beratern zu verstecken, die für die Erledigung von unbequemen Aufgaben engagiert wurden. Externe Berater können das vorhandene Management immer nur unterstützen, um einen zeitlich begrenzten Bedarf an Expertenwissen zu bedienen.

■ 9.1 Ist das Outsourcen eines IT-Turnarounds sinnvoll?

Ein CIO hat bei der Übernahme der Turnaround-Verantwortung umfangreiche Belastungen zu bewältigen. Eine Aufteilung in Tagesgeschäft und IT-Restrukturierungsarbeit ist in diesem Zusammenhang erforderlich.

Mitunter führt dies aber auch zu Überlegungen hinsichtlich der Übertragung der IT-Restrukturierungsarbeit an einen externen Berater bzw. Interim Manager, während der amtierende CIO im Amt verbleibt. Begründet wird dies mit der Gefahr, dass während des Restrukturierungsprojekts die Erfordernisse des IT-Tagesgeschäfts zu kurz kommen könnten. Im schlimmsten Fall könnte sich dadurch die Krise noch weiter verschärfen und der Bereich in eine Abwärtsspirale gelangen. In Unternehmensrestrukturierungen wird aus diesem Grund mitunter die Einsetzung eines sogenannten „Chief Restructuring Officer" (CRO) empfohlen, der die Geschäftsleitung entlasten soll und die mit einer Sanierung einhergehenden Sonderaufgaben sowie die Leitung des Restrukturierungsprojekts übernimmt (Slatter u. a. 2006, S. 3).

Für die IT-Restrukturierung ist dieser Ansatz abzulehnen. Ein CIO, der die Neuausrichtung „seiner IT" einem Dritten überlässt und dann später den runderneuerten Bereich wieder übernehmen will, dürfte massive Glaubwürdigkeitsprobleme bekommen. Das Tagesgeschäft muss parallel zur IT-Restrukturierung erledigt werden und für beide Aufgabenbereiche (die sowieso in der Regel eng verknüpft sind) bleibt der CIO im „Driver Seat". Sofern der amtierende CIO nicht für die Durchführung des Turnarounds geeignet ist oder sonstige Gründe gegen eine Übernahme der Aufgabe sprechen, kann, um keine Zeit zu verlieren, zunächst ein Externer, z. B. ein Interim-CIO, diese Rolle übernehmen, während die IT stabilisiert und ein geeigneter Nachfolger gesucht wird. Auch spricht nichts dagegen und ist mitunter sogar geboten, sich durch interne Mitarbeiter oder externe Spezialisten unterstützen zu lassen. Die *Führung* der IT-Restrukturierung aber ist unbedingte Aufgabe eines (Turnaround-)CIOs.

■ 9.2 Wer könnte wofür behilflich sein?

Die Zeiten, in denen Manager fasziniert an den Lippen externer Berater hingen, sind längst vorbei. Die Kunden sind kompetenter und kritischer geworden. Viele interne Mitarbeiter haben selbst eine erstklassische Ausbildung oder einen Beratungsbackground und ziehen Berater vermehrt nur noch für Spezialaufgaben heran (Hackmann 2013). Im Folgenden wird ein Überblick über derartige Spezialaufgaben und externe Unterstützungsmöglichkeiten bei IT-Krisen gegeben.

Für den Einsatz bei IT-Krisen lassen sich folgende Hauptkategorien von externen Spezialisten unterscheiden:

- Personalberater,
- Unternehmensberater,
  - IT-Beratungs- und Systemintegrationsunternehmen,
  - Managementberatungsunternehmen,
  - Restrukturierungsberatungsunternehmen,
- Interim-Manager,
- Coaches,
- spezialisierte Rechtsanwälte und Mediatoren.

Personalberater

Der Einsatz von Personalberatern kann im Vorfeld einer IT-Restrukturierung insbesondere bei zwei Fragestellungen hilfreich sein:

1. Ist der amtierende CIO (oder ein Kandidat aus der CIO-Organisation) zur Führung des IT Turnarounds geeignet?

Hierbei geht es meist um die Durchführung eines „Management-Audits". Seit einigen Jahren werden solche Audits zur Beurteilung von Führungskräften durch externe Personalberater eingesetzt (Buchhorn u. a. 2006). Verwendet werden dazu mehrstündige strukturierte Interviews und Fallstudien. Ziel ist eine objektive und systematische Analyse des vorhandenen Potenzials des betrachteten Mitarbeiters, um die Eignung vermeintlich passender Kandidaten zur objektivieren und teure Fehlbesetzungen zu vermeiden. Beim Einsatz von Personalberatern im Vorfeld der IT-Restrukturierung sollte darauf geachtet werden, dass die besonderen Fähigkeiten, die in einer Krisensituation für einen Turnaround-CIO erforderlich sind (siehe Kapitel 4.3), sauber erfasst werden. Kriterien für „normale" CIOs greifen zu kurz. Hilfreich ist beispielsweise in diesem Zusammenhang die Bearbeitung von entsprechenden Fallbeispielen mit Krisensituationen durch die Kandidaten.

2. Wenn nein, wie lässt sich ein geeigneter neuer CIO mit den erforderlichen Fähigkeiten für eine IT-Restrukturierung rekrutieren?

Stellt sich im Rahmen der Potenzialanalyse heraus, dass für die anstehenden Aufgaben der IT-Restrukturierung eine Neubesetzung erforderlich ist, kann die Beauftragung eines sogenannten Headhunters hilfreich sein. Headhunter suchen auf Basis des im Briefing mit dem Kunden erstellten Stellenprofils gezielt nach Kandidaten, die zur Aufgabe, zur Position und zum Unternehmen passen. Hierdurch lässt sich insbesondere Zeit sparen und die Wahrscheinlichkeit, den „richtigen" Kandidaten zu gewinnen, erhöhen. Auch hier ist für das Briefing besonderes Augenmerk auf die Erfahrung in Krisensituationen zu legen. Diese Erfahrung sollte höher gewichtet werden als Branchenerfahrung („Stallgeruch") oder die Kenntnis spezifischer Systeme (z. B. SAP), die beim suchenden Unternehmen eingesetzt werden.

Unternehmensberater

Der Einsatz von Unternehmensberatungen ist bei Restrukturierungen von Unternehmen gängige Praxis. Beauftragt werden sie entweder von der Unternehmensleitung oder sonstigen Stakeholdern (z. B. Eigen- oder Fremdkapitalgebern).

Auch für IT-Restrukturierungen kann der Einsatz hilfreich sein. Es ist allerdings davon abzuraten, einem „schwachen" IT-Verantwortlichen für die Restrukturierung im Amt zu belassen und ihm externe Berater zur Seite zu stellen, die vorhandene Schwächen kompensieren sollen. Hierbei besteht die große Gefahr, dass einerseits die Akzeptanz der zu treffenden Maßnahmen unsicher ist, andererseits die Nachhaltigkeit des Umbaus wahrscheinlich nicht gewährleistet ist. Oft stellen sich mit schwachen IT-Verantwortlichen die typischen Defizite in der IT wieder ein, nachdem die Berater das Unternehmen verlassen haben. Als Ergebnis wurde dann viel Geld ausgegeben und Zeit verschwendet, ohne eine nachhaltige Verbesserung der Situation zu erreichen. Im Gegenteil, oft ist die Glaubwürdigkeit der Führungskräfte durch das „Outsourcen" von originären Managementaufgaben beschädigt.

Demzufolge sollten sich Topmanager vor einer Beauftragung im Klaren sein, welche Art von Unterstützung benötigt wird: Für Aufgaben wie „analysieren" und „beraten" sind Consultants zweckdienlich, sofern aber auch „entscheiden" und „umsetzen" erforderlich werden könnten, sind Unternehmensberatungen weniger gut geeignet.

Folgende Einsatzmöglichkeiten von Unternehmensberatungen im Rahmen einer IT-Restrukturierung bieten sich an:

- Analyse des Status quo des IT-Bereichs und Identifizierung von akuten Risiken (IT-Situationsanalyse, -Health-Check, -Review),
- Identifikation, Objektivierung und Priorisierung von Handlungsfeldern in der IT,
- Vergleich des Preis-Leistungs-Verhältnisses des betrachteten IT-Bereichs mit anderen Unternehmen (Benchmarking),
- Übernahme von definierten Aufgaben im Rahmen der Restrukturierung (z. B. Konzeption und Unterstützung bei der Implementierung eines Anforderungsmanagements, Durchführung der Ausschreibung für ein Outsourcing-Vorhaben, Analyse und Konsolidierung des IT-Lieferantenportfolios).

Welche Kategorie von Unternehmensberatung ist grundsätzlich für die Unterstützung bei einer IT-Restrukturierung geeignet? Folgende Unternehmensberatungstypen, lassen sich grob unterscheiden:

1. *IT-Beratungs- und Systemintegrationsunternehmen* (Beispiele siehe Lünendonk (2017a)) Die Domäne dieser Dienstleister liegt schwerpunktmäßig im informationstechnischen Bereich. Sie können helfen, wenn sich die vorliegende IT-Krise überwiegend auf Defizite der Hard- und Softwareinfrastruktur beschränkt (z. B. Ablösung einer kritischen Eigenentwicklung für das Billing eines Telekommunikationsunternehmens, Integration verschiedener Anwendungen für die Supply Chain eines Automobilunternehmens) oder wenn die Entscheidung für eine Outsourcing-Maßnahme getroffen wurde bzw. als Stoßrichtung der IT-Restrukturierung vom Topmanagement vorgegeben ist. Ein weiterer Einsatzbereich ist der temporäre Ausgleich von IT-Know-how-Defiziten, die für die Krisenbewältigung wichtig sind.

   Diese Unternehmen, obwohl stark „techniklastig", verfügen über Fachleute für Managementthemen. Gleichwohl ist häufig das Bestreben zu beobachten, große

Beratungsteams mit heterogener Mitarbeiterqualität und -erfahrung platzieren zu wollen. Zudem ist aufgrund des Unternehmensschwerpunkts oft eine Tendenz der Empfehlungen in Richtung Outsourcing bzw. Offshoring oder umfangreichen Systementwicklungsprojekten auffällig. IT-Beratungs- und Systemintegrations-Unternehmen sind deshalb bei IT-Restrukturierung mit hohem Zeitdruck und dringendem Handlungsbedarf nicht immer die erste Wahl, zumal selten (reine) Technikprobleme als vorherrschende Krisenursache bestehen.

2. *Management-Beratungsunternehmen* (Beispiele siehe Lünendonk 2017b)

   Der Schwerpunkt dieser Unternehmen liegt in der strategischen Beratung und der Transformation von Unternehmen. Zudem erbringen sie Beratungsleistungen für das Topmanagement bei Unternehmensrestrukturierungen.

   Management-Beratungsunternehmen bieten in aller Regel lediglich Umsetzungs*begleitung*, jedoch keine Übernahme der Umsetzungs*verantwortung* in Form von Interim Management an. Dies sollte bedacht werden, wenn im Rahmen der IT-Restrukturierung ein zeitnaher Austausch der amtierenden IT-Leitung erforderlich werden könnte.

   Häufig lautet ein Vorbehalt hinsichtlich derartiger Firmen, dass zahlreiche Berater mit geringer Berufserfahrung und/oder reiner Beratungserfahrung, d. h. ohne praktische Linienerfahrung, zum Einsatz kommen. Dies ist insbesondere bei IT-Turnarounds, bei denen konkrete Erfahrungen im Management und in der Umsetzung entscheidend sind, nachteilig. Außerdem ist zu beobachten, dass Management-Beratungsteams zur personellen und thematischen Ausdehnung im Unternehmen neigen, d. h. mitunter nicht auf ihre eigentliche Aufgabe, sondern auf das Generieren von „Follow-up"-Aufträgen fokussieren. Nicht selten werden mit hohem Aufwand umfangreiche Präsentationen als Projektergebnis erstellt, die zwar eine analytisch brillante Widerspiegelung der kritischen Situation enthalten, zu einer wirklichen Verbesserung der Lage aber wenig beitragen könnten, sofern das nicht konkret beauftragt wurde. Andererseits liegt ein großer Vorteil dieses Typus von Unternehmensberatungen in der enormen Branchen- und Themenerfahrung sowie der fundierten Methodenkompetenz, die zumindest die großen Anbieter aus zahlreichen einschlägigen Kundenprojekten einbringen können.

3. *Restrukturierungs-Beratungsunternehmen* (Beispiele Alixpartners, Alvarez & Marsal, FTI Consulting)

   Der Fokus dieser Unternehmen ist die finanzielle und operative Restrukturierung von Unternehmen in Krisensituationen. Hervorgehoben wird ein pragmatischer „Hands on"-Ansatz, der auch die Übernahme von Interim-Funktionen im Krisenunternehmen umfassen kann. Zum Einsatz kommen in der Regel Berater mit langjähriger und einschlägiger Erfahrung, wobei diese auch meist nicht auf die Beratung beschränkt ist.

Für IT-Restrukturierung halten diese Unternehmen eine begrenzte Zahl von meist sehr erfahrenen Fachleuten vor, die zur Unterstützung bei Unternehmenssanierungen oder für IT-Effizienzsteigerungsmaßnahmen eingesetzt werden.

Hauptkritikpunkt an dieser Kategorie von Unternehmensberatungen sind die teilweise sehr hohen Stunden- bzw. Tagessätze je Berater, die mit der Qualität der eingesetzten Spezialisten und den positiven finanziellen Effekten der Beratung gerechtfertigt werden. Die Tagessätze sind meist deutlich höher als die der großen Management-Beratungsunternehmen und erheblich höher als die Tagessätze von Interim-Managern mit vergleichbarer Qualifikation. Unternehmen sollten genau hinschauen, ob sie bei der Auswahl eines Restrukturierungs-Beratungsunternehmens auch wirklich „value for money" bekommen. Es empfiehlt sich, die vorgeschlagenen Berater auf „Herz und Nieren" zu prüfen; ggfs. kann auch die Verknüpfung der Honorarzahlungen mit dem Erreichen von konkreten Projektzielen sinnvoll sein (Success Fee).

Die Übergänge zwischen Management-Beratungsunternehmen und Restrukturierungsberatern sind fließend. Strategieberater unterhalten auch Restrukturierungs-Practices und stehen damit in direktem Wettbewerb zu den Restrukturierungsberatern. Diese wiederum betätigen sich vermehrt auch in den Bereichen der „klassischen" Managementberatung wie z. B. Einkaufsoptimierung und anderen Effizienzsteigerungsansätzen.

Interim Manager

Interim Manager kommen bei der Überbrückung von personellen Engpässen in Unternehmen zum Einsatz, seit einiger Zeit auch bei Vakanzen der IT-Leitung (z. B. Mesmer 2004). Im Rahmen einer IT-Restrukturierung kann dies z. B. die Zeit zwischen dem Ausscheiden des alten und dem Eintritt des neuen CIOs sein, denn Unternehmen mit einer kriselnden IT tun gut daran, diese Zwischenphase nicht mit einem Führungs- und Maßnahmenvakuum zu vergeuden, sondern die Zeit aktiv zu nutzen.

Interim Manager sind per se auf ihre Aufgabe fokussiert, hochspezialisiert und haben weder Altlasten noch Zukunftsambitionen im Unternehmen; ein Übergang auf den festen Stelleninhaber, z. B. den neuen CIO, ist daher in aller Regel unproblematisch. Im Gegensatz zu Unternehmensberatern verfolgen Interim Manager in der Regel nicht das Ziel, größere Teams zu verkaufen oder zusätzliche Themen im Unternehmen zu akquirieren. Auch sind sie frei von persönlichen Beziehungen im Unternehmen und haben wenig Interesse, sich an politischen Spielchen zu beteiligen.

Neben dem Einsatz als (temporärer) Leiter eines IT-Turnarounds kommen Interim Manager häufig auch für zeitlich befristete Spezialaufgaben ins Spiel. Typische Beispiele sind die Leitung und ggfs. Neuausrichtung von ERP-Roll-outs oder die

Durchführung einer Outsourcing-Evaluation. In Bild 9.1 sind typische Einsatzgebiete für IT-Interim Manager dargestellt.

Einsatzmöglichkeiten für IT – Interim Management

Überbrückung von temporären Vakanzen in der IT-Leitung
- Übernahme der IT-Leitung / CIO-Funktion
- Unterstützung bei der Identifizierung und Auswahl eines Nachfolgers
- Einarbeitung des neuen IT-Leiters / CIO und Übergabe

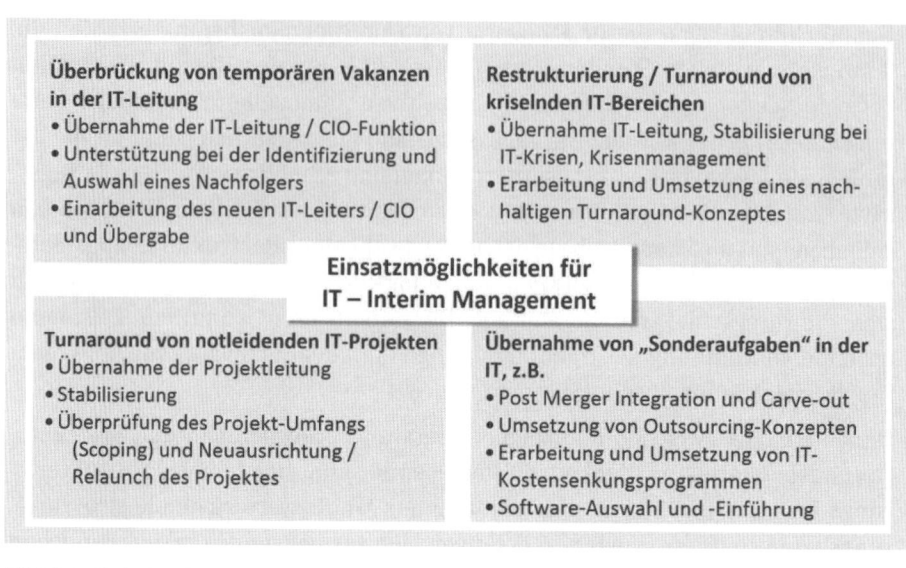

Restrukturierung / Turnaround von kriselnden IT-Bereichen
- Übernahme IT-Leitung, Stabilisierung bei IT-Krisen, Krisenmanagement
- Erarbeitung und Umsetzung eines nachhaltigen Turnaround-Konzeptes

Turnaround von notleidenden IT-Projekten
- Übernahme der Projektleitung
- Stabilisierung
- Überprüfung des Projekt-Umfangs (Scoping) und Neuausrichtung / Relaunch des Projektes

Übernahme von „Sonderaufgaben" in der IT, z.B.
- Post Merger Integration und Carve-out
- Umsetzung von Outsourcing-Konzepten
- Erarbeitung und Umsetzung von IT-Kostensenkungsprogrammen
- Software-Auswahl und -Einführung

Bild 9.1 Typische Einsatzmöglichkeiten für IT-Interim Manager

Folgende Anforderungen sollten an einen Interim Manager für eine IT-Krisensituation gestellt werden:

- Track Record, d. h. konkrete IT-Restrukturierungserfahrung (IT- und/oder Projekte mit IT-Bezug), nachgewiesen über eine Referenzliste mit konkreten Ansprechpartnern.
- Langjährige Berufserfahrung in der IT (Beratungs- *und* Leitungsfunktionen).
- Standing, Überzeugungskraft und die Fähigkeit, eine „Feuerwehrmann"-Rolle zu übernehmen.
- Fähigkeit, einen kriselnden IT-Bereich zu stabilisieren und grundlegende Maßnahmen zur Restrukturierung auf den Weg zu bringen.
- Anspruch, kurzfristig eine konkrete Verbesserung in der IT (z. B. Wirtschaftlichkeit der IT-Leistungserbringung, Projektperformance, Fluktuation, Kundenzufriedenheit) zu realisieren, d. h. keine bloßen Verwalter.

Befürchtungen gibt es beim Einsatz von Interim Managern bisweilen hinsichtlich der Qualität und der konkreten Eignung, schließlich verfügen die wenigsten Interim Manager über einen hohen Bekanntheitsgrad bzw. eine Reputation, wie sie bei großen Unternehmensberatungen vorliegt. Viele gelten deswegen auch als „Wald und Wiesen"-Berater, die mangels anderer beruflicher Alternativen und trotz unzureichender Qualifikation ein Auskommen als (IT-)Interim Manager suchen. Hier empfiehlt sich eine genaue Überprüfung des professionellen Hintergrunds und der vorgelegten Referenzen. Die Qualitätsprüfung und die Vermittlung von geeigneten Interim Managern können auch Interim Management Provider übernehmen. Diese sind behilflich bei der Definition der erforderlichen Qualifikationen auf Basis der konkreten Unternehmenssituation sowie bei der Identifikation geeigneter Fachleute.

In den USA haben sich seit einiger Zeit sogenannte „Turnaround-CIOs" etabliert (z. B. Holmes 2005; o. V. 2007). Dies sind IT-Führungskräfte, die gezielt bei großen drohenden oder bereits eingetretenen IT-Krisen geholt werden und nach deren Bewältigung wieder weiterziehen, insofern können sie als „längerfristige" Interim Manager bezeichnet werden.

Turnaround-CIOs bekleiden in den USA drei typische Rollen:

- „Firefighter" in einem Krisenunternehmen mit zahlreichen Problemen (unter anderem IT),
- „Drill Sergeant" für einen aus dem Ruder gelaufenen IT-Bereich oder
- „Guide" für Organisationen, die eine Transformation stemmen müssen, bei der IT eine wichtige Rolle spielt.

Gemessen werden Turnaround-CIOs einzig an ihrer Performance und an der Geschwindigkeit, mit der Veränderungen umgesetzt werden. Oft stehen dabei umfangreiche Entlassungen und der rigorose Umbau von IT-Abteilungen im Vordergrund. Diese in den USA mitunter üblichen Methoden und Vorgehensweisen sind nicht 1:1 auf Europa übertragbar, wohl aber die pragmatische Vorgehensweise, die auf eine schnelle und grundlegende Verbesserung der IT-Situation abzielt.

Coaching

Bei einzelnen Defiziten des IT-Verantwortlichen kann Coaching ein Mittel sein, um punktuelle Schwachpunkte auszugleichen und den CIO bei der Restrukturierungsarbeit zu unterstützen. Typische Beispiele sind mangelnde Delegations-, Konflikt- oder Priorisierungsfähigkeit. Entscheidend ist jedoch, dass die in Kapitel 4.2.1 aufgelisteten Turnaround-Potenziale vorhanden sind. Coaching kann immer nur „Feinschliff" bedeuten, nicht aber einen an sich grundsätzlich ungeeigneten Mitarbeiter für die Führung einer IT-Restrukturierungsaufgabe qualifizieren – schon gar nicht während einer IT-Krisensituation.

Wenn ein amtierender CIO aus politischen Gründen (z. B. Protegé eines Vorstandsmitglieds) oder faktischen Sachverhalten (z. B. exklusives Herrschaftswissen) nicht ersetzbar ist, so kann ein Coach versuchen, die gröbsten Defizite auszugleichen. Die tatsächliche Effektivität eines derartigen Ansatzes sollte jedoch nicht überschätzt werden.

Spezialisierte Rechtsanwälte und Mediatoren

Mitunter ist es empfehlenswert, bei bestimmten Themen innerhalb einer IT-Restrukturierung spezialisierte Rechtsexperten zu konsultieren. Zu diesen Themen gehören typischerweise:

- der Abschluss von großen Outsourcing-Verträgen,
- eskalierte Meinungsverschiedenheiten mit Lieferanten von IT-Leistungen (z. B. aus dem Ruder gelaufene Softwareentwicklungs- und Einführungsprojekte, „verkrachte" Vertragsverhältnisse mit Outsourcing-Dienstleistern),
- Restrukturierungsmaßnahmen, die Mitarbeiter unmittelbar betreffen (z. B. Personalmaßnahmen, Betriebsübergänge an Outsourcing-Anbieter gem. § 613a BGB; z. B. Voigt 2005).

Sofern unternehmensinterne Rechtsabteilungen nicht über das notwendige Fachwissen verfügen, sollten rechtzeitig Spezialisten mit nachgewiesener Erfahrung im IT-Vertragsrecht bzw. Arbeitsrecht herangezogen werden.

Zu prüfen ist auch, ob insbesondere in Auseinandersetzungen bei bestehenden Vertragsverhältnissen der Einsatz eines Mediators deeskalierend wirken kann (Lapp 2008), um langwierige und teure Gerichtsverfahren zu vermeiden.

■ 9.3 Was sollte bei der Auswahl von Externen bedacht werden?

Unternehmen, die den Einsatz von externer Unterstützung beabsichtigen, sollten sich nicht von beindruckenden Markennamen oder umfangreichen Referenzlisten blenden lassen. Es kommt nicht primär auf die jeweilige Firma, sondern auf die Person(en) an, die konkret im Projekt zum Einsatz kommen soll(en). Vergleichbar mit der Besetzung einer internen Position empfiehlt sich insbesondere bei der Vergabe von langfristigen Mandaten eine gründliche Prüfung der vorgesehenen externen Berater und Experten. Hierzu eignen sich z. B. Einzelinterviews oder die Durchführung von Workshops.

Selbstverständlich sollte auch sein, dass der Auswahlprozess für die externe Unterstützung fundiert und nachvollziehbar abläuft. Dies gilt umso mehr, je länger und „sichtbarer" der Einsatz des oder der Externen im Unternehmen geplant ist. Zum Auswahlprozess gehören

- klare Beschreibung der Aufgabenstellung und der erwarteten Leistungen,
- Identifikation von zwei bis vier gemäß „Papierform" geeigneten Unternehmen oder Einzelpersonen als Kandidaten für die Vergabe,
- Bildung eines Evaluationsteams, welches klare Kriterien für die Auswahl aufstellt und die Bewertung der Kandidaten nachvollziehbar durchführt.

Oft werden bei der Auswahl von Externen die fachlichen und methodischen Kompetenzen überbewertet. Entscheidend ist jedoch insbesondere für eine IT-Restrukturierungssituation, dass der jeweilige Externe auch die erforderlichen „weichen" Fähigkeiten besitzt, also z. B. soziale Kompetenz, Kommunikationsfähigkeit, Überzeugungskraft und je nach Aufgabenstellung auch ausgeprägte Führungsfähigkeiten und Erfahrung im Management von Veränderungen.

Beim Einsatz von externen Beratern in IT-Krisensituationen sollten in jedem Fall klare Anforderungen bzw. Voraussetzungen für eine Beauftragung definiert werden. Dazu gehören beispielsweise

- ausschließlicher Einsatz von erfahrenen Beratern (mindestens zehn Jahre einschlägige Berufserfahrung),
- vorhandener Track Record, d. h. einschlägige Projekterfahrung mit IT-Neuausrichtungen,
- klare Benennung der vorgesehenen Teammitglieder einschließlich der geplanten Einsatzzeit vor Ort,
- Branchenerfahrung (wünschenswert, aber nicht entscheidend sofern nicht eine branchenspezifische IT-Lösung im Zentrum der Krise steht),
- eindeutige Fixierung des Projektziels und der zu erbringenden Leistungen,
- je nach Umfang der IT-Restrukturierungsaufgaben Einsatz von möglichst wenigen Beratern (idealerweise Einzelperson) oder eines möglichst kleinen Teams,
- „Fit" – der Externe sollte auch zum Unternehmen passen. Ein „Jungdynamiker" bei einem eher traditionellen Mittelständler in der Provinz wird es ähnlich schwer haben wie ein „Haudegen" mit langjähriger Industrieerfahrung in einem aufstrebendem E-Commerce Start-up,
- sofern quantifizierbar, Vereinbarung von erfolgsabhängigen Honorarbestandteilen (z. B. für die Realisierung von Einsparungen), zumindest aber Verknüpfung der Zahlungen mit dem Erreichen bzw. Umsetzen von definierten Projektmeilensteinen.

Last not least sollten sich Unternehmen vor einer Beauftragung immer die zentrale Frage stellen, ob und wofür der jeweilige Externe auch wirklich hilfreich sein kann.

> **Zusammenfassung: Externe Unterstützung beim IT-Turnaround**
>
> - Die Durchführung eines IT-Turnarounds lässt sich nicht outsourcen. Die Leitung einer Restrukturierung ist unbedingte Aufgabe eines (Turnaround-)CIOs. Zur Überbrücken von temporären Vakanzen in der IT-Leitung kann der Einsatz von Interim Managern hilfreich sein.
> - Sofern interne Kompetenzen nicht ausreichend vorhanden sind, sollte bei der Durchführung eines IT-Turnarounds auf die Unterstützung von externen Fachleuten gesetzt werden.

- Je nach Aufgabenstellung können verschiedene Formen der Unterstützung von unterschiedlichen Anbietern relevant sein. Im Unternehmen muss klar sein, für welchen Zweck und aus welcher Anbieterkategorie eine externe Beratung am vorteilhaftesten sein kann.
- Die Auswahl von externer Unterstützung sollte nicht zwischen „Tür und Angel" ablaufen. Der Auswahlprozess muss fundiert und nachvollziehbar gestaltet werden, wobei unter anderem der Zielsetzung der Beauftragung und dem Aufstellen von klaren Entscheidungskriterien für die Auswahl große Bedeutung zukommt.

Literatur

Buchhorn, E.; Dörner, A.; Werle, K.: *Management-Audits – Die Reifeprüfung.* Abgerufen am 6. November 2013, von www.manager-magazin.de: http://www.manager-magazin.de/magazin/artikel/a-448713.html (2006).

Hackmann, J.: *Trends in der Beratung – Keine Chance für Blender.* Abgerufen am 6. November 2013, von www.computerwoche.de: http://www.computerwoche.de/a/keine-chance-fuer-blender,2543934 (2013).

Holmes, A.: *LEADERSHIP – Rules Of The Road For Turnaround CIOs.* Abgerufen am 6. November 2013, von www.cio.com: http://www.cio.com/article/9495/LEADERSHIP_Rules_Of_The_Road_For_Turnaround_CIOs (2005).

Lapp, T.: *Mediation bei IT-Projekten.* In C. Setzwein, & M. Setzwein, Turnaround-Management von IT-Projekten (S. 125 – 138). Heidelberg: dpunkt.verlag (2008).

Lünendonk GmbH.: *Lünendonk®-Liste 2017: Die 25 führenden IT-Beratungs- und Systemintegrations-Unternehmen in Deutschland.* Abgerufen am 29. Januar 2018, von www.luenendonk.de: http://luenendonk-shop.de/out/pictures/0/lue_liste_it-beratung_2017pi_f20170719__fl.pdf (2017a)

Lünendonk GmbH.: *Lünendonk®-Liste 2017: Managementberatungs-Unternehmen in Deutschland.* Abgerufen am 29. Januar 2018, von www.luenendonk.de: http://luenendonk-shop.de/out/pictures/0/luenendonk_listepi_managementberatung_2017_f240517(1)_fl.pdf (2017b)

Mesmer, A.: *Goldene Zeiten für Troubleshooter.* Abgerufen am 15. November 2013, von http://www.computerwoche.de: http://www.computerwoche.de/a/goldene-zeiten-fuer-trouble-shooter,543848 (2004)

o. V.: *Turnaround CIOs: Meet Mr. Fix-It.* Abgerufen am 9. November 2013, von https://www.cio.com/article/2442910/it-organization/turnaround-cios--meet-mr-fix-it.html (2007)

Slatter, S.; Lovett, D.; Barlow, L.: *Leading Corporate Turnarounds.* West Sussex: Wiley (2006). Voigt, E. v.: *Vertragsgestaltung und arbeitsrechtliche Aspekte bei Outsourcing.* In H.-J. Hermes, & G. Schwarz, Outsourcing – Chancen und Risiken, Erfolgsfaktoren, rechtssichere Umsetzung (S. 235 – 255). München: Haufe (2005).

10 Fazit und Ausblick

Krisen in der IT können bewältigt werden. Voraussetzung dafür ist das rechtzeitige Erkennen der IT-Defizite, das Eingestehen von akutem Handlungsbedarf sowie ein professionelles Vorgehen, das unter der Einbeziehung der betroffenen Menschen eine Stabilisierung der kritischen Situation verfolgt.

Krise heißt immer auch Chance für einen Neuanfang. Im Rahmen eines IT-Turnaround-Projekts wird die kurzfristige Transformation einer Krisen-IT in einen intern top aufgestellten und optimal auf das Business ausgerichteten Servicebereich kaum möglich sein. Das wird auch in der Regel gar nicht erwartet, denn dafür sind die zu bewältigenden Aufräumarbeiten meistens zu umfangreich und langwierig. Im Fokus der IT-Restrukturierung stehen zunächst Stabilisierung und Krisenbekämpfung. Zudem ist in vielen Unternehmen die umfangreiche Unterstützung von neuen Business-Ansätzen nur nach einer Vereinfachung bzw. Konsolidierung der IT-Landschaft realistisch – es sind gerade in einer Restrukturierungssituation zunächst die „IT-Hausaufgaben" zu erledigen, also Risiken einzudämmen, Komplexität zu reduzieren und die organisatorischen Grundlagen für eine agile IT zu realisieren.

Nichtsdestotrotz sollte während des Turnarounds eine klare Vorstellung gebildet werden, in welche Richtung sich die interne IT entwickeln muss. Dementsprechend sollten parallel so weit wie möglich Weichenstellungen vorgenommen werden, um die IT als wertschöpfenden Business-Enabler im Unternehmen zu positionieren. Doch wie kann dies gelingen bzw. welche Entwicklungen im Umfeld der IT werden dabei wahrscheinlich eine Rolle spielen?

10.1 Wie sieht die IT-Abteilung der Zukunft aus?

Im Rahmen ihrer Studie „IT-Trends 2013" stellte das IT-Beratungsunternehmen Capgemini die Frage, wo CIOs die IT-Abteilung im Jahr 2023 sehen (Capgemini 2013, S. 15):

- 47 % der befragten 163 CIOs gehen bereits davon aus, dass zu dieser Zeit die meisten IT-Services extern, z. B. aus der Cloud, bezogen werden. Die IT-Abteilung ist dementsprechend geschrumpft und nur noch für die Definition der Anforderungen und die Integration der Services zuständig.
- Ein Drittel der Befragten erwartet das Entstehen von zwei IT-Abteilungen; eine für die technische IT und eine für Geschäftsprozesse.
- Rund 3 % der CIOs erwarten, dass es im Jahr 2023 keine unternehmenseigene IT mehr gibt und damit auch keine IT-Abteilung, sondern dass bei vollständigem Fremdbezug die Fachabteilungen selbst die Verwaltung der IT-Services übernommen haben.
- Nur rund 17 % erwarten keine Veränderung zur heutigen Situation.

Niemand weiß, wie „die" IT-Abteilung zukünftig aussehen wird. Offenbar gilt jedoch eine massive Veränderung der heutigen Ausprägung als sehr wahrscheinlich.

Welche Schlüsse sollte ein Turnaround-CIO bei einer Neuausrichtung der internen IT ziehen? Zumindest vier relevante Trends hinsichtlich der zukünftigen Entwicklung sind unübersehbar und sollten bei der Weichenstellung im Rahmen eines Turnarounds beachtet werden:

> 1. Die IT-Fertigungstiefe wird sich sukzessive weiter reduzieren.
> 2. Die IT bindet sich immer enger an das Business – oder wird umgangen.
> 3. Zusätzliche Skills werden eine immer größere Bedeutung in der IT einnehmen.
> 4. Die interne IT professionalisiert sich weiter und stellt sich wie ein externer Dienstleister auf.

1. Die IT-Fertigungstiefe wird sich sukzessive weiter reduzieren

Viele interne IT-Bereiche kommen in ihrem Kerngeschäft zunehmend unter Kostendruck: Der Betrieb der zentralen IT-Landschaft ist durch die zunehmende Kommodisierung der IT-Services und die problemlose Verfügbarkeit von externen IT-Leistungen „aus der Steckdose" (bzw. aus der Cloud) nachvollziehbaren Outsourcing-Bestrebungen ausgesetzt. Die IT sollte sich ausschließlich um die Themen kümmern, die für das Unternehmen wettbewerbsrelevant sind und von den internen IT-Kunden als wertschöpfend angesehen werden. Dazu gehören immer weniger IT-Commodity-Leistungen, die im Zweifelsfall spezialisierte IT-Dienstleister besser und günstiger produzieren können. Richtig durchgeführt und vor allem vorbereitet, kommen die Resultate von Outsourcing-, Offshoring-, Shared Services- und Cloud-Projekten in Form von sinkenden Kosten und damit geringeren Umlagen dem Business unmittelbar zugute – sofern die Voraussetzungen für ein gangbares Auslagerungsprojekt vorliegen (siehe Kapitel 6.3.1).

Die Überprüfung der Fertigungstiefe sollte auch im Rahmen der Umsetzungsplanung von Business Enabling-Vorhaben durchgeführt werden. Zielgerichtete Make-or-Buy-Entscheidungen können sich dabei unmittelbar positiv auf die Geschäftsentwicklung auswirken, beispielsweise durch den raschen Zugriff auf innovative Technologie bzw. auf aktuelles Know-how sowie durch die Beschleunigung von kritischen Projekten bei der Nutzung zusätzlicher externer Ressourcen. „Richtiges" Sourcing kann somit durch Wertsteigerung und Flexibilisierung der IT direkt zum unternehmerischen Erfolg beitragen.

> **Aus der Praxis: Die spannenden Themen machen die Externen**
>
> Bei einem Hersteller von Medizinprodukten stellten wir bei der Analyse des Projektportfolios fest, dass zwar eine ganze Reihe von Digitalisierungsprojekten angeschoben war, diese aber zu einem großen Teil mit externen Beratern oder unter Federführung des jeweiligen Softwareherstellers durchgeführt wurden. Die wenigen internen Projektleiter waren chronisch überlastet und aufgrund des permanenten Drucks auch zunehmend Beschwerden aus den Fachbereichen ausgesetzt.
>
> Nun war es aber nicht so, dass die IT-Mannschaft von der Anzahl der Köpfe vergleichsweise unterdimensioniert war. Vielmehr war der Großteil der Mannschaft mit dem Betrieb der Rechenzentren, mit Administration von Hardware sowie mit dem Betrieb des eingesetzten ERP-Systems gebunden. Diese ausgeprägte Fertigungstiefe war einem sehr traditionellem IT-Selbstverständnis geschuldet, spiegelte aber auch den Wunsch vieler langjähriger IT-Mitarbeiter wider, Veränderungen möglichst zu vermeiden. Insgesamt wurden mit diesem Ansatz die spannenden und zukunftsweisenden Projekte fremdvergeben, während sich die interne Mannschaft mit Routineaufgaben beschäftigte sowie bezüglich der IT-Capabilities stagnierte und zunehmend den Kontakt zum Business verlor.
>
> Der neue CIO erkannte, dass diese Entwicklung umgedreht werden musste. Es wurden verstärkt erfahrene Projektmanager angeworben sowie geeignete Mitarbeiter aus der IT und anderen Unternehmensteilen für Projektmanagement-Aufgaben qualifiziert. Für die bislang wahrgenommenen IT-Commodity-Aufgaben wurden Outsourcing-Optionen geprüft und sukzessiv an externe Dienstleister vergeben.

2. Die IT bindet sich immer enger an das Business – oder wird umgangen

Die interne IT wird nur dann ihre Existenzberechtigung behalten, wenn sie als wertschöpfend für die Entwicklung des Business angesehen wird. Die Digitalisierung ganzer Branchen, die zunehmende Bedeutung der IT für die Geschäftstätigkeit bis hin zur Verschmelzung von Produkt und IT sind Entwicklungen, die eine immer engere Bindung der IT an das Business erfordern. Dazu ist die Transformation von einer technikzentrierten Dienstleistungseinheit hin zu einem Lösungspartner für das Business erforderlich. Niederschlagen sollte sich dies in einem angepassten Lösungs-Portfolio sowie entsprechenden Fähigkeiten und Strukturen der internen IT.

Auch ist absehbar, dass Fachabteilungen einen zunehmend größeren Einfluss auf die angebotenen Services und die organisatorische Gestaltung der IT-Abteilung nehmen werden. Beginnend in kundennahen, wettbewerbsintensiven Branchen (z. B. Telekommunikation, Finanzdienstleistungen, Konsumgüterindustrie, Energieversorgung) erheben die Fachbereiche Anforderungen, die unmittelbar durch Kundenerwartungen getrieben werden (z. B. mobile Dienste und Apps, Funktionserweiterungen der Online-Plattform, Analysen von Massendaten). Hinzu kommt, dass die IT-Kunden im Unternehmen zunehmend selbst IT-kundig sind, hohe Erwartungen hinsichtlich der IT haben und im Zweifelsfall nicht zögern, die IT zu umgehen, wenn Anforderungen nicht zügig erfüllt werden können. Verstärkt wird diese Entwicklung durch die immer stärker aufkommenden Cloud-Anbieter, die ohne „Umwege" über die zentrale IT direkt auf die Unternehmensleitung oder die Entscheider im Business zugehen, um kostengünstige Lösungen zu platzieren, die schnelle Verfügbarkeit, hohe Flexibilität und eine kurze Produkteinführungszeit („Time to Market") versprechen.

CIOs, die diese Entwicklungen nicht ernst nehmen, sind mit ihren IT-Abteilungen über kurz oder lang durch Ausschaltungstendenzen bedroht. Solange der notwendige Vorrang der Restrukturierungsarbeit gilt, muss diese Einflussnahme vom Turnaround-CIO sorgfältig balanciert werden. Der Turnaround-CIO befindet sich in einem permanenten Spannungsfeld zwischen der Gewährleistung eines sicheren und stabilen IT-Betriebs, der Unterstützung des Business und der Realisierung der Neuausrichtung der IT.

3. Zusätzliche Skills werden eine immer größere Bedeutung in der IT einnehmen

Der dritte Trend ergibt sich daraus zwangsläufig: Die Unterstützung von Geschäftsprozessen, die fachlich sinnvolle Aggregation von Daten für Business-Zwecke und der innovative Einsatz von IT zur Umsatzsteigerung setzen beim CIO und den IT-Mitarbeitern einen Wechsel von einer technikorientierten hin zu einer unternehmerischen Denkweise voraus. Business Enabling erfordert besondere Fähigkeiten: Nicht mehr nur die Hard- und Software stehen im Vordergrund, sondern das Verständnis der Geschäftsanforderungen, die Übersetzung in technische Lösungen und das Management der Umsetzung. Diese Aufgaben bilden die neuen Kernfähigkeiten (Capabilities) der IT-Mitarbeiter – das Aufgaben- und Kompetenzprofil des typischen „IT-lers" verschiebt sich also massiv.

In diesem Zusammenhang ist schon seit Jahren die Rolle des CIO immer wieder in der Diskussion (siehe auch Kapitel 4.3.1). Es sollte kritisch hinterfragt werden, ob der CIO auf Augenhöhe mit dem Business agiert bzw. agieren kann oder eher als „Technik-Guru" wahrgenommen wird.

Folgende Handlungsweisen sind für einen business-orientierten CIO empfehlenswert:

- intensive Kommunikation und Beziehungsaufbau mit den IT-Stakeholdern auf der Kundenseite (z. B. Fachbereichsleiter, Projektverantwortliche, Koordinatoren, Key-User) sowie auf oberster Führungsebene (Topmanagement),
- Vernetzung mit CIOs in anderen Unternehmen, in anderen Branchen und in anderen Unternehmensgrößen (z. B. Konzerne, Mittelstand, Start-ups) um den Blick über den Tellerrand zu schärfen,
- Rekrutierung, Bindung und Entwicklung von IT-Mitarbeitern, die für die verfolgten Business Enabling-Vorhaben wichtig sind und die notwendigen Skills haben,
- Implementierung einer Change- und Innovations-Kultur (z. B. Übertragung von Verantwortung für neue Technologien bzw. Businessanforderungen, Kundengruppen und Geschäftsprozesse, regelmäßige Kommunikation von neuen Ansätzen, Veränderungen und Erfolgen (IT-Marketing, siehe Kapitel 8.2.3) sowie zielgerichtete Aus- und Weiterbildungsmaßnahmen).

Aber auch an die Fähigkeiten der IT-Mitarbeiter stellen sich neue Anforderungen. Der Bedarf an spezifischen notwendigen Kompetenzen richtet sich nach der fachlichen Zielsetzung der Enabling-Vorhaben. Ein Konsumgüterhersteller, der über mobile Angebote und innovative, IT-gestützte Marketingansätze seine Endkunden binden möchte, wird andere Skills suchen als der CIO eines Maschinenbauers, der seine internen Kunden etwa bei der Realisierung einer „Smart Factory" unterstützen will. Unabhängig von der Branche werden mit hoher Dringlichkeit Mitarbeiter gesucht, die sowohl die ITals auch die Businesssprache beherrschen. Die Unternehmensberatung A. T. Kearney erwartet allein in Deutschland bis zum Jahr 2020 eine Lücke von 60 000 Stellen in diesem Bereich (Kearney 2013, S. 8).

Hinzu kommt ein Skillbedarf, der mit der Reduzierung der Fertigungstiefe einhergeht: Das Management von IT-Dienstleistern, Cloud-Anbietern und externen Spezialisten setzt genauso dedizierte Kenntnisse voraus wie etwa die Koordination der internen Anforderungen und die Behandlung von Leistungsstörungen. Ein Turnaround-CIO sollte rechtzeitig die Defizite der vorhandenen IT-Capabilities identifizieren und handeln, um die Leistungsfähigkeit der IT-Funktion abzusichern.

4. Die interne IT professionalisiert sich weiter und stellt sich wie ein externer Dienstleister auf

Es gibt keinen Grund, weshalb sich interne IT-Abteilungen nicht ebenso professionell aufstellen sollten wie es erfolgreiche externe IT-Dienstleister tun. Natürlich stehen bei internen IT-Bereichen nicht Gewinnmaximierung und ein permanentes Wachstum des Accounts im Vordergrund, gleichwohl aber sollten vergleichbare Standards hinsichtlich professioneller Arbeitsweise, Transparenz, Kundenzufriedenheit und Kostenzuordnung angestrebt werden. Dazu gehören robuste und verbindliche interne Prozesse, z. B. im Service Management, im Controlling und beim HR-Management, genauso wie professionelles Auftreten gegenüber den IT-Kunden in den Fachabteilungen, beispielsweise durch ein fähiges Account- und Projekt-Management.

Mit diesem Selbstverständnis der internen IT ist auch die Aufgabe des Monopolanspruches („Wir machen alles selbst") verbunden. Dies beinhaltet, dass zum einen eine Wettbewerbssituation gegenüber externen IT-Dienstleistern und Cloud-Anbietern zu akzeptieren ist, zum anderen muss die IT externe Dienstleister „enablen", wenn IT-Leistungen besser oder günstiger von außen eingekauft werden können. Für viele IT-Services wird die interne IT dann als „Orchestermeister" auftreten anstatt sie vollumfänglich selbst zu erbringen.

■ 10.2 Veränderungsdruck erfordert Restrukturierungsfähigkeiten

Die zu erwartenden Entwicklungen in der IT begründen einen erheblichen Veränderungsdruck für die interne IT und den CIO. Veränderungsdruck ist indes nichts Neues für die IT. Allerdings wird nicht nur wie bisher erwartet, dass die IT-Leistungserbringung schneller, besser und billiger zu erfolgen hat. Neu ist die Deutlichkeit, mit der eine konkrete, unmittelbare Unterstützung der IT bei der Weiterentwicklung bzw. dem Wachstum des Unternehmens gefordert wird. Treiber dieser Anforderungen sind die IT-Kunden, die offensiv und selbstbewusst ihre Anspruchshaltung verfolgen, oft in Zusammenhang mit dem enormen Digitalisierungsdruck, dem viele Unternehmen unmittelbar ausgesetzt sind (Baur 2016).

Diese Tendenzen sollten in der IT ernst genommen werden. Anstatt der Auseinandersetzung mit einer als bürokratisch, langsam und limitierend empfundenen „offiziellen" IT wird in Fachbereichen ansonsten zunehmend zur Selbsthilfe gegriffen und originäre IT-Aufgaben wie Beschaffung und Betrieb von IT-Lösungen in Eigenregie übernommen (siehe Kapitel 7.2.3). Die Unternehmens-IT ist damit zumindest in Teilbereichen unmittelbaren Substitutions- bzw. Marginalisierungstendenzen ausgesetzt. Bedenkt man, dass vor allem innovative, als „smart" und „sexy" geltende Lösungen aus der Cloud bzw. an der IT vorbei bezogen werden, ergibt sich daraus für die interne IT eine ernsthafte Herausforderung, und zwar nicht nur in Unternehmen, bei denen die IT in der Krise steckt. Cloud-Computing, Konsumerisierung der IT, Bring Your Own Device (BYOD), Big Data, Digitalisierung des Unternehmens, Entmaterialisierung der Produkte und mobile Technologien als Trends auf der einen Seite sowie ungeduldige, anspruchsvolle und IT-kundige Anwender und Entscheider auf der anderen Seite: Selbst wenn keine akute IT-Krise vorliegt, könnte sich für viele CIOs bzw. IT-verantwortliche Topmanager über kurz oder lang deutlicher Veränderungsdruck in der IT einstellen. Restrukturierungs- bzw. Transformationskompetenz in der IT wird damit zunehmend zu einer Kernfähigkeit für das IT-Management.

Literatur

A. T. Kearney.: *IT 2020: Preparing for the Future*. Abgerufen am 18. Februar 2014 von www.atkearney. com: http://www.atkearney.de/studie/-/asset_publisher/Rv2vNmilj1Kf/content/it-2020-preparing-for-the-future (2013).

Baur, A.: *Restrukturierung der IT in Krisensituationen*. In: CIO Handbuch Band 4. Düsseldorf: Symposion (2016).

Capgemini Consulting: *IT-Trends-Studie 2013*. (2013).

Verzeichnis der Fallbeispiele „Aus der Praxis"

CIO „unchained"	63
Auf wen kann man zählen?	66
Auf zu vielen Hochzeiten getanzt	70
Ein Berg von IT-Vorhaben	85
Wann fliegt uns das System um die Ohren?	94
Die „Quasi-Internen"	95
Die Projekt-Notbremse	104
Formal alles richtig gemacht, aber ...	107
Zwei IT-Welten driften auseinander	140
Der Klotz am Bein der IT	150
Realisierung einer Anforderung mal anders	166
Den IT-Bereich am Bedarf vorbei ausgerichtet	200
Verschlankungskur für die Retained Organisation	206
Vom Teil des Problems zum Teil der Lösung	244
Andere Botschaften	254
Die spannenden Themen machen die Externen	277

Abbildungsverzeichnis

Bild 1	Struktur des Buchs	XV
Bild 1.1	Unternehmens-Lebenszyklus und entsprechende Reaktionsmöglichkeiten	2
Bild 1.2	Gängige Restrukturierungsmaßnahmen und Haupt-Erfolgsfaktoren	6
Bild 1.3	Aufgaben der IT in Krisenunternehmen	8
Bild 2.1	Typische IT-Krisenanzeichen nach der Perspektive der Wahrnehmung	15
Bild 2.2	Beispiel für die Verwendung von externen Benchmark-Daten zur Krisendiagnose	20
Bild 2.3	Potenzielle Auslöser für IT-Krisen	21
Bild 3.1	Typische Phasen eines IT-Turnarounds	35
Bild 3.2	Typische Arbeitspakete (Workstreams) im Rahmen des IT-Turnarounds	37
Bild 3.3	Beispielhafte Darstellung der IT-Situation	38
Bild 3.4	Mögliche Determinanten für die Ausrichtung der IT-Restrukturierung	44
Bild 3.5	Ausgangslage für einen IT-Restrukturierungsansatz (Beispiel)	45
Bild 4.1	Die Aufgaben des Topmanagements beim IT-Turnaround	54
Bild 4.2	Zuordnung der IT im Unternehmen (Gartner 2010)	57
Bild 4.3	Chancen und Risiken der Neubesetzung der IT-Leitung bei einem Turnaround	61
Bild 4.4	Rolle des IT-Leiters: gestern, heute, morgen	67
Bild 4.5	Selbstverständnis des IT-Verantwortlichen außerhalb eine Krisensituation	68
Bild 4.6	Selbstverständnis des IT-Verantwortlichen in einer Krisensituation	69
Bild 4.7	Spannungsfeld des Turnaround-CIOs	71
Bild 5.1	Typische Handlungsfelder in der Stabilisierungsphase	82
Bild 5.2	Beispiel IT-Backlog	86
Bild 5.3	Beispiel für die Darstellung von Maßnahmen zur IT-Risikoabwehr	93
Bild 5.4	Beurteilung von IT-Vorhaben auf Basis bestehender Kapazitäts- bzw. Budgetrestriktionen	102
Bild 5.5	Darstellungsmöglichkeit für die Bewertung von Quick Hits in der Stabilisierungsphase	113

Bild 5.6	Phasen des Projekt-Turnarounds	115
Bild 5.7	Häufig anzutreffende Ursachen von Projektkrisen im IT-Umfeld	117
Bild 6.1	Typische Handlungsfelder bei der IT-Neuausrichtung	121
Bild 6.2	Beispiele für Treiber von IT-Komplexität	126
Bild 6.3	Aufteilung der IT-Ausgaben in Abhängigkeit vom Konsolidierungsstatus	127
Bild 6.4	Beispiel für mangelnde IT-Plattform-Standardisierung	130
Bild 6.5	Beispiel für mangelnde Anwendungs-Standardisierung	131
Bild 6.6	Beispiel für eine Zielsetzung bei der Anwendungskonsolidierung	137
Bild 6.7	Reihenfolgebestimmung bei der Anwendungskonsolidierung	138
Bild 6.8	Beispiel für Ansätze zur Eindämmung der IT-Kosten	144
Bild 6.9	Auswahl möglicher Hebel und Potenziale für die Reduzierung der IT-Kosten	147
Bild 6.10	Exemplarische Ergebnisse von IT-Vertrags-Nachverhandlungen	156
Bild 6.11	Beispiele für Optimierungsziele bzw. -hebel beim IT-Sourcing	158
Bild 6.12	Mögliche Aspekte bei der Vorbereitung auf IT-Vertragsverhandlungen	159
Bild 6.13	Beispiel für eine Aufteilung von IT-Aufgaben nach einer Make-or-Buy-Entscheidung	162
Bild 7.1	Auswahl typischer organisatorischer Handlungsfelder bei der IT-Restrukturierung	179
Bild 7.2	Beispiel für die Ausgestaltung eines IT-Ausschusses	184
Bild 7.3	Beispiel für die unternehmensübergreifende Kategorisierung und Priorisierung von Projektvorhaben	186
Bild 7.4	Beispielhafte Aufteilung in IT-Nachfrage- und IT-Angebotsseite	188
Bild 7.5	Beispielhafte Gestaltung einer Kunden-Anbieter-Schnittstelle	189
Bild 7.6	Mögliche organisatorische Defizite von IT-Bereichen	198
Bild 7.7	Beispiel für eine Umgestaltung einer internen IT-Organisation	202
Bild 7.8	Organisation mit Ende-zu-Ende-Verantwortung für IT-Domänen	203
Bild 7.9	Zusammenspiel der Retained Organisation mit IT-Kunden und -Lieferanten	207
Bild 7.10	Bi-modale versus „traditionelle" IT	209
Bild 7.11	Beispiel für eine Projektportfolio-Darstellung	219
Bild 7.12	Beispiel für ein Projektstatus-Blatt	219
Bild 7.13	Kapazitätsdarstellung für ein Qualifikationsprofil (vereinfacht)	221
Bild 7.14	Beispiel Klassifizierung und Abgrenzungs-Kriterien für Changes	224
Bild 7.15	Beispiel Change Management Prozess in Anlehnung an ITIL	225
Bild 8.1	Verhaltensweisen im Veränderungsprozess	236
Bild 8.2	Kommunikation und Handeln: Zehn Erfolgsfaktoren des Management of Change beim IT-Turnaround	238
Bild 9.1	Typische Einsatzmöglichkeiten für IT-Interim Manager	270

Verzeichnis der Tabellen und Checklisten

Tabelle 2.1 Checkliste qualitative IT-Krisensymptome 16

Tabelle 3.1 Turnaround-Bereiche und entsprechende IT-Handlungsfelder 34

Tabelle 4.1 Checkliste für die Beurteilung der individuellen Fähigkeit zur IT-Restrukturierung 59

Tabelle 5.1 Checkliste IT-Risiken 90

Tabelle 5.2 Checkliste gefährdete Projekte mit IT-Bezug 116

Tabelle 7.1 Typische Aufgaben einer Retained IT Organisation 205

Tabelle 7.2 Beispielhafte Checkliste für die Aufteilung in Auftragnehmer- und Auftraggeber-Aufgaben bei Projekten mit IT-Bezug 216

Abkürzungsverzeichnis

BU	Business Unit
BYOD	Bring Your Own Device
CAD	Computer Aided Design
CEO	Chief Executive Officer
CFO	Chief Finance Officer
CIO	Chief Information Officer
CMO	Chief Marketing Officer
COBIT	Control Objectives for Information and Related Technology
COO	Chief Operations Officer
CRM	Customer Relationship Management
ERP	Enterprise Resource Planning
HR	Human Resources
HW	Hardware
IMAC	Install, Move, Add, Change
IaaS	Infrastructure-as-a-Service
IT	Informationstechnik, Information Technology
ITIL	IT Infrastructure Library
KPI	Key Performance Indicator
LAN	Local Area Network
M&A	Mergers and Acquisitions
PaaS	Platform-as-a-Service
PLM	Product Lifecycle Management
PPS	Produktionsplanungs- und Steuerungssystem
RZ	Rechenzentrum
SaaS	Software-as-a-Service
SAN	Storage Area Network
SCM	Supply Chain Management
SLA	Service Level Agreement
SW	Software
UHD	User Helpdesk
VoIP	Voice over Internet Protocol
WAN	Wide Area Network
WWS	Warenwirtschaftssystem

Index

Symbole

80/20-Regel 7, 133, 137f., 144

A

Abhängigkeit 96, 193
Ablehnung 88, 235, 237
Abschreibungseffekte 98
Abwärtsspirale 153f., 194
Accenture 165, 170
Account-Manager 132, 188, 214, 220
Agilität 30, 42, 91, 171
Aktivierung von Software 98
Akzeptanz 114, 138, 212, 237, 252
Anforderungsmanagement 149, 153, 188, 201, 212f.
Application Management 169
Application Programming Interface (API) 209
Arbeitnehmervertretung 154, 222
A. T. Kearney 172, 279

B

Balanced Scorecard 47, 111
Benchmarking 19, 111, 153, 267
Best Practices 215
Betriebsrat 259
Big Data 57, 134, 170, 173, 208, 281
Bi-modale IT 208
– Definition 208
Blogs 250
Bottleneck 18, 197, 222

Bring Your Own Device 281
– Definition 191
Build-to-Order 24, 132, 202
Business Case 103, 109, 138, 148, 150, 185, 190, 217, 259
Business Continuity Management 229
Business Enabling 170, 279
– Ansatzpunkte 170
Buy-in 237, 241

C

Capabilities 25, 88, 124, 153, 163, 200, 204, 210, 241, 279
Capex 98
Capgemini 67, 234, 276
Carve-out 27
Change Advocates 253, 256
Change Agents 256
Change Management 161, 213, 223, 234
Change Requests 217
Chaos-Kompetenz 72
Chief Digital Officer (CDO) 208
Chief Excecutive Officer (CEO) 57
Chief Finance Officer (CFO) 57
Chief Marketing Officer (CMO) 57, 208
Chief Restructuring Officer (CRO) 265
CIO 46, 56, 58, 62, 66, 81, 174, 208, 264, 276, 278
– Aufgaben 66
– Potenzial 58
– Rolle 279

– Selbstverständnis 67
– Zuordnung 56
CIO-Veto 104, 109, 183
Cloud-Computing 48, 105, 146, 165, 170, 191, 226, 281
– Definition 165
Coaching 271
COBIT 46, 212
Commitment 6, 49, 239, 260
Compliance 91, 166, 193, 208, 226
Compliance-Management 261
Configuration Management System 223
Controlling 185, 259
Corporate Governance 181, 261
Corporate Risk Management 228
COSO ERM 228
Cyberkriminalität 228

D

Datenintegrität 91, 105, 195
Datenqualität 91
Datenschutz (siehe auch DSGVO) 90, 166, 192, 195
Delegation 76
DevOps 209
Digitale Transformation 167
Digitalisierung 30, 168, 174 f., 208, 281
Digitalisierungsdruck 280
Digital Natives 191
Dissens 87
DSGVO 92, 166

E

Eh-da-Kosten 23
EMC 13
Enabling-Vorhaben 175
Enterprise Architecture Management 46
ERP 13, 48, 128, 139, 174, 244
Expectation Management 175, 221
Externe IT-Dienstleister 252, 280

Externe IT-Mitarbeiter 9, 95, 261
– des Unternehmens 261
– quasi intern 95, 261
externen IT-Dienstleister 256

F

Führungsstil 73, 75

G

Gartner 97, 125, 191, 208
Glaubwürdigkeit 108, 114

H

Handlungsfelder 121
Hauruck-Ansätze 46
Headhunter 266
Heilige Kühe 7, 84, 142
Herrschaftswissen 87, 257
Heterogenität 125, 127, 129
Hey Joe-Effekt 213
Hospitation 253, 258

I

IaaS 132, 146, 165
IDC 191
Incentivierungssysteme 243
Incidentmanagement 230
Industrie 4.0 170
Interim-CIO 265
Interim Manager 62, 269
Interne Leistungsverrechnung 144
Interne Revision 228, 246
Intranet 250, 254
IT-Architekt 64, 138
IT-Architektur 125, 128, 130, 139, 161, 183
– bi-modale 209
IT-Asset-Management 226
IT-Audit 37
IT-Ausgaben 97
– Aufteilung 127

- Eindämmung 103
- Kontrolle 98
- Reduzierung 101
- Review 99 f.
IT-Ausschuss 184, 187
IT-Backlog 86
IT-Beschaffung 27, 109, 225
- -Strategie 16
IT-Budget 18, 24, 27, 97 f., 167 ff., 218
- Forecasting 98
- gedeckeltes 142
- Target 142
- Überschreitungen 98
IT-Business-Alignment 123
IT-Commodity-Leistungen 156, 277
- Definition 164
IT-Controlling 144
IT-Defizite 28, 38, 235
- organsatorische 198
IT der zwei Geschwindigkeiten 208
IT-Dienstleister 16, 261
IT-Evolution 13
IT-Fertigungstiefe 26, 160, 276
IT-Governance 21, 34, 42, 108, 134, 140, 181, 228
- Definition 181
- Entscheidungsgremium 185
ITIL 46, 212, 223 f., 230
IT in Krisenunternehmen 8
IT-Kapazität 222
IT-Kernprozesse 212
IT-Komplexität 24, 206
- Anwendungs 135, 139
- notwendige und unnötige 127
- Treiber 126
IT-Konsolidierung 128
- Anwendungs 141
- Anwendungslandschaft 135, 139
- Dienstleister 96
- Dienstleister 159
- Infrastruktur 141
- Netzwerk 141
- Rechenzentrum 148
- Schnittstellen 139
- Server 141

- Standort 141
- Storage 141
IT-Koordination 188, 225
IT-Kosten 23, 98, 142, 144
- Arbeitsplatzsystem 149
- Netzwerk 148
- Projekte 149
- Rechenzentrum 147
IT-Kostensenkung 9, 98, 142, 146
- Maßnahmen 150
IT-Krise 8, 14, 28 ff., 33, 39, 112, 123, 250, 265, 275
- Anzeichen 37
- Auslöser 20
- Bekämpfung 35
- Definition 28
- des Unternehmens 81
- Gründe 20
- Handlungsprämissen 73
- Kommunikation 250
- Stabilisierung 80
- Symptome 14 f.
- Ursachen 20
- zur Bekämpfung einer IT-Krise 35
IT-Krisensituation 69
IT-Kunden 258
- Darstellung 219
- Einbindung 104, 180
- Erwartungen 105
- Manager 220
- Pflichten 215
- Phasen 115
- Vorgehensweise 115
IT-Kundenorientierung 202
IT-Kundenzufriedenheitsmessung 253
IT-Management 17, 29, 64
- Defizite 22
IT-Marketing 251
IT-Mitarbeiter 16, 25, 76, 83, 151, 233, 257, 279
- Abwanderung 87
- Risiken 85
IT-Organisation 84, 151, 204
- Gestaltung 199
IT-Plattformen 129

IT-Prinzipien 182, 194
IT-Projekte 100, 215
IT-Prozesse 110
IT-Reporting 24, 56
IT-Restrukturierung 11, 49, 81, 124, 265
- Arbeitspakete 36
- Erfolgsfaktoren 49
- erforderliche Kenntnisse 77
- Handlungsfelder 179
- Plan 39f.
- Umfang 50
- Ziele 42
- Zielsetzung 168
IT-Review 267
IT-Revision 92
IT-Risiken 17
IT-Risiko 90, 92
- Assessment 92
- Lieferantenseite 95
IT-Risikoanalyse 92
IT-Risikoinventar 229
IT-Risikomanagement 94, 213, 228f.
IT savvy 22
IT-Selbsthilfegruppen 17, 106, 194
IT-Servicekatalog 132f.
IT-Services 111
IT-Situationsanalyse 37, 80, 140, 200, 244, 248, 267
IT-Stakeholder 110, 233
- Definition 254
- Typische Interessenlagen 256
IT-Standardisierung 22, 103, 109, 128, 212
- Abweichungen 133
- Anwendungs- 131
- Anwendungslandschaft 134
- Definition 128
- IT-Leistungen 132
- technische 129
IT-Strategie 40, 69, 124
IT-Transformation 3, 13
IT-Turnaround (siehe auch IT-Restrukturierung) 3
- Management 64
- Projektphasen 35
- Rollen 64
- Team 64
- Voraussetzungen 49
IT-Verträge 95f., 155, 158
- Review 156
IT-Vertragsverhandlung 158f.

K

Kapazitätsmanagement 84, 101, 220
Keep the Lights on 9, 126
Key Performance Indicators 19, 110
Key User 84, 92, 149, 190, 216
Kommunikation 75, 104, 106, 243, 245, 251, 279
Komplexität 46
Konsumerisierung der IT 134, 173, 191, 281
- Definition 191
KonTraG 29
Krise 52
- Bewältigung 2
- Dauer 2
- des Unternehmens 2f., 27
- Erfolgsfaktoren 6
- Konzept 5
- Management 39
- Maßnahmen 6
- Symptome 3
- Ursachen 3
Krisen-PR 251

L

Lagerdenken 258
Leadership 4, 52, 77
Lean-IT 46
Legacy-System 48, 208
Lenkungsausschuss 217, 242

M

Make-or-Buy 42, 84, 102, 160, 175, 187, 221, 252, 259, 277
Management-Audit 266

Management by walking around 75, 249
Management of Change 39, 75, 233
- Definition 233
- Erfolgsfaktoren 238
Maßnahmenmanagement 41
Mediatoren 272
Mobile Computing 192
Multiprojektmanagement 218
Multisourcing 161
Multi-Vendor 206

N

New Leadership 58

O

Opex 98
Outsourcing 47, 148 f., 155, 160 f., 163, 204, 237, 260, 264, 270

P

PaaS 146, 165
Passivität 88, 235
Personalberater 266
Personalmaßnahmen 10, 41, 83, 153, 252, 272
PRINCE2 215
Priorisierung 175 f., 185
Problemmanagement 230
Projekte mit IT-Bezug 218
Projektinflation 101, 217
Projektrisiken 92
Projektstatus-Blatt 219

Q

Quick Hits 108, 112, 242

R

Rasenmäher-Methode 46, 143
Rechenzentrum 26, 147, 150, 169

Rechtsanwälte 272
Reorganisation 42, 181
Restrukturierung
- Dauer 3
- Definition 1
- des Unternehmens 2, 13, 33, 81, 275, 280
- Erfolgsfaktoren 6
- Konzept 5
- Maßnahmen 6
Retained Organisation 163, 204
- Aufgaben 205
- Definition 204
Risiken der Neubesetzung 61
Risiko 26
Risikoanalyse 89
Roland Berger 6

S

SaaS 132
SAP 140, 168, 266
Schatten-IT 23, 106, 168, 190, 252
- Definition 190
Scrum 214, 221
Sense of Urgency 28, 60, 235, 240
Shitstorm 250
Silver Bullet 4, 48, 167
Single-Vendor 206
Skalierbarkeit 192
SLA 95, 133, 154, 193
Social Media 250
Sozialplan 260
Stabilisierungsphase 35, 81, 104, 112
Stakeholder 238
- Analyse 255
- der IT-Restrukturierung 39, 75, 254
- der Unternehmensrestrukturierung 11
Standardisierung 122, 153, 156, 177
- Kostensenkung durch 145
Standish Group 114
Stehung 250
Stoßrichtung der IT-Restrukturierung 38, 40, 42, 101, 142, 122
SWOT-Analyse 117

T

Technikzoo 24, 30, 225
Technische Silos 23, 84, 152, 202, 220, 230
Time to Market 16, 30, 165, 192, 208, 278
Tochtergesellschaften 255
Topmanagement 4, 24, 29 f., 37, 41, 49, 260 f., 264, 44
- Aufgabe bei einem IT-Turnaround 52
- Aufgaben bei einem IT-Turnaround 53
- Commitment 55, 73, 122, 238
- Versäumnisse 21
- Wahrnehmung der IT 53
Town Hall Meetings 106
Trade-Offs 24, 125
Transformation 44
- Definition 2
- des Unternehmens 27
Transition 223
Transparenz 11, 26, 74, 100, 111, 143, 145, 154, 196, 215, 218, 226, 240, 251
- fehlende 23
Turnaround-CIO 39, 58, 61, 83, 92, 114, 122, 175, 213, 255, 265
- Anforderungen 77
- Bereitschaft 60
- Fähigkeit 59
- Legitimation 60
- Spannungsfeld 71
- US-amerikanische 271

U

Unterfinanzierung 46, 97
Unternehmensberatung 266
- IT-Beratungs- und Systemintegrationsunternehmen 267
- Kategorien 267
- Management-Beratungsunternehmen 268
- Restrukturierungs-Beratungsunternehmen 268

V

Veränderungsbereitschaft 49, 212, 241
Verantwortung 22, 76, 123, 143
Verfügbarkeit 89 f., 154, 191
Vertrauen 76, 106, 108, 246

W

Webcast 253
Widerstand 234 f., 255
Wildwuchs 24, 127 f., 145
Wirtschaftsprüfer 91, 229, 262
Workshops 248
Workstreams 36

Z

Zeiterfassung 222
Zielvereinbarung 243

Der Autor

Arnd Baur arbeitet seit 25 Jahren als Berater und Interim-Manager. Neben langjähriger Beratungserfahrung verfügt er auch über Erfahrungen in der Linie, z.B. als IT-Leiter, CIO und IT-Produktmanager. Spezialisiert ist er auf herausfordernde Themen in der IT. Dazu gehören die Übernahme von CIO- bzw. IT-Leitungspositionen und das Management von anspruchsvollen Projekten wie z.B. die Realisierung von Post Merger Integrationen, die Umsetzung von Outsourcing- Konzepten oder die Implementierung von Kostensenkungsprogrammen.

Arnd Baur ist Diplom Kaufmann und hat Betriebswirtschaftslehre mit Schwerpunkt Wirtschaftsinformatik und Handels-BWL an der Universität Marburg studiert. Seine Karriere begann er 1993 bei der KPMG Unternehmensberatung (heute Bearing Point), wo er SAP-Standardsoftware-Module mitentwickelte bzw. modifizierte und SAP-Systeme bei Kunden implementierte. Zwischen 1996 und 2000 war Arnd Baur Associate Partner und Mitglied der Geschäftsleitung bei Roland Berger Strategy Consultants. Hier leitete er den Bereich IT Consulting und führte zahlreiche Projekte mit IT-Fokus durch. Danach war er zwei Jahre Vorstand und COO eines Internetunternehmens, wo er vor allem für Serverinfrastruktur und die Anwendungsentwicklung verantwortlich war. 2002 gründete er zusammen mit ehemaligen Kollegen von Roland Berger ein Unternehmen für IT-Beratung und Interim Management. Zwischen 2006 und 2013 arbeitete er als Director für das auf Restrukturierungen spezialisierte Beratungsunternehmen AlixPartners. Seit Anfang 2013 ist Arnd Baur wieder als freiberuflicher Interim Manager und Unternehmensberater tätig.

www.it-turnaround.de

Digitale Welten zur Heimat machen

Klauß, Mierke
Szenarien einer digitalen Welt –heute und morgen
Wie die digitale Transformation unser Leben verändert
260 Seiten. E-Book inside
€ 39,–. ISBN 978-3-446-45202-2

Auch einzeln als E-Book erhältlich
€ 29,99. E-Book-ISBN 978-3-446-45276-3

Was bedeutet »Digitale Transformation«, wie und wo äußert sie sich? Wie wirken sich bereits heute Hardware, Software und digitale Services auf uns, unser privates, geschäftliches und gesellschaftliches, kulturelles und politisches Umfeld aus? Wie beeinflussen sie unsere sozialen Beziehungen, unsere Arbeit, Mobilität, unser Zuhause, Gesundheits-, Freizeit-, Medien-, Konsumverhalten und Engagement? Was verändert sich, was entsteht, was verschwindet und worauf können oder müssen wir uns einstellen und was können und sollten wir tun? Diese Fragen stehen in diesem Buch im Mittelpunkt.

Das Buch ist ein einzigartiger Überblick über das, was die digitale Entwicklung in der Gesellschaft, Wirtschaft und Politik global verändert und weiter verändern wird!

Mit konkreten Beispielen, visualisierten (Zukunfts-)Szenarien und visionären Ausblicken liefert das Buch eine fundierte Grundlage für individuelle und strategische Entscheidungen und Ideen, wohin die Reise gehen soll.

Mehr Informationen finden Sie unter www.hanser-fachbuch.de

Das digitale Fitnessprogramm für Unternehmen

Dirr, Hanemann
Irgendwas mit Internet
Mit der 45min-Toolbox auf die digitale Erfolgsspur – Wo stehen wir? – Wo wollen wir hin? – Was müssen wir tun?
232 Seiten. E-Book inside
€ 30,–. 978-3-446-45347-0

Auch einzeln als E-Book erhältlich
€ 23,99. E-Book-ISBN 978-3-446-45393-7

Warum sind manche Unternehmen digital erfolgreicher als andere? Gibt es Erfolgsmuster, die sich auch auf das eigene Unternehmen übertragen lassen? Und was bedeutet das konkret?

Mit diesem Werk erhalten Sie das nötige Rüstzeug, um Ihr Unternehmen auf die digitale Erfolgsspur zu bringen: Die Autoren fassen die wichtigsten Erfolgsmuster in einer Toolbox zusammen und machen sie sofort für Ihr Unternehmen einsetzbar.

Diese Toolbox ist mehr als eine Marketing- oder Schulungsmaßnahme – sie ist die komprimierte Version von knapp 20 Jahren E-Commerce-, Change-, data-driven-Marketing und Start-up-Erfahrung und zeigt Ihnen einen konkreten Weg, Ihr erfolgreiches digitales Geschäftsmodell zu entwickeln.

Mit Erkenntnissen aus dem Business-Alltag, einfachen Übungen und inspirierenden Beispielen!

Mehr Informationen finden Sie unter **www.hanser-fachbuch.de**

HANSER

Ein Prinzip – drei Romane

Ballé, Ballé
The Gold Mine
Die Geschichte eines gelungenen Lean Turnarounds
344 Seiten. E-Book inside
€ 30,–. ISBN 978-3-446-44739-4

Auch einzeln als E-Book erhältlich: € 23,99.
ISBN 978-3-446-45071-4

»The Goldmine« verbindet in einer spannenden Geschichte die technischen und menschlichen Aspekte, die zu einer schlanken Produktion führen.

Ballé, Ballé
Der Lean-Manager
Vom einfachen Manager zum erfolgreichen Lean-Leader
576 Seiten. E-Book inside
€ 32,–. ISBN 978-3-446-44740-0

Auch einzeln als E-Book erhältlich: € 25,99.
ISBN 978-3-446-45311-1

»Der Lean Manager« zeigt anhand einer mitreißenden Geschichte die gelungene Transformation vom einfachen Werksleiter zum erfolgreichen Lean Manager und vermittelt die zentralen Lean-Prinzipien.

Ballé, Ballé
Respekt
Die Geschichte einer gelebten Lean-Kultur
280 Seiten. E-Book inside
€ 30,–. ISBN 978-3-446-44741-7

Auch einzeln als E-Book erhältlich: € 23,99.
ISBN 978-3-446-45310-4

»Respekt« zeigt, was Mitarbeiter tatsächlich motiviert, und wie Führungspersonen diese Anforderungen auch in der Praxis erfüllen können.

Mehr Informationen finden Sie unter **www.hanser-fachbuch.de**